삼국사기 사서비교를 통한

삼한사의 재조명 2

辰王制研究

김 상

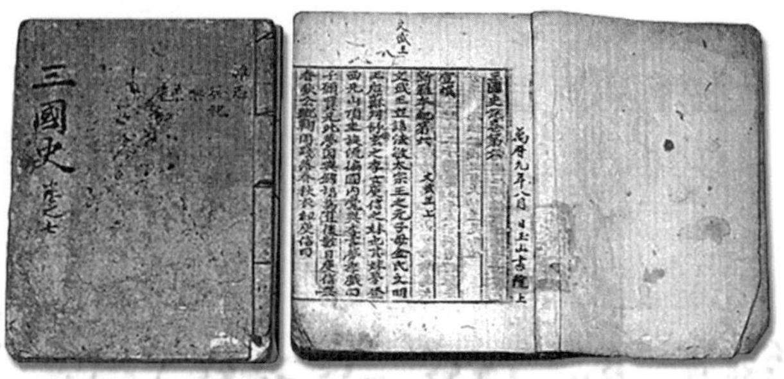

북스힐

저자의 글

신라의 지배층에 대한 이해에는 골품제의 이해가 필수적이듯, 백제의 지배층에 대한 이해에는 삼국지 동이전에 나오는 진왕제의 이해가 필수적이다. 이 책의 성격은 그 진왕제에 대한 입문서이다. 진왕제를 이해하면 삼국사기 백제본기와 일본서기의 이상한 기록들이 이해가 되기 시작한다.

2001년에 나온 『네티즌과 함께 풀어보는 한국고대사의 수수께끼』(약칭: 『네티즌 고대사』)는 광개토왕비문과 삼국사기를 비교하여 편집원칙을 찾은 후 그것으로 삼국사기를 읽는 방식이었다. 반면에 2004년에 나온 『삼한사의 재조명』은 삼국지 동이전과 삼국사기를 비교하여 편집원칙을 찾은 후 그것으로 삼국사기를 읽는 방식이었다.

이번 『삼한사의 재조명 2』는 일본서기를 삼국사기 및 삼국지와 비교하여 편집원칙을 찾은 후 그것으로 삼국사기를 읽는 방식이다. 일본서기라는 책이 얼마나 신뢰성이 있는가는 별개로 치고, 일본서기로 삼국사기를 읽으면 어떻게 읽히는지 보게 될 것이다.

책의 내용은 『삼한사의 재조명』과 전혀 다르지만 『삼한사의 재조명』을 읽었다고 가정하고 집필하였기 때문에 기존의 책을 『삼한사의 재조명

1』이라 하고 이 책을『삼한사의 재조명 2』라 명명하였고 목차도 이어지는 것으로 하였다. 과거『삼한사의 재조명 1』집필시 제대로 이해하지 못했던 부분을 보충하고 틀렸다고 생각되는 부분을 바로잡았다.

시기적으로 다루는 기간은『삼한사의 재조명 1』은 BC 1세기부터 5세기 초까지로 하였으나, 이번『삼한사의 재조명 2』에서는 5세기 말까지로 확장하였다. 5세기는 한반도를 비롯한 동아시아에 새로운 질서가 구축되는 시기이다. 삼한사의 이해에는 4~5세기에 한반도에서 가장 많은 대형고분을 쌓은 영산강 유역의 역사에 대한 이해가 필수적이다. 책 후반에 옹관묘집단의 출발에서부터 시작하여 상세히 설명하였다.『삼한사의 재조명 1』부록의 연표를 일부 확장하고 정정하여 부록에 첨부하였다.

『삼한사의 재조명 1』편집시 제외하였던 부분 중 볼 가치가 있다고 생각되는 것들을 일부 다시 실었으며, 이후 독자들의 질문을 받고 답변하였던 내용들을 첨가하였다. 최근의 미륵사지 출토유물과 관련한 내용은 7세기로서 이 책이 다루는 시대를 벗어나지만 많은 사람들이 흥미를 느껴 마지막 부분에 추가하였다.

이 책의 내용 대부분은 이미 수년 전부터 인터넷 사이트에서 논의되던 것들이라서 특별히 새로운 것은 없다. 하지만 과거의 논의를 한 번 체계적으로 정리해본다는 의미는 가질 것이다. 이 책을 읽다가 설명이 부족하다고 생각되는 부분이나 논리적 허점이 느껴질 수 있다. 그 내용은 대부분 이미『네티즌 고대사』나『삼한사에 재조명 1』에 나오거나 또는 이 책의 수준에서 언급할만한 정도가 못 된다고 생각한 것들이지만 그래도 이해되지 않은 부분은 히스토피아에서 자유롭게 물어보기 바란다.

귀중한 인터넷 강좌의 기회를 만들어주신 하스토피아의 관리자이신 주성지 선생님, 이 책이 나올 수 있도록 길을 열어주신 북스힐 출판사의 조승식 사장님, 고고학적인 도움말씀을 주신 최성락 교수님과 이정호 교수님, 그 외에 편집과 교정에 많은 도움을 주신 여러 분들께도 감사를 드린다. 끝으로 이 책의 집필 중에 있었던 내 무릎수술을 집도하여 다시 달릴 수 있다는 희망을 주신 서울대학교병원 정형외과 이명철 교수님 팀에게 진심으로 감사의 말씀을 올린다.

2011년, 2월

一道安士

目 次

제VII부 삼국사기의 진왕제

제Ⅷ부 일본서기의 진왕제

제IX부 시대별 논점 1

제X부 시대별 논점 2

제 VI 부

진왕제 입문

[그림 1] 곤지왕을 모신 일본 오사카에 있는 飛鳥戸신사.
곤지에 대한 이해는 삼국지 한전 및 일본서기 이해의 기준이 된다.

제28장 진왕제의 기원

1. 백제와 신라의 왕비 기록

고대사회에서 국가의 건국자는 아주 중요하다. 또한 건국자의 부인도 중요하다. 그 이유는 왕족과 왕비족의 결합에 의해 국가가 운영되는 경우가 많기 때문이다. 삼국사기를 보면 신라에도 혁거세의 왕비가 나오고 고구려에도 동명왕의 왕비가 나온다. 고대가 아닌 고려나 조선에서도 태조의 왕비들이 중요하게 다루어진다. 그런데 건국신화조차도 합리적인 기술만 남긴 백제가 온조왕의 왕비에 대해서는 전혀 언급이 없다. 다른 것은 기록이 다 사라지더라도 적어도 건국자와 그의 부인에 대한 기록은 남겨야 하는 것이 아닌가?

초기 백제본기에서 기록의 분량이 가장 많은 것이 온조왕조인데도 왕비가 안 나온다. 왕모보다 왕비가 더 중요한 법인데 왕모만 나오고 왕비가 없다. 건국자는 국가 건국을 위하여 하기 싫어도 결혼을 해야 하는 경우가 많고 온조왕은 다루왕이라는 아들이 있다. 그런데 왜 온조왕은 왕비 기록이 없을까? 김부식이 사료를 받았을 때 이미 온조 왕비는 없었다고 본다. 삼국사기 백제본기에는 온조왕의 왕비만 안 나오는 것이 아니다. 온조왕의 아들인 다루왕조에도 왕비 기록이 없고, 그 다음인 기루왕[1]조에도 왕비 기록이 없고, … 백제본기의 거의 대부분에 왕비 기록이 없다. 왜 그럴까?

---

1) 己자를 巳자로 읽어 사루왕이라고도 한다.

삼국사기는 어떤 책인가? 이는 삼국지 동이전과 비교해보면 알 수 있다. 삼국사기는 韓에 들어가는 나라 중에서 마지막까지 살아남은 1국의 역사를 백제본기로, 韓에 들어가지 않은 나라 중에서 마지막까지 살아남은 1국의 역사를 신라본기로 기록하였다. 이 두 나라의 기록에 고구려 역사를 더한 것이 삼국사기다. 그리고 삼국사기는 세 나라와 韓의 나머지 소국들과의 접촉을 모두 버렸다. 따라서 4세기 이전의 삼국사기는 중부 이하 한반도의 대부분 지역에 대한 기록이 없어 공백이다. 구체적으로 말하면 (1)경기북부와 황해남부, (2)충청남북도, (3)전라남북도, (4)경상남도 서부, (5)제주도가 4세기 이전의 기록이 거의 없는 공백지대다.

가야가 韓에 들어가기 전에는 韓이 아니므로 삼국사기에 나온다. 하지만 망해서 韓에 들어가게 되면 더 이상 나오지 않는다. 그러다 韓에서 이탈하게 되면 더 이상 韓이 아니므로 이제는 삼국사기에 다시 나온다. 이것이 가야가 삼국사기에서 3세기 초에 사라졌다가 5세기 후반에 다시 출현하는 까닭이다. 그러면 韓 78국은 서로 어떤 관계로 연결되었을까? 이에 대한 힌트가 삼국사기 여기저기에 흩어져 있다.

1) 백제와 대방국의 혼인

백제본기 책계왕조: 책계왕의 왕비가 대방국 보과공주다.

2) 백제와 공손씨의 혼인

漢 遼東太守 公孫度以女妻之 漸以昌盛 爲東夷强國

– 수서 백제전

3) 신라와 왜국의 혼인

흘해이사금 3년; 봄 3월, 왜국 왕이 사신을 보내 자기 아들의 혼처를 요청하자 아찬 급리의 딸을 보냈다.

흘해이사금 35년; 봄 2월, 왜국이 사신을 보내 청혼하였으나 딸이 이미 출가하였다는 이유로 거절하였다.

신라가 국내 혼인이 원칙인 이유는 삼한에 들어가지 않았기 때문이다. 그래서 왕비 기록이 나오는 것이다. 반면에 4세기 전반 기림이사금과 흘해이사금 시절에는 망해서 삼한의 진한에 들어갔으므로 이 두 왕은 삼한의 다른 소국 출신 왕녀와 결혼하였을 것이고, 따라서 삼한사 탈락 시 왕비 기록이 탈락하였을 것이므로 삼국사기에 왕비 기록이 없어야 한다. 삼국사기 신라본기를 보면 〈유례－기림－흘해〉 3왕이 왕비 기록이 없어서 우리의 예측과 일치한다. 유례이사금까지 왕비 기록이 없는 것으로부터 미추이사금 사후 신라는 절반 정도 진한에 들어가 있었고, 유례이사금의 왕비는 신라인이 아니라 다른 삼한 소국의 여인이었음을 추정할 수 있다.

흘해조를 보면 당시 신라의 실질적 통치자였던 급리가 종주국 왕인 왜왕(변진한 왕)과 혼인하는데, 이것이 왕실의 여자를 주고받음으로써 혼인관계로 소국을 엮는 삼한백제(진왕백제)의 담로제도다.[2] 즉 삼한 소국은 소국 지배층들 간의 거미줄처럼 얽힌 혼인관계에 의해 국가를 유지하였던 것이다. 그러니 그 혼인관계가 깨지면 흘해 35년조처럼 소국 간 관계도 깨지는 것이다.

백제본기에서 삼한사가 삭제되지 않고 그대로 나오는 것은 왜가 출현하는 4말 5초 약 30년이다. 즉 응신과 인덕의 시기다. 따라서 백제본기는 이 시기에 한해서는 왕비 기록이 나와야 한다. 당시는 〈아신왕-전지왕-구이신왕〉의 시대인데, 아신왕은 이미 결혼을 하였고, 구이신왕은 너무 어려 결혼을 하지 않았을 것이기 때문에, 전지왕의 왕비 기록만 백제본기에

2) 『삼한사의 재조명 1』 p.311, 제16장. 신라의 진한시대.

나올 수 있다. 백제본기를 보면 전지왕의 왕비가 '팔수부인'이라고 해서 역시 우리의 예측을 벗어나지 않는다.

腆支王, 〈妃〉八須夫人　生子久尒辛.

– 삼국사기 백제본기

침류왕의 어머니가 '아이부인'이라는 구절은 왕비가 아니라 어머니여서 다행히 살아남았다고 생각하고, 책계왕의 부인이 대방공주 보과라는 구절은 대방과의 접촉 때문에 예외적으로 살아남은 경우다.

2. 고려 태조의 담로제국

만약 고려 태조 왕건이 당시 중원왕조(당시는 5대 10국의 혼란기임)의 어느 나라에 사신을 보냈을 때 그 나라 관리가 고려의 지방통치제도가 어떤 것이냐고 물었다면 고려 사신은 어떻게 대답하였을까?

당시 왕건은 20여 명에 이르는 전국의 유력 호족의 딸과 혼인하여 그 호족들에게 그 지역의 통치를 위임하는 형식의 지방통치를 하고 있었다. 구 신라 지역 역시 자신의 맏딸(낙랑공주)과 과거의 신라왕(경순왕 김부)을 혼인시켜 그 신라왕으로 하여금 구 신라 지역을 통치하게 하는 방식이었다. 중원왕조에 갔던 고려 사신이 지방통치제도에 대한 질문을 받았다면, 아마도 왕의 자제 종친 20여 명이 지방 거점을 통치하는 방식이라고 대답하였을 것이다. 태조 왕건 시절 전국은 왕의 직할통치지역이 아니어서 강력한 왕권을 행사할 수 없었다. 오히려 왕은 조정자의 위치에 있었다. 반면에 궁예는 자신의 힘을 너무 과신한 나머지 佛力을 이용하여 당대에 중앙집권화를 이루려다 권좌에서 물러났다. 고려시대에 지방이 왕의 직할통치에 들어가는 것은 중앙집권화를 이룬 4대 광종 이후였다.

이로 미루어 보아 3세기에 70여 개의 소국으로 이루어졌던 삼한의 辰王이 가졌던 왕권 수준과 당시의 지방통치를 어느 정도 유추해볼 수 있다. 삼한 소국들 사이의 관계는 고려 초 왕실과 혼인한 지방 호족들 사이의 관계와 비슷하였을 것이다. 왕이 혼인하지 않으면 송악 일대만 통치하게 되나, 지방 유력자와 혼인하게 되면 그 지역을 포함한 통치자가 되는 것이다.

만일 어느 날 갑자기 고려가 다른 나라의 공격을 받고 무너져 태조가 죽거나 왕실과 함께 다른 나라로 이민을 떠났다고 가정해보자. 그러면 고려에 어떤 일들이 벌어질까? 아마 전국의 호족들이 서로 자신이 고려의 정통을 이었음을 주장하며 후왕을 칭하고 경쟁하는 시대가 올 것이다. 이는 마치 5세기 백제에 후왕이 대거 등장한 것과 같은 이치다.

3. 담로제도와 진왕체제

국가가 작을 때는 왕이 직접 통치한다. 하지만 국가가 커지면 이제는 다른 방법을 생각해야 한다. 周나라는 황하 유역을 통일한 후 왕의 아들들을 비롯한 혈족을 제후로 봉하여 그 지역을 다스리게 하였다. 3세기 후반에 중국을 통일한 西晉도 이와 유사하였다. 소위 봉건제도다. 하지만 왕족을 봉해야 할 지역이 아주 많은 경우나 정복하기는 하였으나 직접 통치가 어려운 경우에는 왕이 그 지역의 실력자와 혼인을 통한 인척관계를 맺고 그 지역의 통치를 위임하는 형식으로 지방제도가 이루어진다. 고려 태조의 경우가 이에 해당하는데 이것이 바로 담로제도, 혹은 다물제도다.

이후 광종과 같은 강력한 군주가 나오면 지방관을 파견하여 중앙집권화가 이루어진다. 그러면 지방 세력의 우두머리에게 준 통치권을 모두 폐하고 중앙에서 전문 행정 관료가 파견되어 통치를 담당하게 된다. 중국을 통일한 漢나라는 周나라의 봉건제가 가진 문제점을 알았기에 이 방식을 택하였다. 이것이 소위 군현제다. 신라는 삼국 중 유일하게 거의 대부분의 기간을 이런 중앙집권적 방식으로 통치하였다.

그런데 이런 중앙집권화가 이루어지지 않거나 또는 약화되면, 왕은 정신적 또는 종교적 지도자의 위치가 되고, 실질적인 권력자가 등장하여 왕을 대신하여 통치하게 된다. 소위 입헌군주제인데 무신정권하의 고려가 이에 해당한다. 유력 가문에 의한 세도정치하의 조선 말기도 넓은 의미로 보면 입헌군주제이다. 막부통치하의 일본도 같다.

이 세상에 입헌군주제를 좋아할 군주는 없다. 힘은 없고 지위는 유지해야 하니 타의에 의하여 어쩔 수 없이 받아들인 것이 입헌군주제다. 따라서 황제(혹은 진왕이나 천황)는 대개 실권이 없고 왕이 더 힘이 있는 것이 보통이다. 명예직은 어차피 힘이 없으니 황제니 천황이니 하여 호칭을 더 올려주게 된다. 축구단이나 야구단에서 감독이 총감독으로 명칭이 바뀌면 실권을 상실한다는 의미로 받아들여지는 것과 같다. 최충헌은 자신이 '천황'을 세운 후 스스로는 '총리대신'이 되어 4대 동안 이 지위를 세습하며 고려를 통치하였다.[3)]

담로(다물)제도는 한국식 봉건제도로서 본래 부여의 제도였다. 고구려를 건국한 동명왕은 송양왕의 비류국을 정복한 후 다물국(제후국)으로 삼고, 고구려는 다물국을 거느린 종주국(천자국)이 된다. 그리고 중요한 것은 다물국 공주인 송양의 딸이 종주국으로 시집와서 왕후가 된다는 것이다. 담로국 왕이었던 송양의 사위가 고구려 제2대 왕인 유리왕이고, 외손자가 제3대 왕인 대무신왕이다.

韓을 구성하던 70여 소국은 지배층 사이에 여인을 주고받아 혼인동맹체제로 이루어진 관계였다. 마치 고구려 주몽의 아들과 비류국 송양의

---

3) 천황과 총리대신이란 용어는 이해를 돕기 위하여 편의상 사용한 것이다.

딸이 혼인하여 결혼동맹을 맺는 것과 같다. 그리고 이것이 본래 부여에서 비롯된 풍습인 담로제도였다. 담로제도에서는 담로국(제후국) 왕실에서 종주국(천자국) 왕실로 여인이 시집을 간다. 이것이 좁은 의미의 담로제도이고, 넓은 의미의 담로제도는 지배층 간의 혼인을 통한 두 나라의 결속 전체를 뜻한다. 이것이 여러 소국으로 이루어진 삼한의 근본 통치 구조다.

우리는 4세기 이전의 삼국사기 백제본기에 한강변의 아주 작은 지역만 나오고 한반도의 대부분 지역이 텅 빈 기록의 공백인 것을 보면서 다른 지역은 어떻게 살았을까를 생각한다. 금강 유역은 475년 웅진 천도가 첫 기록이고, 영산강 유역은 498년 동성왕의 무력시위가 첫 기록이다.

그러다 삼국지 동이전을 본다. 거기에는 무려 80국이 있다. 삼한이 78국이고 변진한 지역에 있었으나 삼한에 들어가지 않는 나라가 2국이다. 삼국사기는 삼한 78국 중에 마지막까지 살아남은 한 나라만 선택하여 백제본기로, 非韓 2국 중에 역시 마지막까지 살아남은 한 나라만 선택하여 신라본기로 기록을 남기고 나머지 모두를 삭제한 책이다. 그러니 4세기 이전 한반도 남부 전체가 거의 기록의 공백인 것이다.

삼한 78국은 서로 혼인관계, 즉 담로제도로 얽힌 관계였다. 辰王[4]이 주변을 정복하여 담로국을 만들고, 그 담로국들로부터 여인을 받아 혼인하여 결속하였다. 그리고 그 담로국은 다시 주변의 작은 지역을 정복하여 역시 피정복자들로부터 여인을 받아 작은 진왕이 되었다. 또 그 작은 담로국은 더 작은 나라를 병합하여 마찬가지로 여인을 받아 더 작은 진왕이 되었다.

삼국사기 백제본기는 고이왕의 백제가 대방국을 담로화하는 것을 보여주고, 신라본기는 신라가 4세기 전반에 왜국의 담로국이 되는 과정을 보

4) 신, 진 등은 다 크다는 뜻이므로 진왕은 大王이라는 뜻이다.

여 준다. 삼한백제는 담로가 담로를 만들어가는 방식으로 2～3세기에 단숨에 한반도를 통일하였으니 이것이 삼한체제다. 공손강은 3세기 초에 대방군 설치로 인하여 삼한백제와 마찰이 생기자 자신의 누이를 삼한백제의 진왕에게 시집보내 문제를 해결하였던 것이다. 그러니 공손씨가 삼한백제의 담로국이 되는 것을 본 중국의 史家는 백제를 동이강국이라 하지 않을 수 없었을 것이다.[5]

5세기 일본서기를 보면 여자 문제가 복잡하다. 전 세계 사서 중에 여자 문제가 가장 복잡한 것이 아마 일본서기가 아닌가 하는 생각이 들 정도다. 일본서기 사상 최대의 성군이라던 인덕은 조강지처를 버리고 다른 여자와 재혼하고, 인덕 사후 두 왕자가 한 여자를 놓고 싸우는데 여기서 이긴 왕자가 여자를 차지하여 이중천황이 된다. 이것은 담로제에 의하여 가장 강력한 소국인 백제왕실의 여자를 차지하여야 통치자가 정통성을 획득하기 때문이다. 안강-웅략조를 보아도 여자가 중요한데 이것도 백제왕실과 혼인하느냐 못하느냐가 정권의 정통성을 가름하는 잣대가 되기 때문이다. 담로제도는 어느 날 갑자기 나타난 것이 아니라 본래 부여의 제도였는데 이것이 한반도에 들어와 확대 재생산된 것이다. 고구려가 부여의 본류이고 백제가 부여의 지류라고 볼 수 있는데, 일반적으로 지류가 본래의 문화의 흔적을 더 오래 보존한다.

한국과 일본 사이도 비슷하다. 한국이 부여사의 본류이고 일본은 부여사의 지류이다. 따라서 양쪽이 갈라지기 전인 고조선과 삼국 초기의 문화흔적은 한국보다 일본에 더 많이 남아있다. 한국에서는 거의 유명무실한 성황당이 일본에 건너가 화려한 신사로 진화하고, 한국에서 사라진 담로제는 일본에 건너가 봉건제로 진화하였다.

---

5) 『삼한사의 재조명 1』 pp.227-232. 7. 대방국사.

4. 담로제도의 형성과 붕괴과정

항상 정복자와 피정복자가 여인으로 결합하는 것은 아니다. 남가야(금관가야)처럼 227년부터 407년까지 180년 동안 왕통이 없는 경우는 중앙에서 직접 통치자가 파견되어 다스렸으며, 대가야처럼 왕통이 있는 경우는 막부시기의 일본처럼 실권이 없는 정신적 지도자로서의 왕이 존재하고, 통치는 덕천가문 같은 실권을 가진 관료가 하였다. 그리고 실권을 가진 관료는 종주국 왕에게 여인을 보내서 담로관계를 맺는 것이다.

이에 대한 자세한 과정이 삼국사기 신라본기에 있다. 3세기 말 유례이사금의 신라는 마한세력(백제), 진한세력(이서고국), 변한세력(왜국)의 공격을 받고 무너진다. 이후 신라가 韓의 진한에 들어오는 데 가장 큰 역할을 하였던 왜국이 신라를 담로국으로 거느리고 종주권을 행사한다. 이는 힘의 논리가 지배한다는 뜻인데 이렇게 되면 진왕보다 휘하에 더 많은 담로국을 거느린 소국 왕이 더 실권자가 되는 법이다. 이후 전연의 대군이 고구려를 침공할 때까지 담로관계가 계속되는데, 담로국이 되면 어떻게 되는가가 삼국사기에 아주 자세히 나온다. 뿐만 아니라 담로국에서 탈퇴하려면 어떻게 해야 하는가도 아주 상세히 기록되어 있다.

흘해이사금 3년(312); 봄 3월, 왜국 왕이 사신을 보내 자기 아들의 혼처를 요청하자 아찬 급리의 딸을 보냈다.

흘해이사금 35년(344); 봄 2월, 왜국이 사신을 보내 청혼하였으나 딸이 이미 출가하였다는 이유로 거절하였다.

흘해이사금 36년(345); 봄 2월, 왜왕이 국교를 단절한다는 글을 보내왔다.

흘해이사금 37년(346); 왜병이 갑자기 풍도에 와서 변경의 민가를 약탈하고, 또한 금성을 포위 공격하였다. ... 이때 왕이 강세로 하여금 강한 기병을 이끌고 추격하게 하여 그들을 격퇴하였다.

내물이사금 9년(364); 여름 4월, 왜병이 크게 쳐들어왔다. ... 허수아비 수천 개를 만들어 옷을 입히고... 왜인이 대패하여 달아나므로 추격하여 거의 다 죽였다.

담로관계를 청산하려면 무엇보다 종주국과의 혼인관계를 단절해야 한다. 종주국은 담로국이 담로관계(혼인관계)를 거부하면 1년의 말미를 준다. 그래도 말을 듣지 않으면 국교를 단절한다는 통지를 보낸다. 그리고 다시 1년의 말미를 준 후에 군대를 동원하여 무력진압에 나서는 것이다. 그 결과 담로국이 종주국의 공격을 막아내고 살아남으면 담로관계가 청산되는 것이고, 살아남지 못하면 담로관계가 계속되는 것이다.

신라는 고구려를 뚫고 내려온 1만 5천의 유목민족 기마군단과 그들을 따라온 가족들의 힘으로 왜국의 공격을 막아 담로관계를 청산하고 독립하였다. 그리고 이 과정에서 가장 큰 공을 세운 인물이 왕이 되어 새 왕통을 여니 이 사람이 내물이사금이다. 흘해 37년에는 왜국이 신라의 군사력을 얕보고 적은 수로 공격하다가 실패하였지만 내물 9년에는 크게 쳐들어왔다고 하는 것을 볼 때, 이때는 왜국(임나)이 동원한 군대 규모는 신라군의 2～3배인 3만 명 규모로 추정된다.[6] 당시 낙동강 유역 임나 10국의 군대를 총동원했을 것이다. 일본서기 흠명천황조는 백제 성왕의 말을 인용하여 임나가 (전성기에) 10국이었다고 회고한다.

흠명천황 23년(562); 봄 정월, 新羅打滅任那〈官家〉。[一本云 廿一年任那滅焉 總言任那 別言 (1)加羅國 (2)安羅國 (3)斯二岐國 (4)多羅國 (5)卒麻國 (6)古嵯國 (7)子他國 (8)散半下國 (9)乞飡國 (10)稔禮國 合十國]

---

6) 본문 p.97, 제32장. 근초고왕의 자립위왕.

신라군은 이를 격파하였는데 만일 신라가 흘해 37년에서 내물 9년에 이르는 독립시기에 왜국에게 패했다면 이 10국에 신라가 추가되어 임나 11국이 되었을지도 모른다. 삼한백제의 진왕이 목지국에 도읍하고 마한과 진한을 통치하듯, 임나왕 역시 작은 진왕이 되어 위 10국 중 어느 한 나라에 도읍하고 나머지 국가들을 통치하였다. 이 임나 10국 체제는 영락 17년(407)에 삼한백제의 변진한 세력이 고구려군에게 패하고 그 휘하의 소국들이 가야제국으로 독립해 나가며 붕괴된다.

5. 진왕의 후계자 선정

국가가 통일을 이루어나가면 왕과 지방 세력의 혼인관계는 이후 두 세력의 힘의 균형에 따라 변하게 된다. 즉 왕권이 지방 세력의 권한보다 강한 경우도 발생하고 그 반대의 경우도 발생한다. 조선은 주로 왕권이 지방 세력보다 강한 경우였고, 부여나 무신정권하의 고려나 막부치하의 일본은 지방 세력의 권한이 왕권보다 강한 경우였다.

만일 왕권이 지방 세력보다 강한 경우에는 삼국사기 신라본기에서 왜국과 신라의 관계에서 보여주는 것처럼 왕이 지방 세력 중에서 왕실에 드릴 여인을 선택하게 된다. 여기에 선택된 지방 세력은 왕의 명령을 따라야 한다. 왕의 명령을 거절하는 경우는 신라본기에서 보여주는 것처럼 왕권의 통치에서 벗어나려는 시도로 해석되어 갈등관계를 빚게 된다.

반면에 지방 세력의 권한이 왕권보다 강하게 되면 이제는 지방 세력가가 왕의 후계자를 선택하게 된다. 왕자들 중에 자신들에게 가장 호의적인 자를 골라 그에게 자기 가문의 여인을 시집보내면 그 왕자가 다음 왕이 되는 것이다. 왕자들 중에 마땅한 인물이 없으면 왕족들 중에서라도 고르면 된다. 이 경우 왕실은 지방 세력가에 의하여 선택된 왕족을 왕력에 왕자로 집어넣어 기록하게 될 것이다.

또 다른 예도 생각할 수 있다. 지방 세력가가 아예 왕을 폐하고 국호는 유지하면서 스스로 왕이 되는 경우다. 명목상의 왕들 사이에 갑자기 강력한 권력을 가진 왕이 등장한다면 이럴 가능성이 크다. 왕실이 이에 대한 기록을 남긴다면 이 역시 역성혁명이 아니라 자연스런 왕권계승으로 기록할 것이다. 고려사는 고려왕조가 아니라 조선왕조가 남긴 사서다. 만일 고려왕조가 남긴 사서가 있다면 고려 무신정권이나 조선 태조에 대하여 우리가 아는 것과 전혀 다른 해석을 하고 있을 것이다.

왕을 폐하지는 않더라도 지방 세력가가 국가 비상 시라는 어쩔 수 없는 상황을 맞이하여 잠시 왕이 되는 경우도 생각할 수 있다. 이 경우도 왕실은 자신들의 왕력에 이 지방 세력가를 집어넣어 자연스런 왕권계승으로 기록할 것이다. 백제 개로왕과 동성왕 사이에 등장하는 문주-삼근 왕통이 한 예이다.

그 외에 지방 세력가가 스스로 왕임을 선포하는 경우가 있는데 그러면 한 국가에 왕이 두 명이 되어 서로 대립하게 된다. 이 경우는 1국가 2체제가 되어 갈등관계가 발생할 가능성이 높고, 지방 세력들이 어느 쪽을 따르느냐에 따라 우위가 결정된다. 힘과 명분에서 밀리면 어느 한쪽이 실각할 수 있다. 또 이 갈등관계를 완화하려면 어느 한쪽이 천도를 해야 할 것이다. 근초고왕 이후 4세기 후반의 삼한백제와 한성백제의 관계가 이에 해당한다.

6. 대소왕과 근초고왕의 군대

일본에서 천황이 직접 지휘하는 군사의 숫자는 얼마나 될까? 아마 어리석은 질문이라고 생각할 것이다. 천황의 군대가 따로 있는 것이 아니고 각 지방에서 이끌고 온 군사가 곧 천황의 군사이며, 그중에 가장 많은 군사를 이끌고 온 세력가가 천황의 명을 받는 형식을 통하여 군사를 지휘하는 것일 뿐이다.

고려 태조의 후삼국 통일전쟁 시 태조가 지휘하는 군사는 전체 고려군의 얼마나 되었을까? 역시 10～20%에 불과하였다. 나머지는 여러 세력가들이 각자 지휘하는 군대였다. 이것이 바로 고려 태조 군대의 현실이었다.

부여는 강력한 왕권을 가진 왕이 통치하는 중앙집권 국가였을까 아니면 지방 세력들이 왕과 권력을 분점하는 지방분권 국가였을까? 누구에게 물어보아도 답은 당연히 후자다. 반면에 한국 고대사에서 대표적인 강력한 중앙집권 국가는 신라였다.

> 고구려본기 유리왕 14년; 겨울 11월, (부여왕) 대소가 군사 5만 명으로 침범하다가 눈이 크게 내리고 사람들이 많이 얼어 죽으므로 곧 돌아갔다.

이 대소왕이 거느렸던 5만 군사 중에 직접 대소왕의 명령을 받았던 군사는 얼마나 되었을까? 많아야 10～20% 정도였다고 생각한다. 그러니 설사 대소왕이 진격을 명령해도 다른 장군들이 따라가지 않으면 철군하는 방법밖에 없는 것이다. 부여는 전쟁마저도 왕 위주가 아니라 백성 위주다. 왕의 명령이 떨어지면 죽음을 불사하는 신라군과는 큰 차이가 있다.

> 백제 근초고왕 26년; 겨울, 왕이 태자와 함께 정예군 3만 명을 거느리고 고구려를 침입하여 평양성을 공격하니 고구려왕 사유가 힘을 다하여 항전하다가 화살에 맞아 죽으니 왕이 군사를 이끌고 물러났다.

위에서 근초고왕이 직접 지휘하는 군사는 얼마나 될까? 이는 아주 간단히 추정할 수 있다. 인구가 어느 날 갑자기 대폭 늘어나지는 않았을 것이기 때문이다.

온조왕 34년: 군사 5천명으로 마한잔당 토벌
온조왕 40년: 기병 2백명으로 말갈 방어
초고왕 24년: 신라와 전투하다 5백명 전사
초고왕 49년: 군사 1천명으로 말갈 공격
구수왕 16년: 정예군 3백명으로 말갈 방어

근초고왕 이전에 가장 많은 군사를 동원한 사람은 온조왕으로 5천 명이다. 이 역시 온조왕 직속군사는 얼마 되지 않고 연합군이었을 것이다. 백제군 3만 군사 중에 근초고왕의 직접 지휘 아래에 있는 군사의 숫자는 10~20% 정도였다고 보는 것이 타당하다. 그러니 근구수왕이 공격을 명령해도 자기 군사를 이끌고 온 지방 세력들이 안 간다고 하면 더 이상 진격할 수 없는 것이다. 근구수 태자는 막고해의 건의에 따를 수밖에 없는 것이다.

> 태자가 크게 이기고 달아나는 군사를 추격하여 수곡성 서북에까지 이르렀을 때 장수 막고해가 간하여 말하기를 "일찍이 도가의 말을 들으면, 만족한 것을 알면 욕을 보지 않으며 그칠 줄을 알면 위태하지 않다고 하였으니..."
>
> – 삼국사기 백제본기 근구수왕조

5만 대군이건 3만 대군이건 부여나 백제가 이끌고 온 지방 세력가에 따라 모두 무기도 다르고 군복도 다르고 명령체계도 달랐다고 생각한다. 일사불란하게 움직이는 것이 생명인 군대에서 명령의 통일 없이 어떻게 전투를 할 수 있느냐고 물을 수 있다. 곧 전투가 벌어지는데 당장 군복을 모두 새로 통일해 입히거나, 무기를 모두 새로 만들어 들리거나 할 수는 없지 않은가? 하지만 그런 경우 지휘방식은 이미 부여에서부터 쌓아온 노하우가 있다.

> 근초고왕 24년; 겨울 11월, 한수 남쪽에서 크게 군사를 사열하는데 깃발은 모두 노란색을 사용하였다.

바로 깃발을 통일하는 것이다. 이로써 여러 소국이 단일한 지휘계통에 따라 전투에 참여하는 것이다. 여기서 또 중요한 것은 '왜 고이왕이 깃발을 들면 아무도 안 모이는데, 근초고왕이 깃발을 들면 주변 지방 세력들이 군사를 이끌고 모여들었느냐'이다. 이것이 바로 고국원왕이 근초고왕의 백제를 그냥 둘 수 없었던 이유인데, 근초고왕은 고이왕과 무엇이 다른가를 이해해야 한다. 당연히 지방 세력과의 관계가 핵심인데 나중에 자세히 다룰 것이다.

7. 진왕제의 주변 국가에 대한 영향

왕이 혼인동맹의 형식, 즉 아주 강력한 지방 세력과 혼인을 통하여 권력을 인정받는 현상이 하나의 국가 관습으로 정착된 경우에는 외교적으로 다음과 같은 현상들이 나타난다. 만일 혼인동맹을 통하여 공동정부를 구성하는 경우에는 더욱 심할 것이다.

가. 혼인동맹 이전과 이후의 왕권의 위상(位相)

즉위를 하여도 혼인동맹 이전에는 백성들로부터 아직 정식 왕권을 행사하는 것으로 보이지 않으니 왕이 아니라 왕세자로 볼 가능성이 있다. 따라서 사신을 전국에 보내 혼인동맹이 이루어졌음을 만 천하에 공표해야 왕권을 인정받는 것이다. 따라서 혼인동맹 이전에는 자신의 영역만 통치하게 되므로 다른 나라에서는 관심이 없으나, 혼인동맹 이후에는 혼인한 지역까지 통치하는 형식을 갖추게 되므로 그 효과가 주변 여러 나라에 큰 파장을 미치게 된다. 즉 주변 국가에게 중요한 것은 즉위가 아니라 혼인동맹이다.

나. 중원 국가의 책봉 문제

내부적으로 왕권의 추인을 받기 때문에 오늘날 UN과 같은 역할을 했던 중원 국가에 사신을 보내 책봉을 요구할 필요가 없다. 그러니 국제무대에서 왕의 존재가 잘 보이지 않고 오히려 실권을 가진 지방 세력가의 존재가 더 잘 보이게 된다. 국경 분란이 발생해도 중앙정부가 아니라 지방 세력가가 스스로 해결하고 중앙정부는 이를 사후 추인하는 정도의 역할에 머무르게 된다. 또 지방 세력가들이 각기 군사를 이끌고 와서 중앙정부군의 깃발 아래 모여도 막부 치하의 일본처럼 지휘는 각자 하게 된다.

책봉이 필요한 경우도 있을 수 있다. 무엇인가 부족하여 왕권이 흔들리는 경우다. 예를 들면, 왕족이 아닌 사람이 혼란기에 왕이 되어 정통성이 필요한 경우나, 즉위는 하였으나 강력한 지방 세력가와 혼인을 못 했거나, 또는 혼인은 하였지만 혼인한 상대가 강력한 지방 세력가가 아닌 경우 등이다. 이 경우 중원 국가에 책봉이라도 요구하여 이것으로 자신의 약점을 보완하여 왕권의 안정을 꾀하려 할 것이기 때문이다.

다. 주변 국가에 대한 영향

두 개의 큰 나라가 국경을 접하지 않고 있으면 한쪽이 혼인동맹을 통하여 왕권의 행사를 천명해도 별 문제가 되지 않는다. 하지만 국경을 접하는 경우 한쪽이 혼인동맹을 통하여 두 나라의 중간에 위치한 주변 지방 세력들의 복속을 요구한다면 다른 대국은 이를 자신들을 위협하는 침략 행위로 볼 것이다. 어제까지만 해도 중립적이거나 자신들의 통치권 하에 있다고 여겨지던 지역들이 일제히 고개를 숙이고 이웃 나라의 통치권에 빨려 들어가게 된다면 이는 묵과할 수 없는 도전 행위로 인식될 것이기 때문이다. 이를 그냥 두었다가는 국가 해체의 수순을 밟을지도 모르는 일이라고 판단하게 된다.

지방 세력과 혼인동맹을 맺어 왕권을 유지하는 이 담로(다물)제도는 본래 부여에서 온 것으로 고구려는 국초에 이를 버렸다. 즉 고려가 신라의 골품제도를 극복하는 방향으로, 조선은 고려의 장원제도를 극복하는 방향으로 국가 방향을 설정하였듯이, 고구려는 부여의 담로제도를 극복하는 방향으로 국가 방향이 설정된 것이다. 그런데 그 부여의 담로제도로 고구려의 목을 죄어온다면 참을 수 없다. 고구려는 중대한 도전행위로 인식하고 국가 수호 차원에서라도 이를 막으려 들 것이다.

제29장 진왕제의 구조

1. 삼국지 동이전의 辰王 기록 검증

질문 왕과 왕세자의 구별

(가) 판독에 약간의 다른 견해가 있지만 칠지도를 준 사람은 百濟〈王世子〉奇生聖音으로 백제왕이 아니라 왕세자입니다. 왕이 아니라 왕세자가 칠지도를 보낸 이유는 무엇입니까?

(나) 4세기 후반에 백제 왕세자 여휘가 동진으로부터 도독이자 진동장군 백제왕의 직위를 받습니다.[1] 여휘가 왕이 아니라 왕세자를 칭한 이유가 무엇입니까?

(다) 5세기에 5명의 왜왕이 중국 남조정권과 교섭하는데 4명은 왜왕인 데 비하여 興만은 왜 왕세자입니다. 興이 왕이 아니라 왕세자를 칭한 이유가 무엇입니까?

삼국지 倭조에서 가장 중요한 것이 倭여왕 비미호 기록이라면 韓조에서는 辰王 기록이다. 이는 진왕 기록이 삼한의 정치체제의 근간에 해당하는 것이기 때문인데 지금까지 이에 대한 수백 편의 논문이 나왔다. 고대사를 연구하는 사람치고 辰王에 대한 견해를 안 낸 사람이 없을 정도로 많은 견해들이 나왔지만 아직도 辰王이 무엇인지 불확실한 것이 현실이다. 모

1) 東晋 孝武帝 太元 11년(386): 여름 4월, 以 百濟〈王世子〉 餘暉 為 使持節都督鎮東將軍 百濟王

든 진왕 기록의 원전인 삼국지 한전의 진왕에 대한 기록이 다음과 같다.[2)]

(1) 〈辰王〉治月支國(또는 目支國)

(2) (변진한의) 其十二國屬〈辰王〉

(3) 〈辰王〉常用馬韓人作之 世世相繼 〈辰王〉不得自立爲王 (진왕은 항상 마한 사람이 대대로 잇는다. 진왕은 스스로 왕위에 오르지 못한다)

위 구절 중 (1)번에 대해서는 별다른 이견이 없고, (2)번은 다소의 이견이 존재한다. 큰 이견은 (3)번의 기록에서 발생하며, 특히 마지막의 '부득자립위왕'이라는 구절을 두고 수많은 논쟁이 있어 왔다. 그간의 수백 가지에 이르는 학설 중 그래도 상당히 공유하는 견해를 찾아보면 다음과 같다.

가. 진왕은 금강 유역에 있었다.

목지국의 위치에 대하여 경기 지역이나 전남북 지역으로 보는 견해도 나오기는 하나 대다수는 금강 유역, 그 중에서도 충남 지역으로 비정한다. 금강 유역은 지리적으로 마한의 중심일 뿐 아니라 삼한을 보더라도 통치의 중심이다.

월지국과 목지국 중에는 목지국이 옳다. 목지국이라는 이름의 기원에 대해서는 천관우의 '목지'는 미추홀의 '미추'라는 발음을 한자로 옮긴 것이라는 견해가 가장 타당하다고 생각한다.[3)] 즉 비류가 세운 백제가 국초에 멸망하기는커녕 3세기 중반에 진왕을 배출하고 있었다는 것이다. 따라서 미추홀의 초기 위치도 자연스럽게 아산만으로 정리된다.[4)]

만일 비류가 세운 백제가 1세기에 멸망했다면 수백 년 후에까지 시조

---

2) 김상훈, 재미있는 영산강 유역 고대사 (호남 지역 씨그랜트사업단, 2008).

3) 천관우, 『가야사연구』 p.231 (일조각, 1997).

4) 『삼한사의 재조명 1』 p.439, 제23장. 2. 미추홀의 위치비정.

신화를 남기지 못했을 것이다. 비류가 세운 백제는 4말 5초에 고구려 광개토왕의 공격을 받아 백제본기에 부여씨가 출현하는 시점인 영락 17년에 최종적으로 멸망하였다.[5)]

나. 진왕은 삼한의 가장 큰 왕이다.

삼국지 한전을 보면 목지국에 치소를 둔 辰王을 제외하고는 뚜렷한 왕급의 통치자가 보이지 않는다. 수많은 소국이 존재하나 이들 소국의 통치자도 왕이 아니라 신지(大臣)나 험측이다. 삼국지 한전이 이야기하는 한 辰王은 삼한의 거의 유일한 최대의 지도자다. 辰王이라는 말 자체가, '신'이나 '진'이 크다는 뜻이어서, 여러 왕들 상위에 위치한 大王이라는 의미다.

다. 진왕은 별 실권이 없었다.

삼한의 가장 큰 왕이라는 진왕이 실제로는 스스로 왕이 되지 못할(자립위왕을 못할) 정도로 별다른 실권이 없었다는 것이다. 왜 자립위왕을 못하는지, 자립위왕을 하려면 어떻게 해야 되는지에 대한 문제가 진왕 논쟁의 핵심이다. 아마 주변 여러 나라의 추대를 받아 왕위에 오르는 것이 아닌가 하는 정도의 추측이 나왔을 뿐 아직 확립된 견해가 없다.

이에 대한 해석이 어렵다보니 혹시 삼국지를 편찬한 진수가 마한왕이나 진한왕을 진왕으로 잘못 쓴 것이 아닌가 하는 견해까지 나왔다. 실제로 여타 중국 사서에는 진왕과 진한과 진한왕이 혼용하여 쓰이기도 한다. 하지만 원전은 모두 진왕이었다.[6)]

---

5) 『네티즌 고대사』 제5부, 광개토왕비로 삼국사기 읽는 법
『삼한사의 재조명 1』 p.503, 6. 백제에 부여씨 출현.

6) 『晉書』는 『梁書』·『北史』보다 조금 늦은 648년 무렵에 편찬되었는데, 3史는 모두

又〈辰韓王〉常用馬韓人作之,世相係,〈辰韓〉不得自立爲王.明其流移之人故也,恒爲馬韓所制.

— 梁書 新羅傳

又〈辰韓王〉常用馬韓人作之,世世相傳,〈辰韓〉不得自立王.明其流移之人故也,恒爲馬韓所制.

— 北史 新羅傳

〈辰韓〉常用馬韓人作主,雖世世相承,而不得自立.明其流移之人,故爲馬韓所制也.

— 晋書 韓傳

〈辰韓〉…其王常用馬韓人作之,世世相係襲.〈辰韓〉不得自立爲王,明其流移之人故也.

— 通典 辰韓

〈辰韓〉…其王常用馬韓人作之,世世相係襲.〈辰韓〉不得自立爲王,明其流移之人故也.

— 文獻通考 辰韓

자, 이제 내가 답변할 차례다.[7] 무령왕릉지석을 보면 무령왕은 사마왕(섬왕, 島君)이라 불렸는데, 이는 곤지가 461년에 백제왕실의 여인을 데

唐 太宗 貞觀(627~649) 연간의 사서들이다. 貞觀 연간은 중국의 전통적인 史館制度가 완성된 시기로 晋·南北朝史 등의 왕성한 편사 작업이 이루어졌는 바, 당시 구성된 史館의 修史官들은 상당 부분 중복되었을 것이며, 그에 따라 3史 사이의 답습 내지 전재가 자주 확인된다. 辰弁韓의 辰王과 관련한 기사에서도 『梁書』·『北史』·『晋書』는 거의 공통된 내용을 전하고 있는데, 사료2(삼국지 동이전 변진한조)의 辰王이 貞觀 연간의 3史에서는 모두 辰韓王 내지 辰韓으로 수정되었던 것이다. —박대재, 「三國志 韓傳의 辰王에 대한 재인식」, 한국고대사연구, 제26권, 2002, p.33.

7) 2006년 1월 10일 히스토피아에 처음 발표함.

[그림 2] 무령왕릉지석, 6세기 초, 국보 163호. 무령왕릉은 한일 고대사에서 스스로의 증표에 의해 주인이 밝혀진 유일한 능이다.

리고 왜국으로 건너가던 중 중간의 섬에서 태어난 왕이라는 뜻이다(영동대장군 백제 사마왕은 62세인 계묘년(523) 5월 7일에 붕어하시어 을사년(525) 8월 12일에 대묘에 모시었다. 왼쪽과 같이 기록하여 둔다[8]). 개로왕이 웅략천황을 세운 후[9] 무령왕도 계체천황을 세운다.[10]

일본서기는 웅략 5년조(461)에 곤지의 도왜를 적어놓았는데 그 직전인 웅략 1~5년의 기록을 읽어보면 다음과 같다.

(1) 왕자들이 스스로 진왕(왜왕)이 되지 못하는 상태가 장기간 계속되고 있다(不得自立爲王). 대신 그들은 마한(백제) 왕실의 여인이 오기만을 목이 빠져라 기다리고 있다.

---

8) 寧東大將軍 百濟〈斯麻王〉 年六十二歲 癸卯年 五月 丙戌朔 七日壬辰 崩到 乙巳年 八月 癸酉朔 十二日甲申 安登冠大墓 立志如左

9) 『삼한사의 재조명 1』 p.545. 제27장. 후기진왕시대로의 전환, 4. 곤지회상.

10) 『네티즌 고대사』 pp.393-396, 계체천황의 즉위.

(2) 서기 461년(웅략 5년), 마한왕(개로왕)이 왕실의 여인(무령왕의 어머니)을 마한인(곤지)에게 주어 진왕(왜왕)으로 세우고 있다. 그리고 이것이 세습되고 있다.

(3) 다음 해인 462년이 되면 그 진왕(왜왕)은 중국 남조국가인 宋에 사신을 보내 자신이 7국도독(진왕)이 되었음을 자처한다.

이로부터 왜 왕세자 興은 백제왕실의 여인을 왕후로 세우지 못하여 자립위왕하지 못했으나, 왜왕 武는 백제왕실의 여인을 왕후로 세울 수 있어서 자립위왕하였다는 것을 알 수 있다. 이제 왜 興[11]이 왕이 아니라 왕세자를 칭해야 했는가를 알 수 있다. 자립위왕하지 못한 진왕은 대외적으로 왕세자를 칭해야 했던 것이다.

우리는 삼국지 한전의 진왕 기록이 정확하였다는 것을 알 수 있다. 단, 삼국지가 한 가지 빠뜨린 것이 있다면 진왕이 자립위왕하는 방법을 적지 않은 것인데, 만일 적는다면, 진왕은 마한 왕실[12]의 여인을 왕후로 세우고 자립위왕하였다고 적어야 할 것이다.

2. 진왕제의 왕력 기재법

가. 왕의 시호와 대수

왕세자였으나 자립위왕하지 못하고 죽은 시변황자의 재위기간이 웅략

---

11) 興을 시변압반황자(磐坂市邊押羽皇子)의 사촌이며 안강을 죽인 미륜왕으로 보는 시각도 있으나, 안강천황이 시변압반황자에게 왕위를 전하려 하였다는 구절 및 현종천황조에서 시변황자를 선왕이라 부르고 있으며, 그의 후손들을 천황식으로 나열하는 등 천황에 준하는 대우를 하고 있는 것으로부터 흥을 시변황자로 본다.
12) 마한 소국 중에 가장 강한 나라를 뜻한다.

의 재위기간에 포함되어버리는 것으로부터 자립위왕하지 못하고 퇴위하면 진왕의 시호나 대수가 주어지지 않고, 그 이전이나 이후에 자립위왕한 진왕의 통치기간에 흡수되어버린다는 것을 알 수 있다. 시변황자의 재위기간이 웅략의 재위기간에 흡수되어 버렸듯이 토도태자의 재위기간은 선왕인 응신의 재위기간에 흡수되어 버렸다.

일본서기를 보면 왕은 재위 2년 안에 자립위왕하는 것을 볼 때 진왕제에서는 재위 2년째가 왕의 피를 말리는 해였음을 알 수 있다. 재위 2년째까지 자립위왕하지 못하면 왕권이 흔들리는 것은 물론 최악의 경우 쫓겨날 수도 있다는 뜻이다. 따라서 근초고왕이 재위 2년째에 조정좌평 진정에게 권력을 양도한 이유도 알 수 있다.

이제 왜 통치자가 적어도 5~6명 되는 1, 2세기 백제 3루왕(다루왕－기루왕－개루왕) 시대에 왕이 단 3명뿐인가도 알 수 있다. 그 이유는 이 시기는 일본서기식 원형적 진왕제에 따라 왕력을 기록했기 때문이다. 즉 자립위왕에 성공하여 백제왕의 시호와 대수를 받은 왕이 3명뿐이었기 때문이다. 개루왕 사후 통치자는 무려 35년을 자립위왕하는 데 실패함으로써 진왕제가 사라지고 초고왕부터는 삼한백제의 담로국으로 지위가 떨어지고 만다.

약 2백 년의 담로국 시대를 거쳐 다시 4세기 후반에 자립위왕에 성공하고 백제왕을 칭하는 근초고왕부터는 자립위왕에 관계없이 시호와 대수를 주는 변모된 한성백제식 개량형 진왕제를 실시하였다고 생각된다. 근초고왕이 어떻게 자립위왕하였는가는 나중에 다룰 것인데, 강력한 소국과 혼인관계를 맺고 자립위왕하였으리라는 것은 추정할 수 있다. 따라서 근초고왕조의 20년의 기록 공백이 자립위왕을 못해서 발생한 문제라면, 이 기록 공백은 자립위왕을 위한 소국과의 외교관계가 나타나면서 깨져야 논리적으로 타당하다.

나. 왕과 왕세자의 구분

왜 칠지도를 보낸 사람이 백제왕이 아니라 백제 왕세자인지도 알 수 있다. 227년에 가야 7국을 평정할 때는[13] 진왕과 세자가 함께 있었는데, 태화 4년인 230년에 칠지도를 보낼 때는 통치자가 왕세자를 칭하는 것으로 보아 227년과 230년 사이에 진왕의 교체가 있었고, 새 진왕은 칠지도가 전해지는 230년 9월 당시에는 아직 자립위왕하지 못하고 있었던 것이다.

즉위 시기를 좀 더 구체적으로 지적하면 다음과 같다. 일본서기를 보면 즉위한 해나 다음 해에 왕후를 세우고 자립위왕하는 것이 원칙이다. 따라서 새 진왕은 신공 51년(229)이나 52년(230)에 즉위했을 가능성이 크다. 외교적으로 판단하면 칠지도는 가야 7국을 평정한 선왕이 처리했어야 할 사항이었다. 그런데 자립위왕도 하지 않은 상태에서 칠지도를 보내는 것으로 보아 신공 52년(230)에 진왕의 교체가 이루어졌다고 생각한다. 새 진왕은 자신이 권력을 장악하자마자 이전 진왕이 남긴 왜왕 책봉 사안부터 서둘러 해결한 것이다.

- 신공황후 49년(227); 泰和 1년; 가야 7국 평정. 왕과 왕세자가 모두 존재.
- 신공황후 50년(228); 泰和 2년
- 신공황후 51년(229); 泰和 3년
- 신공황후 52년(230); 泰和 4년; 칠지도가 보내짐. 왕세자만 존재.

칠지도가 보내진 태화 4년에 새 진왕이 들어섰다고 보기 때문에, 즉위하자마자 4년이라는 연호를 쓰는 것은 상식에 어긋나므로 이는 泰和가 백제의 연호가 될 수 없다는 뜻이기도 하다.

왜 386년에 진왕 여휘가 백제왕이 아니라 백제 왕세자를 칭해야 했는

13) 『삼한사의 재조명 1』 p.233, 제12장. 전기가야의 멸망.

가도 알 수 있다. 그는 어떤 사정에 의하여 즉위 후 2년이 지나도 자립위왕하지 못했으며, 자립위왕이 어려워지자 이런 전통적 제도 대신에 중원국가의 책봉을 통하여 자립위왕하려고 했던 것이다. 여휘가 386년에 백제왕의 책봉을 받은 것은 즉위 후 3년 이상 되었다고 판단되므로 그의 즉위는 383년 이전인 근구수왕 시기였음을 추정할 수 있다.

응신과 인덕은 즉위한 해가 아니라 다음 해에 왕후를 세운다. 따라서 즉위 후 1년 동안은 대외적으로 왕세자를 칭했을 것이다. 시변황자는 안강이 죽고 왜왕이 된 후 4년 동안을 자립위왕을 못하고 왕세자 자격으로 왜국을 통치하다가, 자립위왕한 곤지에게 죽음을 당하고 진왕제 기술원칙에 따라 왕위와 재위기간마저 인정받지 못한 것이다.

여휘는 14세 진왕이고 그 다음 진왕이 일본서기에 15세 천황으로 기록된 응신이다. 일본서기 응신의 기록은 광개토왕에게 잔국이 토벌되기 직전인 응신 6년(395)까지는 모두 한반도 기록이고, 삼국사기 백제본기에 왜국이 최초로 등장하는 응신 7년(396)부터는 모두 일본열도 기록이다. 5세기 일본서기는 기본 골격이 천황의 자립위왕과 관련된 이야기들이다. 5세기 중국 남조국가에 나타나는 왜 5왕의 기록들도 모두 자립위왕과 관련된 내부 문제들이다. 5세기 왜국에서는 왕의 자립위왕이 가장 큰 문제였던 것이니 왕비 기록이 그렇게 복잡한 것이다.

다. 전기진왕시대 시대 구분

백제왕은 진왕제하에서 자립위왕에 성공한 왕에게 주어지는 호칭이었다. 삼국사기 백제본기를 보면 건국 초부터 3루왕 시대 마지막인 개루왕까지는 백제왕을 쓰는 시대로서 자립위왕한 시대이다. 하지만 초고왕부터 계왕까지는 백제왕을 쓰지 못하는, 즉 자립위왕에 실패한 시기이다. 그리고 근초고왕부터 다시 백제왕의 호칭을 쓰는 시기로서 자립위왕에 성공한 시기이다. 따라서 5세기 초 구이신왕 이전의 전기진왕시대는 진왕제 실시 여부를 기준으로 다음처럼 3기로 시대를 구분할 수 있다.

[표 1] 한성백제 전기진왕시대 시대 구분.

시대 구분	진왕제 실시 여부
1. 온조왕 – 개루왕 5년	원형적 진왕제 실시 시기
(기록 공백 35년)	
2. 초고왕 – 계왕(설왕)	진왕제 불실시 시기
(기록 공백 20년)	
3. 근초고왕 21년 – 전지왕	개량형 진왕제 실시 시기

전기진왕시대에 해당하는 백제본기에는 2개의 큰 기록 공백이 존재한다. 개루왕 후반기의 35년 공백과 근초고왕 전반기의 20년 공백이다. 이 2개의 공백을 경계로 크게 3기로 구분된다. 이 중에 한반도에서 분리해나간 집단이 실시한 일본서기의 진왕제는 온조왕–개루왕조의 '원형적 진왕제'와 유사하다고 생각되며, 근초고왕부터 시작되는 '개량형 진왕제'는 이로부터 상당히 변모한 것으로 보인다. 삼국사기의 기록 공백이 아무렇게나 존재하는 것이 아님을 알 수 있다.

라. 백제본기의 第二子

백제본기의 제2자란 표현도 이런 맥락에서 이해할 수 있다. 동성왕의 사촌동생인 무령왕은 백제본기에 동성왕의 제2자로 기록되고 있다.

4. 〈武寧王〉, 牟大王之〈第二子〉也

둘은 생물학적인 관계로 따지면 4촌 간이나 왕통으로 따지면 무령왕의 어머니가 매개체가 되어 연결된 사이다. 이로부터 알 수 있는 것은 실제로는 부자관계가 아니지만 진왕제 혹은 담로제도에 의해 왕통이 계승된 관계이면, 즉 어떤 여인이 다리를 놓아 간접적으로 연결된 관계이면, 실제 관계가 조손관계든, 형제관계든, 남남이든 무엇이든 상관없이 제2자로 기록된다는 뜻이다.

백제본기에 제2자가 이 외에도 네 번이 더 나온다.

1. 〈古尒王〉, 蓋婁王之〈第二子〉也
2. 〈比流王〉, 仇首王〈第二子〉
3. 〈近肖古王〉, 比流王〈第二子〉
5. 〈惠王〉, 明王〈第二子〉

삼국사기는 근초고왕을 비류왕의 제2자라 하였는데 이는 부자관계가 아니라는 뜻이다. 대신 두 가문 사이는 어떤 여인이 다리를 놓아 연결하고 있을 것이다. 고이왕도 마찬가지로 개루왕의 제2자라 하였는데 이는 부자관계는 아니나 고이왕 가문이 개루왕 가문의 여인과 어떤 관련을 맺고 있을 것이다. 혜왕 역시 명왕의 생물학적 아들이 아님을 알 수 있다.

3. 辰王제의 통치방식

진왕은 부여왕처럼 전체의 정신적인 지도자다. 따라서 진왕제를 채택하면 즉위하였다고 전체의 왕이 되는 것이 아니라, 강력한 소국의 여인을 왕후로 세우면 대외적으로 왕을 칭하는 것이고 그렇지 못하면 왕세자를 칭하는 것이다. 이를 삼국지 동이전은 진왕은 스스로 왕이 될 수 없었다고(강력한 소국의 도움이 없이는 진왕 행세를 할 수 없었다고) 기록한 것이다. 즉 자신의 영역인 목지국만 통치하느냐, 아니면 형식적으로라도 삼한 전체의 통치자가 되느냐는 즉위가 아니라 자립위왕으로 결정된다.

이는 그 근원을 따져보면 부여에서 온 담로제의 흔적으로, 진왕제를 담로제의 왕실계승방식이라 할 수도 있고, 담로제를 진왕제의 지방통치 방식이라 할 수도 있다. 진왕이 각 지역을 통치하는 방식은 그 지역에 지방관을 파견하여 통치하는 중앙집권적인 방식이 아니라, 그 지방의 유력자와 혼인을 하고 그 유력자에게 그 지역의 통치를 위임하는 방식인데 이를 담로제도라 한다. 고구려 초기에 비류국을 복속시킨 후 비류국 왕 송양의 딸이 고구려 왕자 유리에게 시집을 오고, 대신에 고구려는 비류국 왕이었던 송양에게 비류국을 계속 다스리도록 하는 것과 같다. 이 방식은 훗날 고려를 건국한 태조가 전국의 유력 호족과 혼인한 후 그 호족들에게 그 지역에 대한 통치권을 위임한 것과 같은 계통이다.

국가가 건국되어 왕권이 강하면 지방 유력자의 누이나 딸을 데려다 왕비로 삼고 두 세력이 결합을 하는데, 시간이 지나면서 중앙집권이 아니라 점차 지방 세력이 강해지고 왕권은 명예직처럼 된 것이다. 이런 현상은 훗날 고려 무신정권 시기와 일본의 막부 시기에 나타났다. 진왕이 명목상의 권력을 가진 존재로 전환되면 진왕의 세자가 자동적으로 다음 진왕이 되는 것이 아니라 가장 강한 소국의 여인을 왕후로 세운 왕자가 다음 진왕이 된다. 실권을 가지고 있었던 마한왕의 입장에서는 진왕의 왕족 중에 가장 우호적인 사람을 택하여 자기 가문의 여인을 시집보내면 그 사람이 진왕이 되는 것이기 때문에, 결국 차기 진왕을 자신이 세우게 된다.

만일 마한왕이 보기에 진왕의 왕자들이 모두 마음에 안 들면 자기 휘하에 있는 장군 한 명에게 왕실의 여인을 주어 진왕의 양자로 들여보내면 된다. 물론 장군의 신분도 중요하여 마한왕실 출신이어야 할 것이다. 그러면 그 장군이 진왕이 되는데, 형식적으로는 삼한의 제일 어른이므로 마한왕보다 위 서열이 되지만, 실질적으로는 마한왕의 꼭두각시에 불과한 것이다. 즉, 힘이 없으면 허망한 것이 진왕이다. 하지만 이런 경우에도 진왕실(辰朝)의 입장에서는 마한왕이 자신들에게 장군을 바쳤다고 기록할 것이다. 일본서기를 보면 곤지(왜왕 武)는 윤공천황(왜왕 濟)의 양자로 들어간다. 따라서 그의 법적인 아버지는 윤공천황이며 생물학적 아버지는 백제 비유왕이다. 일본서기를 보면 웅략이 자립위왕하지 못한 왕자들을 무자비하게 죽이는 것을 볼 때, 진왕제하에서 자립위왕하지 못한 왕자들의 목숨은 모두 자립위왕한 진왕에게 달려있음을 알 수 있다.

일본서기를 보면 응신과 동년배이거나 오히려 나이가 더 많은 인덕이 응신의 4번째 아들로 되어 있다. 이것은 두 사람의 관계를 조작하기 위하여 그렇게 쓴 것이 아니고 왕력에 입적된 순서로 쓰다 보니 그렇게 된 것이다. 따라서 일본서기를 볼 때 아들이 여럿 있으면 장자로 갈수록 친자일 가능성이 크고 말자로 갈수록 양자일 가능성이 크다. 웅략은 윤공의 5번째 아들로 되어있는데 이것도 왕력에 입적된 순서이다. 실제로 일본서기에서 장자와 차자를 제외하면 대부분은 왕력서술에 의한 양자들이다.

진왕은 금강 유역의 목지국에 도읍하고 2세기 중반까지는 마한 지역만을 통치하였다. 따라서 이들이 2세기에 요서에 나갈 때 마한으로 불린 것은 당연한 일이다. 삼국사기를 보면 신라는 2세기 후반 이후는 진한 지역에 진출하지 못한다. 따라서 진왕이 마한 지역을 넘어 진한 지역을 통치하는 것은 2세기 후반이고, 신라본기를 보면 가야가 공격받아 사라지는 것이 3세기 초이므로 변한 지역까지 통치하는 것은 3세기 초이다.[14] 이로써 3세기 초에 한반도 중남부에 삼한체제가 확립되고 후한서와 삼국지는 동이전에 이를 기록하게 된다.

14) 『삼한사의 재조명 1』 p.182, 제10장. 한예의 강성과 삼한체제의 확립.

4. 백제본기의 왕자 호칭 구분

I 그룹 : 원형적 진왕제 실시 시기 ― 일본서기와 유사

다루왕: 太子, 元子

기루왕: 元子

개루왕: 子

II 그룹 : 진왕제 불실시 시기 ― 삼한백제의 담로국시대

초고왕: 子

구수왕: 長子

고이왕: 第二子

책계왕: 子

분서왕: 長子

비류왕: 第二子

설왕(계왕): 長子

III 그룹 : 개량형 진왕제 실시 시기 ― 삼한백제와 경쟁시대

근초고왕: 第二子

근구수왕: 子

침류왕: 元子

진사왕: 仲子

아신왕: 元子

전지왕: 元子

구이신왕: 長子

IV 그룹 : 후기백제 시기 ― 담로제 쇠퇴기

비유왕: 長子, 庶子

개로왕: 子
문주왕: 子
삼근왕: 長子
동성왕: 子
무령왕: 第二子
성왕: 子
위덕왕: 元子
혜왕: 第二子
법왕: 長子
무왕: 子
의자왕: 元子

비유왕 이후 진왕제는 폐지되었으나 왕자의 호칭이 여러 가지로 나오는 것을 볼 때 왕력의 기술방식은 이전의 진왕제를 따른 것으로 보인다. 자립위왕이 불가능하여 담로국으로 지냈던 2그룹 시기에는 元子가 없고 모두 長子뿐이다. 따라서 元子는 왕을 자립위왕시킨 왕비가 낳은 맏아들을 일컫는 말이고, 長子는 자립위왕하지 못했을 때 맏아들을 일컫는 말임을 알 수 있다.

예를 들면, 자립위왕한 백제왕은 다음과 같은 비를 가진다고 생각하자.

1. 제1부인[15)]
2. 제2부인
3. 제3부인 — 왕을 자립위왕시킨 왕비, 순서상 제1비로 기록됨.
4. 제4부인

만일 제3부인이 낳은 맏아들이 왕이 되면 元子라 적는다. 그리고 제3부

---

15) 첫 부인을 일본서기에서는 元妃라 부르며 황후 다음으로 중요시한다.

인이 낳은 둘째 아들이 왕이 되면 진사왕의 경우처럼 仲子라 적는다. 무령왕릉을 보면 왕비는 아들인 성왕과 동년배의 젊은 여인으로 성왕의 생모가 아니다. 이 경우 백제본기는 그냥 子로 기록한다. 따라서 위에서 제1부인이 낳은 아들이 왕이 되면 그냥 子라 적을 것이다.

구이신왕은 전지왕의 長子이고 삼근왕은 문주왕의 長子인 것을 볼 때 그들의 부왕인 전지왕과 문주왕은 자립위왕을 못했다는 것을 알 수 있다. 비유왕은 전지왕의 동년배이므로 서자가 맞는데 서자는 지배층이 완전히 바뀐 경우다. 즉 왕통이 바뀐 경우다. 백제본기는 삼한백제왕실이 일본열도로 떠나버리자 진왕제를 부정하는 입장에서 백제본기를 기술하였다. 하지만 왕자의 호칭만은 마지막까지 진왕제의 기술원칙을 따랐다고 생각된다.

조금 더 보도록 하자. 말갈백제의 건국자인 고이왕의 후계자는 長子가 아니고 子이다. 따라서 책계왕은 맏아들이 아니라는 것을 알 수 있다. 아마도 개국에 공이 큰 왕자가 아니었나 생각된다. 반면에 왕통이 안정되자 등장한 후계자인 분서왕은 長子인데 이는 맏아들이다. 이렇게 보면 백제는 특별한 상황이 아니고는 장자상속이 원칙이었음을 알 수 있다.

동성왕은 곤지의 장남도 아니고 둘째 아들이다. 동성왕은 곤지를 자립위왕시킨 왕비의 아들이 아니므로 元子는 될 수 없다. 따라서 삼국사기는 그냥 子라 적는다. 무령왕의 생물학적 아버지는 개로왕이나 어머니가 곤지에게 시집을 감으로써 법적인 아버지는 곤지다. 즉 곤지가 왜왕 武(웅략천황)로 왜국에 가던 해이므로 무령왕은 461년생이다.[16)]

일본서기에서 볼 때 곤지는 윤공천황(왜왕 濟)의 양자이므로 그의 아버지는 왜왕 濟이다. 하지만 생물학적으로 보면 아버지는 비유왕이다.

---

16) 무령왕은 461년에 태어났는데 그의 지석이 523년에 62세로 崩하였다고 하므로 6세기 백제왕실에서는 태어나면 1살이 아니라 0살을 주었음을 알 수 있다.

문주왕 시기에 왜국에서 귀국한 곤지는 정변에 실패하여 죽어 왕이 되지 못한다. 하지만 만일 개로왕의 동생인 곤지가 왜국에서 귀국하여 문주왕이나 삼근왕 대신에 왕이 되었다면, 곤지는 개로왕과 무령왕의 어머니로 연결되어 왕위를 계승한 관계이므로, 백제본기는 '곤지왕은 개로왕의 제2자야'라고 기록했을 것이다. 개로왕 역시 元子나 長子가 아니고 子인 것을 볼 때 새 왕조를 창업한 비유왕의 아들 중에 공이 컸던 사람일 것이다. 결국 백제본기가 기록한 왕자의 호칭만 보고 있어도 백제사가 보인다.

5. 백제본기의 서제

第二子가 元子에 비하여 정통성이 떨어지는 표현이듯 庶弟란 그냥 弟에 비하여 정통성이 떨어지는 표현이다. 그럼에도 불구하고 왕력에 서제라고 썼다는 뜻은 무엇인가 하고 싶은 이야기가 있는 것이다. 서제가 백제본기에 3번 나오는데 모두 (1)왕통이 자주 바뀌던 4, 5세기에만 나오며, (2)제2인자였던 내신좌평을 임명할 때 나온다. 이 내신좌평들은 모두 왕권을 능가하는 실질적 권력자들이었다.

비류왕 18年(321); 봄 5월, 以王 **庶弟** 〈優福〉爲〈內臣佐平〉
아신왕 3年(394); 봄 2월, 拜 **庶弟** 〈洪〉爲〈內臣佐平〉
전지왕 3年(407); 봄 2월, 拜 **庶弟** 〈餘信〉爲〈內臣佐平〉

이런 경우 삼국사기가 일정한 원칙에 의해 기록되었다고 보면 이 중 하나만 확실히 알면 된다. 첫 번째인 비류왕의 기록을 보면 그는 고이왕계가 아니라 초고－구수왕계이다. 성은 부여계인 解씨로 추정된다. 반면에 우복은 優씨로 고이왕계이다. 따라서 성이 다른 왕통인 것이다. 즉, 서제는 두 지배층이 결합하여 권력을 분점하는 것으로 볼 수 있다. 따라서 삼국사기 백제본기는 성이 다른 왕통인 경우에는 서제라는 표현을 썼던 것으로 보인다. 아신왕조에 나오는 서제 홍은 성이 없는데 당시 내신좌평에 오를 실력자라면 아마 말갈계인 眞씨이거나 優씨일 것이다.

전지왕조에 나오는 여신은 물론 부여씨이다. 이 전지왕 3년, 즉 영락 17년에 남해안의 삼한백제 마지막 세력이 고구려군에게 무너지고 등장하는 내신좌평 여신이 삼국사기에 기록된 최초의 부여씨다. 영락 17년의 전투는 그해 정월이어서 시기도 맞다.[17] 부여씨는 한반도 남부 출신이다. 전지왕의 姓은 또 다른 부여계인 解씨로 추정된다. 이전의 백제본기에 왕의 친척들이 여럿 나타나도 부여씨는 전혀 없는데 이는 왕이 부여씨가 아니었기 때문이다.[18] 여신이 한성백제에 나타난 지 1년 만에 상좌평이란 최고 직책을 만들어 취임한 후 송나라에 사신을 보내 백제사 최초로 백제왕으로 책봉을 받는다. 송나라의 기록은 여영[19]이라 하여 전지왕을 부여씨로 기록하고 있지만 삼국사기에는 성은 없고 이름만 있다. 이는 김부식이 본 삼국사기의 원사료에 이름만 나오고 성이 없었기 때문일 것이다.

6. 무령왕의 30대 젊은 왕비

무령왕은 501년에 40세로 백제왕이 되고, 23년 동안 재위하다 523년에 62세의 나이로 죽는다. 그런데 그의 능에서 발견된 왕비는 치아를 분석한 결과 30대의 젊은 여인이었다. 좀 더 자세히 말하면 능에서 사람의 어금니가 한 개 나왔는데 30대 여자의 것이었다. 따라서 이 어금니는 합장한

---

17) 『삼한사의 재조명 1』 p.503, 6. 백제에 부여씨 출현.

18) 한성백제왕통은 〈해씨 → 우씨 → 해씨 → 부여씨 → 모씨 → 부여씨〉로 이동한다.

19) 餘映인데 전지왕이므로 餘腆이 옳다. 실제로는 解腆이었을 것이다. 본문 p.107, 5. 근초고왕의 성씨

왕비의 것으로 추정하는 것이다. 무령왕릉을 축조한 사람은 그의 아들인 성왕인데 무령왕릉에 묻힌 왕비는 그와 거의 동년배다. 따라서 학계는 이 여인을 통상 무령왕의 둘째 부인으로 본다. 하지만 여기에도 문제가 있다. 왜 큰 부인이 아니고 둘째 부인이 왕 옆에 묻히느냐이다. 아들인 성왕 입장에서도 자신을 낳은 생모를 합장해야지 대신에 젊은 둘째 부인을 합장하는 것은 언뜻 생각하면 상식에 어긋난다.

신라의 왕통을 비롯한 지배층의 변화를 이해하려면 골품제에 대한 이해가 필수적이다. 하지만 골품제에 대한 연구는 아직도 미완성이다. 신라 멸망의 한 원인으로 골품제의 한계를 들 정도로 고려의 건국정신은 골품제를 부정하는 데 있다고 해도 과언이 아니다. 신라의 지배층에 대한 이해의 기본이 골품제라면 백제의 지배층에 대한 이해의 기본은 진왕제다. 백제 진왕제는 삼한백제 정부가 일본열도로 이동하면서 5세기 이후 한반도에서는 쇠락하여 점차 사라졌다고 생각한다. 하지만 4백 년을 이어온 제도가 하루아침에 아무런 흔적도 없이 사라지기는 어려운 것이다. 5세기 이후 백제에서 진왕제가 완전히 사라졌다고 생각하지 않고 일부 왕에게는 적용되었을지 모른다고 보는 이유는 다음과 같다.

(1) 6세기의 22담로

진왕제란 담로제가 발전하여 왕실의 왕위 계승에까지 영향을 미치게 된 것이다. 즉 담로제가 진왕제 실시의 바탕이다. 그런데 6세기 초에 백제에는 아직도 담로가 다 철폐되지 않고 22개나 남아있었다.

(2) 무령왕과 혜왕의 第二子

중국사서에 나오는 22담로에 해당하는 삼국사기 기록이 第二子이다. 제2자란 왕통이 담로관계에 의하여 계승된 경우를 말하기 때문이다. 담로관계에 의하여 왕통이 계승될 때는 실제 관계가 무엇이든 상관없이 第二子가 되는데 무령왕은 동성왕의 제2자로, 혜왕은 성왕의 제2자로 기록되고 있다.

(3) 동성왕의 신라 여인과의 결혼

동성왕은 재위 15년째 신라 이찬 비지의 딸과 혼인하는데 이는 담로제의 유풍이다. 즉 본래 의미는 신라가 백제의 담로국이 된다는 뜻이다.

(4) 성왕의 딸과 진흥왕의 결혼

신라가 강성해지자 동성왕과는 반대로 성왕의 딸이 진흥왕에게 시집을 간다. 신라는 이것이 과거 진왕제의 유풍임을 알았을 것이다.

(5) 서동요의 존재

서동요란 스스로 왕이 될 수 없는 무력한 백제 왕자가 구시대의 풍습인 진왕제에 의해 신라 왕실의 여인을 왕후로 세우고 왕이 되어 보기 위한 몸부림이다. 즉, 7세기까지도 백제에서 진왕제가 유효하였다는 뜻이다.

고려태조는 20여 명의 부인이 있었는데 첫 번째 부인은 자신이 무명시절에 맞이한 평민의 딸이지만 둘째 부인부터는 대 호족들의 딸들이다. 첫 번째 부인은 자식도 낳지 못하고 세력가들의 등쌀에 못 이겨 궁에서 쫓겨났다. 하지만 오늘날 북한에 있는 고려 태조 능에서 태조 옆에 누워 있는 여인은 첫 번째 부인이다.

결국 성왕은 백제왕실의 풍습에 따라 자신의 생물학적 어머니 대신에

법적 어머니(아버지를 자립위왕하게 만든)인 왕후를 합장한 것이다. 만일 과거로 돌아가 무령왕릉에 묻힌 여인에게 당신이 누구냐고 물어본다면 그녀는 “나는 백제의 왕후(왕비)요”하고 답변할 것이다. 또 능을 쓴 성왕에게 당신과 동년배인 이 여인이 누구요 하고 물어본다면 그 역시 “나의 어머니오”하고 답변할 것이다. 왕릉의 지석도 그녀를 百濟國王大妃라 칭하고 있는데 이는 옳은 말이다.

이 원칙은 왜국에서도 적용되어 웅략의 아들이자 동성왕의 동생인 청령천황이 훗날 웅략의 능에 왕비를 합장해야 한다면, 자신의 생모인 ‘한원’이 아니라 법적 어머니, 즉 곤지의 왕후이자 무령왕의 생모인 ‘초향번사희’를 합장했을 것이다. 진왕제가 이리도 복잡하니 당시 왜국에서도 백성들이 그들 사이의 관계가 도대체 뭐가 뭔지 모르겠다고 하고 머리를 흔들었던 것이다.[20]

7. 담로제의 특징

중국사를 보면 통일 후 왕족을 각 지역에 봉하고 임기의 제한이 없는 통치권을 준다. 그런데 임기가 없다보면 이들은 통치자의 지위를 세습하게 되고, 시간이 더 지나면 중앙정부와 단절되거나 나아가 중앙정부를 위협하는 세력으로 성장하게 된다. 지방의 통치자가 중앙정부를 무너뜨리고 왕이 된 경우가 종종 있는데, 본래 북경 지역의 통치자였던(연왕) 명나라의 영락제가 대표적인 예이다.

그래서 중앙정부는 통일 후 왕권이 안정되는 시기가 되면 과거에 봉했던 지방의 통치자들을 폐하고 중앙에서 임기가 정해져 있는 전문 관료들을 통치자로 파견하게 된다. 그리하여 통일을 완성하는데, 이 과정에서

---

20) 무열천황 4년(501); 百濟新撰云。... 故百濟人號爲主嶋 今案嶋王 是〈蓋鹵王〉之子也 〈末多王〉是〈琨支王〉之子也 此曰異母兄 未詳也。

전반부가 봉건제이고 후반부가 군현제이다. 그리고 주나라처럼 군현제 없이 봉건제로 끝난 경우도 있다.

그러면 담로제(다물제, 소국제)는 무엇인가? 이에 대하여 삼국사기가 상세히 설명하고 있다. 삼국시대 개막기의 고구려본기를 보면 비류국이 어떻게 고구려에 통합되었는가를 설명하고 있다. 비류국 마지막 왕인 송양이 고구려 건국자인 동명왕에게 눌려 자신의 딸을 동명왕의 아들에게 시집보내 양측이 혼인을 맺고, 이 혼인을 바탕으로 자신이 본래 통치하던 비류국의 자치권을 보장받는 것이다. 따라서 송양의 권력은 자신의 딸의 권세에 의지하여 유지되는 것이다.

담로제는 나말여초에도 나온다. 신라의 마지막 왕인 경순왕이 고려의 건국자인 태조에게 자신의 딸을 시집보내 양측이 혼인을 맺고, 이 혼인을 바탕으로 경순왕이 자신이 본래 통치하던 경주 지역의 자치권을 보장받는 것이다. 따라서 경순왕의 권력은 자신의 딸의 권세에 의지하여 유지되는 것이다.

담로제가 봉건제나 군현제와 가장 다른 점은 봉건제나 군현제는 통일을 이룬 다음에 실시하는 지방통치제도인 것에 비해, 담로제는 통일을 이루어가는 과정에 만들어져 통일 후까지 유지되는 지방통치제도라는 점이다. 삼국사기에서 고구려 동명왕에서 시작하여 신라 경순왕에서 끝나는 담로제가 가장 꽃을 피웠던 나라가 백제였다. 특히 1~4세기의 삼한백제와 그의 후신인 5세기의 왜국이었다.

삼한백제가 마한-변한-진한의 삼한 지역을 통합하는 과정에서 도입한 제도가 담로제인데, 구체적인 내용은 삼국사기를 통하여 알아볼 수 있다. 담로제에 따라 종주국이 소국을 통합하면 어떤 과정을 거치는가는 신라가 왜국(임나가야)의 담로국이 되어 삼한의 진한에 들어가는 298~343년 사이의 신라본기나, 한성백제가 삼한백제의 담로국이 되어 그 통치를 받는 근초고왕의 첫 1, 2년 기록을 참고하면 알 수 있다.

전쟁에 진 신라 유례이사금은 폐위된다. 유례이사금 아들 대신에 구 왕족 중 한 명이 기림이사금으로 즉위하나 그는 실세가 아니고 이찬 장흔이 실세가 되어 신라를 통치한다. 기림이사금이 죽었으나 그의 아들이 아니고 구 왕족 중에서 새로운 왕을 세우니 그가 흘해이사금이다. 기림이사금이나 흘해이사금은 제사를 지내거나 구휼활동을 하는 정신적 지도자가 된다. 이찬 장흔이 죽고 아찬 급리가 다음 실세 통치자가 되는데 그는 장흔의 아들이 아니다. 장흔은 종주국과 혼인을 못했으나 급리는 자신의 딸을 종주국인 왜국왕의 왕세자비로 보내고 이를 배경으로 신라를 통치한다.

고대국가에서 왕족과 왕비족은 왕권을 받치는 양대 기둥이다. 따라서 왕비 기록이 빠질 수 없다. 신라는 대부분의 기간이 삼한이 아니었기 때문에 왕비 기록이 거의 살아남았다. 신라본기에서 왕비 기록이 나올 수 없는 곳은 신라가 진한에 들어가 한의 다른 소국과 혼인한 경우다. 따라서 삼한사를 삭제할 때 왕비 기록이 함께 빠지게 된다.

이상의 내용을 요약하면 삼한백제의 삼한지역 통일시 담로국이 되고 또 유지되는 과정은 다음과 같다.

(1) 담로국이 된 소국의 구 통치자를 폐위한다.
(2) 구 통치자의 아들을 제외하고 다른 구 왕족 중에서 새 통치자를 세우지만 통치권은 박탈한다.
(3) 실권을 상실한 왕은 정신적 또는 종교적 지도자의 역할을 맡는다.
(4) 관료 중에 한 명을 선택하여 그에게 통치권을 준다.
(5) 그 관료는 자신의 딸이나 누이를 종주국 왕실 가문에 시집보내고, 왕후가 된 자신의 딸이나 누이의 권세를 배경으로 소국을 통치한다.

(6) 실세 관료의 지위는 세습되지 않는 것이 원칙이다.[21)]

이상의 내용은 백제본기로도 판단이 가능하다. 분서왕이 갑작스럽게 암살당하는 통에 그의 어린 아들 대신에 다른 인물이 왕이 되니 그가 4세기 전반의 한성백제를 통치한 비류왕이다. 비류왕은 고이왕 이전 왕통인 구수왕 계열의 여인을 자신의 가문에 들임으로써 삼국사기는 그를 구수왕의 제2자로 기록하게 된다.

비류왕이 죽자 왕위는 이전에 즉위하지 못한 분서왕의 아들에게 돌아가니 그가 계왕[22)]이다. 계왕이 왕위를 찾아온 것을 보면 이는 대단한 인물이라고밖에 표현할 수 없다. 그런데 그는 2년 만에 퇴위한다. 일본서기를 보면 재위 2년째까지 자립위왕하여야 왕권이 공고해지며, 그렇지 못하면 신라본기 기림과 흘해이사금조처럼 2년째는 권력을 상실한다. 그리고 한성백제는 다음과 같은 수순을 밟는다.

삼한백제는 계왕의 아들이 아니고 구 왕족 중에 한 명을 선정하여 명목상의 한성백제왕으로 즉위시킨다(근초고왕). 이 왕은 비류왕의 둘째 아들로 기록된 것을 볼 때 역시 비류왕 가문과 어떤 여인을 매개로 연결된 것이다. 각료 한 명(조정좌평 진정)이 실권을 가지는데, 이 각료는 자신의 딸 혹은 누이를 진왕의 "왕후"로 들여보내 혼인을 맺고, 왕후가 된 자신의 딸 혹은 누이의 권세를 배경으로 한성백제를 통치하게 된다. 따라서 한성백제에서는 조정좌평 진정이 臣智(엄지, 大臣)가 된다.

담로제하의 소국에 항상 왕이 존재하는 것은 아니다. 왕통을 폐하고 아예 세우지 않는 경우도 있는데 남가야(수로왕 가야)가 여기에 해당한다. 대가야와 남가야는 1세기라는 비슷한 시기에 건국되어 6세기 비슷한

21) 세습되면 강력한 권력자가 등장하는데 한성백제왕이나 마한왕, 변한왕, 진한왕 등이 이에 해당한다.

22) 설왕으로 읽기도 한다.

시기에 신라에 통합되어 사라지는데, 대가야는 합리적인 숫자인 16명의 왕이 있는 반면에, 남가야는 왕이 10명으로 6명이나 적다.[23] 대가야는 227년에 멸망하고 5세기 초에 재건국되는 약 180년 동안 명목상의 왕이 존재하였지만, 남가야는 그 180년 동안에, 즉 이시품왕과 좌지왕 사이에 왕이 아예 없었기 때문이다.

담로제하에서 항상 명목상의 왕과 실세 관료가 분리되어 등장하는 것만은 아니다. 왕이 직접 종주국과 혼인을 맺고 신지가 되어 소국을 통치하는 경우도 있는데 이런 신지는 세력이 점차 막강해져서 나중에는 종주국을 능가하게 된다. 이것이 3세기 중후반에 발생한 현실이다. 소국 중에 마한 지역의 마한왕과 진한 지역의 진한왕은 스스로 외교권을 행사한다. 그리고 마한왕이 자신에게 호의적인 인물로 진왕을 세우게 되었을 것이다.

마한왕이 진왕을 세우는 방법은 일종의 혼인동맹으로 진왕의 왕족 중에 자신에게 가장 호의적인 인물을 골라 그 사람에게 자기 왕실의 여인을 출가시키면 되는 것이다. 그러면 진왕의 왕족은 실세인 마한 왕실의 여인을 왕후로 세워 삼한의 여러 소국들로부터 진왕의 권위를 인정받는 것이다. 마치 무신정권의 실력자 딸과 혼인하였던 고려왕이나, 막부의 최고 실권자 딸을 왕비로 택해야 했던 일본의 천황과 유사한데 이것이 소위 진왕의 자립위왕이다.

만일 마한의 공주가 진왕의 제3자에게 시집을 갔음에도 불구하고 진왕이 제1자를 후계자로 세우면 제3자는 합법적으로 진왕 위를 찬탈할 수 있는 명분을 가지게 된다. 마한왕에게 요청하여 군사를 동원하여 힘으로 진왕 위에 오르면 그만이다. 따라서 마한왕의 동의가 없으면 왕이 되었어도 자립위왕하지 못하는 것이다. 이때 진왕은 왕후를 세우지 못하면 왕이 아니라 왕세자 신분으로 통치하게 된다.

---

23) 『삼한사의 재조명 1』 p.322, 4. 금관가야 10대와 대가야 16대의 차이.

웅략조를 보면 다음 왕인 청령천황을 웅략의 왕후가 아닌 원비 한원의 아들로 그대로 기록하고 있다. 반면에 윤공(왜왕 濟)의 양자로 들어온 웅략 자신은 왕후의 제5자로 기록된다. 즉 진왕제에서는 실제로 왕위를 잇는 경우에는 사실대로 기록하고, 양자가 왕위를 잇는 경우에는 왕비 중 왕후의 아들로 기록하는데, 아들로 입적된 순서대로 적는다. 웅략의 네 왕비 중에 제1비인 왕후는 가장 나중에 왕비가 된 무령왕의 어머니다. 이는 자립위왕 시 세우는 왕비의 순서가 결혼한 순서가 아니라 신분 순서, 즉 친정의 세력 순서라는 뜻인데 이는 자립위왕의 기본적인 성격과 관련하여 지극히 당연한 일이다.

응신의 양자인 인덕의 경우도 같다. 토도태자가 자립위왕을 못하고 죽었으므로 그에게는 왕의 시호와 대수를 주지 않고, 그의 재위기간은 아버지인 응신의 재위기간을 연장하여 포함시켜버린다. 그리고 진왕이 된 인덕은 응신의 왕비 중 한 명의 아들로 입적한다. 응신의 제4자라는 것은 친아들인 토도태자를 비롯하여 왕력에 들어간 순서다. 따라서 인덕은 응신보다도 나이가 많지만 진왕제의 서열상으로는 토도태자의 동생이 된다. 일본서기의 5세기 천황들 중에 중국풍 표현을 써서 가장 요란하게 치장한 인물이 인덕과 웅략이라 한다. 이 둘은 현 백제왕실의 여인을 왕후로 세우고 자립위왕한 인물들로 진왕제로 보면 가장 정통성이 큰 왕들이었다.

반면에 자립위왕하였으나 약점이 있는 왕들은 권력이 불안하여 5～6년마다 왕이 바뀌었다. 따라서 허약한 왕권의 약점을 보완하고자 4세기 후반에 진왕 여휘가 했던 것처럼 중국 남조국가에 책봉을 요구하게 된다. 여기서 말하는 약점이란 크게 3가지다.

(1) 왕 자신의 신분이 낮아 왕족이 아닌 경우.

(2) 왕후를 세웠으나 왕후의 신분이 낮아 '황후'가 못되고 '황비'나 '황부인'이 되는 경우.
(3) 아예 왕후를 세우지 못하는 경우. 즉 대외적으로 왕세자를 칭해야 하는 경우.

진왕의 신분이 얼마나 중요했는지는 칠지도가 보여준다. 칠지도를 보낸 진왕은 즉위 직후라서 비록 자립위왕은 못했으나 다음 기록으로 그 약점을 보완하고 있다(百濟王世子 **奇生**聖音). 자신이 자립위왕을 못한 진왕(성음)이지만 그냥 진왕이 아니라 출신이 특출한(奇生) 진왕이라는 것이다. 즉 자신이 진왕이 되기에 출신에 전혀 문제가 없는 왕족이라는 것을 밝히고 있는 셈이다. 하지만 신분이 충분조건은 아니었다. 5세기 일본서기에서 왕권을 자신의 생물학적 아들에게 물려준 사람은 인덕과 웅략 정도였는데 인덕의 아들 이중과 웅략의 아들 청령은 왕위를 오래 유지하지 못했다.

자립위왕하지 못하고 죽은 응신의 아들인 토도태자는 403년 응신이 죽은 이후부터 408년에 인덕에게 제거될 때까지 5년 동안 통치하였으나 그의 통치기간은 앞의 응신의 재위기간에 흡수되었다. 또 자립위왕하지 못하고 웅략에게 제거된 시변황자(왜 왕세자 홍)는 5년 간의 재위기간이 웅략의 재위기간에 흡수되었다. 진왕제하에서는 자립위왕하면 왕세자시기를 포함하여 모두 자신의 재위기간이 되지만, 자립위왕하지 못하고 죽으면 진왕의 대수를 받지 못하며, 그 앞이나 뒤의 진왕 통치기에 흡수·합병된다는 것이다. 따라서 자립위왕하지 못한 왕이 많을수록 왕의 평균 재위기간은 길어지고 그 결과 진왕제를 유지하기 어려워진다.

또 어느 소국에서도 왕비를 보내주지 않으면 역시 자립위왕할 수 없다. 백제왕, 즉 진왕을 칭했던 3루왕 시대의 한성백제는 비류가 세운 금강 유역의 백제와 마찬가지로 초창기에는 담로국 여인을 받아 왕위에 오르는 진왕제를 실시하며 서로 경쟁했던 것 같다. 그런데 3루왕 시대에 한강 유역의 백제는 말갈과 신라 외에는 정복하거나 접촉한 나라도 없다. 반면에 2세기 신라본기 일성이사금과 아달라이사금조를 보면 주변에 백제나 가야나 왜가 아닌 어떤 다른 거대한 힘이 밀려온다. 어느 세력이 주변의 소국들을 담로화하고 있는 것이다. 길선의 망명 사건은 그 연장선상에 있다. 3루왕 시대에 주변 소국 정복에 실패한 한성백제는 금강 유역의 삼한백제와의 경쟁에서 패하여 왕비를 보내줄 소국이 신라를 제외하고는 별로 없었던 것이다.

백제본기를 보면 온조왕시기에 경기 지역 전체를 통치하는 큰 나라였고 3루왕 시대에는 충북 지역까지 통치력을 뻗친다. 그러다 초고왕부터는 경기 지역의 일부를 통치하는 한(마한)의 1국으로 처지가 변하는 것이다. 한반도로 건너온 후 부여인들 중에 한 집단을 이끌던 비류는 금강 유역에, 또 다른 한 집단을 이끌던 온조는 한강 유역에 자리를 잡았다. 이 외에 여러 다른 집단도 있었을 것이나 가장 큰 2개의 집단만 시조가 살아남았다. 국초에는 비류가 세운 나라나 온조가 세운 나라나 국력이 비슷하였으나, 3루왕 시대를 거치며 국력의 차이가 벌어져 초고−구수왕 이후에 온조가 세운 나라는 비류가 세운 나라의 담로국이 된 것이다.

8. 진왕제에서 천황제로

삼국지 한전의 변진조는 12 소국이 있는데 그 소국의 통치자를 왕이라 하지 않고, "큰 자의 이름은 '신지'이고, 다음은 '험측'이라 하고, 다음은 '번예'라 하고 다음은 '살해', 다음은 '읍차'라 한다"하여 보는 사람에게 이상한 느낌을 준다.[24] 즉 삼한전에 나오는 소국들은 일반적인 국가와 다르

24) 〈弁辰〉亦十二國 又有諸小別邑 各有渠帥, 大者名〈臣智〉 其次有〈險側〉 次有〈樊

다는 뜻이다. 그러면 왜 소국의 통치가가 왕이 아닐까? 이 기록은 삼국사기를 보아야 무슨 뜻인지 알 수 있다. 신라가 4세기 전반에 韓의 진한에 들어가는데 기림이사금과 흘해이사금이라는 왕이 있으나 이들은 제사를 지내거나 빈민을 구휼하는 등 정신적 또는 종교적 지도자일 뿐이고, 정치는 장흔이나 급리 같은 실세 관료가 하기 때문이다.

臣은 '엄'이라 읽는데 대장 혹은 우두머리라는 뜻이다. 智는 인명존칭어로 臣智는 '대장님'이란 뜻이다. 우리말에 남아있는 엄지손가락이 그 흔적이다. 엄지가 고유명사가 아니고 우두머리라는 보통명사이듯이 '험측'이나 '번예' 등도 보통명사가 아닌가 생각된다. 엄들 중에 큰 엄은 말 그대로 '큰엄'이고 한자로 쓰면 大臣이 된다. 일본서기를 보면 중앙관료인 숙녜를 큰엄(大臣)이라 부른다. 광개토왕 비문을 보면 영락 6년에 고구려군이 잔국을 토벌하고 大臣 10인을 잡아왔다고 하여 역시 삼국지 동이전의 큰엄이 등장한다. 큰엄이란 용어는 한국에서는 사라졌으나 일본에는 아직까지도 남아있다. 대신 중에서 책임자 대신은 총리대신이라 한다.

큰엄보다 더 큰 엄들 중에 최고의 엄은 성엄(聖音)이 된다.[25] 칠지도 명문의 百濟王世子奇生〈聖音〉에서 백제 왕세자는 모든 엄들을 통치하는 그들의 최고 지배자다. 삼한의 진왕도 3세기에는 마한왕이나 진한왕 같은 실세에게 외교권을 비롯한 권력을 이양하고 기림이사금이나 흘해이사금 같은 종교적·정신적 지도자의 형태를 띠어 가는데, 이는 BC 1세기 이전 부여사의 흔적이다. 당시 진왕은 영락없는 부여왕의 모습으로 전쟁터에 나가서도 왕이 직접 군대를 지휘하는 것이 아니고 정신적 지도자로서 승리를 위한 의식을 거행하는 것이다.

濊〉 次有〈殺奚〉 次有〈邑借〉(각각에 長帥들이 있어 큰 자는 이르기를 엄지라 하고 작은 자는 이르기를 읍차라 하였다.) —『삼국지』「한전」

25) 聖音을 해석하지 못하여 音자를 동진과 결부시켜 晋이나, 불교와 결부시켜 德자로 바꾸어 읽는 경우가 있는데 금석문은 항상 판독이 먼저다.

반면에 고구려사에는 그런 전통이 거의 없다. 고구려 말기에 연개소문 같은 실권자가 등장하여 왕을 대신하여 정치를 하지만 고구려사 전체를 보면 잠깐이다. 고구려 제2대 유리왕의 모습에서 보듯이 왕이 직접 군대를 지휘하고 최전선에서 싸우다 죽는 것이다.[26] 한성백제 역시 3루왕 시대를 제외하고는 왕이 최전선에서 군대를 지휘하는 고구려사의 전통을 따른다. 근구수왕을 보면 자신이 직접 전투를 지휘하고 있다. 신라 역시 마찬가지로 왕이 직접 전투에 나가서 군사를 지휘한다.[27]

227년에 가야 7국 평정을 기록한 일본서기 신공 49년조는 백제왕과 왕세자를 등장시키는데 이들은 전투를 직접 지휘하는 것이 아니고 승리를 위한 맹약을 한다(盟之).[28] 이는 한성백제왕과는 다른 제정일치 시대의 종교적 지도자의 모습인데 그 이유는 진왕이기 때문이다. 이런 진왕의 전통은 본래 부여의 풍습이었는데 본류보다 지류가 문화의 古形을 더 오래 간직한다는 문화계승의 일반 원칙에 따라 부여의 본류인 고구려에서는 이런 전통이 사라졌으나 지류인 삼한백제에는 오래 남게 된 것이다.[29]

삼한백제가 고구려에게 밀려 왕실이 왜국으로 이주한 후 이런 전통이 그 본류인 한국사에서는 사라졌으나 지류인 일본사에서는 남게 되었다.

---

26) 『삼한사의 재조명 1』 p.118. 1. 고구려왕 여율.

27) 당태종이 화살을 맞을 만한 최전선에서 전투를 지휘하는 것은 중국식 천자와는 거리가 먼 행위로 북방 유목민족의 풍습이다.

28) 신공황후 49년; 봄 3월, 是以百濟王父子 及荒田別 木羅斤資 等 公會意流村(今云州流須祇) 相見欣感 厚禮送遣之 唯千熊長彦與百濟王 至于百濟國登辟支山〈盟之〉復登古沙山 共居磐石上 時百濟王〈盟之〉曰 若敷草爲坐 恐見火燒 且取木爲坐 恐爲水流故居磐石而〈盟者〉 示長遠之不朽者也。

29) 백제와 고구려 멸망 이후에도 한국은 북으로부터 계속 이민이 들어와 그들과 함께 민족과 문화를 만들었으나 일본은 대륙으로부터 이민이 끊겨 자신들만으로 민족과 문화를 만들어야 했다. 그 결과 부여(천황제) 및 삼국시대 전통은 현재 일본이 한국보다 더 많이 가지고 있다.

제2차 세계대전 당시 일본의 천황은 직접 전투를 지휘하는 것이 아니고 승리를 위한 술을 보내는데 이것이 신공 49년조에 보이는 진왕의 흔적이다. 제2차 세계대전 발발 무렵에 일본의 아라키 대장은 "전 일본 민족에게 호소함"이란 팸플릿에서 일본의 참된 사명은 사해만국에 천황의 도를 널리 홍보하는 것이라는 말을 했다고 하는데,[30] 상식적으로는 이해가 안 되는 내용이나 20세기판 자립위왕한 진왕을 떠올리면 그럴 법도 하다.

후한서는 BC 3∼2세기에 조선에 기비왕과 기준왕이 등장하기 전에 이미 40여 대가 있었다고 하고 있다.[31] 1대를 25년 잡으면 천 년이고 30년을 잡으면 천이백 년이다. 즉, 후한서로 보면 한국사는 약 3500년이다. 이 계열의 왕은 부여왕이나 진왕 같은 제정일치사회의 정신적 지도자와 같은 통치자가 아니고, 전국시대 중국문화의 영향을 받아 실권을 가지고 직접 통치를 하는 왕으로 추정된다.

하지만 한국사에는 〈기자조선－위만조선－한사군－낙랑/대방－ 〉으로 이어지는 계보만 있는 것이 아니다. 한국사에는 또 다른 계열이 있었으니 〈고조선－부여－고구려/백제－ 〉로 이어지는 계열이다. 이는 진왕에서 부여왕으로 올라가는 계열로서, 종교적 지도자의 냄새가 물씬 풍기는 단군은 이 계열일 수밖에 없다. 삼국유사는 고구려 건국자인 동명왕을 단군의 아들이라고 하였는데, 이는 초기의 부여왕은 단군이라고도 불렸을 가능성을 시사한다.

단군을 연구하려면 첫 번째 고조선 계보에 있는 준왕이나 위만이 아니라, 두 번째 고조선 계보에 있는 진왕과 그 위의 부여왕을 연구해야 한다. 윤내현은 두 번째 계보만이 진정한 한국사라고 하였으나 우리에게는 둘 다 중요하여 어느 하나도 버릴 수 없는 역사다.

---

30) 루스 베네딕트 저, 박규태 역, 『국화와 칼』 p.52 (문예출판사, 2008).

31) 其後 四十餘世 至朝鮮侯〈準〉 自稱王. ㅡ『후한서』「동이전」〈예〉조

오늘날 일본의 천황제는 다음처럼 5단계를 이어져온 것이다.

(1) 단군 → (2) 부여왕 → (3) **辰王** → (4) 왜왕 → (5) 천황

한반도 남부의 진왕이 바다를 건너 일본열도를 정복한 후 천황가를 이루었을 것이라는 주장은 이미 에가미 나미오(江上波夫)가 반세기 전에 제시하였다. 하지만 그는 이를 증명할 수 없었다. 이 책에서는 (3)단계인 진왕이 4말 5초에 일본열도로 이주하여 5세기에 (4)단계인 왜왕으로 변신하는 과정에 초점을 맞추어 설명하고자 한다.

제 VII 부

삼국사기의 진왕제

[그림 3] 서울시 송파구 석촌동의 기단식 적석총. 3~4세기, 요동 지역 고구려의 전형적인 무덤으로 이 주인들이 3세기 초에 남하하여 서울·경기문화의 바탕을 형성하였다.

제30장 3루왕의 자립위왕

1. 백제 3루왕 시대의 기본문제

나는『삼한사의 재조명 1』에서 고이왕 출현 이전의 초기 백제사에 대하여 다음 3가지를 이야기하였다. 하나는 1세기 초 온조왕(BC 18~AD 28)조의 기록, 또 하나는 2세기 초 3루왕 시기(다루-기루-개루; 28~166)의 기록, 마지막 하나는 3세기 초 초고-구수왕 시기(166~234)의 기록이었다. 이를 잠시 요약해보면 다음과 같다.

가. 1세기 初 韓王체제의 종식과 辰王체제의 성립

1세기 초에 한반도 최대 세력인 마한의 한왕체제가 요서에서 바다를 건너온 부여인들에 의해 무너지고 새로운 진왕체제가 수립되었다.[1] 이것이 동양사 최초의 해양국가인 백제의 성립이다. 삼국사기 백제본기의 온조왕조는 마한의 한왕체제가 무너지고 새로운 진왕체제가 등장하는 과정을 아주 상세하게 기술하고 있다.

나. 2세기 초 요서에 마한 등장

3루왕 시대 기록의 신빙성에 대한 1차적인 증명은 대외적인 면에서 이루어진다. 3루왕 시대의 외치는 주로 말갈과 접촉하는 것이다. 기루왕대에 나오는 백제 다섯 장군의 기록에 해당하는 기록이 다음처럼 자치통

1)『삼한사의 재조명 1』p.143, 4. 후한서와 삼국지가 기록한 마한의 멸망.

감에도 독립적으로 나옴으로써 양 사서가 일치하는 것이다.[2)]

> 孝安皇帝 建光 元年(121); 十二月, 高句驪王宮 率 **馬韓·濊貊** 數千騎 圍玄菟, 夫餘王 遣子 尉仇台 將二萬餘人 與州郡並力討破之. 是歲宮死 子遂成立.
>
> — 자치통감

2세기 초인 고구려 태조왕조를 보면 마한이 2번이나 나타나 고구려와 연합하여 後漢과 전쟁한다. 이는 본래 삼국사기의 원사료에는 없던 기록으로 김부식이 자치통감 등 중국사료를 보고 더 정확히 쓴다고 적어 넣은 것이다.

하지만 중국사료만 보아서는 1세기에 멸망한 마한이 왜 2세기에 요서에 등장하는지를 알 수 없다. 삼국사기 백제본기 기루왕조를 보면 건국 이래 백 년 동안 계속 백제를 공격해 오던 말갈이 2세기 초에 갑자기 공격을 멈춘다. 그리고 고구려 태조왕조를 보면 후한의 압력을 받던 고구려의 왕이 3개월 동안 남쪽바다를 장기 순행하고 돌아오고, 이 직후 요서에 마한의 군대가 나타나는 것이다.

이 기록은 신라본기를 통해서도 확인할 수 있다. 이 무렵 신라가 말갈군의 공격을 받자 신라의 지마이사금은 백제 기루왕에게 도움을 요청한다. 백제가 다섯 장군을 보내 신라를 구원하려한다는 소문이 돌자 이를 들은 말갈군은 곧 물러난다.

이 자치통감의 기록은 당시 한반도 북부를 누가 통치하고 있었는가를 보여준다. 요서의 마한군 출현은 당시 한반도 북부를 낙랑이 통치하고 있었던 것이 아니고, 낙랑을 넘어 말갈군을 자유롭게 움직이던 고구려가 통치하고 있었다는 뜻이다. 이로부터 대동강 유역의 낙랑은 별다른 군사

---

2) 『삼한사의 재조명 1』 p.182, 1. 고구려 태조왕조의 마한.

적 능력이 없는 지역, 즉 경제무역지대로 추정되는 것이다. 중원왕조가 고구려를 공격할 때 동원하는 낙랑은 모두 요동의 낙랑이다. 고구려사나 낙랑사를 연구하는 사람은 이 백제의 다섯 장군 기록을 빠뜨려서는 안 될 것이다.

이 기록이 중요한 또 하나의 이유는 말갈의 공격으로부터 안전해진 백제가 이후 한반도 통일에 나서기 때문이다. 나는 『삼한사의 재조명 1』에서 이후 백 년 동안 백제가 한반도 통합에 나서, 3세기 중반에 마한, 진한, 변한으로 이루어진 삼한체제를 완성하는 과정을 보였다.3)

다. 3세기 초 대방군 설치로 인한 한반도 북부로의 민족 대이동

3세기 초에 요동반도에 대방군이 설치됨에 따라 한반도 쪽으로 수많은 피난민이 발생하여 이들이 한강 유역에까지 내려오게 된다. 이리하여 3세기 초에 한강 유역에 대 혼란이 발생하게 되니 이것이 거의 백 년 만에 다시 나타나 백제를 공격하기 시작하는 말갈의 실체다.

이 대혼란은 이들 대방유민들에 의하여 한강 유역의 한성백제에는 고이왕조라는 새로운 정권이, 황해도 지역에는 대방국이라는 새로운 국가가 등장하고, 요동의 공손씨는 웅진의 삼한백제와 혼인을 맺음으로써 정리된다. 이들 말갈(대방유민) 군사력은 이후 백제연합의 주축 군사력이 된다.

이로 인하여 3세기 초 한강변에 요동 지역의 고구려묘제인 적석총이 등장하게 된다. 또한 풍납토성이 이때 축조를 멈추게 되는데 한강변의 다른 성들과 마찬가지로 말갈군에게 점령된 후 한성백제의 통치에 들어가게 되어 더 이상 방어할 적이 없어졌기 때문이다.

이상의 초기 백제 기록에서 보듯이 2세기 초 마한의 요서등장 기록의 배경과 대방군 설치 후의 한반도 상황을 기록한 3루왕 시대 및 초고-구

---

3) 『삼한사의 재조명 1』 p.191, 제10장. 3. 삼한체제의 확립시기.

수왕조 기록의 정확함은 더 말할 필요가 없다. 하지만 이 3루왕 시대의 기록은 치명적인 약점을 하나 안고 있으니 그것은 왕통문제다. 삼국사기 백제본기는 전체적으로 왕의 재위기간이 정상이나, 1~2세기 3루왕 시대만은 다음처럼 평균 46년으로 비정상적으로 길다.

2대: 다루왕: 28~77, 50년 재위
3대: 기루왕: 77~128, 52년 재위
4대: 개루왕: 128~166, 39년 재위

3루왕 시대 약 140년(28~166)에 이르는 시기를 3왕이 통치하였다는 것이다. 이는 1왕이 평균 46년을 통치한 것인데, 부자 간으로 상속되면 통상 재위기간이 길어 1대를 최대 30년으로 볼 수 있다고 하더라도 모순이다. 고이왕 같은 경우는 50년을 통치하였으나 이는 당대에 한한 것이다. 3왕이 계속 50년 가까이 통치할 수는 없는 법이다. 보통 통치기간이 140년이면 5~6명 정도의 왕이 필요하다. 따라서 사서기록의 가장 근본인 왕력이 모순되는데 어떻게 그 간에 실린 기록들을 다 사실이라고 말할 수 있겠느냐는 의문이 나오는 것은 당연하다.

나는 『삼한사의 재조명 1』에서 이 시기에 전기루왕과 후개루왕을 더하여 최소한 2~3명의 통치자가 더 있었음을 설명하였다. 하지만, 그렇다면 왜 3명만 백제왕으로 기록되었느냐는 설명하지 못했다. 김부식이 삼국사기를 편찬할 때 참조한 원사료에도 백제왕은 3명뿐이었을 것이다. 그 해답은 백제왕에 있다. 3루왕 시대는 백제왕을 칭한 시기다.

탈해이사금 7년(63); 겨울 10월, 〈百濟王〉拓地, 至娘子谷城 遣使請會王不行.(백제왕이 국토를 개척하여 낭자곡성까지 넓히고 사신을 보내 왕을 만나기를 요청했으나 왕은 가지 않았다.)

이후 2세기 후반 초고왕부터는 다시 왕이다. 백제본기의 왕이 다시 백제왕으로 불리는 것은 4세기 후반 근초고왕부터다. 그 사이에는 삼국사기에서 탈락된 금강 유역의 진왕만 백제왕이었다.

> 내물이사금 18년(373); 百濟 禿山城主 率人三百來投, 王納之 分居六部. 〈百濟王〉移書曰 "두 나라가 화목하여 형제처럼 지내기로 약속하였다. 그러나 지금 大王은 우리나라에서 도망간 백성들을 받아들였다. 이는 화친하자는 뜻과 크게 어긋나는 것이며, 대왕에게 기대했던 바가 아니다. 청컨대 그들을 돌려보내기를 바란다"는 내용의 글을 보내왔다.

3루왕 시대에 통치자는 여러 명이었으나 자립위왕에 성공한 통치자는 3명뿐이었다. 일본서기와 같은 원형적 진왕제의 왕력기재법에 따라 자립위왕에 성공한 왕에게만 시호와 대수를 주고 실패한 통치자는 그 앞이나 뒤의 자립위왕에 성공한 왕에게 통합시켜 버렸기 때문에 백제왕이 3명뿐인 것이다.

3루왕의 마지막인 개루왕 뒷부분을 통치하였던 후개루왕은 무려 35년 동안 재위하였으나 자립위왕하지 못한 채 퇴위하였다. 따라서 장기간의 진왕제 실패로 인하여 한성백제의 진왕제가 붕괴해버리고, 이후 마한 소국의 하나로 지위가 바뀌었다. 2세기 3루왕 시대 이후 한성백제의 통치자가 외부로부터 다시 백제왕이라 불리는 것은 4세기 후반 근초고왕부터이다. 국서를 보면 신라왕을 大王이라고 칭하고 있는데 이는 본래 여러 담로왕 위에 군림하는 삼한백제 진왕의 호칭이다. 근초고왕은 신라왕을 자신과 동등한 자격으로 불러주는 것이다. 본래 백제는 진왕을 대왕이라 하였고 고구려는 이에 대응하여 太王이란 호칭을 쓴 것이 아닌가 생각된다.

2. 다루왕의 자립위왕

3루왕 시기의 왕력이 상식과 어긋남은 온조왕의 아들인 다루왕부터 알 수 있다. 온조왕은 동명왕이 북부여를 탈출하여 고구려에 도착한 직후에 출생하여 BC 36년생으로 추정된다. 그러면 AD 28년에 죽었기 때문에 온조왕 말년인 온조 46년에는 약 64세다. 온조왕의 장자라는 다루왕이 온조왕이 장자로서는 아주 늦은 30세인 BC 6년경 태어났다고 가정해도 다음과 같은 이상한 점이 드러난다.

- 온조왕 13년(BC 6); 다루왕 출생
- 온조왕 28년(10); 16세에 태자가 됨
- 온조왕 46년(28); 34세에 즉위함, 온조왕이 64세에 죽음
- 다루왕 50년(77); 83세에 죽음

다루왕은 적어도 80세 이상 장수하였는데, 부자가 연이어 이렇게 오래 살고 오래 재위하는 것은 부자연스럽다. 50년 동안 재위하였다는 다루왕 기록은 실제로는 2명의 통치자 기록을 합한 것이라고 생각된다. 통치자가 교체되었을 지점은 다음처럼 추정된다. 신라와의 관계를 기준으로 삼는데 다루왕 11년을 끝으로 10년 동안 기록이 없다. 그리고 21년째에 기이한 기록과 함께 새 기록이 나타나는데 그 부분을 보면 다음과 같다.

1) 신라와의 평화기

다루왕 10년(37); 겨울 10월, 우보 〈흘우〉를 좌보로 삼고, 북부 진회를 우보로 삼았다. 11월, 지진이 났는데 우레 같은 소리가 났다.

다루왕 11년(38); 가을, 곡식이 잘 익지 않았기 때문에 백성들이 사사로이 술 빚는 것을 금하였다. 겨울 10월, 왕이 동서 양부를 순회하며 백성들

을 위무하고, 가난하여 자력으로 살 수 없는 자들에게는 일인당 곡식 두 섬을 주었다.

《기록 공백 10년》

2) 신라와의 전쟁기

다루왕 21년(48); 봄 2월, 왕궁 뜰에 있는 큰 홰나무가 저절로 말라 죽었다. 3월, 좌보 〈흘우〉가 사망하자 왕이 슬프게 울었다.

다루왕 28년(55); 봄과 여름이 가물었다. 죄수들을 재심사하고 사형수들을 사면하였다.
→ 새 왕이 들어서면 보통 행하는 의식임.

다루왕 36년(63); 겨울 10월, 왕이 낭자곡성까지 토지를 개척하였다. 신라왕에게 사신을 보내 만나기를 요청하였으나 신라는 거절하였다.

탈해이사금 7년(63); 겨울 10월, 〈백제왕〉이 국경을 낭자곡성까지 넓히고 사신을 보내 만나기를 청했으나 왕이 가지 않았다.

나는 다루왕은 기록 공백인 재위 11～20년 사이에 죽고 그 이후는 다른 사람이 통치한 것으로 본다. 그러면 다루왕이 온조왕이 20세일 때 출생하였다면 54～63세에, 30세일 때 출생하였다면 44～53세에 죽은 것이 되어 아주 합리적이다. 왕이 신하의 죽음에 대하여 다루왕 21년조 같은 큰 슬픔을 표시한 것은 백제사에는 없는 일이며, 고구려사에서는 신대왕이 자신을 세운 명림답부가 죽었을 때 이 정도의 슬픔을 표하였다. 흘우는 초기 백제 최대의 개국 공신으로 백제본기에 무려 이름이 5번이나 언급된다. 백제의 새 통치자는 흘우가 세운 사람이 아닌가 생각된다.

삼국사기 백제본기를 보면 다루왕의 왕후 기록은 없다. 그러면 다루왕의 왕후는 누구였을까? 그는 백제왕이라 불렸던 것으로부터 강력한 소국 출신의 여인을 왕후로 세우고 자립위왕하였다고 생각된다. 그런데 우리가 알 수 있는 것은 삼국사기에 신라와 고구려만 남았으므로 신라나 고구려왕실의 여인을 왕후로 세우는 것만 알 수 있다. 하지만 고구려 같은 강력한 대국이 한성백제의 담로국이 될 수는 없으므로 결국 삼국사기로는 왕후가 신라 출신이냐 아니냐만 알 수 있다.

다루왕조를 보면 신라와 사이가 안 좋다. 특히 백제왕이라 불리는 시기에도 안 좋다. 따라서 다루왕의 왕후는 신라 출신이 아니라고 판단한다. 당시는 삼한 중 마한만 백제의 통치하에 있었으므로 강력한 마한 소국의 여인이 다루왕의 왕후였을 것이다. 자립위왕한 해를 추정하라면 재위 28년으로 기록된 해다. 그 이유는 죄수를 재심하고 사형수들을 놓아주는데, 삼국사기는 가뭄 때문이라고 하지만 이것은 보통 새 왕이 즉위하면 하는 의식이기 때문이다. 2명의 통치자 중에 후자가 신라본기로부터 '백제왕'의 호칭을 받으므로, 후자만 자립위왕하여 다루왕이라는 시호를 받은 것이고, 전자는 왕호를 받지 못하고 후자에게 통합된 것이다.

3. 기루왕의 자립위왕

백제 기루왕조는 그 유명한 다섯 장군의 기록이 나오는 부분으로 자치통감에 이에 해당하는 구절이 나온다. 무려 52년에 이르는 기루왕조는 그 중간의 21년 조를 기준으로 크게 둘로 나뉜다.

기루왕 21년(97); 여름 4월, 二龍見漢江

이 기록을 기준으로 백제가 크게 바뀌는 것이 대 신라 기록이다. 앞은 전쟁이고 뒤는 친선이다. 용 두 마리가 출현한 것은 왕자들 사이의 싸움을 뜻한다. 앞의 다루왕은 강력한 마한 소국의 여인을 왕후로 세우고 자립위왕하였고 그의 아들인 기루왕이 즉위하였으나 무려 21년 동안 자립위왕하지 못한 것이다. 그 이유는 마한 지역이 금강 유역의 백제 진왕에게 다 넘어감에 따라 왕실 간 혼인을 맺을 만한 강력한 소국이 없었던 것이다. 그러면 변진한 지역에서 찾아야 한다. 변진한 지역의 대표적인 강국은 임나가야와 신라였다.

기루왕이 장기간 자립위왕하지 못하자 어느 다른 왕족이 왕위를 찬탈한 것으로 보인다. 그리고 그는 자립위왕에 성공하여 백제왕의 칭호와 함께 다루왕 다음의 백제왕으로서 대수를 받았다. 자립위왕하지 못한 이전의 왕은 21년 동안 재위한 뒤 자립위왕하고 백제왕의 시호를 받은 왕의 재위기간에 흡수되어 버려, 실제로는 2명의 왕이 한성백제를 통치하였으나 뒤의 자립위왕한 1명만 백제본기에 기루왕으로 기록된 것이다.

그러면 뒤의 백제왕은 어느 나라의 여인을 왕후로 세우고 자립위왕하였을까? 삼한사가 삭제된 삼국사기에서 우리가 알 수 있는 것은 한성백제와 혼인한 소국이 신라냐 아니냐 뿐이다. 용이 출현한 8년 후인 기루왕 29년 삼국사기는 다음과 같은 기록을 남기고 있는데 백제와 신라의 최초의 친선 기록이다.

- 기루왕 29년(105); 신라에 사신을 보내 화친을 요청하였다.
- 기루왕 37년(113); 신라에 사신을 보내 통하였다.
- 지마이사금 2년(113); 봄 3월, 백제가 사신을 보내 내빙하였다.

기루왕 29년은 경기/강원 지역에서 충청 지역으로 남하하던 신라가 경주에 도읍하여 한성백제와 더 이상 국경을 맞대지 않게 된 이후이다. 그 결과 적대관계를 청산한 것으로 생각된다. 더욱이 신라는 당시 가야라는 적들과 힘들게 싸우고 있었다. 따라서 기루왕은 파사이사금대부터 노력하기 시작하여 기루왕 37년에 마침내 신라왕실의 여인을 왕후로 세우고 자립위왕한 것이다.

> 지마이사금 14년(125); 봄 정월, 말갈이 북쪽 변경에 대거 쳐들어와서 관리와 백성들을 죽이고 노략질하였다. 가을 7월, 말갈이 대령책을 습격하고 니하를 넘어왔다. 왕이 백제에 글을 보내 구원을 청하니 백제가 다섯 장군을 보내 돕는다 하니 적병이 그 소문을 듣고 물러갔다.

신라가 국란을 당하여 백제에 구원을 청하고 백제가 기꺼이 돕는 것으로부터 두 나라의 관계를 추정할 수 있다. 따라서 신라왕들 중에 최초로 백제의 왕과 혼인을 맺은 사람은 113년의 지마이사금이다.

4. 개루왕의 자립위왕

삼국사기 백제본기의 2세기 중반 개루왕조는 모든 왕력 중에서 가장 기록 공백이 큰 부분이다. 39년 재위기간 동안 단 2년을 제외하고 나머지가 모두 기록의 공백이다.[4)]

- 개루왕 4년; 여름 4월, 왕이 한산에서 사냥을 하였다.
- 개루왕 5년; 봄 2월, 북한산성을 쌓았다. 《마지막 기록》

…
(공백)
…

- 개루왕 38년;[5)] 겨울 10월, 신라 아찬 길선이 반란을 도모하다가 발각

4) 천체나 기상현상은 제외한다.
5) 28년과 38년의 두 가지 판본 중에 38년이 옳다. 본문 p.433, 제47장. 잡언록, 6. 역사서에 대한 몇 가지 고찰.

되어 우리에게 도망쳐왔다. 신라왕이 글을 보내 돌려보내라고 청했으나 응하지 않았다. 신라왕이 화가 나서 군사를 동원하여 공격하였으나 모든 성이 나가지 않고 성벽을 굳게 하고 지키니 신라 군사들이 군량이 떨어져 돌아갔다.

• 개루왕 39년; 왕이 죽었다.

개루왕조는 개루왕 5년이 실질적으로 마지막 기록으로 그 해에 왕이 죽었다. 그리고 공백이 시작되는 것으로 보아 후반 35년을 통치한 왕은 자립위왕하지 못하여 왕의 시호를 받지 못하고, 앞에 5년 재위한 왕의 재위기간에 합해져버린 것이다. 5년을 재위한 개루왕은 자립위왕하였는데 신라와 관련된 특별한 기록이 없는 것으로부터 그의 왕후는 신라 출신이 아니라 마한의 다른 소국 출신이었을 것이다.

반면에 후반부 35년을 통치하였으나 왕의 시호를 받지 못한 왕은 자립위왕하지 못했다. 그런데 이와 관련하여 퇴위 전년도에 아주 중요한 기사가 있다. 신라 아찬 길선이 망명해온 것이다. 이로부터 우리는 개루왕 후반기를 다스린 왕이 길선의 딸을 왕후로 세우고 자립위왕하려고 하였으나 길선의 신분이 너무 낮아 자립위왕이 되지 못하였음을 추정할 수 있다.

신라 아찬 길선의 망명은 개루왕 후반기를 통치하였던 왕이 더 이상 자립위왕할 수 없게 되었고, 이로 인하여 그는 더 이상 희망이 없는 왕이 되어 퇴위하였을 것이다. 만일 길선이 반란에 성공하여 신라의 정권을 장악하였으면 백제본기는 개루왕조 다음에 또 한 명의 백제왕력을 설정하였을 것이다.

길선이 백제로 달아나자 신라의 아달라이사금은 3만 명에 가까운 군사를 동원하여 한강 유역 공격에 나선다. 한성백제만 치려면 수천 명으로도 공격이 가능하나 삼국지 동이전으로 볼 때 주변에 적어도 15개 정도의 마한 소국이 존재하므로 이런 대군이 필요한 것이다. 이는 역으로도 가능하다. 한성백제가 수만 대군을 가진 신라를 공격하는 데는 수천 명이면 충분하다. 한강 유역 마한 소국들이 모두 참전하였다고 보는 것이 타당하므로 신라가 방어해야 하는 백제군의 규모는 실제로는 수만 대군 규모가 되는 것이다.

개루왕대 후반을 통치한 왕은 무려 35년을 자립위왕하지 못하자 아예 진왕제가 사라지고 초고왕 이후에는 마한의 1개 소국으로 지위가 변경된 것이다. 이때부터 백제왕이란 금강 유역의 진왕을 뜻한다. 5세기 중국사서가 백제가 과거 韓 중에서도 마한의 1국이었다고 한 것은 2세기 초고왕 이후를 말한 것이다.

백제에 대하여 대륙의 요서와 양자강 유역에 영토를 가지고 있었음은 물론 동아시아 전역에 담로를 둔 강대한 해양국가였다는 주장과, 4세기까지는 단지 한강변 일부만을 통치하였던 마한의 1개 소국에 불과하였을 뿐이라는 주장이 있는데 둘 다 맞다. 3세기 한반도는 수많은 소국으로 이루어진 韓이라는 정치체제로 되어 있었고, 한강 유역의 한성백제는 그 중에 한 나라였다. 그런데 한성백제를 제외한 나머지를 지우다보니 3세기의 백제본기에 한반도에서 한강 유역만 나오게 된 것이다. 그리고 韓 전체는 금강 유역의 목지국에 위치하며 통치하던 辰王이란 통치자를 받들고 있었다. 그 辰王이 가야제국을 통합할 때 군사를 보내 협조한 왜왕을 책봉하는 칼을 보낸 것이 칠지도다. 칠지도를 보면 辰王의 공식 호칭은 백제왕이었다. 즉 중국사서에서 韓이라 불리던 나라의 국호가 百濟인 것이다.

이렇게 마한, 변한, 진한으로 이루어졌으며 삼한의 지리적 중심인 금강 유역에 도읍했던 나라를, 삼국사기 백제본기를 남긴 한강 유역의 백제와 구분하기 위하여, 나는 '삼한백제' 또는 '진왕백제'라 부른다.[6)]

한성백제는 초고왕 이후에 새로운 시대를 맞는데 금강 유역의 백제 진왕이 명령하면 비록 싫어도 신라를 공격하는 데 군사를 동원해야 하는 국가가 된다. 말갈의 공격을 받으면서도 무리하게 신라를 공격하러 나섰다가 대패하곤 하는데 이는 백제 진왕의 명령이 하달되었기 때문에 어쩔 수 없이 출병해야 했던 것이다. 백제의 다른 소국들도 아마 이와 비슷하였을 것이다.

그런데 이 담로제도가 극한에 이르자 부작용이 나타나게 되었다. 진왕의 실권이 점차 줄어들고 다른 실세 소국이 등장하자 진왕은 외교권도 행사하지 못하는 명목상의 지도자가 된 것이다. 3세기 후반에 백제 진왕은 명목상의 지위를 가진 통치자가 되고 진왕에게 왕후를 보낸 마한왕이나 진한왕이 실세가 되어 국가를 통치한다. 외교권도 진왕이 아니고 이들이 행사한다. 오늘날 일본에서 천황이 외교권을 행사하지 못하고 총리가 외교권을 행사하는 것이나 마찬가지다.

자립위왕을 하게 되면 주변 소국들을 통치권으로 빨아들여 주변의 다른 강대국과 심각한 영토 분쟁이 발생하게 된다. 하지만 3루왕은 자립위왕을 하더라도 고구려와 마찰이 일어나지 않았다. 이는 당시에 두 나라가 국경을 마주하지 않았다는 뜻인데, 고구려와 백제 사이에 낙랑이 존재하여 완충작용을 하였던 것이다. 하지만 4세기 이후 두 나라가 국경을 마주하게 되면서부터는 백제왕의 자립위왕이 부여왕을 재현하는 것이 되어 고구려를 심각하게 위협하게 된다. 〈고구려 ↔ 부여〉의 갈등이 〈고구려 ↔ 백제〉의 갈등으로 이어진 것이다.

---

6) 『네티즌 고대사』 pp.310－311, [답변] 삼한백제라는 호칭의 기원.

제31장 고이왕의 자립위왕

1. 백제의 가야통합시점

질문 흠명천황조의 속고왕과 귀수왕

일본서기 흠명천황조는 백제 성왕의 회고를 통하여 속고왕과 귀수왕 때 가야제국과 우호를 맺었다고 하고 있습니다. 이것이 속고왕 때입니까? 귀수왕 때입니까? 아니면 언제입니까?

가. 사서의 용어통일

우리가 역사책을 쓸 때 맨 먼저 하는 일 중의 하나가 용어의 통일이다. 예를 들어, 고구려 건국자를 추모왕이라고 쓸 것인지 주몽왕이라고 쓸 것인지를 먼저 결정하고 이에 따라 일관성 있게 써야 혼돈이 발생하지 않는다. 그리고 동일인에 대하여 두 가지 이름이 있는 경우에는 다음처럼 쓰는 것이 사서편찬의 관례이다.

1. 〈肖古王〉, 일운 素古(소고)
2. 〈仇首王〉, 혹운 〈貴須〉(귀수), 〈肖古王〉之長子
3. 〈近仇首王〉, 일운 〈諱須〉(휘수), 〈近肖古王〉之子

우리는 위의 세 왕은 각각 두 가지 이름이 있었는데, 초고왕은 '소고', 구수왕은 '귀수', 근구수왕은 '휘수'라고도 불렸음을 알 수 있다. 당시에

‘구수’와 ‘귀수’와 ‘휘수’의 발음 차이가 정확히 어느 정도였는지는 모른다. ‘구’와 ‘귀’는 같은 계열의 발음인데 ‘휘’도 같은 계열인지는 모른다. 하지만 사서는 이렇게 삼국사기처럼 쓰는 것이 관례이다.

그런데 일본서기를 보면 아무런 말이 없이 비슷한 이름이 여기저기에 나온다. 따라서 독자는 이들이 동일인인지 아닌지를 판단하기가 어렵다.

신공황후 49년: 백제왕 肖古(초고)와 백제왕자 貴須(귀수)

흠명천황 2년; 聖明王曰, 昔我先祖〈速古王〉〈貴首王〉之世, 安羅 加羅 卓淳 旱岐[1] 等 初遣使相通 厚結親好 以爲子弟 冀可恒隆... (성명왕이 말하기를 우리 선조 속고왕과 귀수왕 치세에 ... 여러 가야제국이 우리와 친교를 맺었는데...)

일본서기 신공 49년조의 ‘초고왕’과 흠명 2년조의 ‘속고왕’은 동일인인가? 일본서기 집필진도 이 둘이 서로 한자가 다르다는 것을 알고 있었을 것이다. 그런데 같은 책에서 이 둘을 통일하지 않고 왜 그냥 두었을까? ‘초’와 ‘소’는 당시에 발음이 같아서 문제가 안 된다고 생각했을까? 아닐 것이다. 국가에서 편찬하는 사서를 이렇게 쓸 수는 없다.

일본서기 저자들이 신공 49년조의 ‘초고왕’과 흠명 2년조의 ‘소고왕’이 글자가 다르다는 것을 알면서도 그냥 둔 이유는 이 두 기록의 출전이 달랐기 때문이라고 생각한다. 즉 두 사료가 각기 독립적으로 다른 곳에서 얻어졌기 때문에 일본서기 편집진들도 이 둘이 서로 같은지 다른지 몰라서 그냥 두었다고 생각한다. 같은지 다른지를 판별하는 것이 사서를 보는 우리의 임무다.

---

1) 한기: 가야제국의 통치자 호칭.

나. 가야제국이 삼한백제의 담로국이 된 시점

한성백제가 가야제국과 친교를 맺었다는 것은 다 함께 삼한백제의 담로국이 되었다는 뜻이다. 임나가야를 제외한 가야 7국이 삼한백제의 담로국이 되어 변진한에 편입된 해는 신공 49년, 즉 백제 구수왕 14년(227)이다. 따라서 질문의 요점은 임나가야가 언제 삼한의 변진한에 편입되었느냐다. 가야제국이 속고왕과 귀수왕 시절에 백제와 친교를 맺었다고 하고 있다. 그런데 신공 49년조에서 가야 7국이 평정될 때의 백제왕은 초고왕이지 귀수왕이 아니다. 당연한 말인데 즉위하지 않은 세자는 아직 왕이 아니다. 흠명 2년조에서 백제 성왕이 우리 선조라고 한 사람은 한성백제왕이다. 삼한백제왕은 왜국 왕의 선조이므로 이들을 우리 선조라고 할 가능성은 거의 없다.

이 문제는 어떻게 알 수 있을까? 우선 우리가 추정할 수 있는 것은 순서다. 같은 마한 지역에 위치한 한성백제가 가장 먼저 담로국이 되어 마한에 편입되었을 것이다. 그 다음이 한반도에서 일본열도로 가는 통로에 위치하였던 임나가야(신라본기의 왜)를 손에 넣어야 왜국과도 통교하고 남해안에서 해상작전을 원활히 수행할 수 있다. 그리고 마지막으로 227년에 여타 가야제국이 담로국이 되어 삼한체제에 흡수되었을 것이다. 좀 더 좁히면 209년에 포상팔국이 가야를 공격하는 것으로 보아 임나가야는 그 직전에 삼한백제의 담로국이 되었을 가능성이 높다.

어느 소국이 삼한백제의 담로국이 되었다면 자신의 의사와 무관하게 진왕의 한반도 통일 전쟁에 군사를 동원했을 가능성이 크다. 따라서 오랫동안 신라와 충돌이 없던 소국이 어느 날 갑자기 신라를 공격하는 경우가 있는지를 찾아보자. 3세기 초 이전의 신라본기 기록에서 백제와 왜가 신라를 공격한 경우를 정리하면 다음과 같다.

- 남해 11년(14); 왜인들이 병선 1백여 척을 보내어 민가를 노략질하니 6부의 굳센 병사들을 보내어 막았다.
- 탈해 8년(64); 가을 8월, 백제가 군사를 보내 와산성을 공격하였다. 겨울 10월, 백제가 다시 규산성을 공격하였다.
- 탈해 10년(66); 백제가 와산성을 공격하여 탈취하고 2백 명을 주재하여 지키게 하였다.
- 탈해 14년(70); 백제가 침범하였다.
- 탈해 17년(73); 왜인이 목출도를 침범하였다. 왕이 각간 우오를 보내 방어하였으나 막지 못하고 우오는 전사하였다.
- 탈해 18년(74); 가을 8월, 백제가 변경을 노략질하니 병사를 보내 막았다.
- 탈해 19년(75); 겨울 10월, 백제가 서쪽 변경의 와산성을 공격하여 함락시켰다.
- 파사 6년(85); 봄 정월, 백제가 변경을 침범하였다. **《백제의 마지막 공격》**
- 지마 10년(121); 여름 4월, 왜인이 동쪽 변경을 침범하였다. **《왜의 마지막 공격》**

- 아달라 14년(167); 가을 7월, 백제가 서쪽의 두 성을 격파하고, 주민 1천 명을 잡아갔다. 《**《백제가 80년 만에 신라를 공격함.》**》 8월, 일길찬 흥선으로 하여금 군사 2만을 거느리고 그들을 공격하게 하고, 또한 왕은 기병 8천을 거느리고 한수로부터 그곳에 도착하였다.
- 아달라 17년(170); 겨울 10월, 백제가 변경을 노략질하였다.
- 벌휴 5년(188); 봄 2월, 백제가 쳐들어와 모산성을 공격하였다. 파진찬 구도에게 명하여 군사를 이끌어 막게 하였다.
- 벌휴 6년(189); 가을 7월, 구도가 백제와 구양에서 싸워 이기고 5백여 명을 죽이고 사로잡았다.
- 벌휴 7년(190); 가을 8월, 백제가 서쪽 국경의 원산향을 습격하고 다시 진격해 부곡성을 포위하였다.
- 내해 4년(199); 가을 7월, 백제가 변경을 침범하였다.

- 내해 13년(208); 여름 4월, 왜인이 국경을 침범하므로 이벌찬 이음을 보내 군사를 거느리고 가서 막게 하였다. 《**왜가 80년 만에 신라를 공격함.**》
- 내해 14년(209); 가을 7월, 포상팔국이 가라를 침략하고자 하니 가라 왕자가 와서 구원을 청하였다. 왕이 태자 우로와 이벌찬 이음에게 6부의 군사를 거느리고 가서 구해주도록 하였다. 팔국의 장군을 쳐 죽이고 잡혀갔던 6천 명을 구해서 돌아왔다.
- 내해 29년(224); 가을 7월, 이벌찬 연진이 봉산 아래서 백제와 싸워 이기고 1천여 명을 죽이고 사로잡았다.
- 내해 32년(227); 봄 2월, 왕이 서남쪽 군과 읍을 순수하고 3월에 돌아왔다. 파진찬 강훤을 이찬으로 임명하였다. 《**가야 7국 멸망**》
- 조분 3년(232); 여름 4월, 왜인이 갑자기 들이닥쳐 금성을 포위하므로 왕이 몸소 나가 싸웠다. 적들이 무너져 달아나니 날랜 기병을 보내 쫓아가 쳐서 1천여 명을 죽이고 사로잡았다.

아달라 14년(167)에 백제가 무려 80년 만에 신라를 공격하는데 신라보다 군사력이 앞서는 것도 아니다. 이는 전해에 한성백제의 정권이 바뀌어 친 진왕계열 정권이 들어선 것으로 볼 수 있다. 즉 전해에 삼한백제의 담로국이 되어 진왕의 신라 공격에 동원되고 있는 것으로 추정할 수 있다.

백제와 왜국 중 다행히 백제는 자신들의 역사를 삼국사기 백제본기로 남기고 있다. 백제본기를 보면 80년 만에 신라를 공격하기 바로 전 해인 166년에 자립위왕하던 3루왕 시대가 끝나고 초고왕이라는 새로운 계통의 통치자가 등장한다.

초고왕(일운 소고), 蓋婁王之〈子〉, (166년) 개루왕이 재위 39년에 죽자 왕위를 계승하였다.

이때부터는 삼국사기가 백제왕이라 호칭하지 않는 시대다. 초고왕을

子라 부르는 것으로부터 자립위왕한 개루왕의 아들이 아니라 35년을 자립위왕하지 못하고 퇴위한 '후개루왕'의 아들로 추정된다. 후개루왕이 자립위왕을 못했으니 원자도 아니고 왕의 시호와 대수도 못 받았으니 장자도 아니다. 심지어 왕마다 적는 미사여구도 없다. 자립위왕에 성공한 근초고왕이 나올 때까지 한성백제는 이로부터 2백 년을 더 기다려야 했다.

왜국(임나가야) 역시 마찬가지로 포상팔국이 가라를 공격하기 직전 해인 내해 13년(208)에 무려 80년 만에 신라를 공격하기 시작하는데 이 역시 같은 이유로 추정할 수 있다. 그 전해인 207년(초고왕 42년)에 왕권이 바뀌어 친 진왕계열 정권이 등장한 것이다. 그 다음 해인 208년에는 이들로 하여금 신라를 공격하여 견제하게 하고, 다시 1년 후인 209년에는 포상팔국으로 하여금 가야제국을 공격하게 하였다. 그리고 이것이 신라의 간섭으로 실패하자 한성백제를 포함한 마한 소국들을 동원하여 신라를 공격한 것이다.

하지만 224년의 한성백제가 대패한 것처럼 신라의 군사력에 막혀 다시 실패하자 진왕은 바다 건너로 눈을 돌려 비미호의 왜군을 동원하게 된다. 그 결과 227년에 가야 7국을 평정하여 변진한에 편제시키는 데 성공하였다. 이후 진왕이 죽고 그 아들이 즉위하여 230년에 비미호를 왜왕으로 책봉하는 칼을 보내니 이것이 칠지도다.

다. 요약

기록이란 이렇게 나와야 할 곳에 나와야 하는 것이다. 신라본기가 기록한 전체 사건의 전개가 지극히 논리적으로 구성되어 있어서 기록의 순서를 바꾸거나 연도를 함부로 옮길 수 없다는 것을 알 수 있다.

212년에 남가야 제5대 이시품왕은 태자를 신라에 인질로 보낸다. 백제의 공격을 막으려면 신라의 원병이 필요하다고 느꼈고 또 태자의 안전을 염려한 조치였을 것이다. 하지만 212년의 가야왕자 기록이 마지막 가야 기록이다. 이후 거의 3백 년 동안 가야는 더 이상 삼국사기에 나타나지 않는다. 다른 가야제국과 함께 멸망한 것이다. 신라로 피신한 이시품왕의 태자는 왕이 되지 못했다.

이상을 요약하면 임나가야는 초고왕대인 207년에, 다른 가야 7국은 구수왕대인 227년에 백제의 우호국(담로국)이 된 것이다. 우리는 삼국사기 신라본기 덕분에 백제 성왕이 말했다는 속고왕대와 귀수왕대를, 초고왕 42년(207)과 구수왕 14년(227)으로 연도까지 알 수 있다.

2. 삼국사기가 기록한 신공황후 46년

신공 46년은 일본서기가 말하는 백제와 왜국이 최초로 만난 해다. 그 해가 몇 년인가를 확인하면 신공 49년이 삼국사기에 나오는 대로 227년이므로, 이 부근의 일본서기 1년이 실제로는 몇 년인지를 확인할 수 있다.

神功皇后 46년; 봄 3월,

(1) 斯摩宿禰를 卓淳國에 보냈다. 탁순왕 말금한지(末錦旱岐)는 사마숙녜에게 고하여 "갑자년 7월 중순에 백제인 구저(久氐), 미주류(彌州流), 막고(莫古)의 3인이 우리 땅에 와서

(2) '백제왕은 동방에 日本이라는 貴國이 있다는 것을 듣고 신들을 보내 귀국에 가게 하였습니다. … 큰 배를 타야만 갈 수 있을 것이다. 항구가 있더라도 어찌 갈 수 있겠는가'라고 말하였다. 이에 구저 등이 '그러면 지금 당장은 갈 수가 없을 것입니다. 다시 돌아가 선박을 준비하고 나중에 가겠습니다.'라고 말하였다. 또 '만일 귀국의 사신이 온다면 꼭 우리에게 알려 주십시오'라고 말하였다. …

(3) 그래서 사마숙녜는 종자인 이파니(爾波移)와 탁순인 과고(過古) 둘을 백제국에 보내어 왕을 위로하게 하였다. 백제의 초고왕(肖古王)은 기뻐하고 후대하였다. 오색의 비단 각 한 필, 각궁과 더불어 덩이쇠(鐵

鋌) 40매를 이파니에게 주었다. 또 보물창고의 문을 열어 각종 진기한 물건을 보이며 "우리나라에는 이런 진기한 보물이 많이 있다. … 이파니는 받아가지고 돌아와 斯摩宿禰에게 고하였다. 그리고 탁순국에서 돌아왔다.[2)]

(1)번과 (3)번은 백제, 탁순국(가야의 1국임), 귀국(왜)의 세 나라가 등장하고, 백제인 사신 3인(구저, 미주류, 막고)이 등장하며, 비단, 각궁, 덩이쇠 등의 물건이 분량과 함께 기록되었으므로 어떤 역사적 사실을 바탕으로 기록한 것으로 볼 수 있다. 반면에 (2)번은 누구나 적을 수 있는 대화뿐이므로 신뢰성이 떨어진다. 백제 사신 3명의 이름(久氐, 彌州流, 莫古)은 이곳 일본서기 특수부분인 신공 46～52년을 제외하고는 어디에도 나오지 않는다. 후에 나오지 않으므로 연대 감추는 데 이용할 수 없다. 즉 믿을 수 있다.

4세기 이전의 백제는 수많은 소국으로 이루어진 나라여서 (3)의 초고왕이 소국들 중에 어느 나라 왕인지 알기 어렵다. 하지만 삼국사기를 보면 백제는 1～2세기 3루왕 시대에 백제왕을 칭했고, 4세기 후반 근초고왕 이후에 다시 백제왕을 칭하기 시작했으므로, 만일 위의 기록이 그 사이인

---

2) 신공황후 46년; 3월, 乙亥朔。(1)遣斯摩宿禰于卓淳國。〈斯麻宿禰者。不知何姓人也。〉於是。卓淳王末錦旱岐告斯摩宿禰曰。甲子年 七月中。百濟人 久氐。彌州流。莫古。三人到於我土曰。(2)百濟王聞東方有日本貴國。而遣臣等令朝其貴國。故求道路以至于斯土。若能教臣等令通道路。則我王必深德君王。時謂久氐等曰。本聞東有貴國。然未曾有通。不知其道。唯海遠浪嶮。則乘大船僅可得通若雖有路津。何以得達耶。於是久氐等曰。然卽當今不得通也。不若更還之。備船舶而後通矣。仍曰。若有貴國使人來。必應告吾國。如此乃還。(3)爰斯摩宿禰卽以傔人爾波移與卓淳人過古二人。遣于百濟國慰勞其王。時百濟肖古王。深之歡喜而厚遇焉。仍以五色綵絹各一疋。及角弓箭。并鐵鋌四十枚。幣爾波移。便復開寶藏。以示諸珍異曰。吾國多有是珍寶。欲貢貴國不知道路。有志無從。然猶今付使者。尋貢獻耳。於是爾波移奉事而還告志摩宿禰。便自卓淳還之也。

2세기 후반에서 4세기 중반 사이에 발생한 일이라면 (3)의 초고왕은 삼국사기의 백제왕이 될 수 없다. 또 삼국사기를 보면 백제가 왜국을 처음 만난 것은 광개토왕의 고구려에게 잔국이 토벌된 다음 해인 397년이므로[3] (3)의 백제왕이 삼국사기의 백제왕이 될 수 없음은 더욱 명확하다.

신공 46년조를 요약하면 백제왕이 왜국에게 군대를 동원해 도와준다면 여러 보물을 주겠다고 회유했다는 뜻이다. 이 기록이 믿을 만한 것은 선물품목이 비단, 각궁, 철정(덩이쇠) 등 구체적으로 나오기 때문이다. 다음 해인 신공 47년조를 보면 백제의 선물을 통한 회유를 안 신라도 왜국에게 진귀한 보물을 주며 회유한다는 내용이 있지만, 신라의 보물은 구체적인 품목이 없기 때문에 선물을 준다고 했다는 부분은 신뢰도가 떨어진다.

사건의 연도를 찾을 때는 고고학적인 검토가 반드시 필요하다. (3)번에서 당시의 국제 교역물이 나오는데 비단은 시대를 초월하므로 어느 시기인지 알 수 없으나 덩이쇠와 각궁은 추정이 가능하다. 삼국지 동이전을 보면 덩이쇠[4]와 각궁이 3세기 전반 동아시아를 대표하는 국제 교역품이었다. 특히 덩이쇠는 지금도 한반도 남해안에서 출토되는데 3세기의 상징물이다. 백제왕은 군대동원의 대가로 왜국에게 철정을 준다고 하였는데 철정은 삼국지 동이전뿐만 아니라 고고학적인 결과를 보아도 3세기 동아

[그림 4] 경남 김해시 대성동 출토 덩이쇠. 3세기의 상징 유물이다.

---

3) 阿莘王 6년; 夏五月, 王與倭國結好 以太子腆支爲質.

4) 國出鐵, 〈韓〉·〈濊〉·〈倭〉皆從取之. 諸市買皆用鐵 —『삼국지』「동이전」〈변진〉조

시아를 대표하는 교역품이었다.

덩이쇠는 고고학적으로 3세기에 한하는데 그 이유는 4세기가 되면 문명이 진보하여 덩이쇠는 더 이상 매력적인 국제 교역품이 되지 못하고 대신 철의 가공품이 교역품이 되기 때문이다. 마치 진공관이 20세기 전반에는 국가 간 중요 교역품이 되었으나, 21세기에는 반도체 정도는 되어야 교역품 가치를 갖는 것이나 마찬가지다. 따라서 이 기사는 삼국사기 신라본기 및 일본서기 및 삼국지 동이전이 모두 일치하고 있다. 또한 후한서와 삼국지를 보면 3세기 초 변한은 진왕의 통치하에 있었다.

신공 46년조는 독립된 사건이 아니라 다음처럼 3단계로 이루어진 기록의 첫 번째다.

신공황후 46년; 백제가 왜국에게 철정 등 경제적 이득을 제시하며 도움을 청함.

신공황후 47년; 신라가 왜국에게 다른 보물들을 제시하며 백제를 따르지 말 것을 회유함.

신공황후 49년; 백제가 신라 · 가야 연합군과 싸워 가야제국을 멸망시키는 데 왜국이 군사를 지원함.

신공황후 52년; 왜국이 군사를 지원한 대가로 백제가 왜국으로 칠지도를 보냄.

다음으로 점검할 사항은 강력한 백제가 무엇이 아쉬워 왜국군대를 동원하느냐이다. 그 이유는 왜국 군사력이 필요하기 때문이고, 왜국 군사력이 필요한 이유는 백제의 군사력이 충분하지 않았기 때문이다. 포상팔국이 가야제국을 공격할 때는 왜국 군이 참전하지 않았다. 즉 왜국 군이 필요 없었다. 왜 하필 이때 백제 군사력이 충분하지 않았는가는 최근에 군사력의 손실을 입었기 때문이라고 볼 수 있다.

백제군이 군사력의 손실을 입었다면 포상팔국을 통한 가야 공격 시에 신라군이 참전하여 실패한 것과 마찬가지로 신라군에게 대패하였다고 보는 것이 타당하다. 당시 가야는 약해지고 있었지만 신라는 강력하였기 때문이다. 따라서 신라가 참전하였다면 포상팔국과의 전쟁을 기록한 내해 14년과 신공 49년조를 기록한 내해 32년 사이에 신라가 대승한 기록이 나와야 한다.

한두 개의 소국이 패했다면 그 소국에 삼국사기를 남긴 한성백제가 들어갈 가능성은 적다. 하지만 왜국에 도움을 요청할 정도의 패배라면 여러 나라가 신라와의 전투에서 패배하였을 것이고, 그러면 백제의 중요 군사력을 담당하던 한성백제 역시 신라군에게 대패하였을 가능성이 있다. 신공 49년조에 삼국사기의 백제가 참전하지 않은 것으로부터도 그 전에 삼국사기의 백제가 신라군에게 대패하여 전력에 막대한 손실을 가져왔을 가능성을 준다. 신라본기에서 전기가야의 마지막 기록이 다음 기록이다.

> 내해이사금 17년(212); 봄 3월, 가야가 왕자를 보내어 볼모로 삼았다. (전기가야 마지막 기록)

이 직후에 신라가 백제군을 크게 무찌른 사건을 찾아보자. 두 개가 나온다.

> 구수왕 5년(218); 왕이 군사를 보내 신라의 장산성을 에워쌌으나 신라왕이 친히 군사를 이끌고 치므로 우리 군사가 대패하였다.
>
> 구수왕 11년(224); 가을 7월, 신라의 일길찬 연진이 침범해 오므로 우리 군사가 봉산 아래에서 역전하였으나 패하였다.

내해이사금 29년(224); 가을 7월, 이벌찬 연진이 백제와 봉산 아래서 싸워 이를 격파하고 1천여 명을 죽이고 사로잡았다.

진왕이 왜국에게 군대를 요청하는 해에 백제의 많은 소국 군사들이 신라군에게 궤멸 당했을 것이므로, 이 둘 중에 1천여 명의 백제군이 죽은 신라 내해 29년(백제 구수왕 11년)이 신공 46년이 될 가능성이 가장 크다. 삼국사기의 백제가 천 명 죽었다고 한 것은 서울 지역에서만 천 명 죽었다는 뜻이므로 삼한백제 전체로 보면 이 해에 아마 만 명 정도 죽었을 것이다. 결국 신공 46년이 224년이고 신공 49년이 227년이므로 일본서기는 이 부근에 1년당 실제 1년씩 배치하였음을 알 수 있다.

3. 대방군의 설치자

질문 대방군의 설치자

대방군을 설치한 인물에 대하여 삼국지는 공손강이라 하고 진서는 공손도라 합니다. 어느 쪽이 맞습니까?

(1)《魏志·韓傳》:〈公孫康〉分 屯有縣 以南 荒地 爲帶方郡.

(2)《晉志》: 帶方郡〈公孫度〉置.

2세기 후반인 후한 말에 중앙정부가 약해지자 유력한 지방 세력들이 각기 중앙정부로부터 독립하는 사태가 발생한다. 이들 중에 가장 대표적인 세력이 유비와 손권이었고, 이들은 각자 나라를 세워 3세기의 중국을 삼국시대라 불리게 만들었다. 그리고 만주에 또 하나의 독립 세력이 생겨나니 이들이 요동의 공손씨 정권이다. 그리고 이때 대방군이 설치된다.

그런데 중국사서는 3세기 초에 있었던 요동의 공손씨에 의한 대방군 설치자에 대하여 서로 다른 기록을 남기고 있다. 대방군을 설치한 사람은 삼국지의 공손강인가 아니면 진서의 공손도인가?

이에 대하여 두 가지 의견이 대립하는 것을 보았다. 하나는 삼국지가 당대의 기록이므로 삼국지의 공손강이 옳다는 것이고, 또 하나는 진서가 후대의 기록이기는 하나 이전 시대의 잘못을 바로잡았다고 보므로 공손도(공손탁)가 옳다는 것이다.

누가 옳은가? 우리는 삼국사기를 보고 이에 대하여 답을 할 수 있다. 삼국사기를 보면 2세기 중반에 공격을 멈추고 사라진 말갈이 3세기 초 약 70년 만에 다시 나타나 신라와 백제 땅으로 몰려든다.

- 백제본기 기루왕 32년(108); 가을 7월, 말갈이 우곡에 침입하여 주민들을 약탈하고 돌아갔다.
- 백제본기 기루왕 49년(125); 신라가 말갈에게 침략을 당하자 서신을 보내와 구원병을 요청하였다. 왕이 다섯 명의 장수를 보내 구원하게 하였다.
- 신라본기 지마이사금 14년(125); 봄 정월, 말갈이 북쪽 변경을 크게 공격하여, 관리와 백성들을 죽이고 약탈했다. 가을 7월에 그들은 다시 대령책을 습격하고 이하를 넘어왔다. 왕은 백제에 글을 보내 구원을 요청하였고, 백제는 다섯 명의 장군을 보내 돕게 하였다. 적은 이 소식을 듣고 물러갔다.
- 신라본기 일성이사금 4년(137); 봄 2월, 말갈이 국경을 침범하여, 장령의 다섯 곳의 목책을 불살랐다.
- 신라본기 일성이사금 6년(139); 가을 8월, 말갈이 장령을 습격하여 약탈하고 주민들을 잡아갔다. 겨울 10월, 말갈이 다시 습격해왔으나, 우레가 심하게 치자 물러갔다.

《약 70년 동안 말갈의 공격이 없음》

- 신라본기 내해이사금 8년(203); 겨울 10월, 말갈이 국경을 침범하였다.
- 백제본기 초고왕 45년(210); 겨울 10월, 말갈이 사도성에 와서 공격하

다가 이기지 못하자 성문에 불을 지르고 도망하였다.

- 초고왕 49년(214); 가을 9월, 북부의 진과에게 명령하여 군사 1천 명을 거느리고 말갈의 석문성을 습격하여 빼앗게 하였다. 겨울 10월, 말갈이 정예 기병을 거느리고 침입하여 우술천에 이르렀다. 왕이 사망하였다.
- 백제본기 구수왕 3년(216); 가을 8월, 말갈이 적현성에 와서 포위했으나 성주가 굳게 수비하니 적이 퇴각하였다. 왕이 정예 기병 8백 명을 거느리고 그들을 추격하여, 사도성 밖에서 격파하였는데, 죽이거나 사로잡은 적병이 많았다.
- 백제본기 구수왕 7년(220); 겨울 10월, 왕성 서문에 화재가 났다. 말갈이 북쪽 변경을 침략하므로 군사를 보내 방어하였다.
- 백제본기 구수왕 16년(229); 겨울 11월, 전염병이 크게 돌았다. 말갈이 우곡에 들어와 사람과 재물을 약탈하였다. 왕은 정예군 3백 명을 보내 방어하게 하였다. 그러나 적의 복병이 양쪽에서 협공하여 우리 군사가 대패하였다.

왜 이런 민족 대이동이 발생하였을까? 이는 3세기 초에 만주나 한반도에 어떤 정치적인 대혼란이 발생한 것이다. 당시 고구려에는 정치적인 큰 혼란이 없었다고 보이고, 그렇다면 후한의 붕괴로 인한 북중국에서 만주로의 대 이동이다. 고구려본기 고국천왕 19년(197)조는 중국에 큰 난리가 일어나 한나라 사람들이 피난하여 귀순하는 자가 매우 많았다 하여 이에 대한 증언을 남기고 있다. 그리고 그 연쇄반응으로 요동반도에 대방군이 설치된 것이다. 물론 대방군 설치를 단 1년 만에 끝낼 수는 없었을 것이다.

대방군 설치의 결과 요동의 수많은 대방조선인들이 한반도로 밀려들기 시작하였다. 이들은 이미 기존세력이 들어와 있는 대동강 유역에 정착하지 못하고 계속 남하하여 황해도와 경기도 지역에 정착하니, 이것이 3세기 초에 신라와 백제에 나타나는 말갈의 대공습이다. 고고학적으로도 한강변에 3세기에 요동의 고구려식 분묘가 나타나 요동 지역으로부터 한반도 중부로의 대규모 이주를 증명한다.[5)]

이 이동의 결과 황해도에 나갈에 의한 대방국이 성립되고, 경기도에는 고이왕에 의한 말갈국가가 성립된다. 마치 BC 2세기 한사군 설치와 이로 인한 낙랑조선인들의 대동강 유역의 낙랑국 성립과 유사하다. 3세기 이후 대한민국의 서울/경기문화는 말갈문화를 그 뿌리로 하여 성장한다. 나는 이때 가져온 말갈어가 이후 서울/경기어로 이어지는 대한민국 표준어의 본격적인 시작이라고 본다.

삼국사기를 보면 말갈의 최초 출현은 203년 10월인데 이 해가 공손도의 마지막 해이고 다음 해에 공손강이 통치자가 된다. 따라서 203년 10월이면 실권이 공손강으로 이전되는 무렵이므로, 대방군의 설치는 〈공손도—공손강〉 교체기에 이루어졌기 때문에, 실질적으로 이를 설치한 사람은 공손강이나 보기에 따라서는 공손도라고 할 수도 있는 것이다. 즉 삼국지와 진서는 보는 시각에 따른 차이일 뿐 두 가지 사료 중 어느 한쪽이 맞고 다른 한쪽이 틀린 것이 아니다.

제3자의 기록은 대방군이 설치된 해도 생략하고 통치자만 기록하고 있지만 당사자의 기록인 삼국사기는 대방군이 설치되기 시작한 해는 물론이고 심지어 달까지 〈겨울 10월〉이라고 기록하고 있다.

4. 풍납토성의 축조 중단

나는 BC 2세기 초(BC 195년경)에 위만집단에게 밀려난 조선 준왕의 이주지를 평양이라고 본다. 이승휴는 제왕운기에서 고구려가 도읍했던 평양은 본래 마한의 땅이었다고 하고 있으며, 일연 역시 삼국유사에서 평양부근에 마읍산이라는 마한계 지명이 남아있어서 마한의 땅이었다고

---

5) 『삼한사의 재조명 1』 p.207, 제11장. 말갈백제.

하고 있다. 즉 고려시대까지만 하더라도 준왕이 위만에게 권력을 잃고 남하한 곳이 대동강 유역이라는 것이 일반적인 생각이었다.

그 후 평양의 마한은 BC 2세기 말(BC 108년경), 우거왕이 한무제에게 패할 때 생긴 인구이동의 연쇄반응으로 다시 한강 유역으로 이동하게 된다. 결국 마한의 이주지가 대동강 유역(BC 2세기 초)이냐 한강 유역(BC 2세기 말)이냐를 이동의 관점에서 보는 것이다. 대동강 유역으로 이동한 사람은 마한 제1세 준왕(武康王)이고 한강 유역으로 이동한 사람은 마한 제6세 효왕(孝王)이다. 그리고 이 효왕무렵부터 풍납토성의 축조가 시작되었다고 보아야 고고학적 연대가 일치한다. 따라서 한강 유역의 풍납토성이 대동강 유역의 낙랑토성과 유사하다는 것은 당연한 일이다.

풍납토성은 한강 유역으로 남하한 마한이 축조하기 시작하였다고 본다. 즉 천도 후 새 궁궐로 마련한 것이었다고 생각한다. 축조시기는 BC 2~1세기 무렵인데 한반도에 백제가 들어오기 전이다. 따라서 나는 풍납

[그림 5] 서울시 송파구 풍납토성. 사적 제11호. 한강 연변의 평지에 축조된 순수한 토성으로 남북으로 길게 타원형을 이룬다. 성벽의 길이는 동벽 약 1,500m, 남벽 200m, 북벽 300m이며, 서벽은 1925년의 홍수로 유실되었다.

토성을 근거로 백제의 건국을 BC 1세기가 아니라 BC 2세기로 올려 잡는 데는 동의할 수 없다.

한강 유역이 주로 요서에서 밀려들어온 사람들의 정착지가 되자 이의 연쇄반응으로 마한의 왕실은 다시 금강 유역으로 내려갔다가 1세기 초 제9세 계왕 때 요서에서 바다를 건너온 사람들에게 왕권을 빼앗기니 이것이 韓王체제에서 辰王체제로의 전환이다. 정변을 일으켜 마한의 왕권을 빼앗은 집단의 우두머리가 비류-온조 형제이며, 이 중 비류는 마한의 제10세 왕이자 삼한백제의 초대 진왕이다. 한왕체제에서 진왕체제로의 변화를 밖에서(후한서와 삼국지) 보면 마한 내부에서의 권력 이동이지만, 안에서(삼국사기와 청주한씨 족보) 보면 백제가 마한을 멸망시킨 것이 된다.[6)]

온조왕에서 〈다루왕-기루왕-개루왕〉의 시기 중에 삼국사기 백제본기를 남긴 한성백제는 풍납토성을 통치하지 못했다. 당시 풍납토성은 백제(마한)의 다른 소국이 통치하고 있었다. 만일 삼국사기를 남긴 한성백제가 축조하였다면 삼국사기 백제본기에 반드시 기록을 남겨야 한다. 백제본기 개루왕 10년조를 보면 2월에 북한산성을 쌓았다고 하고 있다. 이 정도의 비중을 가진 기사가 나온다면 풍납토성 축조도 자신들이 쌓은 경우는 나와야 한다. 삼국사기 백제본기를 보아도 당시 백제 내부에서 한성백제의 위상을 볼 때 이들이 풍납토성을 축조한다거나 또는 축조 후에 자신들의 궁궐로 쓴다든가 하는 것은 생각하기 어렵다.

삼국사기 백제본기를 보면 2세기 초 이전까지, 즉 〈온조왕-다루왕-기루왕〉대에 북쪽에서 말갈로부터 심한 공격을 받는다. 이는 한성백제뿐만 아니라 한강 유역에 존재하였던 백제의 여러 소국들이 모두 공격을 받았을 것이고, 풍납토성은 말갈의 공격을 막는데 상당한 역할을 했을 것이다. 당시 풍납토성의 통치자는 삼국사기의 백제왕이 아닌 다른 백제

---

6) 『삼한사의 재조명 1』 p.143, 제7장, 4. 후한서와 삼국지가 기록한 마한의 멸망.

소국의 왕이었을 것이다.

우리는 불행히도 백제 78국 중에 77국의 왕력(주로 臣智계보)은 잃어버리고 단 1국의 왕력만 백제본기란 이름으로 가지고 있다. 따라서 5세기 초 이전의 중국사서나 일본사서에 백제라는 말이 나오면 78국 중 어느 나라를 뜻하는가를 구분해야 하나 쉽지가 않다. 우리가 알 수 있는 것은 한성백제냐 아니면 다른 백제 소국이냐 뿐이기 때문이다.

삼국사기 신라본기는 공손燕에 의한 대방군 성립이 3세기 초인 203년경부터 시작되었다고 하고 있다. 대방군 설치로 인하여 요동 지역의 고구려 변방민이 한반도 중부에 들이닥치니 한강변 소국들 가운데 하나였던 한성백제 역시 초고왕—구수왕 2대에 걸쳐 다른 소국들과 마찬가지로 말갈의 공격을 받는다. 이때까지만 해도 풍납토성은 말갈군을 방비하느라 축조와 수리가 계속되었을 것이다.

그런데 구수왕 16년(229) 한성백제와 말갈의 마지막 전투가 말갈군의 승리로 끝나고 고이왕이 지휘하는 말갈군이 한강 유역을 점령함에 따라 풍납토성 역시 함께 점령되었을 것으로 판단된다. 따라서 말갈이 접수한 풍납토성은 막아야 할 적이 없어진 이상 더 이상 축조할 필요도 없어진 것이다. 이것이 3세기 초에 풍납토성의 축조가 중단된 이유인데 삼국사기 백제본기는 축조가 멈춘 해를 229년이라 지목한다.

금강 유역의 삼한백제는 3세기 초에 가야제국을 통합하느라 북쪽의 말갈군을 방비할 수 없었다. 이들이 가야제국을 통합하고 한강변을 돌아볼 때는 이미 말갈군이 한강 유역을 모두 장악한 후였다. 결국 삼한백제는 담로국 체재, 즉 혼인동맹을 통하여 말갈군을 흡수하여 한반도 통일전쟁에 동원하는 쪽으로 방향을 결정하게 된다. 말갈인들은 백제 건국초기부터 꾸준히 들어와 한성백제의 북부를 구성하고 眞씨 가문을 형성하고 있는 등 백제의 일부로서 역할을 하고 있었기 때문에 이런 과정이 무리

없이 이루어졌다고 본다.

요약하면, 풍납토성은 BC 2세기 말 대동강 유역에서 한강 유역으로 내려온 마한에 의하여 축조되기 시작하였다가, AD 1세기 초에 마한이 멸망함에 따라 삼한백제로 넘어가 계속 축조 및 관리되다가, 3세기 초 고이왕대에 한성백제의 통치에 들어간 것이다. 축조 역시 이때 끝나게 되었다.

5. 3세기 고구려의 말갈군 동원기록

질문 말갈의 고구려에의 복속시기

삼국사기 고구려본기를 보면 마치 국초부터 말갈이 고구려에 복속하고 있었던 것처럼 보입니다. 하지만 이것이 후대에 복속한 말갈을 마치 국초부터 복속했던 것처럼 만들기 위하여 기록을 올려 적은 것이라고 생각합니다. 저는 실제로 말갈이 고구려에 복속한 것은 다음처럼 4세기 말이라고 생각합니다.

진사왕 7년(391); 여름 4월, 말갈이 북쪽 변경의 적현성을 공격하여 함락시켰다.

만일 말갈이 국초부터 고구려에게 복속하고 있었다면 고구려가 외침을 받아 위기에 빠지는 3세기 위나라 관구검의 침입 같은 때 응당 고구려를 위해 싸워야 하지 않겠습니까? 그런데 관구검 침입 때 말갈이 고구려를 위해 싸웠다는 기록이 없습니다. 따라서 이때까지만 하더라도 말갈은 고구려의 영향하에 없었다고 생각합니다.

답변

있습니다. 3세기 관구검 침입 때 말갈군이 고구려를 위해 위나라 관구검 군대의 배후를 공격한 기록이 있습니다.

삼국사기 백제본기 고이왕 13년;[7] 가을 8월, 위나라 유주자사 무구검(관구검)이 낙랑태수 유무와 대방태수(삭방태수) 왕준(궁준)과 함께 고구려를 공격하니, 왕이 그 허점을 노려 좌장 진충으로 하여금 낙랑을 습격하게 하고 그 유민들을 데려왔으나, 유무가 이를 듣고 노하자 왕이 공격받을까 두려워 유민들을 다시 돌려보냈다.

6. 고이왕의 자립위왕 실패

백제 고이왕은 초기 한성백제사에서 온조왕 이후 최대의 정복자이자 가장 강력한 군주였다. 고이왕대는 이전 시대와 전혀 다른 단층의 모습을 보인다. 지배층이 변화되고 제도 역시 좌평제를 실시하는 등 다 바뀐다. 백제본기에 처음으로 쏠 射자가 등장하는 등 본래 고구려 대표 문화인 활문화가 나타나고, 고구려 고분벽화의 대 행렬도에 나타나는 북과 피리를 백제가 사용하는 등 풍습도 모두 고구려식으로 바뀐다. 고이왕의 백제군도 고구려 고분벽화에 나오는 고구려군의 편제방식을 따랐을 것으로 추정된다. 고이왕의 전술 역시 기마전술로서 東에 번쩍, 西에 번쩍하는 말갈군 그대로의 모습이다.

이런 모든 변화는 한성백제의 지배층이 解씨로 대표되는 부여계에서 優씨와 眞씨로 대표되는 말갈계로 바뀌었기 때문이다. 항복한 말갈족의 집단 거주지이던 북부의 眞씨가 중앙으로 들어오는데, 만일 삼국사기가 眞씨를 북부 출신이 아니라 다른 부 출신이라고 하였다면 이는 모순이다. 眞씨는 백제가 한반도로 들어온 후에 만난 세력으로 본래 황해도 남부 지역에 선주하던 고조선 계열로 추정된다.

한성백제의 고이왕대는 풍납토성을 비롯하여 서해안에 이르는 한강 유

7) 고이왕 12년(245)의 기록이다. 『삼한사의 재조명 1』 p.279, 4. 순서가 바뀐 삼국사기 기록.

역 교통로의 대부분이 말갈군에게 넘어갔다고 생각된다. 백제본기에 처음으로 강화도(서해대도)가 등장하는 것으로부터 한강 유역에서 중국 대륙으로 가는 뱃길도 새 말갈에게 넘어갔다. 결국 고이왕의 말갈은 이전 한성백제의 모든 것을 계승하고 발전시켰다고 생각된다.

일제강점기까지만 하더라도 석촌동을 비롯한 한강 유역에 3~4세기에 성립된 백여 기 가까운 고구려의 기단식 돌무덤이 있었는데 고이왕에서 시작하는 말갈백제계 집단이 그 주인으로 추정된다. 일부에서 혹시 근초고왕의 무덤이 아닌가 하는 견해도 있으나, 근초고왕은 4세기 후반의 인물이라서 시기적으로 맞지 않고, 근초고왕의 성격도 거대고분을 쓰는 정복군주가 아니고 중흥군주이다. 4세기 후반에 한강 유역에 고구려식 고분이 사라지면서 고구려와 백제가 전쟁을 시작하는 것이어서 고고학적 사료와 문헌사료가 일치한다.

그런데 강력한 고이왕이 자립위왕하지 못했다. 그의 사신은 백제왕의 사신이 되지 못하고 백제에서 온 사신일 뿐이다. 반면에 자립위왕한 근초고왕의 사신은 백제왕의 사신이어서 그가 진왕급 지도자가 된 것을 알 수 있다. 삼국지 동이전이 그의 재위시기에 해당하나 당시에 금강 유역에 진왕이 따로 존재하였으며, 3세기 후반에는 마한 지역 통치자가 西晉에 외교관을 파견하는데 고이왕은 대 중원국가 외교도 할 수 없었다.

상식적으로 생각해도 고이왕 같은 강력한 정복군주가 들어서면 한성백제의 풍습을 알았을 것이므로 과거 3루왕 시대처럼 자립위왕을 시도했을 것이다. 삼국사기는 고이왕을 개루왕의 제2자라고 하는 것으로 보아 고이왕은 즉위 무렵 개루왕 계열의 여인을 왕비로 맞았을 것이다. 하지만 자립위왕을 하려면 이것으로는 안 되고 강력한 소국 출신의 여인을 왕후로 세워야 한다. 마한 지역은 대부분 진왕의 통치하에 들어갔으므로 그가 손을 내밀 수 있는 곳은 변진한 지역이거나 금강 유역의 진왕으로부터 상대적으로 거리가 있는 북쪽이다.

고이왕은 자립위왕하고자 많은 노력을 했을 것이고 그 흔적이 삼국사기에 남아있을 것이다. 집권 초기는 자신들이 가져온 고구려 문화를 이식하는 과정이었으나, 정권이 안정되면서 진왕의 담로국에서 벗어나 독자적인 자립위왕을 위한 길을 걸었다고 생각한다. 이제 고이왕이 자립위왕을 하기 위해 어떤 노력을 했는지를 알아보기로 한다.

구수왕 때까지는 백제와 신라가 서로 비슷한 정도의 공방전을 펼치나 고이왕 때로 들어서면서 백제 쪽으로 기울어 힘의 우위가 드러난다. 그런데 한성백제를 장악한 말갈인은 바로 신라를 공격하지는 않는다. 고이왕대의 신라에 대한 정책은 다음처럼 변한다. 구수왕 이전과 다르게 신라에 대한 확고한 군사적인 우위가 보인다. 편의상 고이왕의 재위기를 넷으로 나누었다. 이중 가장 중요한 것은 자립위왕을 위한 노력기인 제3기다. 이 시기에 고이왕의 대표 업적(제도)들이 나타나기 때문이다. 이후 백제는 이 제도를 계승한다.

집권 1기 — 타협을 통한 정권 안정기

집권 2기 — 신라(삼한백제의 지시)와 위나라(고구려의 지시) 공격에 동원됨

집권 3기 — 자립위왕 노력기

집권 4기 — 자립위왕 실패기

1) 집권 1기: 타협을 통한 정권 안정기

- 고이왕 3년; 겨울 10월, 왕이 서해의 큰 섬에서 사냥하여 40마리의 사슴을 쏘아 맞혔다.
- 고이왕 5년; 봄 2월, 왕이 부산에서 사냥하다가 50일 만에 돌아왔다.

이 시기는 고이왕 정부가 삼한백제와 타협하는 시기로 보인다. 삼한백제 진왕으로부터 왕권을 인정받는 대신 삼한백제의 한반도 통일전쟁에 동원되는 것으로 정리되었다. 삼한백제 입장에서도 말갈군이 강력한 군사력을 가지고 한강변을 차지한 현실을 받아들이지 않을 수 없었을 것이다. 또 하나의 이유는 한성백제가 국초부터 말갈인들(북부의 眞씨)을 받아 국토 방위를 맡기는 등 중요한 역할을 수행해온 경력이 있기 때문일 것이다. 말갈백제의 입장에서도 정권의 안정을 위하여 타협이 최선이었을 것이다.

2) 집권 2기: 신라와 위나라 공격에 동원됨

- 고이왕 7년; 군사를 보내서 신라를 공격하였다. 여름 4월, 진충을 좌장으로 임명하여 내외의 군사에 대한 직무를 맡겼다. 가을 7월, 석천에서 대대적으로 군대를 사열하였다. 이때 냇가에서 기러기 한 쌍이 날아가는 것을 왕이 쏘아서 모두 명중시켰다.
- 고이왕 10년; 봄 정월, 큰 제단을 만들어 천지와 산천에 제사지냈다.
- 고이왕 13년; 가을 8월, 위나라 유주 자사 관구검이 낙랑태수 유무, 삭방태수 왕준과 함께 고구려를 공격하자, 왕은 그 틈을 이용하여 좌장 진충으로 하여금 낙랑의 변방 주민들을 습격하여 잡아오게 하였다. 유무가 이 말을 듣고 분개하였다. 왕이 침공을 받을까 걱정하여 잡아온 사람들을 돌려보냈다.

《동천왕을 따라온 위나라 추격군이 옥저 지역에서 고구려군에게 대패하고 신라와 가야 지역으로 몰려옴》

- 고이왕 14년; 봄 정월, 남쪽 제단에서 천지신명에게 제사를 지냈다. 봄 2월, 진충을 우보로 임명하였다. 진물을 좌장으로 임명하여, 군사에 대한 일을 맡겼다.
- 고이왕 22년; 가을 9월, 군사를 출동시켜 신라군과 괴곡 서쪽에서 싸워 승리하였다. 신라 장수 익종을 죽였다. 겨울 10월, 군사를 보내 신라

의 봉산성을 쳤으나 승리하지 못했다.

직급이 우보, 좌장 등으로서 아직 좌평제가 나타나지 않았다. 아직은 스스로 힘을 길러 자립위왕하기에는 이른 시점이다. 전체적으로 제도가 덜 정비되었다.

3) 집권 3기: 자립위왕 노력기

- 고이왕 26년; 가을 9월, 푸르고 보랏빛 나는 구름이 마치 누각 모양으로 왕궁 동쪽 하늘에 떠올랐다.
- 고이왕 27년; 봄 정월, **내신좌평**을 두어 왕명의 출납에 대한 일을 맡게 하고, **내두좌평**을 두어 물자와 창고에 대한 일을 맡게 하고, **내법좌평**을 두어 예법과 의식에 대한 일을 맡게 하고, **위사좌평**을 두어 숙위 병사에 대한 일을 맡게 하고, **조정좌평**을 두어 형벌과 송사에 대한 일을 맡게 하고, **병관좌평**을 두어 지방의 군사에 대한 일을 맡게 하였다. 또 달솔 · 은솔 · 덕솔 · 한솔 · 나솔 · 장덕 · 시덕 · 고덕 · 계덕 · 대덕 · 문독 · 무독 · 좌군 · 진무 · 극우 등을 두었다. 6개 좌평은 모두 1품, 달솔은 2품, 은솔은 3품, 덕솔은 4품, 한솔은 5품, 나솔은 6품, 장덕은 7품, 시덕은 8품, 고덕은 9품, 계덕은 10품, 대덕은 11품, 문독은 12품, 무독은 13품, 좌군은 14품, 진무는 15품, 극우는 16품이었다. 2월, 6품 이상은 자줏빛 옷을 입고, 은꽃으로 관을 장식하고, 11품 이상은 붉은 옷을 입으며, 16품 이상은 푸른 옷을 입게 하라는 명령을 내렸다.
- 고이왕 28년(261); 봄 정월 초하룻날, 왕이 자줏빛으로 된 큰 소매 달린 도포와 푸른 비단 바지를 입고, 금꽃으로 장식한 오라관을 쓰고, 흰 가죽띠를 두르고, 검은 가죽신을 신고, 남당에 앉아서 정사를 처리하였다. 《자립위왕을 위한 제도 정비를 마침》 **3월, 신라에 사신을 보내 화친을 요청하였다. 신라는 이를 거절하였다.**

4) 집권 4기: 자립위왕 실패기

- 고이왕 33년(266); 가을 8월, 군사를 보내 신라의 봉산성을 공격하였다. 성주 직선이 장사 2백 명을 거느리고 반격하여 우리 군사가 패배하였다.
- 고이왕 39년(272); 겨울 11월, 군사를 보내 신라를 침공하였다.
- 고이왕 45년(278); 겨울 10월, 군사를 출동시켜 신라를 공격하여 괴곡성을 포위했다.
- 고이왕 50년(283); 가을 9월, 군사를 보내 신라의 변경을 침공하였다.

《284년: 미추이사금이 죽음》

- 고이왕 53년(286); **봄 정월, 신라에 사신을 보내 화친을 요청하였다**. 겨울 11월, 왕이 사망하였다.

고이왕의 집권 초기에는 진왕정부와의 관계 설정이 아직 이루어지지 않은 이유로 신라를 공격할 이유가 없다. 그런데 왕이 큰 사냥을 몇 차례 나가더니 정책이 바뀌어 신라를 공격하기 시작한다. 이는 삼한백제의 한반도 통일정책에 강력한 군사력을 지닌 한성백제가 동원한 것으로 두 세력이 타협한 것이다.

당시 삼한백제 내부의 군사력은 말갈을 방비해야 하는 한강 유역과, 신라와 가야제국을 방비해야 하는 낙동강 유역에 집중되어 있었다. 진왕은 자신의 직속 군대는 얼마 되지 않아서 진왕군대의 실체는 여러 소국의 연합군이다. 마치 후삼국 쟁패 시기의 고려 태조의 군대를 생각하면 된다. 따라서 물자를 노획해도 진왕이 가져가지 못하고, 온조왕조나 근초고왕조에서 보는 것처럼 진왕이 분배하는 형식만 취하고 실제로는 군사를 동원한 각 소국이 가져가는 것이다. 또한 이는 일본서기 응신 22년조에 나오는 (신라와의) 전쟁 이후 각 세력들에게 영토를 나누어주는 모습

과도 같다.[8)]

하지만 재위 26년 이후에는 달라진다. 나는 이를 진왕이 되기 위해 준비하는 시기라고 본다. 그리고 그 첫 번째 조치가 진왕국가에 해당하는 새로운 통치제도를 만드는 것이다. 이것이 좌평제다. 자립위왕을 통한 백제왕, 즉 진왕의 실현은 혼인만으로 되는 것이 아니고 진왕에 합당한 제도가 따라주어야 함을 알 수 있다. 재위 22년째를 끝으로 백제는 더 이상 신라를 공격하지 않는다.

우리는 고이왕조를 통하여 말갈문화를 추정한다.[9)] 마찬가지로 진왕이 어떤 옷을 입었는지를 모르지만, 28년조를 보면 진왕도 그와 유사한 옷을 입고 통치하지 않았을까 추정한다.

> "왕이 자줏빛으로 된 큰 소매 달린 도포와 푸른 비단 바지를 입고, 금꽃으로 장식한 오라관을 쓰고, 흰 가죽띠를 두르고, 검은 가죽신을 신고, 남당에 앉아서 정사를 처리하였다."
>
> — 고이왕 28년

이제 고이왕은 진왕이 되기 위한 모든 준비를 마친 후 신라에 사신을 보내 화친을 요구한다. 즉 신라왕실의 여인을 보내면 왕후로 삼고 이를 주변 여러 나라에 과시함으로써 자립위왕한다는 뜻이다. 하지만 신라는 이를 거절한다. 고이왕이 신라에 사신을 보낼 때는 충분히 자신감이 있었던 것으로 보인다. 따라서 당시 신라가 이를 거절한 다음에는 엄청난 소용돌이가 일었을 것이다.

신라본기를 보면 이 사신이 온 직후 신라 내부에 대사건이 벌어진다. 첨해이사금이 실각하고 새로운 계통의 왕이 즉위하니 이 사람이 신라의

---

8) 『삼한사의 재조명 1』 p.487, 7. 신라의 왜국 공격.

9) 『삼한사의 재조명 1』 p.221, 5. 말갈의 문화, 말갈의 정신.

시조와 구별되는 태조대왕이자 최초의 김씨 왕인 미추이사금이다. 이로 미루어 볼 때 당시 첨해이사금은 온건파의 견해를 좇아 백제와 화친하려 했으나 미추이사금을 비롯한 강경파의 반대에 밀려 실패하고 실각한 것이다.

신라가 거절하자 백제는 다시 신라를 공격한다. 하지만 과거 관구검부대에 배속했던 강력한 기마군단을 가지고 내려온 흉노·오환계 출신의 신라 지배층은 이를 성공적으로 방어한다. 그러다 고이왕 53년째가 되면 다시 신라에 화친사신을 보낸다. 이는 신라의 정권이 바뀌어 강경파 왕이 죽고 새로운 통치자가 들어섰다는 뜻이기도 한다. 신라본기를 보면 이 직전인 고이왕 51년에 강경파를 이끌던 미추이사금이 죽고 유례이사금이라는 이전의 석씨 성을 가진 왕이 들어섰다.

고이왕은 죽기 직전까지 자립위왕을 위한 노력을 계속하였으나 실패하였다. 고이왕의 가장 큰 업적인 좌평제는 그가 자립위왕을 하기 위한 노력의 결과로 나타나게 된 것이라고 본다. 고이왕이 자신의 아들인 책계왕을 대방공주와 혼인시킨 것도 자립위왕을 위한 포석이나 책계왕이 전쟁 중에 죽음으로써 자립위왕이 무산되었다. 고이왕의 손자인 분서왕 역시 낙랑태수가 보낸 자객에게 죽음을 당함으로써[10] 고이왕계의 세력은 점차 약해졌다. 결국 왕권이 구 왕실과 혼인관계를 맺은 사람에게 넘어가니 이 사람이 비류왕이다.

10) 『삼한사의 재조명 1』 p.231에서 분서왕이 요서에서 전사한 것으로 추정하였는데 정정한다.

7. 책계왕의 전투장소

질문 298년의 책계왕의 전사

책계왕이 漢나라 및 맥인과 전투한 장소가 어디입니까?

책계왕 13년; 가을 9월, 漢이 貊人과 더불어 침범해 오므로 왕이 나아가 막다가 적병에게 해를 입고 죽었다.

고이왕에서 시작하는 백제가 만주에서 왔다고 보면 만주에도 근거지가 있을 것이므로 만주에서 전투하였을 수도 있고, 漢人은 한반도 지리를 잘 모를 것이므로 그냥 漢人만 들어왔다고 하면 믿기 어려운데 거기에 한반도 지리에 숙지해 있을 맥인이 함께 왔다는 기록(漢與貊人)[11]으로 신빙성을 주고 있어서 한반도에서 전투하였을 가능성 역시 높다.

맥인은 고구려세력일 것이므로 漢人이 한반도 북부를 통과하는 것은 그다지 문제가 되지 않는다. 관구검 전쟁 직후에 漢人과의 전투가 벌어진 기리영도 황해도 남부이다.

왕이 전사할 정도의 사건이라면 반드시 원인이 있을 것이다. 백제본기 책계왕조를 보면 이 사건의 진행이 다음과 같은 논리적 서술체계를 따라 간다.

책계왕 1년(286):

(1) 고구려가 (황해도의) 대방국을 치니 대방국이 구원을 청함.

(2) (대방은 백제의 담로국이었으므로) 왕이 군사를 보내 구원함.

(3) 고구려가 이를 원망함.

---

11) 한나라와 맥인으로 번역하기도 하나 쳐들어오는 주체는 사람이므로 큰 차이는 없다.

(4) (고구려의 복수를 두려워하여) **아차성**과 **사성**을 수리하고 대비함.

책계왕 13년(298):

(5) 漢나라와 (고구려의 명령을 받는) 맥인이 쳐들어옴.

(6) 책계왕이 적을 맞아 싸우다가 전사함.

고구려는 그 전에 있었던 백제의 대방국 구원에 대하여 복수한 것이다. 백제까지 들려온 고구려가 원망하였다는 수준이 어느 정도였는지를 대강 짐작할 수 있다. 아마 한반도 전체를 긴장시킬 정도로 분노했을 것이다. 고구려는 당시에 주변 여러 국가에 대하여 이미 以夷制夷 정책을 사용하고 있었다. 삼국사기에 적힌 사건의 진행이 일목요연하다.

백제는 고구려와 전투가 일어날 가능성이 높은 지역을 수리하고 전투에 대비하였을 것이다. 따라서 전투 장소를 구태여 지적하라고 한다면 책계왕 1년조 (4)에 나오는 아차성과 사성이다.

제32장 근초고왕의 자립위왕

1. 양나라 직공도의 백제편에 나오는 낙랑

다음은 6세기 초 중국 양나라 때 작성된 職貢圖[1]의 백제에 대한 설명이다.

(1) 百濟國使 百濟舊來夷 馬韓之屬 (백제는 오래전에 동이로부터 나왔고 마한에 속하였다.)

(2) 晋末 駒麗旣略有遼東樂浪 亦有遼西晋平縣 (진말에 고구려가 요동의 낙랑을 경략하자 백제 또한 요서의 진평현을 경략하였다.)

(3) 自晋已來常修蕃貢 義熙中其王餘腆 宋元嘉中其王餘毘 齊永明中其王餘太 皆受中國官爵 梁初以太 除征東將軍 尋爲高句驪所破 普通二年其王餘隆遣使奉表云 累破高麗 (진 이래로부터 상시 여러 번 조공을 하였는데 의희년간에는 백제왕 여전이, 송 원가년간에는 백제왕

---

1) 중국 梁나라 원제 소역(蕭繹)의 使臣圖. 526~536년 무렵 양나라에 파견된 외국인 사절의 모습을 그림으로 그리고 해설한 것으로서 13개국에 대한 기록이 전해진다. 그림의 글은 그 나라의 상황과 중국과의 왕래 사실을 서술하고 있는데, 사신도와 7행 160여 자의 짧은 글로 되어 있다. 이 가운데 백제와 중국의 통교 내용이 1/3을 차지하는데, 『양서』의 기록과 구성 · 내용 등이 대체로 비슷하나 부분적으로 다른 곳도 있다. 중국 난징박물원[南京博物院] 소장.

여비가, 제 영명년간에는 백제왕 여태가 모두 중국으로부터 관작을 받았다. 양 초에 태(동성왕)를 정동장군에 제수하였는데 얼마 되지 않아 고구려에게 격파 당하였다. 보통 2년(521) 백제왕 여융이 사신을 파견하여 표를 올리며 이르기를 "여러 번 고구려를 격파하였다"고 하였다.)

(4) 所治城曰固麻 謂邑檐魯 於中國郡縣 有二十二檐魯 分子弟宗族 爲之 旁小國有 1叛波 · 2卓 · 3多羅 · 4前羅 · 5斯羅 · 6止迷 · 7麻連 · 8上巳(己)文 · 9下枕羅 等附 之 言語衣服略同高麗 行不張拱 拜不申足 以帽爲冠 襦曰複衫 袴曰褌 其言參諸夏 亦秦韓之遺俗 (치소를 고마라 하고 읍을 담로라 이르는데 중국의 군현과 같다. 22담로가 있는데 왕의 자제와 왕실 친척들에게 나누어 다스리게 하였다. 곁에 1.반파, 2.탁, 3.다라, 4.전라, 5.사라, 6.지미, 7.마련, 8.상사(기)문, 9.하침라 등의 소국이 있는데 백제의 속국이다. 언어와 의복은 고구려와 대략 같으나 걸을 때 팔짱 낀 것을 벌리지 아니하고, 절할 때 다리를 펴지 아니한다. 모로써 관을 삼고, 유(속옷)를 복진이라 하고, 고(바지)를 곤(잠방이)이라 하는데 그 말들은 모두 중국의 말과 뒤섞여 있으니 이는 또한 진한의 습속이 남아있기 때문이다.)

[그림 6] 양나라 직공도의 백제부분. 6세기, 백제 사신 양쪽으로 페르시아 사신과 구자국(신장성) 사신이 보인다.

백제 편에 백제에 대한 내용을 적는 것은 지극히 당연한 것으로, 만일 백제와 전혀 무관한 내용이라면 여기에 나올 이유가 없다. 그런데 (2)번의 기록을 대하여 이것이 본래 낙랑 편에 나올 기록인데 양나라 관리가 실수하여 백제 편에 잘못 적었다는 이야기가 돌아다닌다. 즉 양나라 사관이 실수하여 고구려 편이나 다른 곳에 적을 내용을 백제 편에 적었고, 이후 25사의 모든 사관들이 하나 같이 동일한 착오를 일으켜 모두 다 오기하였다는 것이다. 그리고 다음처럼 해석하는 경우가 있다.

(2) "진말에 고구려가 요동을 경략하자 낙랑 또한 요서의 진평현을 경략하였다."

만일 양나라 관리가 실수하여 이 부분을 잘못 적었다고 한다면 직공도의 다른 부분 또한 관리가 실수하여 잘못 적었다고 보지 않을 이유가 없다. 하지만 직공도에서 또 논란이 될 만한 부분은 없다. 고구려는 313년에 요동의 낙랑을 점령하였기 때문에 (2)번의 첫 부분은 확실히 맞다(대동강의 낙랑은 삼국사기를 보면 관구검전쟁 당시 점령하였다). 이후 낙랑의 잔존 세력이 요서를 거쳐 유주로 쫓겨 갔으나 당시 전혀 힘이 없는 존재로서, 그 지역의 강자가 낙랑을 통치하는 상태였다. 이런 낙랑이 당시 요서를 경략한다는 것은 당시 국제 정세로 볼 때 불가능한 일이다.

진평현을 경략할 당시 낙랑은 백제 영향권이었으므로 (2)번은 전혀 이상하지 않은 내용이다. 직공도를 작성할 당시에는 한때 낙랑이 백제권이었다는 것 정도는 상식이었을 것이다. 전체적으로 물 흐르듯 자연스러운데도 불구하고 양나라 관리가 다 잘 썼는데 여기만 실수하였고 이후 중국의 다른 모든 사관들이 착각하였다고 생각하는 것은 억지라고 본다.

(4)번의 백제사신이 말한 속국 아홉 나라는 단지 백제 사신의 말을 인

용한 것으로 중원왕조가 잘 모르는 지역에 있었을 것이다. 그렇다면 한반도와 그 주변 지역일 것이다.

1.번의 반파는 이름이 파도와 관련이 있는 것으로 보아 섬진강 하류나 경남 남해안으로 추정된다. 또 일본서기 계체조에 나오는 伴跛國과 같은 나라로 보인다.[2] 2.번의 '탁'은 창원 부근으로 추정되는 탁순국일 것이다. 3.번의 '다라'는 내륙에 위치한 가야의 일파로, 4.번의 '전라'는 남해안의 소국으로 추정된다.

5.번의 사라는 신라다. 삼국사기 신라본기 지증왕 4년조를 보면 6세기 초에 신라는 斯羅라고도 불렸다.[3] 6세기 초의 일본서기 역시 신라를 斯羅라고도 부르고 있다.[4] 신라는 3세기 말에 백제의 진한에 들어간 후 법흥왕때까지도 백제의 영향하에 있었기 때문에 백제는 신라를 자신의 속국이라고 생각했을 것이다. 5세기 왜왕 珍이 남조국가인 송나라에 사신을 보내 使持節 都督 倭・百斉・新羅・任那・秦韓・慕韓 六国諸軍事 安東太将軍 倭国王을 요청하는데 여기에 신라는 있으나 고구려는 없다. 이 주장은 4세기 삼한백제 진왕의 영역을 기반으로 한 것으로 당시 신라는 그의 영역이었다.

---

2) 継体天皇 七年(五一三); 夏六月, 百濟遣姐彌文貴將軍。州利卽爾將軍。副穗積臣押山。[百濟本記云 委意斯移麻岐彌〉貢五經博士段楊爾。別奏云。伴跛國略奪臣國己汶之地。伏願 。天恩判還本屬. ... 十一月。... 伴跛國 遣戢支。獻珍寶 乞己汶之地。而終不賜。

3) 지증마립간 4년; 겨울 10월, 群臣上言: "始祖創業已來, 國名未定, 或稱 斯羅, 或稱 斯盧, 或言 新羅. 臣等以爲新者德業日新, 羅者網羅四方之義, 則其爲國號, 宜矣. 又觀自古有國家者, 皆稱帝稱王, 自我始祖立國, 至今二十二世, 但稱方言, 未正尊號, 今群臣一意, 謹上號〈新羅〉國王." 王從之.

4) 継体天皇 七年(五一三); 冬十一月, 辛亥朔乙卯。於朝庭引列百濟姐彌文貴將軍。斯羅汶得至。安羅辛已奚及賁巴委佐。伴跛既殿奚及竹汶至等。奉宣恩勅。以己汶滯沙賜百濟國。

9.번의 하침라는 일본서기 신공 49년조에 나오는 침미다례, 즉 제주도일 것이다. 결국 이 지역들의 공통점은 가야/신라 지역과 제주도로 백제의 직접 통치 지역이라기보다는 간접 통치 지역이라는 것이다.

담로제는 본래 한성백제가 아니라 삼한백제의 지방통치방식이었기 때문에 이때 파견된 백제 사신이 삼한백제 출신임을 알 수 있다. 또한 백제 언어에 진한의 습속이 남아있다고 하였는데 이로부터도 삼한백제 출신의 사신이 파견되었음을 알 수 있다.

직공도에 나오는 13개국은 6세기 초 당시의 독립국들로서 과거에 이미 사라진 낙랑은 없다. 6세기에 중원왕조에 사신을 보내지 못한 왜국은 본래는 없었고 후대에 추가되었다. 그러면 왜국은 왜 백제의 속국으로 나오지 않느냐고 물을 수 있다. 복속국이 되려면 복속의 과정이 있어야 하나 왜국은 백제인 자신들이 직접 건너가 만든 나라이므로 백제에 복속한 적이 없다. 일본열도는 5세기에 독립적인 정부가 존재하였으나 6세기에 들어서는 백제의 일부로서 백제 그 자체인 것이지 복속국이 아니었다.

2. 삼한백제의 요서 경략 시기

백제는 국초부터 요서에 거점을 가지고 있었다고 보므로 어느 때 요서에 처음 진출하였느냐는 질문은 성립하기 어렵다. 하지만 직공도에서 말하는 백제의 요서 경략 시기는 간단히 추정할 수 있다. 직공도는 고구려가 요동 특히 낙랑을 경략할 당시에 백제가 요서를 경략했다고 하여 고구려가 요동을 경략한 시기만 알면 백제가 요서를 경략한 시기도 알 수 있게 하였다.

삼국사기 고구려본기를 보면 고구려는 다음처럼 4세기 초에 요동을 경략하여 낙랑군을 요서로 쫓아 버린다.

- 미천왕 3년(302); 가을 9월, 왕이 군사 3만을 거느리고 현토군을 침공하여 8천 명을 사로잡아 평양으로 옮겨왔다.
- 미천왕 12년(311); 가을 8월, 장수를 보내 요동의 서안평을 습격하여 빼앗았다.
- 미천왕 14년(313); 겨울 10월, 낙랑군을 침공하여 남여 2천여 명을 사로잡았다.
- 미천왕 15년(314); 가을 9월, 남쪽으로 대방군을 침공하였다.

이제 삼국사기 백제본기와 신라본기를 보고 만일 백제가 요서를 경략하려면 언제인지를 생각해보자. 적어도 한반도는 통합했다고 보아야 마음 놓고 해외를 경략할 수 있을 것이다. 삼한백제가 한반도를 통일한 것은 신라를 마지막으로 통합한 3세기 말이다. 따라서 한반도 문제가 정리된 이후인 4세기 초에 요서를 경략했다고 보는 것이 합당하다.

4세기 전반기는 삼한백제의 전성기로서 한강 유역 이남의 한반도를 모두 통합하였기 때문에 가능한 것이다. 이 시기는 중국대륙의 북부가 혼란기이며 전연이 등장하기 전이다. 따라서 삼국사기 각국 본기나 양나라 직공도가 백제의 요서 경략 시기에 대하여 동일한 증언을 하는 셈이다.

3. 비류왕의 자립위왕

계왕은 분서왕의 長子로서 재위 3년 만에 죽는데 그 주변의 왕통 변화가 다음과 같다.

1) 비류왕 → 계왕 → 근초고왕
2) 구수왕 → (제2자) 비류왕 → (제2자) 근초고왕

분서왕이 갑자기 죽자 한성백제의 왕권이 분서왕의 아들에게 가지 않

고 말갈왕통을 벗어나 비류왕으로 가는데 그는 구 왕통인 구수왕의 제2자라 하였다. 따라서 구수왕 가문과 비류왕 가문 사이에는 어떤 여인이 다리를 놓아 연결되고 있었을 것이다. 비류왕과 근초고왕 사이도 근초고왕이 제2자라 하였으므로 부자 관계는 아니지만 어떤 여인이 둘 사이를 연결하고 있을 것이다.

말갈백제의 창업자인 고이왕을 계승한 책계왕과 분서왕이 연이어 전사하자 삼국사기 기록대로(及〈汾西〉之終 雖有子皆幼不得立 是以 爲臣民推戴 卽位) 왕통을 이을 직계 왕자가 너무 어려 구 왕족으로서 평판이 높던 비류왕이 집권한 것으로 보인다. 비류왕이 왕이 되었으나 고이왕계인 왕족 優福[5]이 반란을 일으키는 것으로 보아 비류왕의 승계에 조건이 있었던 듯하다. 병권을 담당하는 병관좌평 解仇[6]는 비류왕과 마찬가지로 解씨로서 비류왕의 즉위 및 우복의 내란 진압에 중요한 역할을 했다고 생각된다. 재위 18년째에 우복을 수상격인 내신좌평으로 삼을 때 차기나 실세 관료의 약속이 있었던 것으로 보이나 약속이 지켜지지 않자 재위 24년째에 우복의 반란이 일어났다고 본다. 비류왕 사후 왕권이 비류왕이 아니라 분서왕의 아들인 계왕에게 넘어가는 것으로 보아 비류왕이 말년에 권력이 없었다는 것을 알 수 있다. 그러면 누구에게 권력이 있었을까?

우복의 반란이 진압되었으나 재위 28년째에는 큰 흉년이 들고, 재위 30년(333)째에는 왕궁이 불탄 후 眞義가 수상격인 내신좌평에 임명된다. 이후 삼국사기 백제본기에서 비류왕의 행적이 사라지는데 그 이유는 동시대의 신라본기로부터 추정이 가능하다. 마치 신라의 기림이사금이나 흘해이사금은 명목상의 군주이고 이찬 장흔이나 아찬 급리가 臣智(大臣)가 되어 신라를 통치하였고, 특히 급리는 자기 가문의 여인을 변진한 지

5) 고이왕은 우씨로 추정된다. 『삼한사의 재조명 1』 p.207, 제11장. 말갈백제.

6) 약 150년 후인 문주왕 때 나오는 병관좌평 해구와는 다른 사람인데 당시에도 동명이인이 있었다는 것을 알 수 있다.

역 최고 권력자인 왜왕에게 시집보내고 그 권세를 바탕으로 신라를 통치하였듯이, 한성백제의 비류왕은 명목상의 군주로 물러나고 내신좌평 眞義가, 혹은 그 다음 조정좌평 眞淨이 자기 가문의 여인을 마한 지역 최고 권력자인 진왕에게 시집보내고 그 권세를 바탕으로 한성백제를 통치한 것이다. 결국 왕궁이 불타던 비류왕 30년에 정변이 발생하여 眞義가 권력을 장악하고 이후 眞씨 가문은 삼한백제 진왕의 왕후를 배출하는 삼한의 臣智가 된 것이다.

비류왕은 자립위왕하고 싶어도 마땅한 상대가 없었을 것이다. 당시의 신라는 과거의 강력했던 신라가 아니라 국가가 경주 지역과 김제 지역으로 둘로 나뉘고 군사력도 없는[7] 평범한 변진한 속의 1국이어서 자립위왕의 상대가 못 되었다. 비류왕대는 신라의 친선사절 방문을 제외하고는 외교관계가 없다. 당시 금강 유역의 삼한백제는 요서를 장악하는 등 전성기를 맞고 있었지만, 한강 유역의 한성백제는 영역이 굉장히 축소되어 비류왕조에 나오는 북쪽 지명은 북한성[8]이고 남쪽 지명은 狗原[9]이듯이 그 사이가 통치 영역이었을 뿐이었다.

4. 계왕의 실각과 근초고왕의 즉위

344년에 비류왕이 죽고 초고왕계가 아닌 고이왕계로서 분서왕의 맏아들인 계왕이 즉위하는데 이를 선택한 것은 한성백제의 실세이던 眞씨다. 당시 분서왕의 맏아들인 계왕은 장성했다. 계왕은 말갈계, 즉 친고구려계

---

7) 『삼한사의 재조명 1』 p.311, 제16장. 신라의 진한시대.

8) 개루왕 5년조에 나오는 북한산성.

9) 진사왕조에 왕이 사냥하던 行宮이라 하므로 남서울에서 가까우면서도 산이 있는 곳이다. 수도가 같이 서울이었고 교통이 더 발달한 조선시대에 화성에 행궁이 있었던 것으로 볼 때 수원－화성 정도로 추정된다.

인데 계왕이 즉위하기 전해인 343년에 전연의 대군이 고구려를 침공하여 고구려가 국난을 당하였다. 과거 위나라에게 공격당했던 고구려를 고이왕이 군사를 보내 도왔던 것처럼 고구려의 압력이 말갈계인 계왕을 즉위시키는 데 일조를 한 것은 아닐까 생각된다.

진왕제하에서는 재위 2년째까지 자립위왕을 못하면 3년째부터는 권력기반이 흔들리게 된다. 계왕이 재위 3년째에 실각하는데 이런 정치적인 문제가 원인이 된 것으로 추정된다. 만일 재위 2년째에 권력을 내놓는 대신에 자신이 직접 臣智가 되어 진왕과 혼인을 하고 국가를 통치하려 하거나, 아니면 아예 강력한 소국과 혼인을 맺고 자립위왕하려 한다면 종래의 臣智이던 眞씨 가문과 충돌하게 된다.

비류왕을 이은 계왕이 죽고 왕통이 고이왕계를 벗어나 초고왕계로 옮겨가는 것으로 보아 계왕은 자연사가 아니라 권력 투쟁에서 패하여 실각하였다. 구 말갈왕통이자 분서왕의 아들인 계왕은 명목상의 한성백제왕 자리를 거부하고 그의 선조였던 〈고이왕－책계왕－분서왕〉 같은 실권을 가진 왕의 지위를 고집한 것이 아닌가 생각된다. 그러기 위해서는 자립위왕해야 한다. 삼국사기 백제본기는 계왕에 대하여 "타고난 자질이 강직하고 용감하며 말타기와 활쏘기에 능하였다" 하는데 이것이 바로 그가 실각한 원인이다. 그는 명목상의 군주로서 위상을 극복하기 위하여 용감하게 자립위왕에 나섰다가 실패하여 실각한 것으로 추정된다. 당시 계왕에게 마땅한 자립위왕의 상대가 없었을 것이다.

계왕 실각 후 근초고왕을 옹립한 세력도 계왕을 즉위시킨 세력이나 마찬가지로 眞씨로 추정된다. 그들은 스스로 왕위에 오르지 않고 다시 몰락왕족 중에서 후계자를 선임했다. 이는 변진한 지역 1국이던 4세기 전반의 신라가 변진한에 들어간 이후 왕통은 부자상속이 아니라 기림이사금이나 흘해이사금처럼 몰락왕족 중에서 선임한 것과 유사하다. 고이왕계가 아니라 구 초고왕계에서 선임한 사람이 근초고왕이었다. 만일 조금만 더 眞씨 가문의 권력이 지속되었으면 한성백제의 왕통은 眞씨에게 넘어갔을 것이다.

4세기 전반의 신라가 변진한 소국들이 어떻게 살았는지를 보여준다면 한성백제는 마한 소국들이 어떻게 살았는지를 보여준다. 신라에 대한 왜왕의 역할을 보면 한성백제에 대한 진왕의 역할을 추정할 수 있다. 4세기 당시 삼한백제는 한반도에 대한 완전한 지배를 이룬 후 남는 군사력을 가지고 요서로 진출한 것이다. 진출방식은 한반도에서 하던 방식대로인데 담로를 설치하여 진출하였다. 하지만 이는 고구려와의 갈등을 낳게 된다. 고구려와 백제가 친선을 유지할 수 있었던 것은 그 중간에 위치한 한성백제에 친 고구려계인 고이왕계가 왕권을 유지했던 것이 컸다. 3세기에 내려온 말갈계인 고이왕계와 BC 1세기에 내려온 부여계인 초고왕계가 왕권을 놓고 경쟁하던 중 근초고왕 이후 초고왕계로 왕권이 고정되자 3세기 이후 한강변에 조성되던 고구려식 적석총이 조성을 멈추고 고구려와의 사이에 전쟁이 발발한다.

계왕의 실각을 본 근초고왕은 재위 2년째에 권력을 臣智의 지위를 계승한 조정좌평 眞淨에게 내어주고 명목상의 통치자로 물러나게 된다. 아니 처음부터 실권이 없었다고 해야 정확할 것이다. 자립위왕하지 못한 근초고왕은 재위 2년째를 마지막으로 20년 기록 공백에 들어간다. 하지만 근초고왕은 자립위왕에 성공하고 백제왕을 칭한 사람이다. 근초고왕조의 기록 공백이 끝나고 자립위왕하는데 그 기록 공백은 어떻게 깨져야 하는가? 자립위왕과 관련되어 공백이 깨지고 기록이 나타난다면 그 기록은 타국과의 혼인관계가 될 것이므로 외교 관련 기록이 나타나야 할 것임을 추정할 수 있다.

5. 근초고왕의 성씨

문제

백제사에서 중원왕조로부터 최초로 책봉을 받은 왕은 누구인가?
(1)근초고왕, (2)전지왕

삼국사기를 보면 답은 (2)전지왕이다. 사실 이것은 삼국사기를 볼 필요도 없다. 삼한백제가 고구려와 전쟁하다 마지막으로 패하고 왜국으로 다 이주한 것이 영락 17년(407)이므로 전지왕의 백제왕 책봉은 남은 백제 영토에 대한 통치권 주장으로 그 후에나 이루어질 수 있기 때문이다. 즉 삼국사기 백제본기의 다음 기록이 최초의 책봉외교로서 정확하다.

전지왕 12년(416); 동진의 안제가 사신을 보내어 왕을 책명하여 '사지절 도독 백제 제군사 진동장군 백제왕'이라 하였다.

만일 삼국사기에 백제왕 책봉을 영락 17년 이전에 받은 기록이 나온다면 이는 사실의 왜곡이다. 그런데 (1)근초고왕이라 답한 사람은 다음처럼 의문을 제기한다. 삼국사기에는 없지만 근초고왕과 동시대에 여구라는 백제왕이 동진으로부터 진동장군 낙랑태수의 책봉을 받은 적이 있지 않느냐는 것이다. 그리고 삼국사기에는 사신기록만 있고 책봉기록은 누락되었다는 것이다.

東晋 簡文帝 咸安 2년(372, 근초고왕 27년); 여름 6월, 遣使拜百濟王〈餘句〉爲鎭東將軍 領樂浪太守

– 晋書 帝記

최초의 백제왕 책봉 같은 중요한 사실이 누락될 수 없다. 이는 근초고왕이 동진에 백제왕을 칭하고 사신을 보냈으나 책봉받은 일이 없기 때문에 삼국사기에 없는 것이다. 근초고왕뿐만 아니라 진사왕시절에도 여휘라는 백제왕이 386년(진사왕 2년)에 동진으로부터 백제왕의 책봉을 받는다(使持節都督 鎭東將軍 百濟王). 이 역시 삼국사기의 진사왕과는 무관한 일이므로 삼국사기에 없는 것이다.

국정을 담당하는 주요 인물들이 김춘추, 김유신 등 김씨이면 왕도 김씨일 가능성이 큰 법이다. 마찬가지로 국정을 담당하는 주요 인물들이 고연수, 고혜진 등 고씨이면 왕도 고씨일 가능성이 큰 법이다. 고대의 성씨란 집권세력을 의미하기 때문에 어느 집단이 왕을 배출하면 그 성씨가 국정의 주요 직책을 수행하는 것은 당연하다. 근초고왕의 성씨도 마찬가지다. 백제건국으로부터 근초고왕이 죽을 때까지 단 한 번도 나타나지 않은 '부여'라는 성씨가 근초고왕의 성씨일 수는 없다.

근초고왕의 성씨는 그 전에 백제본기에 나오는 주요 인물들의 성씨를 보고 판단해야 한다. 解씨와 眞씨가 한성백제의 양대 성씨인데, 부여계인 해씨가 먼저 나오고, 또 웅진남천 직후까지 왕권에 도전하는 등, 주로 군사일을 담당하는 말갈계인 진씨보다 지위가 높다. 진씨는 왕족의 외척으로 나와서 왕이 진씨는 아니다. 삼국사기 백제본기에 眞씨는 왕의 장인이 2명이나 나오는데 비하여 지위가 더 높은 解씨는 왜 왕의 장인이 한 명도 없을까? 그 이유는 왕들이 해씨였기 때문이다. 근초고왕은 삼국유사의 기록대로[10] 해온조에서 시작하는 해씨일 수밖에 없다. 해씨는 자신들의 본거지인 한강 유역을 떠나 웅진으로 내려온 직후까지도 왕위에 미련을 가지고 있었는데 자신들이 한성백제의 왕족이었기 때문에 당연한 일이었다.

---

10) 백제의 世系는 고구려와 마찬가지로 부여에서 나왔기 때문에 성씨는 解로 하였다.
—『삼국유사』 前百濟

해씨와 진씨가 혼인을 안했다면 서로 싸웠을텐데 권력을 양분하던 한성시기에는 크게 싸운 흔적이 없다. 따라서 근초고왕 2년조에 진정이 근초고왕의 친척인 것은 당연하지만 같은 한강 유역 귀족의 딸을 왕후로 세우는 정도로는 자립위왕이 안 되는 것이다. 자립위왕이 그렇게 쉬웠으면 고이왕이 신라를 향해 그렇게 구애를 많이 하지 않았을 것이다.

6. 근초고왕조의 왕후

신라는 왕비의 기록을 대부분 남기고 있고, 고구려는 남기기도 하고 안 남기기도 하였다. 반면에 백제는 왕비의 기록이 거의 없다. 심지어 왕통을 만든 건국자마저 왕비의 기록이 없다. 삼국사기를 처음 읽는 사람은 근초고왕조 2년에 나오는 왕후가 근초고왕의 왕후인 것으로 알게 된다. 하지만 삼국사기 전체를 여러 번 읽어보면, 특히 임나가야(신라본기의 왜국)의 담로국 시절인 신라의 기림이사금조와 흘해이사금조를 읽어보면 그렇지 않다는 것을 곧 알게 된다.

백제본기는 왕비 기록이 전체적으로 탈락되었지만 설사 나오는 경우에도 대하여 王后란 용어를 쓰지 않는다. 백제본기에 나오는 왕비의 기록은 다음 정도인데, 근초고왕조의 단 하나를 제외하고는 王后라 부르지 않고 모두 夫人으로 부른다.

책계왕조; 대방왕녀 보과 爲〈夫人〉
침류왕조; 아이(미)〈夫人〉
근초고왕조; **王后**
전지왕조; 팔수〈夫人〉

‘왕이 대방왕의 딸 보과에게 장가를 들어 왕후로 삼았기 때문에 ...’

라고 쓰지 못하고 '부인으로 삼았기 때문에 …'라고 하고 있다. 보과부인의 아들이 분서왕이고, 아이부인의 아들이 침류왕이고, 팔수부인의 아들이 구이신왕이듯이 5세기 초 이전의 삼국사기 백제본기는 夫人이 왕자를 생산한 왕비에 붙이는 호칭이다. 오히려 근초고왕의 아들인 근구수왕은 왕후의 아들이란 말은 전혀 없는데 王后는 도대체 누구에게 붙이는 호칭인가?

왕후는 여타 夫人으로 불리는 다른 왕비들에 비하여 비정상적으로 강력한 권력을 가지고 있는데, 각료가 왕후의 친척이란 이유만으로 왕권을 능가하는 실정이다. 왕이 신하를 욕한다는 것은 신하가 왕보다 더 큰 권력자라는 뜻이다. 신라는 여왕을 3명이나 배출하였는데 이는 삼국 중 여성의 지위가 가장 높았고, 상대적으로 성이 개방된 사회였다는 뜻이다. 힘 있는 여자라고는 건국자의 어머니인 소서노를 제외하고는 단 1명도 안 나오는 백제에 왜 이렇게 강력한 왕후가 나와야 하는가?

삼국사기 신라본기의 기림·흘해이사금조를 보면 담로국이 된 나라에 왕의 재위 2년째에 어떤 변화가 생기는지를 알 수 있다.

> 기림이사금 원년; 기림이사금(기립이라고도 함)이 왕위에 오르니 그는 조분이사금의 손자요, 아버지는 걸숙 이찬이다(걸숙이 조분의 손자라고도 한다). 성격이 관후하여 사람들이 모두 칭찬하였다.

기림왕은 선왕인 미추왕의 아들이 아니라 그 이전에 있었던 조분왕의 손자라고 하고 있다. 왕위의 부자상속이 안 되고 구 왕족 중에서 적당한 사람의 후손을 선택하여 신라왕에 임명한다는 뜻이다. 부자상속이 아니라는 점에서 근초고왕이 비류왕의 제2자인 것과 유사하다.

> 기림이사금 2년; 봄 정월, 拜〈**長昕**〉爲伊湌(이찬) 兼知內外兵馬事. 二月, 祀始祖廟.

재위 2년째 되자마자 정월에 장흔이라는 실세 관료가 등장한다. 그리고 중앙과 지방의 군사 일을 맡긴다. 이전에도 이런 군사 일을 담당하는 관료가 등장하기는 하나, 이때는 실세라는 것 외에도 군대가 없다는 특징이 있다. 여기서 장흔이 삼한의 臣智다.

망해서 韓에 들어가면 군대를 갖지 않는다는 신라본기의 기록은, 후한서를 보아도 韓 70여 국이고 삼국지를 보아도 韓 70여 국이어서, 시간이 지나도 韓의 소국 수에 별다른 변화가 없는 이유를 말해준다. 만일 소국들이 각기 군대를 가지면 내전이 발생하고, 그러면 통합에 들어가기 때문이다. 韓 내부에서 군사력을 가진 곳은 고구려를 비롯한 북쪽을 방비하던 삼국사기의 백제와, 신라를 방비하던 〈신라본기의 왜국〉을 비롯하여 몇몇 나라들뿐이었을 것이다.

> 기림이사금 3년; 봄 정월, 與〈倭國〉交聘. 봄 3월, 至牛頭州 望祭太白山 〈樂浪〉〈帶方〉兩國歸服.

그동안 싸워왔던 왜국에 사신을 보내 조공한다. 이 기록은 삼국지가 한전에 70여 국을 늘어놓았지만 그 내부에도 서열이 있었다는 당사자의 기록이다. 왕은 이후 제사를 지내거나 구휼사업과 같은 종교적, 정신적 지도자가 하는 일만 한다.

또 황해도와 평안도에 있었던 낙랑국과 대방국이 경북 내륙까지 올 수 있다는 기록을 통하여, 일단 韓에 들어오면 국경이 없어진다는 증언을 하고 있다. 즉 3세기에 한강 유역의 백제는 韓의 영역을 자유롭게 통과하여 신라를 공격하는데, 신라는 韓의 영역을 통과하지 못하는 것을 알 수 있고, 신라본기는 그 이유를 가르쳐주고 있다. 따라서 신라군이 진한 지역을 더 이상 통과하지 못하는 2세기 후반(한예강성의 시기)이 진한 지역이 韓에 들어간 시기가 되는 것이다.

흘해이사금 원년; 흘해이사금이 왕위에 오르니 그는 내해왕의 손자이다. 아버지는 우로 각간이요 어머니는 명원부인이니 조분왕의 딸이다. 우로는 임금을 섬겨 공이 있었고 여러 번 서불한이 되었다. … 이때에 이르러 기림이사금이 죽고 아들이 없었다. 여러 신하들이 의논하여 말하기를 흘해가 어려도 노성한 덕성이 있다 하고 이내 받들어 왕으로 세웠다.

신하들이 왕을 임명하고 있다. 기림이사금과 마찬가지로 왕위의 부자상속이 안 되고 몰락 왕족의 후손 중에 적당한 사람을 선택하여 신라왕으로 삼는다는 뜻이다. 여기도 부자상속이 아니라는 점에서 근초고왕이 비류왕의 제2자인 것과 유사하다.

흘해이사금 2년; 봄 정월, 以〈**急利**〉爲阿湌(아찬) 委以政要 兼知內外兵馬事. 二月, 親杞{祀}始祖廟.

기림이사금이나 마찬가지로 재위 2년째 정월에 권력을 급리라는 실세에게 정식으로 양도하게 된다. 국정을 맡기고(委以政要) 싶어서 맡긴 것이 아니라 어쩔 수 없어서 그렇게 된 것이다. 여기서 급리가 삼한의 신지다.

흘해이사금 3년; 봄 3월, 〈倭國王〉遣使爲子求婚 以阿湌(아찬) 〈**急利**〉女送之.

신라를 통치하던 급리가 상국이던 왜국 왕과 혼인관계를 맺어서 상국왕의 인척이 되었다는 뜻이다. 즉 중앙 왕의 종친이 지방을 맡아서 통치하게 되었다는 뜻이다. 지방의 권력자가 중앙의 왕실과 혼인을 하여 왕의 자제종친 자격으로 지방을 통치하는 제도를 담로(다물)제도라고 한다. 이로부터 신라본기의 왜국이 가진 지방 통치 제도가 담로제도임을 알 수 있다. 그리고 여자가 가는 방향은 비류국 송양의 딸이 고구려로 가는 것처럼 담로국에서 종주국이다.

백제본기에 '왕후'라는 표현은 유일하게 근초고왕 즉위 직후에 딱 한 번 나오는데, 이 왕후는 근초고왕의 비나 근구수왕의 어머니가 아니라 금강 유역에 있었던 진왕의 왕비여야 삼국사기가 일관성을 가지고 당시의 정세를 설명해준다. 조정좌평 眞淨은 진왕에게 자기 가문의 여인을 출가시키고 그 권세를 바탕으로 한성백제를 통치하는 것이다.

眞淨 가문의 여인을 왕후로 세운 진왕은 자립위왕하였으므로 대외적으로 백제왕을 칭할 것이다. 진왕은 진동장군 낙랑태수의 직을 받은 '백제왕 여구'다. 만일 자립위왕을 못했으면 '백제 왕세자 여구'가 되는 것이다. 앞으로 왕을 자립위왕시킨 왕비에 한해서는 근초고왕조에 따라 '왕후'로 통일하여 호칭하기로 한다.

4세기 초 비류왕 이후 한성백제는 백제연합 내부에서 마한왕의 지위를 확보하고 진왕의 왕후를 독점적으로 공급하였다고 생각된다. 따라서 금강 유역의 진왕은 한강 유역의 한성백제왕실 여인을 왕후로 세워야 자립위왕이 되는 것이다. 일본서기는 한성백제나 임나, 신라 등에 대하여 官家라는 표현을 사용하는데 이는 종주국에 대하여 왕비를 공급하여 혼인동맹을 맺던 소국을 뜻하는 것이 아닌가 생각된다.

이에 대하여 다음처럼 의문을 제기할 수 있다. '4세기라면 영산강 유역이 한강 유역보다 더 웅장한 고고학적 건축물을 쌓는데 어떻게 영산강 유역이 아니라 한강 유역이 마한왕의 지위를 확보하느냐? 이것은 고고학적으로 모순이 아니냐?' 하는 것이다. 이 문제는 제X부에서 다시 설명하게 되는데 영산강 유역은 그 이전인 3세기 후반에 마한왕을 배출하며 중앙정계에 진출하다가 당시인 4세기에는 금강 유역을 장악하고 진왕을 배출하고 있었기 때문이다.

7. 자립위왕의 과정

한성백제 비류왕은 신라와 혼인하여도 자립위왕할 수 없다. 당시의 신라는 고이왕대의 강력한 신라가 아니라 3세기 말에 변진한의 1국으로 편입된 후 임나가야의 담로국으로서 힘이 없는 평범한 소국이었기 때문이다. 조정좌평 진정에게 권력을 이양하고 명예군주로 살던 근초고왕도 비류왕과 마찬가지로 나약한 신라와는 혼인하여도 자립위왕할 수는 없다. 대부분 소국들도 다 삼한백제 진왕이나 임나가야 왕의 영향력 안에 들어있어서 마땅히 손잡을 나라가 없었다.

그런데 신라에 대 변화가 생겼다. 사건은 고구려에서 일어났다. 342~343년 간에 전연의 대군이 고구려를 침략하였는데, 이때 전연에게 동원되어 북쪽 길로 간 중앙아시아의 흉노계 선비족 기마군단이 고구려와의 전쟁 중에 퇴로가 차단되어 신라로 내려온 것이다.[11] 신라사는 전연의 대군이 고구려를 침공하던 342~343년을 경계로 전기신라에서 중기신라로 넘어간다. 통상 만주의 남쪽 길을 통해서 한반도로 들어오면 2세기 초 말갈의 이동처럼 한반도 서부로 들어오게 되고 북쪽 길로 이동하면 한반도 동부로 들어오게 된다.

이들은 강력한 기마군단을 가지고 내려와 신라를 임나가야의 담로국으로부터 독립시켰다. 그리고 나아가 이들은 신라의 왕권을 장악하고 356년에 그들의 지도자가 왕위에 오르니 이 사람이 내물이사금이다. 이로 인하여 새로운 신라는 주목을 받게 되는데 근초고왕도 그들에게 관심을 가졌을 것이나 강력한 힘을 보여야 자립위왕의 대상이 될 수 있다.

신라가 임나가야 중심의 변진한 체제에서 탈퇴하는 것을 본 임나왕은 체제의 붕괴를 그냥 둘 수 없었다. 흘해 37년(346)에 있었던 전투에서 신라에 들어온 유목 민족의 군세가 만만치 않다는 것을 확인한 임나왕은

11) 『삼한사의 재조명 1』 p.342, 제18장. 중기신라로의 전환.

대규모로 군사를 모으기 시작한다. 4세기 후반 고구려와의 전쟁에서 근초고왕이 한강 유역에서 3만 명을 동원하였는데 낙동강 유역도 이와 비슷한 규모라고 판단하면 변진한 연합군은 3만 명 정도였을 것이다. 반면에 당시 신라군은 전연 군대 중에 북쪽 길로 간 1만 5천 명에서 신라까지 내려오는 중에 병력손실이 있었을 것이므로 대략 1만에서 1만5천 정도로 추정된다. 왜군이 신라군의 2～3배 규모인 것이다. 드디어 364년에 한반도 남부를 흔드는 대 전쟁이 낙동강 유역에서 발발한다. 근초고왕은 숨을 죽이고 전쟁의 결과를 주시했을 것이다.

> 내물이사금 9년(364, 근초고 19년): 여름 4월, 왜병의 대부대가 닥쳤다(倭兵大至). 왕이 이 소문을 듣고 마주 대적해서는 안 된다고 염려하여 풀로 허수아비 수천 개를 만들어 옷을 입하고 병기를 들려... 왜인이 수효가 많은 것을 믿고 곧장 들어오다 뜻밖에 복병이 튀어나와 치니 왜인이 크게 패하여 달아났다. 우리 군사가 추격하여 거의 다 죽였다.

신라가 실력을 인정받은 해가 364년이다. 이 전쟁은 지금도 낙동강 유역에서 발굴되는 4세기 가야 철갑옷으로 무장한 변진한 연합군이 군사규모만 믿고 신라에 쳐들어갔다가 343년에 신라 땅에 내려온 흉노계 선비족 기마군단에게 대패한 사건이다. 이 전쟁으로 한반도 전체의 정치구도가 흔들렸을 것이다. 하지만 신라도 주변이 온통 적에게 포위된 상태에서 손잡을 곳이 필요했다고 생각된다.

전쟁이 신라의 승리로 끝나자 근초고왕조의 20년 기록 공백이 깨진다. 그 다다음 해인 근초고왕 21년에 신라에 친선 사신을 보낸다. 신라왕실의 여인을 왕후로 세우고 2세기 개루왕 이후 무려 2백년 만에 '새로운 초고왕'으로 자립위왕하는 것이다.

• 내물이사금 11년(366, 근초고 21년); 봄 3월 백제인이 예방하여 왔다.

→ 아직까지는 백제왕의 호칭을 쓰지 못하므로 백제왕의 사신이 아니다.

• 내물이사금 13년(368, 戊辰); 봄, 백제가 사신을 보내어 좋은 말 2필을 보냈다.

• 근초고왕 23년(368, 戊辰); 봄 3월, 신라에 사신을 파견하여 좋은 말 2필을 보냈다.

→ 이후부터는 백제왕이다.

여기서 두 나라는 이해가 일치하여 다시 2년 후인 근초고왕 23년인 무진년에 신라 여인을 왕후로 세우고 자립위왕하였다고 본다. 말 2필은 혼인에 대한 답례품일 것이다. 말갈추장 나갈이 고이왕에게 좋은 말을 보낸 기록이 연상된다.[12] 근초고왕의 아들은 이제 長子는 아니나 신라 여인의 아들도 아니므로 元子도 될 수 없다. 따라서 근초고왕의 子라 불러야 한다.

근구수왕, (一云 휘수) 近肖古王之〈子〉

자립위왕을 하게 되면 백제왕을 칭하고 자신이 통치하는 영토뿐만 아니라 백제 전체의 지배자가 된다. 근구수왕은 장인이 진고도인 것으로 보아 어머니는 眞씨 가문의 여인이나 이 여인이 근초고왕을 자립위왕시킨 왕후는 아니다. 같은 한강 유역 세력인 진씨와 손잡고 백제권 전체를 아우르는 백제왕을 칭하기에는 무리가 따르는 것이다.

만일 근초고왕의 능이 발견되고 무령왕릉처럼 부부합장릉이라면 왕비

12) 『삼한사의 재조명 1』 p.231. 7. 대방국史.

는 근초고왕과 나이 차이가 많이 나는 여인일 것이다. 근초고왕은 근구수왕의 어머니가 아니라 재위 21년째에 신라 여인을 왕후로 세우고 자립위왕한 후에 백제왕을 칭했다. 만일 근초고왕이 죽은 후 근구수왕 입장에서 왕비를 선왕 능에 합장해야 한다면 누구를 합장해야 하나? 자신을 낳은 생모 진씨 왕비인가? 아니면 아버지를 자립위왕하게 만든 신라인 왕후인가? 근구수왕의 법적인 어머니는 생모가 아니라 왕후다. 진왕제하에서는 왕후와 태자의 어머니가 항상 일치하는 것은 아니라는 특징이 있다. 무령왕릉에서 보는 것처럼 근구수왕은 생모가 아니라 법적인 어머니, 즉 자신의 아버지를 자립위왕시킨 왕비를 합장할 것이다.

그러면 삼국사기는 왜 이런 백제와 신라의 혼인관계를 기록하지 않은 것일까? 이로부터 약 백년 후 동성왕이 신라 여인을 왕비로 맞은 것도 이 연장선에 있지만 이것은 기록하고 있다.

- 동성왕 7년; 여름 5월, 〈遣使聘〉新羅
- 동성왕 15년; 봄 3월, 왕이 신라에 사신을 보내 혼인을 요청하니 신라 왕이 이찬 비지의 딸을 시집보냈다.

백제본기에 〈遣使聘〉新羅(신라에 사신을 보내 예방하였다)라는 표현이 하필 진왕제를 하였다고 생각되는 3루왕 시대에 또 보이는데 이 직후에도 어떤 혼인관계가 있었지 않았을까 생각된다. 즉 근초고왕이 신라 왕실의 여인을 왕후로 맞아 자립위왕한 것은 과거에 비슷한 전례가 있었을 것이라는 뜻이다.

기루왕 37년(113); 〈遣使聘〉新羅

4세기 이전의 이런 혼인관계는 진왕제와 담로관계의 연장선이기 때문에 삼국사기에서 삼한사가 삭제될 때 모두 탈락하였을 것이다. 하지만 진왕이 왜국으로 쫓겨 가고 담로제가 폐지되기 시작하는 5세기 이후는 더 이상 탈락시킬 필요가 없어서 기록이 그대로 살아남았다고 보인다.

근초고왕 2년조가 왜 근초고왕 20년까지 기록이 없는가를 보여준 것이라면, 근초고왕 21년조는 왜 이때부터 기록이 다시 나타나야 했는가를 보여준 것이다. 근초고왕은 재위 23년째인 368년 무진년에 자립위왕함으로써 한성백제왕은 무려 2백년 만에 다시 백제왕을 칭하게 되었다. 근초고왕 이후 한강변 고구려식 대형 적석총이 점차 사라지므로 한성백제에 새 집권층이 등장하였다는 삼국사기의 기록과 일치한다. 더욱이 역사를 편찬하게 하였다고 하였는데 역사서의 편찬은 창업자가 하는 일이 아니라 국가를 정상궤도에 올려놓은 사람이 하는 일이다.

왕력은 기본적으로 왕실의 기록이다. 근초고왕조의 자립위왕을 못하던 시기의 기록 공백은 당사자인 근초고왕이 스스로 삭제한 것이라고 본다. 김부식이 받은 백제왕실의 원사료에도 근초고왕 전반 20년은 비어있었을 것이다. 삼국사기는 근초고왕에 대하여 다음과 같이 요약하고 있다: "원대한 식견이 있었다." 이제 그 원대한 식견이 무엇이었는지를 짐작할 수 있다.

8. 자립위왕 후의 대 고구려관계

질문. 고국원왕의 백제공격 이유

고국원왕의 고구려가 근초고왕의 백제를 공격할 무렵의 고구려 본기는 다음과 같습니다.

- 고국원왕 25년(355); 겨울 12월, 사신을 연나라에 보내 포로로 잡혀갔던 왕모 주씨를 귀국시킴. 연왕이 왕을 정동대장군 영주자사 낙랑공왕

으로 봉함.

- 고국원왕 39년(369); 겨울 9월, 왕은 군사 2만 명을 거느리고 남쪽으로 백제를 쳐 치양에서 싸웠으나 패하였다.
- 고국원왕 40년(370); 겨울 진의 왕맹이 연을 쳐부수자 연의 태부 모용평이 도망해왔다. 왕은 그를 잡아 진으로 보냈다.
- 고국원왕 41년(371); 겨울 10월, 왕이 백제와 전투하다 전사함.

고구려가 고국원왕 39년에 백제를 공격하기 시작한 이유가 무엇입니까? 왜 고국원왕 38년도 아니고 40년도 아닌 고국원왕 39년에 백제를 공격하기 시작하였습니까? 치양은 황해도로 추정되는데 황해도가 언제부터 백제 영토가 되었습니까?

삼국사기 백제본기를 보면 초기에 통치 영역이 경기 북부를 포함한 한강 유역 전체다. 그러다 초고왕부터는 한강 유역 일부만 나온다. 그리고 다시 근초고왕 이후에는 한강 북부를 포함한 한강 유역 전체가 나온다. 국초에 무슨 영토가 이렇게 넓은가 하고 의심할 수도 있지만 담로제에서는 간접 통치 지역까지 포함하므로 넓은 것이다.

예를 들자. 고려 초 왕건의 직할지는 수도인 송악 부근에 불과하였다. 나머지는 혼인을 통하여 결속한 지방호족들이 통치하는 것이다. 만일 왕실과의 혼인관계가 끊기면 그 지역에 대한 통치력이 상실되는 것이고, 유지되면 그 지역도 왕건의 영역에 들어가는 것이다. 진왕제에서는 왕이 자립위왕하지 못하면 대외적으로 왕세자를 칭하는 정도에서 그치는 것이 아니고 통치 영역을 상실하게 된다. 그러다 자립위왕하게 되면 전 지역이 臣民이 되어 자신에게 복속한다. 1~2세기 3루왕 시기에 고구려는 말갈군을 동원하여 자립위왕한 한성백제를 견제하였고 또한 중간에 낙랑이 존재하여 완충작용을 하였다.

4세기에 근초고왕이 자립위왕하고 백제왕을 칭하게 되었어도 금강 유역 이남은 백제본기에 나오지 않는 것으로 보아, 한성백제 왕은 자립위왕해도 그 통치 영역이 한강 유역과 그 북쪽에만 한정되었고 금강 유역 이남은 삼한백제 진왕이 백제왕이 되어 통치권을 행사하였던 것이다. 그렇다고 자립위왕만 이루어지면 무조건 통치권이 확대되었던 것은 아닌 듯하다. 독산성주가 신라로 망명한 것을 보면 자립위왕은 결국 힘으로 이루어지며 이에 반발하는 경우도 존재하였다. 물론 금강 유역이나 영산강 유역으로 망명한 경우도 있을 수 있으나 그런 경우는 삼국사기에 나올 수 없다.

戊辰년(368) 3월 이후 근초고왕에 의한 자립위왕의 파고가 동아시아 전체로 펴져나가게 되었다. 한성백제의 사자가 한강 북쪽을 돌며 자립위왕 소식을 전하고 힘으로 위협하자 고구려와 백제 사이에서 고구려 눈치를 보며 살던 지역 사람들이 일제히 한성백제의 臣民이 되었다. 2백 년 만에 한강변에 부여가 재현되고 부여왕이 등장한 것이다.

고구려 입장에서 보면 황해도 지역에 살던 사람들은 다 고구려에서 내려간 자신들의 屬民들이다.[13] 그런데 어느 날 갑자기 그들이 모두 한성백제의 臣民이 되어 복속하게 되자 당장 고구려의 중요 거점인 평양이 위협받게 되었다. 한강변에 부여가 나타나 고구려와 백제 사이의 전 지역에 이 영향이 파급되자, 진왕제의 특성상 자립위왕 다음 해인 369년부터 황해도 지역의 여러 소국들에게서 친 백제 정책이 시행되었을 것이다. 따라서 고구려의 국체가 흔들리는 등 고구려가 실질적으로 위협을 느낀 해는 369년이다.

고구려는 남쪽에서 발생한 심각한 위협에 대하여 근초고왕이 자립위왕한 다음 해인 369년(己巳년)에 군사를 이끌고 황해도 지역에 내려가 본래 자신들의 속민이었던 그들을 다시 제자리로 돌려놓으려 하였다. 하지만

13) 속민은 '현재는 분리되어 있지만 동족 관계인 나라'를 지칭하고 신민은 '복종 의사를 밝혀온 나라 또는 집단'을 가리키는 일반 용어임. —김병기

이는 고구려의 입장이고 한성백제의 입장에서 보면 고구려가 자기 백성들의 영토를 약탈하는 짓일 뿐이다. 곧 근초고왕은 백제왕의 자격으로 전 한강 유역에 명을 내려 소국 연합군을 이끌고 전투에 나서게 된다. 부여에서 함께 나온 두 나라가 황해도 치양 지역에서 정면충돌하였다. 만일 고국원왕의 비문이 발견된다면 거기에는 대충 이런 내용의 전쟁명분이 적혀있을 것이다.

'치양 지역인들은 본래 우리의 屬民이었는데, 무진년(368)에 백제가 이 지역을 破하여 臣民으로 만들었기 때문에, 기사년(369)에 태왕이 몸소 군대를 이끌고 내려가셔서 이들을 벌하셨다.'[14)]

같은 부여에서 나온 두 나라지만 부여의 담로제도를 버린 고구려에 비하여 부여의 담로제도를 유지하고 있던 백제가 부여 방식으로 자립위왕하게 되면 두 나라 경계 지역의 백성들을 흡수하고, 결국 이것이 고구려의 국가체제를 위험에 빠트리게 된다는 뜻이다. 백제왕의 자립위왕은 고구려의 변경 지역에 대한 침략이나 마찬가지여서 고구려에게는 전쟁명분이 되는 것이다. 〈고구려－백제〉의 전쟁은 〈고구려－부여〉 전쟁의 제2라운드다.

9. 자립위왕 후의 대 중원국가 관계

요서에서 바다를 건너온 부여인들이 한반도에 정착하여 마한의 왕권을 빼앗고 한반도를 통합해 나가는데 주된 방식이 혼인을 통한 결합이었다. 이 제도는 고구려의 추모왕과 비류국의 송양왕과의 관계 같은 것인데 본

14) 속민이란 전통적, 문화적 개념으로 시간이 필요하나, 신민은 정치적, 제도적 행위로 시간이 필요하지 않다.

래 부여에서 온 것으로서 담로제라 한다. 이 방식이 부여의 본류인 고구려에서는 곧 없어졌는데 지류인 백제에서는 한반도에서 4세기까지 계속된다. 그리고 고구려에게 패하여 일본열도로 건너간 삼한백제 세력에 의해서 왜국에서는 5세기에도 담로제가 실시된다. 그리고 이 담로제가 진왕제의 지방통치방식인 것이다.

부여인들이 담로제를 통하여 국가통합을 이루어 가는데 그 중에 가장 큰 세력이 금강 유역에 자리 잡았던 비류 세력이고, 그 다음이 한강 유역에 자리 잡았던 온조 세력이었다. 2세기까지 두 세력이 각각 백제왕을 칭하며 경쟁하다가, 2세기 중반 한강 유역의 개루왕이 5년 만에 죽고 후계자(후개루왕)가 왕이 되었으나 무려 35년을 자립위왕하지 못한다.

3세기 이전에 고구려왕은 중국사서에 뚜렷이 나타나는데 비하여, 한반도 남쪽의 통치자는 뚜렷하게 나타나지 않고, 대신 진왕이라는 힘이 있는 것도 같고 없는 것도 같은 희미한 존재가 나타날 뿐이다. 그 이유는 고구려는 진왕제를 하지 않기 때문에 왕이 내부로부터 권력의 추인을 받는 절차가 필요 없으므로 대외교섭을 통하여 왕권의 건재를 과시하지만, 백제는 가장 큰 소국과 혼인하여 내부적으로 왕권을 추인받기 때문에 왕이 중원국가와의 대외교섭에 나설 필요가 없는 것이다.

이 현상을 외부에서 보면 고구려는 지방 세력보다 왕이 통치자로 뚜렷하게 보이고, 백제는 왕 대신에 여러 소국이 뚜렷하게 보이는 것이다. 이것이 4세기까지 한반도 중부 이하는 백제가 통치하고 있었음에도 불구하고 중국사서에 백제전이 아니라 삼한전이 기록되는 이유다.

근초고왕은 백제사 최초로 건국 약 4백 년 만인 372년에 중원왕조인 동진에 사신을 보낸다. 이 사신 기록은 동진의 晋書에도 백제왕과 임읍왕[15] 등이 방물을 바쳤다고 나온다.

---

15) 백제와 임읍왕으로 해석하는 경우도 있으나 백제 다음에 왕이 생략되었다고 본다.

동진 함안 2년(372, 근초고왕 27년); 봄 정월 辛丑, 百濟 林邑王 各遣使貢方物。

한성백제왕으로서는 자립위왕하였기에 백제왕을 칭할 수 있었고, 그래서 동진으로의 사신 파견이 가능했다. 그런데 백제왕의 이름이 없다. 4세기에 중국사서에 나오는 세 번의 백제왕 기록 중에 이 기록만 삼국사기와 일치한다. 따라서 이 백제왕은 삼국사기의 근초고왕이 틀림없다. 1월에 사신을 보냈는데 역시 1월에 백제 사신이 동진의 수도에 도착한 것으로 보아 당시 해운력을 이용한 통교 거리가 한 달 이내임을 알 수 있다.

372년은 그 전해에 고구려 고국원왕이 백제군의 화살을 맞고 죽는 등 이 시기는 백제가 고구려를 격파한 직후다. 근초고왕은 韓의 연합군을 이끌고 고구려를 격파하자 백제왕의 자격으로 동진에 사신을 보낸 것이다. 3세기에는 마한왕과 진한왕이 서진에 사신을 보내는 등 외교 활동을 하였으나 이들이 백제왕을 칭하지는 않았다.

372년의 이 시점에 금강 유역의 백제 진왕은 긴장할 수밖에 없다. 이 무렵에 동진은 여구라는 백제왕에게 사신을 보내 진동장군이며 낙랑태수의 직을 준다. 372년 근초고왕이 사신을 파견한지 5개월 후에 동진은 사신을 백제에 파견하여 백제왕 여구에게 진동장군을 내리고 낙랑태수의 직을 주었다는 뜻이다. 언뜻 생각하면 근초고왕이 1월에 사신을 보내 진동장군직을 요구하여 동진이 5개월 후에 사신을 보내 답례를 한 것처럼 보인다. 하지만 동진의 사신이 백제에 오는데 한 달이면 충분하며, 삼국사기에는 동진의 사신 도착 기록이나 책봉 기록이 없다.

이는 백제사 최초의 책봉 기록으로서 백제본기에 빠질 수 없는 아주 중요한 사건이지만 없는데, 삼국사기 집필 시 중국의 모든 사료를 대조한 김부식도 이를 확인하였을 것이다. 백제본기 최초의 책봉 기록은 진왕의 백제가 왜국으로 떠난 이후에 이루어져야 합리적인데, 삼국사기를 보면 그 시기가 전지왕대여서 당시 시대상황과 일치한다.

만일 근초고왕이 동진으로부터 낙랑태수이자 백제왕이라는 책봉을 받았으면 이는 최초의 책봉으로서 반드시 삼국사기에 나와야 한다. 나는 근초고왕이 사신을 파견한 것에 대해 위협을 느낀 백제 진왕 여구가 동진에 사신을 파견하여 직위를 요구하자, 동진은 진왕 여구를 진동장군에 봉한 것이라고 생각한다.

삼국사기 백제본기를 보면 최초의 백제왕이라는 책봉은 전지왕 12년(416)에 받는다. 이 백제왕 여구의 여씨는 이전 백제 진왕의 성씨다. 삼국사기 백제본기에 부여씨는 영락 17년(407) 2월에 처음 등장한다. 그리고 이들 여씨 집단이 정권을 장악하고 구이신왕 이후 비유왕이라는 부여씨 최초의 왕이 등장한다. 따라서 근초고왕은 부여씨일 가능성이 거의 없고 당시 한강 유역 최대 성씨인 해씨라고 추정된다.

전지왕도 해씨이나 성씨를 명기하지 않은 삼국사기와 다르게 중국사서를 보면 여영이라 하여 부여씨로 기록하고 있다. 여신을 비롯한 부여씨가 정권을 장악한 전지왕의 백제는 이전 삼한백제가 가졌던 백제의 정통을 인수받고자 한 것이다. 일본서기를 보면 아신왕이 전지태자를 왜국에 인질로 보낸 이유가 자립위왕을 선언하여 한반도 삼한백제 영역에 대한 통치권을 가져갔기 때문인데 뒤에서 다시 다룬다.

10. 근초고왕의 천도

- 근초고왕 26년(371); 겨울, 왕과 태자가 精兵 3만을 거느리고 고구려의 평양성을 공격했다. 고구려왕 斯由가 힘써 싸워 막다가 화살에 맞아 죽었으므로 왕이 군사를 이끌고 돌아왔다. 漢山으로 도읍을 옮겼다(移都漢山).

• 근초고왕 30년(375); 가을 7월, 고구려가 북변을 공격해 와서 수곡성을 함락시키니 왕이 장수를 보내어 막았으나 이기지 못하였다.

삼국사기 백제본기에 웅진천도 이전에 온조왕조의 국가 건국 시 이동한 것을 제외하고는 이것이 유일한 천도 기록이다. 고구려와 전쟁 중에 국가의 수도를 옮긴 것인데 상식적으로 납득이 안 되는 사항이 두 가지가 있다. 다른 자료를 보면 근초고왕의 한산이도는 북쪽으로의 천도이다.

가. 삼국사기

1. 古典記를 살피니 … 13世 근초고왕에 이르러 고구려의 南平壤을 취하고 漢城으로 도읍했다.(삼국사기 잡지 지리 백제조)

나. 삼국유사

2. 백제 13대 근초고왕 辛未에 北漢山으로 도읍을 옮겼다.(삼국유사, 왕력)
3. 古典記를 살피니 이르기를 … 백제 13世 근초고왕 咸安 원년 고구려의 南平壤을 취하고 北漢城으로 도읍을 옮겼다.(삼국유사, 남부여 · 前백제조)

다. 신증동국여지승람

1. 백제 중엽 漢山으로부터 移居한 후 얼마 지나지 않아 남쪽(웅진을 뜻함: 일도안사주)으로 옮겼다.(신증동국여지승람, 경도)
2. 본래 고구려의 북한산군인데, … 근초고왕이 南漢山으로부터 도읍을 옮겼다.(신증동국여지승람, 한성부)
3. 근초고왕 26년 또 수도를 南平壤城으로 옮겼다.(신증동국여지승람, 경기도 광주)

라. 해동고승전

1. 기로기(耆老記)에 이르기를 구려의 시조 주몽이 고려의 여자와 혼인하여 두 아들을 낳으니 避流・恩祖이다. 두 사람이 한 뜻이 되어 남으로 향하여 漢山에 이르러 나라를 여니 지금의 광주가 이곳이다.(해동고승전, 마라난타조)

백제는 고구려와의 전쟁 중에 적과 가까운 쪽으로 천도한 것인데 이는 천도의 상식에 위배된다. 고구려와 전쟁 중이면 더 안전한 후방인 남쪽으로 천도하는 것이 상식이다. 또 하나의 의문은 왜 고구려와의 전쟁에서 이긴 직후 천도해야 했느냐는 것이다. 이는 왜 그 이전에는 천도할 수 없었느냐는 질문이기도 하다.

나라의 수도를 옮기는 작업은 1～2년이 걸리는 사업이 아니다. 백제 무왕도 수년에 걸쳐 익산에 왕궁리와 미륵사를 건설하는 등 익산천도를 준비하였으나 결국 이루지 못했다. 문주왕의 천도는 패전에 따른 어쩔 수 없는 국가 비상사태에 더욱 안전한 남쪽으로 내려간 것이므로 이상한 것이 없다.

문주왕이 하필 웅진을 택한 이유는 삼국사기에 나온다. 문주왕이 웅진에 도착하였을 때는 그곳에 이미 과거 삼한백제의 진왕들이 사용하던 오래된 궁궐이 있었기 때문이다. 따라서 그가 한 일은 궁궐을 새로 짓는 일이 아니고 오래된 궁궐을 수리하는 일이었다.[16]

그러면 근초고왕은 어떤 이유로 언제부터 천도를 준비하였을까? 삼국사기를 보면 근초고왕은 마치 천도를 기다리다 승리하자마자 천도한 느낌이다. 천도는 즉흥적인 정책이 아니다. 따라서 전쟁을 원활하게 수행하기 위하여 천도하였다는 것은 답변이 아니다. 또 전쟁을 수행하기 위한

16) 문주왕 3년; 봄 2월, 궁실을 중수하였다.

임시 천도가 아니었다는 것은 전쟁 후에 본래의 위치로 돌아가지 않는 것으로부터 알 수 있다. 천도는 전쟁 전부터 준비되었고 다시 돌아갈 생각이 없었던 것이다.

같은 지역에 자립위왕한 백제왕이 2명이 있게 되면 사이가 좋을까? 자립위왕을 하게 되면 자기 지역 외에도 타 지역을 통치한다는 뜻이므로 두 백제왕의 통치권이 겹치게 된다. 이런 통치권 분쟁으로 여구왕이 천도해야 한다면 근초고왕으로부터 멀어져야 하기 때문에 남쪽으로 갈 것이고, 반대로 근초고왕이 천도해야 한다면 마찬가지 이유로 북쪽으로 갈 것이다. 두 백제왕 중에 힘과 명분에서 밀리는 쪽이 천도해야 할 것이다. 근초고왕은 신라와 손잡고 신라왕실의 여인을 왕후로 세운 후 368년에 자립위왕하였지만 백제왕이 2명이 되자 갈등이 일어나 이때부터 천도를 준비하였다고 본다. 이후 고구려를 격파하여 북쪽으로의 안전에 자신이 생기자 3년 후인 371년에 천도한 것이 아닌가 생각된다.

제33장 4세기 후반의 자립위왕

1. 근구수왕의 자립위왕

근구수왕이 자립위왕하였음은 그의 아들인 침류왕이 元子인 것, 그리고 동진에 사신을 파견하려 한 것으로부터 바로 확인할 수 있다. 사신을 파견할 때 자립위왕의 호칭인 백제왕을 칭했을 것이기 때문이다. 또한 그가 즉위하자마자 고구려가 대대적으로 공격하는 것으로부터 근구수왕이 즉위 직후 자립위왕하여 경기 북부 및 황해도 지역에 영향을 미치고 있었음을 알 수 있다.

- 근구수왕 2년(376); 겨울 11월, 고구려가 북쪽 변경을 침범해왔다.
- 근구수왕 3년(377); 겨울 10월, 왕이 병사 3만 명을 거느리고 고구려의 평양성을 침범하였다. 겨울 11월, 고구려가 침범해왔다.
- 근구수왕 5년(379); 봄 3월, 진(동진)나라에 사신을 보내려 했으나 바다에서 모진 바람을 만나 도달하지 못하고 사신이 돌아왔다.[1)]

삼국사기로 볼 때[2)] 근구수왕은 신라여인이 아닌 다른 소국의 여인을 왕후로 세웠다. 근초고왕 때에는 신라 외에는 적당한 혼인동맹의 상대가 없었으나 근초고왕이 고구려를 격파한 후에는 한성백제의 지위가 달라져

1) 梁書 백제전에서는 동진 태원(太元)년간(376～396)에 백제왕 須(성은 없음)가 사신을 보낸 것으로 되어 약간의 차이가 있다.

2) 침류왕은 근구수왕의 元子다. －『삼국사기』 백제본기 침류왕조

마한 지역 내에도 여러 대상자가 나타난 것으로 보인다.

근구수왕 자신은 元子가 아니다. 그 이유는 자신은 아버지를 자립위왕하게 한 신라 출신 왕후의 아들이 아니고, 그 이전의 왕비가 낳은 아들이기 때문이다. 만일 4세기 근구수왕이 6세기 성왕처럼 자기 아버지를 왕비와 합장해야 했다면, 자신을 낳은 어머니가 아니라 아버지를 자립위왕시킨 젊은 왕후를 백제왕비의 자격으로 아버지의 능에 합장하게 되는 것이다. 하지만 근구수왕은 자신을 낳은 어머니도, 비록 합장능에는 못 미치지만, 왕후에 버금가는 능을 부근에 꾸며주었을 것이다.

2. 침류왕의 자립위왕

근구수왕의 아들인 침류왕도 자립위왕하였음은 그의 아들인 아신왕이 元子인 것으로부터 알 수 있다. 또한 동진에 사신을 파견하고 마라난타라는 胡僧이 동진에서 와서 불법을 폈다고 하고 있어서, 동진에 사신 파견시 자립위왕의 호칭인 백제왕을 칭했음을 짐작할 수 있다. 이 연속적인 자립위왕은 근초고왕이 고구려를 격파하고 힘을 과시한 것으로부터 연유했다고 본다. 침류왕의 어머니는 아이부인인데 삼국사기는 아버지인 근구수왕을 자립위왕시킨 왕비마저 王后가 아니라 夫人으로 기록하고 있다. 삼한백제의 진왕이 왜국으로 망명하기 전까지는 왕후라는 용어는 진왕의 왕후에 대해서만 사용하는 것으로 생각된다.

그런데 침류왕의 사신 파견이 단순한 종교 관련 사항이라서 동진의 사관이 기록할 필요가 없다고 판단해서 빠진 것인지, 아니면 어떤 정치 외교적인 문제 때문에 기록하지 않은 것인지는 알 수 없으나, 이상하게 동진의 사서에는 침류왕의 사신이 온 기록이 없다. 동진의 사신 파견이 사실이고 이에 따라 불법이 전해졌다는 것이 믿을 만한 기록일 것이라는 것은 굴비로 유명한 전남 영광군 법성포에 그와 관련된 전설이 전해 내려오는 것으로도 확인할 수 있다. 法聖浦는 고대에 한반도에서 남중국을 오고가는 주요 항구였는데 법성포라는 말 자체가 성인이 와서 불법을 편 포구라는 뜻이다.

사서는 현실 정치의 반영이므로 사서에 기록이 없다고 사건이 반드시 없는 것은 아니다. 동진의 晋書에는 고구려전이 없다. 한반도 북부와 만주를 통치하던 고구려왕은 동진에 책봉을 요구하지 않는다. 아니, 서진이나 동진은 나약한 왕조로 고구려는 이들을 아예 무시했을 것이다. 중원왕조가 외역전을 두고 그들의 사신방문을 빠짐없이 기록하는 이유는 왕조의 자긍심을 높여보려는 것이다. 그런데 고구려는 이에 역행하던 나라였을 것이다.

한강 유역의 한성백제왕들이 근초고왕 이후 자립위왕에 연이어 성공하고 있던 것과 반대로 고구려와의 전쟁에서 소외되었던 금강 유역 진왕들은 여구 이후에 자립위왕에 실패하고 있었던 듯하다. 372년의 여구 이후에 한동안 진왕으로 추정되는 백제왕이 나타나지 않고 386년에야 나타났는데 그것도 백제왕을 칭하지 못하고 백제 왕세자를 칭하기 때문이다. 백제의 중심이 금강 유역에서 한강 유역으로 이동한 것으로 근초고왕이 북으로 천도해야 했던 것처럼 두 백제왕 사이의 갈등이 깊어졌다고 생각된다.

통치자가 퇴위하는 것은 국가에서 아주 중요한 일이다. 백제본기의 왕들 중에 어린 나이에 즉위하였던 사반왕이나 구이신왕이나 삼근왕은 구태여 퇴위 원인을 적지 않아도 이를 짐작할 수 있다. 하지만 계왕이나 침류왕이나 진사왕처럼 장성한 왕이 이유 없이 갑자기 죽는다는 것은 이상한 일이다.

삼한백제의 중앙정부가 아직 한반도에 있었던 4세기 이전에 왕이 갑자기 퇴위하는 경우, 분서왕처럼 낙랑태수가 보낸 자객의 습격을 받고 죽었다고 하여 퇴위 원인을 기록하는 경우도 있지만, 계왕이나 침류왕이나 진사왕처럼 그 원인을 적지 않은 경우가 있다. 한 번 정도면 단순히 사료가 누락되었을 수도 있지만 여러 번이라면 그 원인을 생각해보아야 한다.

다행히 진사왕의 경우에 일본서기가 남아있어서 이를 보니 진사왕의 자립위왕이 진왕과의 마찰로 인해 발생한 것으로 삼한사가 탈락될 때 함께 탈락되었다고 본다. 반면에 책계왕과 분서왕의 퇴위 원인이 삼국사기에 남은 이유는 진왕제와 관련이 없기 때문이다. 만일 침류왕이 순수하게 진사왕에 의해 퇴위되었다면 이는 원칙적으로 삼국사기에 나와야 한다. 그런데 나오지 않는다는 것은 진사왕이 침류왕을 몰아낸 것이 아니라는 뜻이다.

삼국사기로 추정할 수 있는 퇴위 원인은 그의 외교적 행위다. 그가 누구를 왕후로 세우고 자립위왕하였는지는 알 수 없으나 眞씨가 한강 유역의 가장 큰 동반자이므로 眞씨에서 왕비를 들이지 않았을까 추측한다. 하지만 같은 지역인 眞씨 가문의 여인으로 자립위왕하기에는 부족하다. 그렇게 되면 백제왕으로 인정받기가 어려워 삼한백제와의 사이에 문제가 발생할 여지가 있다. 침류왕의 불완전한 자립위왕이 문제를 야기하여 실각한 것으로 추정한다.[3)]

3. 진왕 여휘의 자립위왕

질문 백제왕과 백제 왕세자

4세기 후반의 진서를 보면 여구라는 백제왕이 낙랑태수라는 직을 받으며 여휘라는 백제 왕세자는 아래처럼 "도독 진동장군 백제왕"이라는 직을 받습니다.

3) 침류왕이 요서에 나가 전투하다 전사한 것이 아니냐는 견해도 있는데 그 정도로 비중 있는 사건이라면 삼국사기에 반드시 나와야 한다. 삼국사기를 공부하는 첫 단계가 삼국사기에 나올 수 있는 사건과 나올 수 없는 사건을 구분하는 것이다.

東晋 太元 十一年(386년) 夏四月，以百濟王世子〈餘暉〉為使持節 都督鎮東將軍 百濟王。代王拓拔珪始改稱魏.

–晋書/帝紀 第九/孝武帝曜

만일 누가 〈백제왕 여구〉를 〈백제 왕세자 여구〉로, 〈백제 왕세자 여휘〉를 〈백제왕 여휘〉로 몰래 바꾸어 놓았다면 그것을 알아낼 수 있습니까?

백제 진왕 여휘는 여구왕 다음의 진왕으로 추정되는 인물로서 386년에 동진에 사신을 보내며 왕이 아니라 왕세자를 칭하는데 그 이유는 자립위왕하지 못했기 때문이다. 만일 자립위왕하였다면 중원국가의 책봉에 매달릴 필요가 없다. 이것은 뒤에서 다시 다루겠지만 일본서기로도 확인된다. 일본서기를 보면 진왕은 재위 2년째까지 왕후를 세우고 자립위왕하는 것이 정상이다. 2년째까지 자립위왕이 안 되면 왕권이 흔들리게 된다. 여휘는 즉위 후 2년까지 해야 하는 자립위왕이 안 되자 중원왕조로부터 백제왕의 지위를 인정받아 자립위왕을 대신하려 한 것이다.

진왕 여휘는 재위 2년째까지는 기존의 방식으로 자립위왕을 추구하다가 이것이 안 되자 외교적 방법을 선택하였을 것이므로 여구왕에서 여휘왕으로의 교체는 383년(근구수왕 9년) 이전에 일어났다고 본다. 즉 383년에 왕권이 교체되고, 384년에 즉위하고, 재위 2년째인 385년에 자립위왕하였으면 동진에 사신을 안 보내는데, 안 되므로 386년에 외교적 방법을 택했다고 보는 것이다.

전통적으로 백제왕을 칭해오던 삼한백제의 진왕 여휘가 자립위왕을 못하고 있는 반면에 처음에는 삼한백제의 담로국에 불과하였던 한성백제는 〈근초고왕－근구수왕－침류왕〉이 연이어 자립위왕을 하였다. 자립위왕을 하게 되면 형식적으로라도 백제권 전체에 통치력이 미치므로 두 백제 사이에 통치권의 경계를 두고 갈등이 발생할 수밖에 없다. 계왕이나 침류왕이 2년 만에 실각한 이유가 이것이라고 본다. 두 백제 사이의 갈등은 결국 5세기에 해결된다.

진서의 기록만으로는 여휘왕의 자립위왕 여부를 알 수 없지만 주변 상황으로부터 추정이 가능하다. 만일 여휘왕이 자립위왕하지 못했으면 그의 재위기간은 선대나 후대의 자립위왕한 진왕의 재위기간에 포함되어 버릴 것이기 때문에 앞이나 뒤의 진왕의 재위기간을 알면 진왕 여휘의 자립위왕 여부를 알 수 있다. 또 하나 알아볼 수 있는 것은 주변 국가의 반응이다. 고구려가 민감하게 반응하면 자립위왕에 성공했을 가능성이 있기 때문이다.

- 소수림왕 12(382, 근구수8)
- 소수림왕 13(383, 근구수9) 〈여휘의 권력장악 下限〉
- 고국양왕 1(384, 침류1)
- 고국양왕 2(385, 진사1)
- 고국양왕 3(386, 진사2) 〈4월, 여휘의 백제왕 책봉〉, 8월, **백제를 공격**
- 고국양왕 4(387, 진사3)
- 고국양왕 5(388, 진사4)
- 고국양왕 6(389, 진사5) 11월, 백제를 공격
- 고국양왕 7(390, 진사6)

진왕 여휘가 중원국가의 책봉을 통하여 자립위왕을 대신한 것은 완전하지는 못하나 전통적인 자립위왕의 절반 정도에 해당하는 효과는 냈을 것이라고 본다. 그 이유는 고구려의 반응 때문이다. 여휘가 백제왕의 책봉을 받은 지 4개월 후인 386년 8월에 고구려 고국양왕이 갑자기 백제를 공격한다. 당시는 진사왕이 아직 자립위왕하지 못했을 때다.[4] 이는 여휘

의 자립위왕이 고구려와 백제의 접경이었던 경기도 북부 및 황해도 남부 지역에 어느 정도 영향을 미쳤기 때문으로 생각된다.

고구려 입장에서 보면 이 지역 주민들은 본래 자신들의 속민인데 백제왕이 자립위왕했다는 것을 핑계로 힘으로 굴복시켜 신민을 만드는 행위로 침략으로밖에 인식되지 않았을 것이다. 고구려 입장에서 한성백제나 삼한백제나 다 같은 백제이며, 일본서기를 보면 황해도 지역은 한성백제뿐만 아니라 삼한백제의 통치를 받는 곳이었다.[5]

훗날 구이신왕이 長子인 것으로 보아 전지왕은 자립위왕하지 못했다. 그래서 택한 것이 과거 진왕 여휘처럼 동진에 사신을 보내 백제왕으로 책봉 받는 것이었다. 이것이 삼국사기 최초의 한성백제왕 책봉이다. 한성백제는 진왕제에 인해 고통을 받았기 때문에 진왕제를 버리고 중원왕조의 인정으로 이를 대신하려 하였던 것으로 보인다. 무령왕릉 지석을 보면 영동대장군이란 중원왕조의 책봉 기록을 무덤 속까지 가지고 들어가서 이상하게 느껴지지만, 이는 진왕제를 버리고 새 제도를 택하고자 하였던 백제왕실의 모습이었다고 생각된다. 하지만 민간에는 뿌리가 깊어 백제본기의 왕자 기록이나 서동요 등을 볼 때 백제가 망할 때까지도 진왕제의 유풍이 남아있었다.

삼국사기 백제본기의 비류왕~근초고왕조를 보면 금강 유역의 진왕 여구는 한성백제의 眞씨 가문 여인을 왕후로 세우고 자립위왕하였음을 알 수 있다. 따라서 〈백제왕 여구〉가 아니라 〈백제 왕세자 여구〉로 쓴다면 삼국사기와 바로 모순이 된다. 또 당시는 진왕제를 실시하고 있어서 백제내부에서 자립위왕하는 것으로 백제왕의 모든 권위를 인정받는 시절이었으므로 자립위왕한 백제왕이라면 구태여 외국에 백제왕이라는 직위

---

4) 진사왕은 죽던 해에 자립위왕한다.

5) 경기 북부와 황해 남부를 가리키는 것으로 보이는 곡나 지역이다.

를 요청할 필요가 없다. 따라서 〈백제 왕세자 여휘〉가 아니라 〈백제왕 여휘〉로 적게 되면 삼국사기와 일본서기의 진왕제와 바로 모순이 된다. 이로부터 晋書가 이 두 백제왕에 대하여 거짓말을 하지 않고 사실대로 적었다는 것을 쉽게 확인할 수 있다.

4. 진사왕의 자립위왕

우리는 백제 진사왕에 대하여 얼마나 아는가? 대부분이 다음 정도일 것이다.

(1) 형인 침류왕이 즉위 후 1년 만에 죽어 어린 조카를 밀어내고 왕이 된 사람.
(2) 광개토왕과 대결하다 전쟁은 않고 사치나 하다가 관미성을 비롯한 한강 북부의 십여 개의 성을 잃은 사람.
(3) 재위 8년 만에 의문의 죽음을 당한 사람.

삼국사기 백제본기 진사왕조를 요약하면 다음과 같다.

1년(385); 즉위.
2년(386); 청목령에서 서해에 이르는 대규모 관방 설치, 말갈과 전투.
3년(387); (기록이 없음)
4년(388); (기록이 없음)
5년(389); 고구려의 남변을 침.
6년(390); 9월, 고구려를 쳐서 도곤성을 함락시킴, //**대외정책의 변화 시점**// 10월, 구원에서 장기간 사냥.
7년(391); 진기한 새와 나무를 기름, 말갈에게 적현성을 빼김, 서해에서 사냥, 횡악의 서쪽에서 사냥.

8년(392); 북변의 석현성을 비롯한 여성 10명을 빼김, 관미성을 빼김, 11월, 구원의 행궁에서 죽음.

진사왕조의 기록은 390년 9월과 10월을 기준으로 크게 둘로 나누어진다. 390년 9월까지는 고구려에 맞서서 적극적으로 싸웠으나, 10월부터는 고구려왕이 용병에 능하다는 핑계를 대며 구태여 막으려하지 않는다. 진사왕조에 기록된 한성백제의 가장 남쪽은 그가 죽은 구원의 행궁이다. 이곳은 별궁으로 왕실의 휴양지이자 사냥터로 생각되는데, 고구려와의 전쟁 지역에서 비교적 안전한 오늘날의 수원이나 화성 부근이 아닐까 생각한다.

390년부터 392년 사이에 두 백제왕 사이에 벌어진 갈등으로 결국 진사왕이 실각하게 되었다고 보는 것이 합당하다. 즉 진사왕의 정책 변화가 390년과 391년 사이에 이루어진 것으로부터 금강 유역 진왕의 즉위와 자립위왕이 390년과 391년에 있었던 것은 아닌지 추정할 수 있다. 물론 이 진왕은 383년 이전에 즉위한 것으로 추정되는 여휘가 아니다.

주변국들에게 진왕이 즉위하느냐 안 하느냐는 별 관심거리가 되지 못한다. 그 이유는 즉위만 해서는 목지국을 비롯한 그 주변만 통치하기 때문이다. 하지만 진왕이 자립위왕을 하게 되면 상황이 크게 달라진다. 그 이유는 이제 삼한 전체에 통치권이 미치기 때문이다. 진사왕은 새로 즉위한 진왕이 즉위에 그치지 않고 자립위왕을 하려는 데에 대하여 불쾌했던 것으로 보인다.

한성백제는 이미 근초고왕—근구수왕—침류왕 3대에 걸쳐 자립위왕하였으므로 진사왕 자신도 자립위왕하려 했을 것이다. 진사왕은 고구려를 막고 있는 것이 자신이란 것을 시위하는 듯하다. 진사왕이 392년에 실각한 것으로부터, 진왕이 391년에 자립위왕하자 진사왕 자신도 392년에 자립위왕하였는데 관미성이 함락되자 자립위왕의 명분이 사라져 실각한 것으로 추정된다.

진왕이 자립위왕하였다면 한성백제왕실의 여인을 왕후로 세웠을 가능성이 크고, 그러면 침류왕이나 진사왕의 딸을 왕후로 세워야 하는데 현실권자가 진사왕이므로 진왕이 꼭 자립위왕하려 한다면 진사왕은 자신의 딸을 왕후로 세우라고 압박했을 것이다.

5. 아신왕의 자립위왕

진사왕이 실각하고 그의 조카이자 침류왕의 아들인 아신왕(아화왕)이 즉위한다. 아신왕은 자립위왕하였을까? 자립위왕하였다면 누구와 손잡았을까? 삼국사기 백제본기는 아신왕의 아들인 전지왕을 元子라 불러 아신왕이 자립위왕하였음을 알 수 있다. 그리고 眞武를 왕의 장인이라 호칭하여(王之親舅) 眞씨 가문의 여인을 왕후로 세우고 자립위왕하였음을 알 수 있다.

그러면 이전의 한성백제왕들과 마찬가지로 불완전한 자립위왕으로부터 오는 문제가 발생하였을 가능성이 크다. 잘못하면 실각할 수 있기 때문이다. 그는 언제 자립위왕하였을까? 또 어떻게 불완전한 자립위왕이 가져오는 문제를 해결했을까?

> 아신왕 6년(397); 여름 5월, 왕이 왜국과 우호를 맺고 태자 전지를 볼모로 보냈다.

태자가 볼모로 가야할 정도의 중대한 일이라면 자립위왕과 관련된 문제밖에 없다. 즉 아신왕은 재위 6년째인 397년에 자립위왕으로 발생한 문제를 해결하기 위하여 태자를 진왕에게 볼모로 보내고 있다는 것이다. 그런데 진왕이 있는 금강 유역으로 볼모로 가야 할 태자가 엉뚱한 왜국으로 가고 있다. 이 말은 진왕실이 전 해인 396년 정도에 어떤 이유로 일본열도로 옮겨갔다는 뜻이다. 진왕실이 스스로 일본열도로 갈 일은 없으므로 누군가가 396년에 진왕정부를 일본열도로 몰아낸 것이다.

한반도에 그럴만한 힘을 가진 존재는 고구려뿐이다. 더구나 백제와 고구려는 이전에 계속 전쟁을 치러왔다. 즉 396년에 고구려가 금강 유역을 대대적으로 공격하였고 그 결과 진왕정부가 대패하여 일본열도로 달아났다는 뜻이다. 그러자 그 기회를 놓치지 않고 아신왕이 자립위왕을 선언하였다가 진왕과 문제가 발생하자 태자를 보내 해결하고 있는 것이다. 자립위왕은 통치 영역의 확대를 의미하므로 일본열도로 달아난 진왕정부는 잘못하면 두고 온 한반도 영토를 잃을 수 있기 때문에 중요한 일이다.

이와 같은 이유로 위 기록은 삼국사기 백제본기가 기록한 왜국의 건국기록이 되는 것이다. 진왕의 왜국이 광개토왕에 의한 영락 6년(396)의 잔국토벌 다음 해인 397년에 건국되었다는 삼국사기의 증언이다. 만일 이보다 앞에 백제본기에 진왕의 왜국이 출현하면 당연히 거짓이 된다. 왜 진왕이 한반도에 있었을 때는 삼국사기에 나올 수 없는지를 분명히 알 수 있다. 만일 일본열도로 건너가기 전이라면 위 기록은 다음처럼 써야 할 것이기 때문이다.

'아신왕 6년(397); 여름 5월, 왕이 **백제**와 우호를 맺고 태자 전지를 볼모로 보냈다.'

제 Ⅷ 부

일본서기의 진왕제

[그림 7] 길림성 집안의 광개토왕비, 5세기 초,
삼국지 동이전의 진왕 관련 기록을 남기고 있다.

제34장 응신천황의 자립위왕

1. 전방후원분 돌아보기

전방후원분을 우리나라에서는 장고형 고분이라고 부르는데 앞은 둥글고 뒤는 네모진 모양에서 이름을 따왔다. 따라서 이를 열쇠구멍모양고분이라고도 한다. 크게 보면 주변에 도랑을 파고 물을 채우는 주구(周溝, 도랑)묘의 일종이다. 통상 앞의 둥근 부분에는 시신을 안치하고, 뒤의 네모난 부분에는 여러 물건들을 부장한다. 방향은 특별히 정해진 것은 없으나 내부는 주로 횡혈식 석실이다.

일본에는 야마대국이 멸망하는 3세기 후반부터 고분시대가 시작되는데 이때 나타나기 시작한다. 하지만 중국 사서를 보면 247년에 죽은 왜국의 최고 최장 권력자라는 비미호의 무덤은 원형분으로 전방후원분이 아니다. 이는 그때만 하더라도 전방후원분이 왜국의 지배층 무덤양식이 아니었다는 뜻이다.

5세기가 되면 오사카 지역을 중심으로 (傳)응신능, (傳)인덕능이라 불리는 초대형 전방후원분이 나타난다. 주변을 살펴보면 그 규모가 더욱 웅장한데, 한마디로 4세기까지의 올망졸망한 고분들 속에 꽝하고 초대형 고분이 주변을 누르며 내려앉은 꼴이다. 고분이 부장품은 물론이고 규모로도 주변을 월등히 압도한다. 무덤의 외양보다 더 중요한 것이 그 속에 무엇이 들어 있느냐 임은 말 할 필요도 없다.

응신능과 인덕능을 비롯한 5세기에 만들어진 전방후원분의 부장품은

[그림 8] 일본 오사카 일대의 전방후원분들,[1] 5~6세기. 주구묘의 일종이다. 5세기에 사용자 집단의 교체가 일어나는데 거대고분은 정복자의 상징이다.

이전 시대와는 전혀 다르다. 이전의 전방후원분은 원시적인 농기구나 원시적인 무구 등이 출토되는데 비하여 응신능이나 인덕능에서는 전투적이고 대륙적인 유물이 출토된다. 5세기에 접어들며 전방후원분의 주인이 대륙 이주민으로 바뀐 것이다.

인덕능에서 나온 청동거울은 6세기 무령왕릉 출토물과 쌍둥이처럼 닮았고, 환두대도는 5~6세기 백제양식이다. 인덕능에서는 금동갑옷도 나와서 그 그림이 전해지는데 4세기 가야양식이다.[2] 특히 투구는 가야 지역에서 출토되는 투구와 완전히 같다. 유리잔도 나왔는데 5세기 신라고분에서 나온 것과 계통이 같다. 또한 응신능에서 나온 금동 마구는 5세기 가야 지역에서 나온 것과 거의 동일하다. 한마디로 응신능과 인덕능의 내부는 4~6세기의 한반도이다.

한반도의 유물을 간직한 초대형 고분의 갑작스런 출현은 곧바로 5세기

---

1) http://www.sunonthetree.net/

2) 『삼한사의 재조명 1』 p.514, [설명] 인덕릉 출토 금동갑옷.

에 일본열도에 대규모의 정복이 있었다는 뜻이고, 또 그 정복자들이 한반도 출신이었을 것이라는 고고학적 근거다. 마치 영국에서 로마의 정복이 있었고 그 결과 로마유물이 발견되는 것과 같다. 이에 따라 일본에서는 일본서기의 초대천황으로 정복자이자 건국자인 신무를 5세기 초로 비정한다. 또한 일본 곳곳에 정복과 관련된 전설이 남아있는데 한결같이 4말 5초이고 응신에 집중된다. 이 당시의 일본서기에 나오는 천황이 응신이어서 전설이 사서와 일치한다.

한반도에서 장고형 고분이 나타나는 곳은 영산강 유역인데 5세기의 제4사분기, 즉 475년 웅진천도를 계기로 나타난다.[3] 그리고 이 출현시점은 웅략(곤지)세력이 왜국에서 백제로 귀국하는 시점과 일치한다. 내부석실은 주로 기내보다는 구주에서 유행하던 것과 유사하다. 영산강 유역의 다른 형식의 고분들은 모여 있기도 하는데 장고형 고분들은 하나씩 떨어져 분포한다. 일본처럼 무덤 내부에 붉은 칠을 한 것도 발견된다.

영산강 유역은 우리나라에서 유일하게 네모난 방대형(직사각형 피라미드의 위쪽을 잘라낸 모양이다)분과, 역시 네모나지만 양쪽의 크기가 다른 사다리꼴 고분이 분포하는 지역이다.[4] 무덤 주위에 도랑을 파고 물을 채우는 주구묘는 원형분과 방대형분을 비롯한 여러 고분에서 발견되는데 장고형 고분도 주구묘의 일종이다. 영산강 유역 주구묘의 전통은 청동기에서 철기로의 교체기에 나타나는 토광묘로 올라간다. 또 토광묘에 옹관이 병존하기도 한다. 이 고분들은 4세기 이전으로 올라가나 이보다 발전된 형태인 장고형 고분만큼은 현재까지는 5세기 중반 이전으로 올라가지 못한다.

일본에서는 전방후원분의 도랑 주변에 원통형 토기 같은 제사용 토기

---

3) 5세기의 제3사분기로 보는 견해도 있는데 이 시기는 개로왕의 왜국으로의 곤지파견 시점이다.

4) 고구려는 방대형이 원칙이고 가야·신라는 원형이 원칙이다.

를 넣는 풍습이 유행하였는데 영산강 유역에서는 장고형 고분뿐만 아니라 무덤 형태를 가리지 않고 이런 풍습이 보인다. 이런 풍습은 영산강 유역에서 2세기 말에 시작되었다(임영진). 영산강 유역에 가보면 전방후원분이란 다른 것이 아니고 원형 고분과 사다리꼴 고분이 붙은 꼴이다. 어느 날 갑자기 새로운 형식의 고분이 나타난 것이 아니라 그 고분의 재료들은 이미 오래 전부터 있어 왔다는 뜻이다.[5)]

흔히 임나일본부설의 해당 지역인 가야 지역에 왜국과 관련하여 어떤 유물이 안 나오겠느냐고 생각하지만 가야 지역에서 장고형 고분이 나온 적은 아직 없으며[6)] 대부분 백제 지역, 특히 영산강 유역에서 주로 나왔다. 일본에서 구주 쪽은 주로 3~4세기 이전 가야문화권이고, 기내 쪽은 주로 5~6세기 이후 백제문화권이므로 전방후원분의 기원이 기내 쪽이라면 장고형 고분이 백제 지역에서만 나오는 것은 당연하다. 5세기 후반부터 내부가 백제식 석실분으로 바뀌며, 6세기 초·중엽이 되면 영산강 유역에서 대형 고분이 점차 사라지고 고분 속에서 백제의 고위관리가 머리에 꽂았다는 은으로 만든 꽃이 출토되기도 한다.

2. 자립위왕의 내용

일본서기를 보면 응신의 즉위 직후에 대하여 390년 원년은 즉위했다는 것 외에는 기록이 없고, 왕후를 세운 2년째에 기록이 집중되고 있는데 이는 자립위왕과 관련된 것이므로 자연스럽다. 5세기 일본서기를 보면 왕후는 즉위한 해나 그 다음 해 세우는 것이 보통이다. 즉위 전부터 진왕이 될 준비를 하고 있던 사람은 즉위와 동시에 세우지만, 그렇지 않은

5) 『네티즌 고대사』의 부록 참조.

6) 경남 고성의 무기산 고분과 경남 함안 말이산 16호분은 장고형 고분이 아닌 것으로 밝혀졌다.

사람은 즉위한 다음 해에 세우는 것이다. 만일 즉위 다음 해까지도 왕후를 세우지 못하면 왕세자 기간이 길어져 자립위왕을 노리는 다른 사람들에 의하여 왕권이 위협받게 된다.

응신은 즉위 다음 해에 세 자매를 왕비로 들였는데 이는 아주 예외적인 경우다. 한 가문으로부터 3명의 여인을 왕비로 들인다는 것은 왕이 전혀 힘이 없고 왕비의 아버지가 실권자라는 뜻이다. 일본서기가 기록한 391년에 세운 응신의 왕비 기록을 요약하면 다음과 같다.

응신천황 2년(辛卯年, 391); 봄 3월,

(1) 제1비; 仲姫, **皇后**, 출신—?
후손—荒田皇女, 大鷦鷯天皇(인덕), 根鳥皇子

(2) 제2비; 高城入姫, 출신—? •제1왕비의 언니인데 왕비는 더 먼저 되었다.
후손—額田大中彦皇子, 大山守皇子, 去來眞稚皇子, 大原皇女

(3) 제3비; 弟姫, 출신—? 제1왕비의 동생,
후손—阿倍皇女, 淡路御原皇女, 紀之菟野皇女

(4) 제4비; 宮主宅媛, 출신—日觸(일촉)사주의 딸, •태자 토도치랑자의 어머니,
후손—菟道稚郎子皇子, 矢田皇女, 雌鳥皇女

(5) 제5비; 小甂媛, 출신—日觸(일촉)사주의 딸, 제4왕비인 택원의 동생,
후손—菟道稚郎姫皇女

(6) 제6비; 弟媛, 출신—河派仲彦의 딸,
후손—稚野毛二派皇子

(7) 제7비; 糸媛, 출신—櫻井田部連男鉏의 동생,
후손—隼總別皇子

(8) 제8비; 日向泉長媛, 출신－?
후손－大葉枝皇子, 小葉枝皇子

이로부터 알 수 있는 것은 다음과 같은 사항들이다.

가. 자립위왕에 성공한 왕은 중시조가 된다.

일본서기를 보면 황자나 황녀로 기록된 왕족들이 중요한 역할을 하는데 이들이 왕족이라서 중요한 역할을 하는 것이 아니고, 중요한 역할을 한 사람을 나중에 왕족으로 편입시킨 것이다. 따라서 자립위왕한 왕은 중시조의 성격을 갖게 되는 것이다. 단 태자는 실제 어머니 아래에 기록한다. 응신과 함께 왜국 건국의 가장 중요한 왕인 인덕을 왕후의 후손으로 연결시키고 있는데, 이렇게 되면 인덕도 출신을 감추는 것이 된다. 응신과 동년배이거나 오히려 나이가 더 많은 인덕을 여덟 왕비 중에 제1왕비인 왕후에 연결시킨 것은 정통성이 더 있다고 보았기 때문이었을 것이다.

나. 왕비의 순서는 자립위왕 시 힘의 순서에 따른다.

진왕은 여러 명의 왕비를 두는데 그중 제1왕비가 왕후가 되는 것이 원칙이다.[7] 제1왕후는 결혼한 순서가 아니라 친정의 세력 순서이다. 그리고 왕비들의 이름을 보면 끝에 주로 '희'나 '원'자가 붙는다.

다. 응신은 본래 왕이 될 신분이 아니었다.

여러 왕비들 중에 가장 먼저 결혼한 여자를 보면 응신의 출신을 짐작할 수 있다. 그가 가장 먼저 결혼한 여자가 일촉사주의 딸인 택원이다. 응신

7) 웅략의 왕비 순서가 이를 보여준다.

이 처음부터 진왕이 될 신분이었으면 그는 한성백제왕실의 여인을 택하지 사주의 딸과 결혼하지 않았을 것이다. 또 처음부터 실권자였던 인덕은 왕비가 많지 않으나 응신은 많다. 이는 고려 태조는 왕비가 많았으나 이후 실권자였던 광종은 많지 않았던 것과 유사하다. 제1왕비부터 제3왕비가 한 집안 출신인데 도대체 얼마나 강력한 가문이면 딸 셋을 진왕의 왕비로 출가시켰을까?

일본서기는 왕후의 출신에 대하여 침묵하고 있는데 이는 아주 예외적인 것이다. 제8왕비도 출신을 적지 않고 있으나 그녀는 마지막 왕비이므로 기록이 남아있지 않을 수도 있다. 하지만 왕후를 비롯하여 왕비 셋을 배출한 가문에 대하여 침묵하는 것은 의도적이라 하지 않을 수 없다. 일본서기는 진왕제에 따라 쓰였기 때문에 왕비를 세우면 그 아버지의 신분을 명기하는 것이 원칙이다. 일본서기가 왕비의 출신을 명기하지 않는 경우는 물론 쓰기 곤란한 경우인데, 대표적인 예가 인덕조나 웅략조에서 보는 것처럼 백제왕실에서 온 여자인 경우이다.

자매들을 왕비로 들인 이런 현상이 고려 중기 이자겸(李資謙, ?~1126년) 시기에 있었다. 그는 자신의 권세를 바탕으로 딸들을 모두 왕실로 들여보내 예종과 인종의 장인인 동시에 인종의 외조부가 되었다. 국권을 장악하고 외교권을 포함하여 국사를 자신의 집에서 마음대로 처리하였으며 1124년에는 朝鮮國公으로 높여 책봉받았다. 마지막에 스스로 왕이 되려 하였다가 척준경에게 제거된다. 이후 무신정권을 잡은 최충헌이나 최우는 스스로는 왕이 되려 하지는 않는다.

라. 왕후의 아버지가 백제 내부에서 가장 큰 권력자다.

딸 셋이 왕비가 되면 당연히 첫째인 〈高城〉이 왕후가 되어야 한다. 또 언니가 둘째보다 먼저 비가 되었다. 그런데도 언니를 제치고 동생인

〈仲姫〉[8]가 왕후가 되었다. 이는 한 아버지 아래의 딸들이면 발생하기 어려운 현상으로, 왕비 셋이 친자매가 아니라 사촌 간이며, 그중 둘째의 아버지가 가장 큰 권력자일 가능성을 암시한다.[9] 당시 백제 내부에서 응신을 능가하는 가장 큰 권력을 가진 사람은 진사왕뿐이었다. 이로부터 응신은 침류왕의 딸을 왕후로 세우고 자립위왕하려 하였는데 침류왕이 갑자기 죽고 진사왕이 즉위하자 어쩔 수 없이 진사왕의 딸을 다시 왕비로 들여 자립위왕한 것으로 추정된다.

그리고 이 과정에서 진사왕이 고구려와의 대치 상태를 이용하여 자신의 딸을 왕후로 세우라고 응신을 압박한 것으로 보인다. 진사왕은 자신이 백제 내부에서 최대의 군사력을 가지고 고구려를 막고 있었기 때문에 이전 마한왕과 같이 자신의 당연한 권리라고 생각했을 것이다. 이후 인덕은 침류왕의 손녀(전지왕의 누이)인 신제도원공주(팔전황녀)를 왕후로 들이면서 응신보다 한 단계 후대를 받아 응신과 인덕이 일본서기에 부자관계로 기술되었다고 본다.

마. 왕후가 반드시 태자의 어머니가 되는 것은 아니다.

태자의 출신이 제4왕비의 아들이다. 왕후가 낳은 아들이 항상 태자가 되는 것은 아닌데 유독 제4왕비가 낳은 왕자가 태자가 된 이유는 그녀가 가장 먼저 결혼했고 따라서 토도태자만 장성하였기 때문으로 보인다.

하지만 역사적으로 보면 모든 왕비는 자신이 낳은 아이를 후계로 삼고 싶어한다. 응신이 태자를 세운 것은 신공황후 섭정기 초반에 나온다. 신공 초반은 응신이 사망한 403년부터 태자가 인덕에게 죽는 408년 사이의 응신의 왕후 기록이기 때문이다. 일본서기는 '신공황후 섭정' 몇 년 하는

8) 우연히도 진사왕이 仲子이다.

9) 김유신의 경우도 여동생 둘이 무열왕의 왕비가 되나 언니는 훨씬 나중에 들어가게 되므로 예가 다르다.

데 응신이 죽자 응신의 왕후가 태자 대신 섭정한 것이다.[10] 당시는 진사왕이 죽은 다음인데 만일 진사왕이 살아 있었으면 제4왕비가 낳은 아들이 태자가 되기 어려웠을지도 모른다.

391년 신묘년 봄 3월, 삼한백제의 辰王 응신이 한성백제와 손을 잡고 자립위왕함으로써 삼한의 지배자가 되었다. 응신의 자립위왕을 알리는 使者가 육로와 해로로 전 백제권에 달려갔을 것이다. 고구려와 국경을 접하지 않았던 임나는 물론, 국경을 접했던 고구려가 평소 屬民으로 생각하고 있었던 한성백제와 신라까지 일제히 삼한백제의 臣民이 되었다.

응신이 한반도에서 자립위왕한 삼한백제의 마지막 진왕이며, 한성백제가 삼한백제를 인수하며 한반도에서 진왕제는 사라진다. 일본열도로 건너간 삼한백제왕실은 인덕천황부터 무열천황까지 약 백 년을 일본열도에서 더 시행한다. 391년에 있었던 응신의 자립위왕은 368년에 있었던 근초고왕의 자립위왕 이상으로 고구려에게 엄청난 압박감을 주었을 것이다. 하지만 일본열도로 물러난 뒤에 자립위왕한 왜왕들은, 한반도를 한성백제가 인수하여 통치하고 있었기 때문에, 고구려에게 별다른 영향을 주지 못했다.

391년에 응신이 자립위왕하여 발생한 파고가 고구려에까지 미치자 고구려는 전쟁 준비에 들어가고, 그 다음 해인 392년부터 고구려왕이 직접 군사를 거느리고 대규모로 백제를 공격하기 시작한다. 이는 마치 368년에 근초고왕이 자립위왕하자 369년에 고국원왕이 고구려군을 이끌고 백제를 공격하기 시작한 것과 같다. 고구려는 계속 백제를 공격한 끝에 396년에는 수군을 이용하여 응신이 있었던 삼한백제의 중심지인 금강 유역을 토벌하게 된다.

10) 비미호는 자신이 왕이었으므로 섭정이 아니다.

- 고국양왕 6년(390); 가을 8월, 백제가 쳐들어와 남쪽 변경을 노략질하고 돌아갔다.
- 고국양왕 7년(391); 가을 9월, 백제가 달솔 진가모를 보내 도압성을 쳐부수고 2백 명을 사로잡아 돌아갔다.
- 고국양왕 9년(392); 봄, 사신을 신라에 보내 우호를 다졌다. 신라왕이 조카 실성을 볼모로 보내왔다.[11)]
- 광개토왕 1년(392); 가을 7월, 남쪽으로 백제를 쳐서 10개의 성을 함락시켰다. 겨울 10월, 백제의 관미성을 쳐서 함락시켰다.

→ 이후 고구려의 공격이 16년 동안 계속됨.

391년 신묘년 봄 3월에 있었던 진왕 응신의 자립위왕을 목격한 고구려인들은 5세기 초에 다음과 같은 기록을 남겼다.

而倭以〈辛卯年〉來渡海破 百殘 · OO · 新羅 以爲臣民

– 광개토왕 비문

우리는 광개토왕비문이 신묘년이라고만 쓴 사건이 그해 봄 3월에 일어났다는 것을 안다.[12)]

3. 진사왕의 실각

진사왕은 재위 6년째인 390년 9월까지는 대 고구려 전쟁에 적극성을 보인다. 그런데 390년 10월이 되면 어찌된 일인지 고구려군이 쳐들어와도 사냥이나 나가고 진귀한 짐승이나 기르는 등 취미생활에 몰두하거나,

11) 신라는 고구려에 인질을 보내 진왕의 자립위왕이 가져올 고구려의 분노를 피하고 있다.

12) 고구려 정부는 전쟁 후 한반도에 남아 백제의 전 영역을 인수한 한성백제는 백잔으로, 왜국으로 떠나 비문을 세울 때 왜국이 되어 있었던 삼한백제는 왜로 적었다.

고구려왕이 용병에 뛰어나다는 핑계를 대고 나가 싸우려 하지 않는다. 심지어 북쪽 10여개의 성이 함락되는데도 출전하지 않는다. 이런 진사왕에 대하여 백제본기는 "사람이 강용하고 총명하며 지략이 많았다(爲人强勇 聰惠多智略)"고 표현하고 있다. 언뜻 보아서는 이해가 되지 않는 이 표현이야말로 진사왕에 대한 당시 백제인들의 가장 정확한 증언이라고 본다.

390년 10월 이후는 이전의 진사왕과는 전혀 다른 모습인데 이는 고의적인 전투 회피다. 삼국사기가 그를 총명하고 지략이 많았다고 하는 것으로 보아 이 전투 회피는 능력이 없거나 용병술이 모자라서가 아니고 나름대로의 어떤 판단에서 나온 것으로 보아야 한다. 백제의 국력이 약해서가 아니라는 것은 392년에 그를 이어 즉위한 아신왕이 대 고구려 강경책으로 복귀하는 것으로부터 확인할 수 있다.

왜 진사왕은 390년에 대외 정책을 바꾸었을까? 고구려는 그 다음 해인 391년에 고국양왕에서 광개토왕으로 권력이 이동하므로 390년도의 진사왕의 정책 변화와는 관련이 없다. 신라 역시 390년이면 내물왕 35년인데 직전에 별다른 것이 없으며, 고구려에 실성을 볼모로 보내는 것도 392년이다. 따라서 390년의 진사왕의 정책 변화는 고구려나 신라와는 아무 관련이 없다.

삼국사기는 아신왕에 대해서 "의지와 기풍이 호방하였으며 매사냥과 말타기를 좋아하였다(志氣豪邁 好鷹馬)"고 하는데 진사왕에 비하여 군사적 능력이나 전략이 뛰어나다는 뜻은 아니다. 그런 아신왕도 고구려에 대하여 적극적으로 공세를 취했는데 지략이 뛰어나다는 진사왕은 390년부터 어떤 이유에서인지 고구려와의 전투를 회피했다. 고구려왕의 전략이 뛰어나다는 것은 진사왕의 핑계였을 것이다. 전쟁 중에 진귀한 동식물을 키우는 취미생활을 한다는 것은 상식에 맞지 않는데, 이것도 사실은 그의 깊은 책략에서 나온 것이라 보인다. 그는 고구려 방어선을 담당하고 있는 자신의 군사력으로 누군가와 힘겨루기를 하고 있는 것이다. 우리 군사력이 아니면 어떻게 되는지 보여주겠다고 시위하는 형상이다.

그런데 삼국사기만 보아서는 390년 10월부터 변하는 진사왕을 이해할 수 없다. 하지만 삼한백제의 기록인 일본서기 응신조는 그 이유를 설명하고 있다. 진왕 응신이 390년에 즉위하고 그 다음 해인 391년에 자립위왕한 것이다. 진사왕의 대외 정책 변화는 응신의 자립위왕을 앞두고 벌어졌다.

응신의 왕비 기록들을 보면 그는 누구에게인가 꽉 눌려있어 힘을 쓰지 못하고 있다. 왕후를 세운 다음 해인 응신 3년째에 ○○왕이라 호칭하는 인물이 하나 등장하는데 그가 응신을 괴롭혔다고 하고 있다. 응신이 힘을 쓰기 시작한 것은 이 왕이 실각한 다음부터다.

> 응신천황 3년(392년); 겨울 11월, 이 해에 백제의 진사왕이 선 것이 천황에 대한 예를 어겼다(백제 진사왕 **立之失禮**). 그리하여 1.기각숙녜, 2.우전실대숙녜, 3.석천숙녜, 4.목토숙녜를 보내 그 무례함을 책하였다. 이에 백제국은 진사왕을 죽여 사죄(謝之)하였다. 기각숙녜 등은 아화를 왕으로 세우고 돌아왔다.

이 내용은 392년에 진사왕이 선 것이, 즉 자립위왕한 것이 실례이며 응신이 이에 항의하였다는 뜻이다. 진왕제와 자립위왕을 이해하지 못하는 사람은 진사왕이 385년에 즉위하였는데 왜 392년에 섰다(立)고 하는지 이상하게 생각한다. 자립위왕을 하게 되면 자신의 영역뿐만 아니라 백제의 다른 지역에까지 통치권이 미치므로 먼저 자립위왕한 응신의 입장에서 용납하기 어려운 것이다.

진사왕조에 진가모가 병관좌평이 되어 중요한 역할을 하는 것으로 보아 진사왕은 眞씨 가문의 여인을 왕비로 들여 왕후로 세우고 자립위왕하려 했던 것으로 보인다. 하지만 그것으로는 자립위왕이 불완전한 것이다. 결국 진사왕의 실각 원인은 계왕과 침류왕의 경우와 마찬가지로 금강 유역의 진왕정부와 자립위왕으로 경쟁하다 발생한 문제였다고 본다.

이 사건은 392년 11월 한 달 사이에 벌어진 것인데, 금강 유역에서 한강 유역으로 갔다가 돌아왔으므로 충분히 가능하다. 당시 숙녜 숫자가 얼마나 되었는지는 모르나 한성백제의 좌평 숫자와 비슷하지 않았을까 생각해보면, 4명이나 출동하였다는 것은 내각이 거의 총동원 될 정도로 중요한 사건이었을 것으로 생각된다.

진사왕이 고구려를 막지 않은 것이 빌미가 되어 실각하였으나, 나중에 고구려가 금강 유역의 진왕정부를 왜국으로 밀어내버리고, 그 결과 진사왕의 백제가 백제권 전체를 차지하게 되었으니 그는 백제사의 중흥시조로서 "총명하고 지략이 많다"는 표현에 지나침이 없다.

4. 한성백제의 삼한백제 영역 인수

일반적으로 고대국가가 발전하면 주변을 정복하는 과정이 있는데 백제만 유일하게 국초에 마한을 병합하는 것을 제외하고는 그런 것이 없다. 이는 백제본기를 남긴 한성백제가 주변 소국을 정복하는 과정을 거친 나라가 아니기 때문이다. 주변 소국은 삼한백제가 정복하였으나 그들이 망하자 한성백제가 이를 나중에 인수하였다. 따라서 아신왕(아화왕) 6년의 왜국 출현과 아신왕의 자립위왕으로 인한 태자 전지의 볼모 기록이 백제가 5세기에 한반도 전역을 획득한 기록이다.

응신천황 8년(397); 百濟記云。〈阿花王〉**立无禮**於貴國 故奪我
(1) 枕彌多禮。 - 제주도

(2) 及峴南。 - 영산강 유역
(3) 支侵。 - 금강 유역
(4) 谷那 - 경기 북부 및 황해 남부
(5) 東韓之地。 - 낙동강 서부 경남[13)]
是以遣王子〈直支〉于天朝 以脩先王之好也。(백제기에 말하였다. 아화왕이 서서 귀국에 무례하였다. 그래서 우리의 침미다례, 현남, 지침, 곡나, 동한의 땅을 빼앗아갔다. 이 때문에 왕자 직지를 천조에 보내어 선왕의 우호를 회복하였다.)

위의 다섯 영역은 이른바 4세기 이전 삼국사기의 공백 지대라 불리는 지역들로 본래 삼한백제의 영역이다. 아화왕이 서서 웅신정부가 통치하던 한반도의 여러 지역들을 빼앗아갔다는 말인데, 선 것이 왜 땅을 빼앗아가게 되는지 진왕제를 모르는 사람에게는 이상하게 들릴 지도 모른다. 즉위만하면 자신의 통치 지역만 다스리지만 자립위왕을 하면 형식적으로라도 전체를 다스리게 되는 것이 진왕제이다.

396년 가을에 광개토왕에게 수도 웅진을 점령당한 삼한백제왕실이 일본열도로 망명해버리자 한성백제의 아화왕이 자립위왕하고 삼한백제의 다섯 영역에 대한 통치권을 선언했다는 뜻이다. 삼국사기를 보면 전지태자가 元子이므로 아화왕이 섰다(立)는 일본서기의 기록과 일치한다. 아화왕이 자립위왕하였으나 진사왕의 경우에서처럼 두 정부 사이에 갈등이 발생할 우려가 있자 전지태자를 인질로 보내 두 정부 사이의 우호를 회복했다는 것이다.

고구려와의 전쟁에서 패하고 거의 빈손으로 일본열도로 망명한 웅신정부 입장에서는 전지태자가 온다는 것만으로도 망명정부로서 인정을 받는 것이니만큼 이는 어쩔 수 없는 선택이다. 백제는 어차피 중앙집권제가

13) 경남 동부 지역은 임나이다.

아니라 지방분권제이므로 응신이 다시 한반도로 돌아간다고 해도 백제권 전체를 직접 통치할 수 있다는 보장도 없다. 이것은 한성백제에게도 삼한백제 영역을 평화적으로 인수하는데 최선이었을 것이다.

아화왕의 삼한백제 다섯 영역 인수는 제도적인 것일 뿐 실제적인 장악은 이로부터 백 년에 걸쳐 이루어진다. 맨 먼저 한성백제의 통치권에 들어온 지역은 한강 유역에서 가장 가까운 (4)'곡나'로 비유왕과 개로왕대에 이루어지며, 그 다음이 (3)'지침'으로 문주왕대에, 그리고 (1)'침미다례'와 (2)'현남'은 동성왕대에, 마지막이 (5)'동한지지'인데 무령왕대에 인수된다. 앞으로 이 과정을 다룰 것이다.

5. 신공황후조의 이원화

신공황후조는 무려 69년의 재위를 기록하고 있는데 왜국 자체의 기록뿐만 아니라 백제나 중국사료를 보고 베껴 넣은 내용들이 들어있다. 따라서 이런 기록들은 제외하면 왜국 기록만 남는데 기록이 크게 둘로 나뉜다. 신공 13년 이전의 주로 태자와 관계되는 기록과, 신공 후반기 46~52년 사이의 주로 가야토벌과 관계되는 기록이다. 후반기 기록 중에서도 신공 52년조에 나오는 기록 중 다음 부분은 별다른 사료가 없어도 일본서기만 있으면 임의로 적어넣을 수 있는 내용이다.

> 신공황후 52년, ... 그리고 손자인 침류왕에게 일러, "지금 내가 통하고 있는 해동의 귀국은 하늘이 열어주신 바이다. ... 토산물을 모아서 봉헌하기를 끊이지 않는다면 죽어도 한이 없다"라고 말하였다. 이후 매년 계속하여 조공하였다.

삼국사기는 12세기에 쓰였고 또 현재 우리가 보고 있는 삼국사기는 김부식이 쓴 것이 거의 같다. 반면에 일본서기는 8세기에 초판이 쓰였지만 현재 나와있는 것은 가장 오래된 것이 16세기 본이지만, 인쇄본이 없고 모두 필사본인데 전해 내려오는 필사본마다 내용들이 각각 조금씩 다르다. 따라서 어느 부분이 본래 8세기에 쓰였고 어느 부분이 후대에 고쳐졌는지를 판별하기 어렵다.

위의 침류왕이 어쩌고 하는 부분은 어떤 물건을 주고받았거나, 누가 어떤 지위에 올랐다거나, 특정한 제도가 실시되었다거나, 군대가 이동하였거나, ... 하는 사건이 없다. 따라서 지명도 없다. 토산물이라고 하나 어떤 토산물인지도 알 수 없다. 다른 사료가 없어도 일본서기만 있으면 누구나 쓸 수 있는 내용이다. 따라서 이 기록은 사료 판단 시 가장 먼저 제외하는 부분이다. 다른 사서를 볼 때도 마찬가지다.

비미호는 173년에 정변을 일으켜 왜왕이 되었으나 큰 내란이 발생하여 즉위하지 못하고, 6년 후인 179년에 왜왕으로 즉위하였다가, 69년만인 247년에 죽는다. 일본서기 편자들이 비미호의 기록을 기반으로 신공황후조를 만들었는데 칠지도를 건네주던 신공 후반기를 제외하고는 비미호의 기록이 별로 없었다. 그래서 신공 전반기를 응신과 인덕 사이의 응신의 왕후 기록으로 메웠다. 일본서기는 전체적으로 가야에 대하여 매우 우호적이다. 그런데 딱 한군데, 신공 후반기만 가야에 대하여 적대적이다. 이는 사료의 출전이 일본서기의 다른 부분과 달랐기 때문이라고 본다.

중애 말년을 포함한 신공 초기의 기록은 모두 5세기 초의 기록이다. 응신이 403년에 죽고 인덕이 409년에 즉위하는 6년 동안의 혼란기에 자립위왕하지 못한 토도태자와 태자 대신에 섭정하는 응신의 왕후 기록들이다. 태자관련 기록들도 응신이 아니라 토도태자의 기록들이다. 신공의 신라정벌도 5세기 초에 벌어진 사건을 173년에 있었던 비미호의 신라사신 파견 자리에 갖다놓은 것이다. 즉 고구려군의 공격으로 백제 피난민들이 낙동강 유역에 집결하였지만 신라의 비협조로 왜국으로의 피난이 어려워지자, 군대를 파견하여 내물이사금을 압박하고 이들의 무사 도해를 보장하는 증표로 왕자인 미사흔을 인질로 데려간 일이다. 일본서기를 보면 내물이사금은 당시에 '서역에서 온 신라왕', 즉 파사매금이라 불리었다.

그런데 흥미로운 것은 토도태자를 위하여 모든 노력을 다하는 응신의 왕후인 중희가 토도태자의 생모가 아니라는 것이다. 토도태자의 생모는 궁주택원이다. 이는 진왕제의 특징을 보여준다고 생각되는데, 왕후는 가기 소생이 아니더라도 태자의 안위를 책임지고 있다.

일본서기를 보면 당연히 당시 왜국의 상황을 알 수 있는 내용들이 나오는데 비하여, 신공조 후반기록들은 백제를 비롯한 한반도 사정만 나오고 왜국의 내부 상황에 대한 기록이 전혀 나오지 않는다. 왜국의 내부 상황이란 왜국에 풍년이나 흉년이 들었다던가, 황후가 어디로 행차를 하였다던가, 누구를 어떤 직위로 임명하였다던가, 누구에게 무엇을 만들게 하였다던가, 어떤 산과 강이 있다던가, ... 등등이다. 하지만 백제인이 만난 왜국인 인명을 제외하고는 아무런 정보를 주지 않는다. 대신 백제의 지명이라든가 교역품이라든가 등등의 백제 관련 내용만 풍부하다. 이는 이 기록의 주체가 누구인가를 생각하게 한다.

일본서기를 쓸 때 왜국 정부는 390년 응신 즉위 이전 기록을 쓰기 위하여 전국을 뒤져 사료를 찾았다. 그리고 찾은 것이 2세기의 야마도국 기록들, 즉 서기 100년 숭신 즉위에서 173년 중애 사망에까지 이르는 약간의 사료였다. 비미호의 자체 기록은 오래 재위하였음에도 불구하고 중애 말년의 기록들뿐이었다고 생각한다.

비미호의 기록인 신공 후반기의 46~52년조 사이의 가야토벌 관련 기록에 왜국 자체의 기록은 없고 모두 왜국과 백제와의 교섭에서 얻어진 기록들만 있다. 이렇게 된 이유는 이곳의 출전이 왜국의 기록이 아니라 삼한백제의 기록이었기 때문이라고 생각된다. 본래 삼한백제 자신들이 가지고 있었던 3세기 초 왜왕 비미호와의 교섭 기록들을 주객을 바꾸어 정리한 것으로 본다.

제35장 인덕천황의 자립위왕

1. 응신의 죽음

응신의 왕후 기록이 신공황후조 초반에 기록되어 있어서 신공즉위전사부터 응신의 기록이 나온다. 즉 중애 9년조는 비미호의 기록과 응신의 왕후 기록이 함께 나오는데 대부분은 당시 기록의 양이 풍부하였던 응신의 왕후 기록이다.

중애천황 9년; 봄 2월, 천황이 몸이 아프더니 갑자기 다음 날 죽었다.
→ 중애의 기록임

일설에 천황이 친히 웅습을 치다가 적의 화살에 맞아 죽었다고 한다.
→ 응신의 기록임

응신의 기록 중 그의 정복 기록만 따로 떼어서 만든 것이 왜국의 시조로 되어있는 신무천황조다.[1] 하지만 그의 죽음은 중애 9년의 일설로 기록된 것이 정확하다. 2월이라는 달도 삼국사기와 일치하는 것으로 볼 때 응신이 죽은 달로 보인다. 중애는 웅습과의 전쟁을 반대한 사람이므로 일설의 천황은 중애가 될 수 없다.

응신이 갑자기 죽어 왜국이 혼란에 빠지자 신라가 바다를 건너 왜국을

1) 『삼한사의 재조명 1』 p.436, 제23장. 영락 6년의 잔국토벌과 神武의 東征.

공격하게 된다.[2] 삼국사기 백제본기는 응신의 죽음과 인덕의 즉위를 정확히 기록하여 혼란의 여지가 없다. 특히 응신의 죽음에 대해서는 2월이라는 달까지 일치하는 것을 볼 때 응신은 2월 초에 죽고 왜국의 사자는 2월 말에 백제에 도착하였다.

아신왕 12년(403); 봄 2월, 왜국의 사자가 도착하자 왕이 맞이하여 크게 위로하고 후하게 대우하였다.
→ 응신의 죽음을 알림

전지왕 5년(409); 왜국이 사신을 통해 야명주를 보내니 왕이 두터운 예로써 대접하였다.
→ 인덕의 즉위 선물이 도착함

삼국사기 백제본기는 백제왕이었던 응신과 인덕에 대해서는 호칭을 하지 않으나, 그 중간의 토도태자에 대해서는 전지왕이 귀국할 때 왜왕이 병사 백 명으로 호위하게 했다고 하여(倭王以兵士百人衛送) 왜왕이라 부르고 있다. 당시 자립위왕하면 백제왕이지 왜왕이 아니므로 이는 합당한 표현이다. 삼국사기 박제상 열전에 나오는 418년에 박제상을 죽인 왜왕도 일본서기를 보면 인덕이 아니라 갈성습진언이다.

응신 사후 왜국은 토도태자가 왕이 되었으나 자립위왕하지 못하고 혼란이 계속되었다.[3] 특히 403년에 신라군은 바다를 건너 응신이 죽고 혼란에 빠진 왜국을 공격하였는데 왜국은 백제의 도움으로 살아났다. 한반도에서 건너온 여러 세력가들이 서로 왕이 되려고 하는 내전 상황이 계속

---

2) 『삼한사의 재조명 1』 p.487, 7. 신라의 왜국공격.

3) 일본서기의 신공황후 전반은 응신의 죽음과 인덕의 즉위 사이에 응신의 왕후와 토도태자가 통치하던 6년 동안의 기록이다.

되는 중에 응신의 왕후는 당시 각료 중 최대 세력가였던 무내숙네에 기대어 아들의 왕권을 유지하고자 하였다.

그러던 중에 영락 17년(407), 낙동강 유역까지 다시 내려온 고구려군과 삼한백제군 사이의 마지막 전투가 고구려군의 승리로 끝난다. 삼한백제가 패하여 회복불능에 들어가자 이 지역의 구 가야제국이 일제히 독립하게 된다.[4] 그리고 407년 전투에서 패한 비문왜(삼한백제)의 지휘부는 한성백제와 결합하게 되니, 이것이 영락 17년에 한성백제에 부여씨가 최초로 출현하게 되는 배경이다. 금관가야는 멸망한 지 180년 만에 좌지왕에 의해 재건국된다.

다음 기록이 고구려 광개토왕에 의해 잔국이 토벌되던 응신 7년(396) 9월의 사건으로 진왕국가의 일본열도 이주를 기록한 것이다. 즉, 왜국에 칠지도를 주던 백제가 이제 스스로 바다를 건너가 왜국이 된 것이다.

> 응신천황 7년(396); 가을 9월, 고구려인, 백제인, 임나인, 신라인이 함께 내조하였다.

삼한백제 진왕 응신이 396년 9월에 왜국으로 피신하여, 397년 1월에 국가를 건국하였으나, 403년 2월에 웅습을 정벌하던 중 화살에 맞아 죽었다. 그러면 이후에도 한반도에서의 진왕국가가 왜국에서도 이어갈 수 있느냐 없느냐는 한성백제 출신의 왕후를 세울 수 있느냐 없느냐와 같다. 왜국에 혼란이 계속되던 중인 영락 17년에 왜국에 아주 중요한 일이 생겼다.

> 응신천황 39년(407); 봄 2월, 백제의 직지왕이 누이 신제도원을 보내 섬기게 하였다. 신제도원은 7인의 부녀자를 데리고 내귀하였다.

4) 『삼한사의 재조명 1』 p.500, 7. 좌지왕의 후기가야 건국.

응신 7년조의 기록이 진왕국가의 일본열도 이주를 기록한 것이라면 응신 39년조는 진왕국가가 계속될 수 있는 근거를 준 셈이다. 이제 신제도원이나 그녀가 데리고 온 백제왕실의 여인을 왕후로 세우면 자립위왕하고, 그러면 왜국에서도 진왕국가가 지속되는 것이다. 이후 이들 여인들이 5세기 전반의 왜국 왕비들을 공급하게 되었다고 본다.

토도태자는 자립위왕하지 못하고 408년 인덕에 의하여 실각한다. 따라서 그는 천황의 시호와 대수를 받지 못하고 선대인 응신의 재위기간이 인덕의 즉위 전 해인 408년까지 연장되어 토도태자의 집권기간을 포함하여 기록하게 된다. 이것이 진왕력의 기본 서술 방식이다. 만일 비류에서 여구와 여휘에 이르는 4백 년 삼한백제 진왕력이 발견된다면 틀림없이 이 원칙에 따라 왕력이 기술되었을 것이다.

2. 자립위왕의 과정

광개토왕비에 나오는 비문왜는 고구려에게 3차례(영락 6년, 10년, 17년) 공격을 받고 멸망한다. 영락 6년에 금강 유역에서 패한 집단(응신 집단)과 영락 10년에 낙동강 유역에서 패한 집단(인덕 집단)은 일본열도로 건너가나, 영락 17년에 남해안에서 패한 집단(여신 집단)은 일본열도로 건너가지 않고 대신 한성백제와 결합한다. 이것이 영락 17년에 삼국사기 백제본기에 부여씨가 최초로 등장하게 되는 배경이다. 여구와 여휘를 비롯한 부여씨는 본래 삼한백제의 왕족이었던 것이다.

영락 6년에는 기습 공격을 당해 제대로 싸워보지도 못했고, 영락 10년에는 주로 피난민들을 이끌고 있어서 역시 제대로 싸워보지도 못했지만, 영락 17년에는 중무장한 수만의 정규군을 동원하여 고구려와 대결하였다. 고구려군이 영락 17년에 6성 만을 점령한 것과 이후 고구려군이 백제에 주둔하지 못하고 곧 물러간 것을 보면 고구려의 일방적인 우세 만은 아니었을 것이다.

이 〈고구려－삼한백제(비문왜)〉의 전쟁은 두 부여계 국가가 동아시아의 패권을 놓고 다툰 것으로 만주에서 있었던 〈고구려－부여〉 전쟁의 연장이다. 고구려는 BC 1 세기에 만주에서 한반도로 몰아낸 부여를 이제는 섬으로 몰아낸 것이다. 영락 17년의 패배로 한반도 복귀가 불가능해진 왜국은 응신 사망 후 실질적인 최고 권력자인 인덕이 408년에 토도태자를 제거하고 409년에 왕위에 오른다. 인덕은 즉위와 동시에 전임 응신의 왕후를 태후에 봉한다.

인덕천황 원년; 봄 정월, 大鷦鷯尊卽天皇位 尊皇后曰〈皇太后〉

이 황태후가 신공 초반기의 신공황후다. 신공 5년(418)조에 박제상 일행이 잠시 귀국을 요청했던 왜국의 황태후도 이 사람이다. 인덕은 즉위 직후 응신의 황후를 황태후로 봉했다고 하여 진왕제에서 왕후는 다음 왕이 즉위하면 태후가 되는 것을 알 수 있다. 청령조도 선왕의 왕비를 황태후가 아닌 황태부인으로 봉하는데, 왕후가 없는 경우에는 다른 왕비를 황태후보다 한 단계 낮은 황태부인으로 봉하기도 한다는 뜻이다. 또 일본서기를 보면 진왕을 자립위왕시킨 왕비는 죽기 전에는 바꾸지 못한다. 인덕은 즉위 다음 해에 반지원명을 왕후로 세우고 자립위왕한다.

인덕천황 2년(410), 봄 3월。

(1) 磐之媛命: 皇后, 출신－갈성습진언의 딸.
후손－大兄去來穗別天皇(이중천황, 왜왕 彌), 住吉仲皇子, 瑞齒別天皇(반정천황, 왜왕 珍), 雄朝津間稚子宿禰天皇(윤공천황, 왜왕 濟).

(2) 日向髮長媛: 출신－?
후손－大草香皇子, 幡梭皇女.

갈성습진언은 본래 백제에서 부여씨 왕족에 버금갈 만한 대 세력가로 성씨가 8성 대족의 하나였을 것이다. 인덕의 여러 아들들 중에 실제 생물학적 관계는 많아야 반지원명의 소생 중 앞부분 아들 2명(大兄去來穗別, 住吉仲) 정도라고 본다. 일본서기를 보면 자립위왕에 성공한 진왕은 중시조의 자격을 갖추어 이후 여러 사람들의 시조로 기록된다.

인덕은 즉위 시에 왕비가 둘이었는데 그들의 신분이 그리 높지 않은 것과, 즉위년이 아니고 즉위 후 2년째에 왕후를 세우는 것으로부터 본래 백제 진왕이 될 신분이 아니었다는 것을 알 수 있다. 그는 전쟁으로 인한 이민시대의 대 혼란을 수습함으로써 집권하게 된 것이다. 그리고 義熙 9년(413) 12월, 동진의 安帝에게 사신을 보낸다. 중원왕조에서 보면 3세기 중반 왜 여왕 일여 이후 약 150년 만에 왜국에서 사신이 오는 것이지만, 인덕의 입장에서는 〈여구－여휘－응신－인덕〉으로 가는 중에 응신 시기만 전쟁으로 사신을 보내지 않았을 뿐이다.

진왕제에서 진왕의 권력은 자립위왕의 내용에 달려있었다. 즉 가장 큰 세력인 한성백제의 왕실과 손잡아야 정통성이 큰 것이다. 거기에 인덕은 응신의 아들을 제거하고 권력을 잡은 사람이다. 따라서 '인덕이 과연 갈성습진언의 딸(이중천황: 母曰 磐之媛命 葛城襲津彦女也) 정도를 왕후로 세우고 정통성을 가진 자립위왕을 할 수 있을까?'하는 의문이 든다. 더욱이 왜국에는 백제에서 신제도원공주가 와 있었다. 인덕 본인은 아무리 반지원명 왕후 체제로 계속 가려고 해도 신하들이 벌떼처럼 일어나 신제도원을 황후로 세우고 떳떳하게 자립위왕하라고 요구할지도 모른다.

갈성습진언은 5세기 왜국에서 가장 많은 왕비를 배출한 갈성 가문의 시조다. 그는 특별한 직책이 없으면서도 큰 권력자로서 왕명을 대행하는 아주 중요한 역할을 한다. 하지만 갈성 가문은 그의 손자대에 몰락하고 이후에는 자립위왕의 대상이 되지 못한다.

3. 인덕천황의 재혼

인덕은 일본서기 사상 최대의 성군으로 기록된 사람으로 오늘날까지 일본인들로부터 가장 큰 존경을 받고 있다. 일본서기 편자들은 그에게 仁德이라는 시호를 주고 聖帝라 호칭한 것 외에도 다음처럼 기록했다.

인덕천황 4년(410); 봄 3월, 백성들의 칭송하는 소리가 가득했다.

성군의 판단 기준이 아래로부터의 인정인데 이는 본래 부여왕의 모습이다. 이 외에도 5세기의 왜국은 전체적으로 부여의 재현이다. 만일 부여왕실 자체의 기록이 남아있다면 전반적으로 일본서기와 비슷한 모습일 것이다.

그런데 그에게도 한 가지 약점이 있다. 왕후 문제가 그것이다. 인덕은 왜국으로 건너간 대 세력가인 갈성습진언 가문과 혼인하고 자립위왕하였지만 왕후의 신분이 다소 부족하여 정통성 시비가 생긴 것이다. 일본서기에서 5세기의 천황들로 기록된 사람들의 권력은 어떻게 자립위왕하였느냐에 달려있어 인덕은 과거의 백제 진왕이 했던 것처럼 한성백제의 공주와 결혼하여 자립위왕하여야 할 필요가 있었던 것이다.

인덕천황 16년(414); 가을 7월, 천황은 宮人 〈상전구하원〉을 가까운 신하들에게 보이고 이 婦女를 사랑하려하나 황후의 질투 때문에 부르지 못한다고 하였다.

왕이 새 왕후 후보를 신하들에게 보였다가 불합격 맞았다. '상전구하원' 정도로는 안 되는 것이다. 삼한 소국들이 서로 혼인으로 엮어져 있는 관계이기 때문에 왕이 왕비를 마음대로 선택하지 못하는 것이다.

> 인덕천황 22년(416); 봄 정월, 천황이 황후에게 팔전황녀를 들여 장차 비로 하겠다고 말했다.

팔전황녀는 합격이었다. 팔전은 시호적 성격을 갖는 이름으로 당시에 중요한 인물이 되면 남자이건 여자이건 시호적 이름을 주었던 것 같다. 그러면 이제 갈 길이 정해졌다. 일본서기가 가장 성군으로 기록한 인덕도 여자 관계 만은 어쩔 수 없는 것이다. 결국 왕후로서의 모든 자격 심사를 거쳐 마지막으로 선택한 여자가 팔전황녀다. 4세기 이후 백제 진왕의 왕후는 마한 지역 최대 세력인 한성백제에서 왔었다. 인덕이 왕비를 갈아치운 것이 사랑이 식어서가 아니라 어쩔 수 없는 어떤 이유가 있었기 때문이라는 것은 다음 구절로도 알 수 있다.

> 인덕천황 30년(416); 가을 9월, 천황은 황후가 없는 틈을 타 팔전황녀를 궁중에 불러 들이셨다. 겨울 11월, 황후는 사람을 시켜 말하기를 "폐하는 팔전황후를 들여 비로 하였습니다. 저는 그 황녀를 따라 같이 황후 노릇을 하기는 싫습니다." … 천황은 황후의 노여움이 큰 것을 한탄하였다. 아직도 황후를 사모하는 마음이 남아있었다(而猶有戀思).

인덕의 본래 부인인 반지원명의 입장에서 보면 자신은 인덕이 왕이 되기까지 죽을 고생을 해서 도운 사람이다. 그런데 인덕을 위해 왕후의 자리에서 나가달라는 것이다. 아무 것도 한 일이 없는 여자가 밀고 들어와서 단지 백제왕실의 여인이라는 것 하나로 인덕의 왕후가 되겠다고 하니 서러운 것이다.

팔전황녀는 반지원명이 죽기 전부터 이미 왕후의 실권을 행사하고 있었다. 일본서기는 팔전황녀의 출신과 관련하여 중요한 기록을 남기고 있다. 인덕의 자립위왕을 뒷받침해야 하므로 일본서기에서 빠뜨릴 수가 없는 것이다.

> 응신천황 39년(407); 봄 2월。百濟 直支王。遣其妹〈新齊都媛〉以令仕。爰〈新齊都媛〉率〈七婦女〉而來歸焉。(백제 직지왕이 그 누이 신제도원을 보내어 섬기게 하였다. 신제도원은 7인의 여인을 데리고 내귀하였다.)

여기서 섬긴다는 말은 '왕실에 보낸다'는 뜻이다. 무령왕의 어머니를 동반하고 왜왕(웅략천황)으로 부임하는 곤지의 경우도 일본서기는 '섬기게 하였다'라고 기록하고 있다. 신제도원공주와 그와 함께 온 7인의 한성백제왕실 여인들이 5세기 전반의 왜국 왕후를 공급하게 된다. 이 기록에 의하여 삼한백제는 왜국으로 건너온 후에도 진왕국가를 유지할 수 있었다. 신제도원공주가 도착하면서 왜국은 그녀와 일곱 여인을 중심으로 권력이 재편되기 시작했을 것이다.

팔전황녀가 궁에 들어서는 순간 왕후 반지원명의 운명은 끝났다. 왕을 자립위왕시킨 왕비는 죽기 전에는 바꿀 수 없기 때문이다. 다음 해 반지원명이 죽고 이전부터 실질적으로 왕후 노릇을 해왔던 신제도원공주가 정식으로 인덕의 왕후가 된다. 반지원명을 장사지내고 단 2개월 만이다. 잔인한 것이 진왕의 자립위왕의 전통이었다. 국가의 안정을 위해 왕과 왕비가 희생해야 하는 부여의 전통이 여기까지 이어져 내려온 것이다.

- 인덕천황 31년(417, 재위 9년); 봄 정월, 대형거래수별을 황태자로 하였다.
- 인덕천황 35년(417, 재위 9년); 여름 6월, 황후 반지원명이 통성궁에서 죽었다.
- 인덕천황 37년(417, 재위 9년); 겨울 11월, 황후를 내라산에 장사지냈다.
- 인덕천황 38년(418, 재위 10년); 봄 정월, 팔전황후를 황후로 세웠다(立八田皇女爲皇后).

인덕 31년부터 37년은 실제로는 417년이라는 같은 해 벌어진 사건을 달은 그냥 두고 연도만 적당히 떼어 배치한 것이다. 언뜻 보면 인덕은 황후가 죽고 3년 후에 새 황후를 들인 것 같지만, 실제로는 여름에 죽자 다음 해 정월에 바로 새 황후를 세웠다. 이로부터 진왕제하에서는 진왕은 일단 왕후를 세우고 자립위왕하면 그 왕후가 죽기 전에는 새 왕후를 세울 수 없으며, 왕후가 죽으면 또 그 왕후 자리를 오래 비워둘 수 없다는 것을 추정할 수 있다.

반지원명의 불행은 남편이 진왕이 되면서부터 시작하였다. 반지원명은 갈성습진언의 딸로서 진왕의 왕후가 되기에는 다소 부족한 신분이었다. 보통 진왕은 태자 시절에 이미 강력한 소국의 왕실 여인을 태자비로 세운 후 즉위와 동시에 그를 왕후로 세우고 자립위왕하는 것이다. 그런데 인덕은 본래 진왕이 될 신분이 아니었던 것이다. 5세기 일본서기는 4세기에 한반도에서 하던 일을 되풀이했기 때문에 4세기 삼한백제사를 추정할 수 있는 사료다. 우리는 성군 중의 성군이라는 인덕의 여자 문제가 왜 이렇게 복잡해야 했는지를 이해할 수 있다. 바로 진왕제 국가이기 때문인 것이다.

서기 418년, 인덕이 새 왕후를 세우고 떳떳하게 자립위왕하니 동아시아에 경사가 났다.

- 백제 전지왕 14년(418) 여름, 왜국에 사신을 파견하여 흰 포목 열 필을 보냈다.
- 신라 눌지마립간 2년(418), 가을에 왕의 아우 미사흔이 왜국으로부터 도망해왔다.[5]
- 송서 왜국전 高祖 영초 2년(421), 고하여 말하길, "왜왕 讚이 만리를 닦아 조공하니 멀지만 그 정성이 가마와 같다. 제수함이 마땅하다."

일본서기 역시 박제상의 귀국 배경을 적고 있는데 하나는 신공 5년조이고 다른 하나는 인덕 38년(418)조이다. 신라의 미사흔왕자가 귀국하던 418년은 이렇게 인덕이 새 왕후를 세우고 정통성의 시비에서 벗어나던 축제 분위기의 해였다. 그러니 많은 사람들이 정치적 사면을 받았다고 본다. 신공 5년조 또한 미사흔의 귀국을 기록하고 있는데, 황태후가 박제상이 신라에 돌아가 가족을 만나보고 다시 오겠다는 일시 귀국을 허락하였다고 한다. 이 황태후는 응신의 왕후라고 본다. 일본서기가 응신 사후 그의 왕후 관련 기록들을 모두 떼어 신공 전반기에 배열한 것은 이해가 가는데 왜 하필 5년조에 넣었는지는 알 수 없다.

418년의 경사 중에 가슴이 찢어지는 사람이 한 명 있었다면 아마 반지원명의 아버지인 갈성습진언이었을 것이다. 자신이 부족하여 딸이 죽었다고 생각할 것이다. 신공 5년조를 보면 박제상 외에도 2명의 사신이 더 갔다. 3명의 사신은 '한례사벌, 모마리질지, 부라모지'인데 모마리질지가 당시 신라 왕족인 흉노계 선비족 모부 출신인 박제상이다.[6] 삼국유사를 보면 박제상이 자신을 회유하던 왜왕을 뿌리치고 죽음을 택하는데 그 왜

---

5) 미사흔이 억류되어 있었던 장소는 가야권인 구주라고 생각한다. 만일 백제권인 기내였으면 삼국사기 신라본기에 나오지 않았을 것이다. 박진석은 조류의 흐름과 교통로를 이용하여 억류 장소가 구주임을 증명하고 있다. 『고구려 호태왕비 연구』, 박진석, (아세아문화사, 1996), pp.234－239.

6) 『네티즌 고대사』 pp.376－378, 402년에 갔다가 418년에 온 사람.

왕이 갈성습진언이었다. 먼 훗날의 이야기지만 일본서기는 신라와 혼인하는 백제 동성왕의 외조부를 갈성습진언의 손자로 설정하고 있다.

제36장 이중, 반정, 윤공천황의 자립위왕

1. 이중천황의 자립위왕

일본서기는 천황가의 신성함을 과장하기 위하여 편찬된 책으로 아는데 왕비 세우는 것을 보면 일반적으로는 이해하기 어렵다. 진왕제란 담로제가 발전하여 왕실의 제도에 영향을 미치게 된 것이다. 따라서 일본서기 기록은 진왕제를 모르면 이해할 수 없다.

> 履中天皇은 '거래수별천황'이라고도 하는데 대초료천황(인덕)의 태자다. 어머니는 磐之媛命인데 葛城襲津彦의 딸이다.
>
> 인덕천황 87년(429); 태자(이중천황)는 천황의 장례를 끝내고 우전실대 숙녜의 딸인 〈흑원〉을 비로 하려고 하였다. ... 주길중황자를 보내 길일을 고하게 하였다. 주길중황자는 태자라 속이고 〈흑원〉을 범하였다. ... 주길중황자는 몰래 군사를 일으켜 태자궁을 에워쌌다. 아지왕이 태자를 일으켜 말에 태워 피신시켰다. ... 서치별황자(아지왕)는 척령건을 시켜 주길중황자를 죽였다. ... (서치별황자가 내란을 진압하였다.)

이중은 2명의 왕비를 두었고 둘째 비를 자신의 누이(인덕의 딸)인 번사황녀라고 하고 말년에 왕비인 흑원이 죽자 번사황녀를 왕후로 세운다. 번사황녀는 후에 중요한 인물이 되므로 편제상 인덕 아래의 왕력에 넣은 것일 뿐 실제로는 아무 관련이 없다고 본다.

이중천황 원년(430); 가을 7월,

(1) 흑원: **皇妃**, 출신－위전숙네의 딸,
후손－반판시변압우황자(왜 왕세자 興), 어마황자, 청해황녀(반풍황녀).[1)]

(2) 번사황녀: 출신－인덕의 딸
후손－중기황녀.

이중은 스스로의 힘으로 왕위에 오른 것이 아니다. 인덕 사후 벌어진 내란을 백제 아지왕(서치별, 왜왕 珍)이 진압하고 인덕의 아들인 거래수별(왜왕 彌)을 즉위시킨 것이다.[2)] 전 왕이 죽으면 새 왕이 들어서면서 하는 가장 중요한 일이 새 왕후를 세우는 일이다. 이중은 즉위와 동시에 왕후를 세우는데 황후가 아니고 황비다. 그녀의 신분이 숙네의 딸이었으므로 어쩔 수 없었다고 생각되는데, 당시 이중에게 흑원 외에는 마땅한 왕후 후보가 없었던 것이다. 번사황녀는 이중원년에는 없었고 나중에 나타난 여인이라고 본다.

이중 자신은 왕족인 인덕의 아들이므로 정통성이 높지만 각료인 우전실대숙네의 딸을 왕후로 세우고 자립위왕하기에는 무엇인가 부족하다. 일본서기는 흑원을 황비라 하여 황후보다 한 단계 낮은 단계로 기록하고 있는데, 강력한 소국 출신이 아니고 중앙 각료의 딸인 경우에는 자립위왕을 해도 황후가 되지 못하고 황비가 되는 것이다. 따라서 진왕제하에서는 그의 지위가 불안할 수밖에 없다.

---

1) 청해황녀는 5세기 후반 청령천황의 왕후다.

2) 이중은 자립위왕하였으므로 여러 나라 제군사를 칭할 수 있다. 括地志云、案宋書元嘉中(424～453) 倭王〈彌〉自稱使持節、都督 倭・百濟・新羅・任那・秦・慕韓六國諸軍事。此則新羅有國在晉宋之間、且晉宋齊梁、普普並無正傳、故其有國所由、靡得詳也、金水晉宋之也。 —『翰苑』新羅

이상으로부터 진왕제하에서 때로는 '황후'가 아니라 '황비'로도 자립위왕이 가능함을 알 수 있다. 하지만 실권은 모두 서치별이 장악하고 이중은 허수아비 왕이었다. 송서 왜국전을 보면 인덕(찬) 다음에 이중이 생략되고 바로 실권자인 반정(진)이 오는데 이는 정확한 것이다. 임진왜란 당시 왜왕은 풍신수길이었지만 당시에도 명목상의 군주로 천황은 존재하였다.

> 이중천황 2년; 서치별황자를 후계자로 하였다.
>
> 이중천황 5년(432); 가을 9월, 천황이 담로도에서 사냥을 하였다(황비와 연관된 괴이한 이야기가 나옴). 사자가 와서 황비가 죽었다고 알려왔다. 겨울 10월, 황비를 장사지냈다.
>
> 이중천황 6년(433); 春正月 癸未朔戊子。立〈草香幡梭皇女〉爲〈皇后〉. (봄 정월, 초향번사황녀를 〈황후〉로 세웠다. 봄 3월, 천황이 몸에 병이 나 죽었다.)

이중이 사냥을 나간 동안에 황비가 갑자기 죽자 돌아와 새 왕후를 세우는데 그 상황이 자연스럽지 못하다. 일본서기에는 피 냄새 나는 이야기가 나오고, 하늘에서 황비를 부른다는 등 기이한 이야기가 실려있어 그것이 자연사가 아님을 알려준다. 진왕을 자립위왕시킨 왕비는 죽어야만 교체가 가능했던 것인데 이중은 허수아비 왕의 위치가 싫어서 정식 황후를 세우고 실권을 행사하고 싶었던 것이다. 권력을 위하여 아내를 죽이는 것은 현대에 새로 생긴 것이 아니다. 하지만 권력을 위하여 자신의 아내를 죽여야 할 정도라면 그 권력이 오래갈 수 없다. 이중이 황후를 세우는 것은 실권자인 서치별에게는 큰 위협이 된다.

이중이 흑원이 죽자 황후로 세웠다는 초향번사는 자신의 누이로 기록되어 있다. 그런데 초향번사는 이로부터 약 30년 후에 立〈草香幡梭姫〉皇

女爲〈皇后〉라 해서 웅략의 왕후로 또 나온다. 신분이 높다는 것을 강조하기 위하여 만든 것일 뿐 생물학적으로 불가능하다. 일본서기는 왜국사에 중요한 역할을 한 사람들을 대거 왕족으로 편입시켰다. 웅략의 왕후가 백제왕실의 여인(무령왕의 어머니)인 것으로 보아, 이중이 죽기 직전에 목숨을 걸고 왕후로 세운 초향번사도 백제왕실의 여인일 가능성이 크다.

이중은 왕후를 세운 지 2달 만에 갑자기 죽어 마지막 반격이 실패한다. 진왕은 자립위왕해도 힘이 있어야 왕권을 유지할 수 있었다는 뜻이다. 이후 실권자이던 서치별이 즉위하니 이 사람이 반정천황이다. 5세기 일본서기는 왜국의 권력자들이 백제왕실의 여인들을 차지하고 왕이 되려고 서로 싸우는 모습이다. 처음부터 끝까지 천황의 자립위왕과 관련된 이야기로 덮여있다고 해도 과언이 아니다. 이는 진왕국가의 존립 문제인 것이다.

2. 반정천황의 자립위왕

인덕이 죽자 거래수별황자 세력과 주길중황자 세력이 각자 군대를 동원하여 왕권을 놓고 싸움이 벌어지는데, 서치별이란 인물이 나타나 주길중 세력을 제압하고 사태를 장악한 후 거래수별을 왕위에 옹립한다. 서치별은 백제 궁월군(훗날의 인덕천황)과 함께 고구려군의 공격을 피해 백제 17현민을 이끌고 응신 20년(402)에 바다를 건너와, 응신과 인덕 시기에 왜국의 외교를 담당하는 등 왜국의 제2인자였던 백제 아지사주일 수밖에 없다.[3)]

그러면 한 가지 의문이 든다. 주길중황자 세력의 도전을 진압하고 권력을 장악할 때 아예 태자이던 거래수별마저도 몰아내고 자신이 직접 자립

3) 『네티즌 고대사』 pp.381－382. 반정천황;
『삼한사의 재조명 1』 p.528, 9. 아지사주의 외교와 왜국.

위왕하면 되지 않았을까 하는 것이다. 그는 거래수별을 이중천황으로 세웠지만 실권은 자신이 가지고 있었다. 따라서 왜왕(珍)은 자신이었다. 가장 큰 문제는 명분이었겠지만 반정천황조를 읽어보면 자신이 인덕 사후 바로 자립위왕하지 못한 이유가 있다. 反正도 자신을 자립위왕시킨 왕비가 황후가 아니라 황비보다 더 낮은 황부인이다. 왕비 아버지의 신분이 大臣급인 숙네보다 아래인 목사이다.

반정천황 원년(434); 가을 8월,

(1) 津野媛: **皇夫人**, 출신－大宅臣의 선조 木事의 딸,
　　후손－향화희황녀, 원황녀

(2) 弟媛: 출신－津野媛의 동생,
　　후손－재황녀, 고부황자

왕비 진야원의 신분이 너무 낮아 황후나 황비가 못되고 황부인이다. 일본서기 전체에 황부인이란 기록은 여기가 유일하다. 그가 자립위왕하려면 그에 걸맞은 왕비가 있어야 했는데 그렇지 못했다. 그는 본래 왕이 될 신분이 아니었고 인덕이나 마찬가지로 5세기 초의 대 혼란기에 백제에서 건너온 이민 집단의 지도자였다. 이민 전에는 백제 어느 소국의 통치자였던 것으로 추정된다. 사주라는 직책도 왜국의 외교를 담당하며 받은 것으로 보인다.

그는 인덕 사후 자신이 직접 자립위왕하기가 어렵다는 것을 알고 거래수별태자를 명목상의 왕으로 세워놓고 뒤에서 통치한 것이다. 그런데 이중이 왕후를 세우고 실세이던 자신을 밀어내려고 하자 이중을 제거하고 자립위왕하였다. 일본서기는 5세기 통치자 중에 인덕외에 반정에 대해서만 다음과 같은 성군형 기록을 남기고 있다.

> 반정천황 원년(434년, 백제 비유왕 8년); 겨울 10월, 비바람이 때를 맞추어 오곡이 잘 여물었다. 백성이 풍요하고 천하가 태평하였다.

인덕과 반정은 배경에 비슷한 점이 있는데, 하나는 광개토왕의 고구려군에게 공격을 당해 위기에 빠졌을 때 백성들을 이끌고 바다를 건넜다는 점이고, 또 하나는 강력한 권력을 가졌던 선왕(응신과 인덕)의 정통성 있는 태자(토도치랑자와 거래수별)를 힘으로 몰아내고 집권하였다는 점이다. 그만큼 반정은 자신을 지지하던 세력을 가지고 있었다.

> 반정천황 5년(438년, 백제 비유왕 13년); 봄 정월, 천황이 대전에서 죽었다.

반정은 나이가 많아서 즉위하였기 때문에 그의 죽음은 자연사로 보인다. 반정은 5세기 초 왜국에서 응신과 인덕 다음 가는 큰 세력가였지만 후계 옹립을 못한다. 시호마저도 反正으로 일본서기 편자들로부터 박한 대우를 받았다. 이 모든 것이 불안전한 자립위왕때문이었다.

반정천황조의 기록이 특이한 것의 하나는 일체의 외국 기록이 없다는 것이다. 외교전문가가 왕이 되었는데 외교 기록이 없다는 것은 자연스럽지 못하다. 당시 백제는 부여씨가 등장하여 왕권을 장악하고 백제왕을 칭하고 있었다. 백제 비유왕은 근초고왕 이후의 백제왕들 중에 일본서기에 등장하지 않은 유일한 왕이다. 비유왕 당시에 백제와 왜국의 관계가 단절된 것이다. 이 관계의 복원은 개로왕 때 이루어지는데 그것이 왜국에 새 진왕을 파견하는 것이었다.

3. 윤공천황의 자립위왕

윤공은 송서의 왜왕 濟인데 출신은 목토숙네로서 392년에 한성백제에 가서 진사왕을 실각시키기도 하였고, 401년에는 신라에 가서 내물이사금을 위협하고 미사흔왕자를 인질로 데려오기도 하였다. 4말 5초의 왜국 건국기에 활발한 활동을 한 인물이다. 반정 사후 후계자가 없는 혼란기에 부인인 인판대중희가 왕으로 세웠다고 하고 있다. 인판대중희 신분이 아주 높은 것이다.

윤공은 목씨로 추정되어 백제의 왕족인 부여씨는 아니나 재위 2년째 왕후를 세우고 자립위왕한다.

윤공천황 2년(443); 봄 2월,

(1) 忍坂大中姫: **皇后**, 출신-?

후손-1목리경황자, 名形大娘皇女, 2경흑언황자, 3혈수천황, 輕大娘皇女, 4팔조백언황자, 5대박뢰치무천황(웅략천황), 但馬橘大娘皇女, 酒見皇女.

윤공은 단 한명의 왕비를 두고 다섯 아들을 두었다고 하는데 웅략, 즉 곤지는 왕력에 마지막으로 입적된 것으로 보아 막내인 다섯 번째 아들이다. 왕후 같은 중요한 인물의 출신이 없는 이유는 응신의 경우와 마찬가지로 그녀가 백제왕실의 여인이었기 때문이라고 본다. 일본서기는 웅략을 윤공 7년(446)에 낳았다고 하는데 15년 후인 461년에 40대인 웅략이 정권을 장악하므로 사실이 아닌 것을 바로 알 수 있다.

윤공의 다섯 아들 중에 생물학적인 아들은 하나도 없다고 본다. 그 이유는 생물학적인 아들일 가능성이 가장 높은 제1자인 목리경마저 윤공으로부터 권력을 찬탈하기 때문이다. 또 여동생으로 설정된 경대랑황녀와 교합하려 했다고 하는데 목리경은 그녀를 왕후로 세우고 자립위왕하고자 한 것이므로 그는 윤공의 생물학적 아들이 아니다. 그러면 나머지 아들들은 볼 것도 없다. 경대랑황녀도 윤공의 생물학적 딸이 아니라 백제왕실의 여인일 가능성이 있다. 자립위왕을 하면 중시조의 성격을 갖기 때문에 일본서기는 이중의 반대 세력들을 대거 윤공 아래로 올려놓았을 뿐이다.

윤공 이후 대규모 권력 투쟁이 벌어져 최종적으로 웅략이 승리한다. 윤공 5년(446)에 갈성습진언의 손자가 반역을 꾀하다가 죽는데 갈성 가문도 이 권력 투쟁에 참여한 것이다. 하지만 이로 인하여 왜국 최대의 세력가였던 갈성 가문이 몰락하고 이제는 갈성 가문의 여인으로는 자립위왕이 안 된다.

윤공 7년(446)조를 보면 윤공은 왕후 대신에 의통랑희라는 여인에 관심을 두어 왕후가 이를 질투하는 내용을 기술하고 있는데 왕후 인판대중희 가문이 쇠약해져 정권이 불안했던 것이다. 윤공 8년(447)조를 보면 윤공은 의통랑희를 들이고 모정이라는 궁을 새로 지은 후 자주 행차하는데 당시에 의통랑희 가문이 강해져 권력이 유지되고 있었던 것이다. 일본서기는 의통랑희에 대해서도 출신을 명기하지 않고 弟姬라고 부르는 것으로 보아 왕후와 비슷한 계열로서 백제에서 건너온 가문이 아닐까 생각된다.

4. 불완전한 자립위왕과 이의 보완

질문 왜 5왕의 宋정부에 대한 관직요청이유

송서에는 5세기에 다섯 명의 왜왕이 사신을 보내오는데 어떤 이는 관직을 요청하기도 하고 어떤 이는 요청하지 않기도 합니다.

1. 贊: 관직을 요청하지 않음.

2. 珍: 使持節 都督 倭・百斉・新羅・任那・秦韓・慕韓 六国諸軍事 安東太将軍 倭国王이라 칭하며 관직을 요청(表求除正). 安東将軍 倭国王을 내려줌.
3. 濟: 관직요청 알 수 없음. 443년에 安東將軍 倭國王을 내려줌. 451년에 使持節 都督 倭・新羅・任那・加羅・秦韓・慕韓 六國諸軍事 安東將軍을 더해줌(加).
4. 興: 관직요청 알 수 없음. 安東將軍 倭國王을 내려줌.
5. 武: 462년에는 관직을 요청하지 않음. 478년에는 국서를 보내 使持節 都督 倭・新羅・任那・加羅・秦韓・慕韓 六国諸軍事 安東太将軍 倭王을 요청.

(1) 찬은 관직을 요청하지 않았는데 진은 관직을 요청한 이유가 무엇입니까?
(2) 왜 흥의 관직에는 6국제군사나 7국제군사의 지위가 없습니까?
(3) 무는 처음에는 관직을 요청하지 않았는데 나중에는 관직을 요청한 이유가 무엇입니까?

5세기 일본서기를 크게 둘로 시대 구분을 하면 윤공 이전과 안강 이후로 나뉜다. 시대 구분의 기준은 시대의 주인공들과 성격이 달라지기 때문이다. 윤공 이전은 4말 5초에 활약한 왜국 건국의 1세대들이 중심인 반면에 안강 이후는 4말 5초에 태어난 건국 2세대들이 중심이다. 여기서 태어난 지역은 일본열도건 한반도건 관계가 없다. 당시는 같은 사람들로서 구분이 안 가기 때문이다.

또 하나의 기준은 일본서기 자체의 기록 방식의 변화 때문이다. 윤공 이전은 의봉력으로 기년을 조작한 시대이고 안강 이후는 원가력을 써서 기년을 조작하지 않은 시대이다. 안강 이후는 일본서기가 설정한 기년 체계가 1～2년 이내의 오차로 상당히 정확하다. 주로 천황들의 공위기간을 채우느라 왕의 재위기간을 늘린 곳들이 문제다.

일본서기는 응신에서 윤공에 이르는 의봉력 시기 약 60년을 약 180년으로 120년 정도를 늘렸다. 따라서 이 시기는 기년을 읽을 때 상당한 주의가 필요하다. 기년을 읽는 핵심은 기록의 달인데 원칙적으로 사건의 순서는 바꾸지 않았기 때문이다. 따라서 해가 증가할 때 달이 증가하는가 감소하는가를 보아서, 달도 증가하는 경우는 같은 해의 사건을 해만 나누어 기록한 경우가 많고, 달이 감소할 때는 실제로 해가 바뀐 경우가 많다.[4)]

그러면 사건의 달이 없는 기록은 어떻게 할 것인가? 응신에서 윤공 사이에 사건의 달이 없는 기록들은 인명을 이용하여 기년 조작을 목적으로 적어 넣은 것들이 많기 때문에 이때는 인명을 제외하고 사건만 읽는 것이 요령이다.

의봉력으로 기록된 5세기 전반의 일본서기를 보면 〈응신－인덕－이중－반정－윤공〉의 다섯 천황 중 이중과 반정만 왕후의 호칭이 황후가 아니라 황비와 황부인으로 자격이 낮다. 즉 이 둘은 자립위왕이 불완전한 것이다. 일본서기는 천황들에 대해서는 仁德이라든가 雄略이라든가 일반적으로 좋은 의미의 시호를 주었음에도 불구하고 履中[5)]과 反正만은 그렇지 못하다. 거기에 〈응신－인덕－이중－반정－윤공〉의 다섯 천황 중에 응신, 인덕, 윤공의 3명은 재위기간을 대폭 늘려주었는데 이중과 반정에 대해서는 전혀 늘려주지 않았다. 왜 그랬을까? 그 이유는 이 둘은 자립위왕이 불완전하였기 때문에 박한 대우를 받은 것이다.

반정은 5세기 초 대 이민 집단의 지도자로서 고구려군의 공격을 피해 백제 피난민들을 이끌고 바다를 건넜고, 응신과 인덕을 도와 왜국의 외교를 총괄하는 등 왜국 건국의 일등공신이다. 뿐만 아니라 인덕 사후 혼란

4) 본문 p.288, 제43장. 3. 5세기 일본서기의 기년복원법.

5) 履에는 신발이란 뜻이 있으며, 履中은 걸어 나가는 중, 또는 지위에 올라가는 중이라는 뜻이다.

기에 내란을 진압하고 인덕의 아들이 무사히 왕위에 오르도록 도운 사람이다. 하지만 그는 일본서기로부터 박대를 받고 후계자도 지명하지 못한다.

5세기 일본서기 천황들 중에 가장 화려하게 장식된 사람은 인덕과 웅략인데 이 둘은 절대 권력자이며 재위기간도 길다. 그들의 공고한 권력은 어디에서 나왔을까? 이 두 사람의 공통점은 현 백제왕실의 여인을 왕후로 세우고 자립위왕하였다는 것이다. 이들은 자립위왕에 문제가 없었기 때문에 중원왕조에 책봉을 요구할 필요도 없었고, 따라서 462년의 웅략(왜왕 武)처럼 스스로 진왕임을 칭하는 것으로 충분하였다. 진왕제하에서 왕권이 자립위왕의 완전성 여부로 결정되었던 것이다. 그러니 일본서기가 천황의 자립위왕에 그렇게 목을 매는 것이다.

반정(왜왕 珍)은 왕이 되었지만 집권기간 내내 권력이 흔들렸던 것이다. 불완전한 자립위왕의 빈틈을 노려 여러 왕족들이 기회를 엿보고 있었다. 반정은 중원왕조에 각료들의 책봉을 요구하는데 절대권력을 갖추지 못하고 집단지도체제 형식으로 왜국을 통치해야 했던 것이다. 자립위왕의 불완전성에서 오는 정권의 위기를 과거 여휘왕이 동진에서 도독이자 백제왕을 받았던 것처럼 중원국가에 사신을 보내 책봉을 받음으로써 보완하고자 하였다. 즉위만 하면 왜국왕만 되지만 자립위왕을 하면 비록 형식적인 것이라도 여러 나라의 통치권도 가지므로 반정은 도독 6국제군사를 요구해야 했다. 그래야 약한 왕권에 조금이라도 보탬이 되는 것이다.

윤공(왜왕 濟)은 자립위왕을 하였기 때문에 직책을 요구할 필요는 없지만, 그 역시 백제 왕족이 아니어서 오는 약점과 왕후인 인판대중희 가문이 약해서 재위기간 후반에 권력이 불안했다. 윤공도 권력의 불안정으로 인하여 6국제군사를 원했을 것이다. 집권 5년째에 갈성 가문의 반란이 있자 이후 의통랑희로 왕후를 바꾸려 하는 등 혼신의 노력을 다했다. 과거 이중이 말년에 황후를 세우려고 노력한 것과 비슷한데, 당시 왜왕의 권력의 원천이 무엇이었는지를 알 수 있다. 왜왕의 자립위왕이 정치를 넘어서 사회를 지배하는 이데올로기까지 이른 것이다. 하지만 이 모든 것이 실패하고 재위 10년째인 451년에 권력이 이중의 아들이자 인덕의 손자로 설정된 목리경에게 넘어간다.[6)]

> 윤공천황 23년(451); 봄 3월, 목리경황자를 태자로 하였다.
>
> 윤공천황 24년(451); 여름 6월, 천황이 드는 국이 얼었다. 천황이 기이하여 점을 쳤더니 점치는 자가 말하기를 안에 내란이 발생하였다고 했다(有內亂).
>
> 원가 28년(451); 加使持節・都督 倭・新羅・任那・加羅・秦韓・慕韓 六國諸軍事[7)] 安東將軍如故 並除所上 二十三人 軍・郡.
>
> – 송서 왜국전

윤공이 송에 사신을 보내 6국제군사를 받는 것이 이 무렵인 451년인데 이미 권력이 목리경에게 넘어가고 송에 관직을 요구한 23명은 사실은 목리경을 세운 반정공신들인 것이다. 이제 윤공이 죽는 일만 남았다.

> 윤공천황 42년(452); 봄 정월, 천황이 죽었다. 겨울 10월, 천황을 하내의 장야원릉에 장사지냈다.

중국사서에 나오는 왜국의 기록을 보고 이상하게 생각하는 것 중의 하나가 왜 4세기에 대한 기록이 없느냐이다. 중원왕조는 외국에서 사신이 오면 그 나라의 풍습을 비롯한 여러 가지 사항들에 대하여 묻고 이를 외역전에 기록했다. 삼국지 동이전이 한 예이다. 5세기에 왜국에서 사신이

6) 『삼한사의 재조명 1』 부록의 연표를 일부 정정함.
7) 송나라가 백제는 제외하고 직위를 허락한다.

왔을 때는 분명히 4세기 왜국의 역사에 대해서도 물었을 것이다. 하지만 그에 대한 아무런 기록이 없다.

그 이유는 5세기 왜국 사신이 4세기 왜국에 대하여 아는 것이 아무것도 없었기 때문이다. 5세기 왜국 정부는 4세기에 왜국에서 성장한 세력이 아니라 4말 5초의 고구려와의 전쟁에서 밀려 한반도에서 왜국으로 건너간 세력이기 때문에 중원왕조가 4세기의 왜국에 대하여 물어도 아무 답변을 해줄 수가 없는 것이다. 만일 왜국 사신에게 4세기 왜국이 아니라 4세기 한반도의 상황에 대하여 물었다면 아마 상세히 답변을 해 주었을 것이다.

만일 4세기에 신라본기가 왜국으로 기록한 임나가야가 중원왕조에 사신을 보냈다면 5세기에 왜 5왕이 보낸 사신보다는 왜국에 대하여 훨씬 많은 것을 알 수 있었을 것이다. 그 이유는 3세기 후반에 임나가야가 왜국을 정복한 이후 4세기의 왜국은 임나가야 영향권이었기 때문이다.[8] 4세기 이전은 이른바 '제1차 한일해상교역권' 또는 '가야교역권'이다.

---

8) 『삼한사의 재조명 1』 p.297, 제15장. 韓의 한반도 중남부 통일, 3. 일본열도 왜국의 멸망.

第37장 웅략천황의 자립위왕

1. 안강천황의 자립위왕

왜국의 첫 번째 원가력시대 왕은 안강천황(또는 혈수천황)이다. 그는 4말 5초의 고구려와의 전쟁을 몸소 겪은 사람이 아니고 부모세대로부터 이야기를 들은 사람이다. 윤공의 제1자로 설정된 목리경이 윤공을 몰아내고 정권을 장악하였는데, 다시 정변이 일어나 윤공의 제3자로 설정된 안강이 군사를 일으켜 목리경을 죽이고 정권을 장악한다.

안강이 목리경을 죽인 명분이 목리경이 부녀와 간음하였다고 하는데, 목리경은 즉위 후 자립위왕을 위한 준비를 한 것이다. 하지만 이것이 실패하여 반대파들에게 명분을 주자 결국 군사를 동원한 충돌이 일어나 패하고 죽은 것이다. 안강은 재위 2년째 왕후를 세우고 자립위왕한다.

안강천황 2년(455); 봄 정월,
(1) 중체희명: 皇后, 출신－대초향의 부인.
　　후손－?

안강은 인덕의 아들 대초향의 부인인 중체희명을 빼앗아 황후로 세웠다고 한다. 그러자 중체희명과 대초향 사이에서 낳은 아들인 미륜왕이 의붓아버지인 안강을 암살하였다고 한다. 반면에 고사기는 안강이 대일하왕의 부인인 장전대랑녀를 빼앗아 왕후로 세웠다고 한다. 어찌되었건

5세기 중반이 되자 5세기 초에 건너온 백제왕실의 여인들이 모두 소진되어 이전의 진왕들처럼 백제왕실의 여인으로 왕후를 세우기 어려웠다는 것을 추측할 수 있다.

안강천황 3년(456); 가을 8월, 천황은 미륜왕에게 죽었다.

안강조에 드디어 대박뢰황자라는 인물이 나타나는데 이 사람이 곤지다. 곤지의 직위인 좌현왕은 동쪽을 관장하는 장군으로 왜국은 백제의 동쪽이다. 그가 450년대에 실제로 왜국을 다녀왔을 수도 있고 훗날의 기록을 옮겨 적었을 수도 있다. 안강이 즉위하자마자 나오는 기록들이 안강의 이야기가 아니라 대박뢰황자의 여인들 이야기다. 즉위 원년에 인덕의 딸인 초향번사황녀를 대박뢰황자에게 짝지어 주었다고 하는데, 초향번사황녀는 과거 이중이 죽기 전에 왕후로 세운 여인이다. 이 여인이 무려 30년 후에 다시 웅략의 왕후가 되었다는 뜻인데 생물학적 모순이다.

초향번사황녀는 훗날 웅략의 왕후로서 무령왕의 어머니여야 맞다. 하지만 무령왕의 어머니는 개로왕의 왕비 중 한 명으로 훗날 곤지가 개로왕에게 요청하여 왜국에 가게 된 것이지 안강이 짝지어준 것이 아니다. 웅략의 왕후는 461년에 무령왕을 낳은 젊은 여인인데 만일 인덕의 딸이면 인덕이 400년경에 이미 50세 정도이므로, 450년대에는 웅략의 어머니뻘인 고령의 할머니다. 일본서기는 안강을 그 자체로 중요하게 보기보다는 웅략의 출현을 준비하는 단계로 보고 있는 것이다.

일본서기는 윤공을 인덕의 아들로 설정하였으므로 안강은 인덕의 손자뻘이다. 반면에 대초향은 인덕의 아들로 설정되었으므로 안강에게 왕후는 아주머니뻘이다. 또 안강을 죽인 미륜왕은 안강에게 아들뻘인 관계다. 혈연적으로 아무 관련이 없는 사람들을 모두 왕족으로 편제하다 보니 그들 사이의 관계가 뒤죽박죽이 된 것이다.

4말 5초에 한반도에서 왜국으로 대규모의 이민이 있었고 이들 이민자들에 의해서 왜국이 건국되었듯이, 450년대가 되면 왜국에 또 다른 새로운 세력가들이 출현하여 세력 다툼이 벌어지고 이 다툼은 웅략의 출현으로 종식된다. 그 이유는 백제의 내부사정 때문이다. 이 시기는 비유왕과 개로왕의 교체기로 백제에 대규모 지배층 교체가 일어났다. 비유왕 사후 백제에서 대규모 내란이 발생하여 패배한 세력의 일부는 고구려로 망명하였고, 승리한 세력은 송나라로부터 대대적인 책봉을 받았는데 웅략은 승리하여 책봉을 받은 사람 중에 한 명이다.

> 宋 世祖 大明 2년(458, 개로왕 4년);[1] 관군장군 우현왕 **여기**, 정노장군 좌현왕 **여곤**(웅략천황), 정노장군 **여훈**, 보국장군 **여도**, 보국장군 **여예**, 용양장군 **목금**, 용양장군 **여작**, 영삭장군 **여류**, 영삭장군 **미귀**, 건무장군 **우서**, 건무장군 **여루**
>
> ㅡ 송서 백제전

윤공 사후 벌어진 대규모 권력 투쟁에 참여한 인물들은 최종 승리자인 웅략과 마찬가지로 대부분 당시의 첨단 문명으로 무장하고 백제에서 건너온 사람들이라고 생각된다. 그리고 이 경향은 7세기에 백제가 멸망할 때까지 계속된다. 웅략이 개로왕이 송나라에 책봉을 요구한 집권 공신 중의 하나이듯이 왜 왕세자 興을 비롯하여 이 시기 왜국의 주요 인물들도

1) 〈世祖〉〈大明〉元年, 遣使求除授, 詔許. 二年, 〈慶〉遣使上表曰:「臣國累葉, 偏受殊恩, 文武良輔, 世蒙朝爵. 行冠軍將軍右賢王〈餘紀〉等十一人, 忠勤宜在顯進, 伏願垂愍, 並聽賜除.」仍以行冠軍將軍右賢王〈餘紀〉爲冠軍將軍. 以行征虜將軍左賢王〈餘昆〉·行征虜將軍〈餘暈〉並爲征虜將軍. 以行輔國將軍〈餘都〉·〈餘乂〉並爲輔國將軍. 以行龍驤將軍〈沐衿〉·〈餘爵〉並爲龍驤將軍. 以行寧朔將軍〈餘流〉·〈麋貴〉並爲寧朔將軍. 以行建武將軍〈于西〉·〈餘婁〉並爲建武將軍.

이들 중에서 찾는 것이 훨씬 현실적이라고 본다.

5세기의 일본열도는 5호16국시대의 중국 대륙과 유사한 점이 있어서, 중국 대륙의 쟁패전에서 만리장성 북쪽에 강력한 지원 세력이 있는 쪽이 유리했듯이, 일본열도는 한반도에 강력한 지원 세력이 있는 쪽이 유리했다. 북위가 2대, 3대, 4대, ... 로 갈수록 점차 북방과의 관계가 희미해졌듯이, 일본열도도 이민 온 지 오래되면 한반도와의 관계가 약해져 최근에 건너온 사람일수록 쟁패전에서 유리하였다.

2. 진왕국가의 위기

원가력시대로의 지배층 변화는 동시에 진왕국가의 위기를 불러온다. 건국 1세대는 한반도에서 삼한백제 시절 진왕제를 해온 사람들이다. 하지만 2세대는 왜 한반도에서 마한, 변한, 진한을 두고 하던 진왕제를 왜국에 건너와서도 해야 하는지에 의문을 가질 만한 사람들이다. 더욱이 이제는 백제에서 건너온 왕실 여인들도 모두 퇴장하고 더 이상 건너오지도 않아 백제왕실 출신의 왕후로 자립위왕하는 것이 어려워진 시대다.

자립위왕이 어려워지자 왜국에 위기가 닥친다. 이는 진왕국가의 위기로 통치권이 무너지고 잘못하면 전국이 무정부상태에 들어가거나 응신이 일본열도에 도착하여 본 것처럼(신무천황조) 서로 땅을 두고 싸우는 혼란이 계속될 수 있다. 당시 비유왕과 개로왕은 한반도에서 삼한백제를 흡수하고 있었다. 이것은 한반도에 그치지 않고 왜국에서도 마찬가지로 시행된다.

인덕이 죽고 이후 왜국에는 절대적 권력자가 없어 왕권을 놓고 서로 싸우는 혼란의 시대가 시작된다. 그 중요한 요인 중의 하나가 완전한 자립위왕을 한 사람이 없다는 것이다. 인덕과 웅략 사이에는 〈이중－반정－윤공－안강－시변〉의 5명의 통치자가 나오는데 평균 재위기간이 5~6년에 불과하고 부자상속이 제대로 이루어지지 않는다. 이중은 인덕의 아들이지만 반정과 윤공은 개국공신들이다.

일본서기를 보면 인덕과 웅략 사이의 가장 큰 혼란 원인이 천황의 자립위왕의 불안에서 비롯되고 있다. 인덕과 웅략 사이에 등장한 왜왕들은 다들 약점을 가지고 있어서 자립위왕이 불완전하여 이를 보완하고자 외교적 노력을 기울인다. 중국 남조국가에 사신을 보내 과거 진왕이 가졌던 것과 유사한 관직을 요청하는 것이다. 이것은 새로운 것은 아니고 과거 4세기 후반에 그들의 선조였던 진왕 여휘가 했던 것이다.

456년에 미륜왕이 안강을 죽이자 왜국은 절대 권력자가 없는 혼란기에 들어간다. 시변황자, 흑언황자, 미륜왕 등은 서로 자립위왕을 노리고 경쟁하게 된다. 이 중에 왜국을 대표하던 인물은 시변황자였다. 현종천황조를 보면 시변황자를 先王이라고 부르고 있다. 더욱이 웅략의 즉위가 마지막으로 그를 죽이고 이루어진다. 시변황자에 대해서는 3남2녀를 두었는데 첫째는 누구고 하며 쓰는 양식이 천황과 동일하다. 시변황자는 본래 백제 부여씨 왕족으로서 그의 신분은 곤지보다 높았다고 생각된다.

시변황자는 송나라에 사신을 보내 왜국왕의 시호를 받는다. 자립위왕하지 못했으므로 왜국의 통치권만 가질 뿐 6국제군사이니 7국제군사이니 이런 말을 할 수 없는 것이다. 만일 宋이 왜 왕세자 興에게 6국제군사를 주었다고 하더라도 興은 자립위왕하지 못했으므로 내부 반발이 두려워서도 받기가 어려웠을 것이다.

왜국의 세력가들이 서로 백제왕실의 여인을 왕후로 세우고 자립위왕하려고 경쟁하던 461년, 마한 지역의 최고 실력자가 자기 가문의 여인을 마한인에게 주어 새로운 왜왕으로 세운다. 삼국지 동이전의 진왕 기록이 실현되는 순간이다.

웅략천황 5년; 여름 4월, 백제 가수리군(개로왕也)은 지진원이 타 죽었다는 것을 전하여 듣고(飛聞)[2] ... 이후부터 여인을 보내지 말라고 하였다.

아우 軍君(곤지也)에게 일러 일본으로 가서 천황을 섬기라고 하였다. 軍君이 대답하기를 '上君의 명에 어긋날 수는 없습니다. 원컨대 君의 부인을 주시고 그런 후에 저를 보내주십시오'라고 하였다. 가수리군은 임신한 부인을 軍君에게 장가들여 '내 임신한 부인은 이미 산월이 되었다. 만일 도중에 출산하면 (아이를) 속히 나라로 돌려보내도록 하여라.' 하였다. … 드디어 헤어져 조정에 보내졌다.

웅략천황 5년; 여름 6월, 임신한 부인은 가수리군의 말대로 축자의 각라도에서 출산하였다. 그래서 아이의 이름을 島君이라 하였다. 軍君은 배 한 척을 마련하여 島君을 나라(백제)로 보냈으니(於是軍君卽以一船送〈嶋君〉於國)[3] 이 사람이 무령왕이다. 백제인은 이 섬을 主島라 불렀다.

웅략천황 5년; 여름 7월, 軍君이 수도에 들어왔다. 이미 다섯 왕자가 있었다.[백제신찬에서 말하였다. 신축년에 개로왕이 아우 昆支君을 보내 大倭에 가서 天王을 모시게 함으로써 兄王의 우호를 다졌다.]

3. 웅략천황의 즉위

안강천황 3년(456) 8월조에 나오는 웅략이 여러 세력가를 제거하는 사건은 456년이 아니라 곤지가 왜국 수도에 도착한 다음 달인 461년(웅략 5년) 8월에 발생한 것이다. 웅략은 왜국의 여러 왕자들을 제거하는데 그의 즉위는 마지막으로 시변황자를 제거하고 이루어진다. 웅략은 원년(457) 겨울 11월에 즉위하는데 이것은 실제로는 461년(웅략 5년)에 있었던 사건이다.

웅략 1년부터 웅략 5년까지는 시변황자(왜 왕세자 興)가 왜왕이었는데

2) 이 사건을 곤지가 전했는지 아니면 누가 전했는지 불확실하다.

3) 일본서기는 무령왕(도군)만 백제로 돌려보냈다고 하는데 전용신역 일본서기는 이 부분을 오역하여 무령왕뿐만 아니라 왕비도 백제로 돌려보낸 것으로 해석하였다. 왕비가 왜국에 가지 않으면 곤지는 자립위왕할 수 없다.

자립위왕하지 못하고 죽자 그의 재위기간 5년이 웅략의 재위기간에 흡수되고, 웅략 5년과 6년에 발생한 사건이 안강 3년과 웅략 원년조로 옮겨간 것이다. 응신조도 마찬가지다. 응신은 403년(응신 22년)에 죽고 아들인 토도치랑자가 왕이 되었으나 자립위왕하지 못하고 죽자, 응신의 재위기간을 연장하여 토도치랑자가 죽던 408년(응신 41년)에 응신이 죽은 것으로 처리하였다.

그러면 곤지가 도착하기 전인 웅략 2년과 5년 사이에 나오는 천황의 기록은 어떻게 된 것인가? 이곳은 통치는 없고 사냥 아니면 백제에서 오는 여인들과 그들을 둘러싼 싸움 이야기가 대부분이다. 웅략 2년에 천황이 백제에서 온 지진원이라는 여자가 다른 남자에게 가서 부부를 함께 태워 죽였다고 하고 있다. 일본서기는 백제신찬을 인용하여 지진원은 천황이 백제 개로왕에게 사신을 보내 미녀를 청해서 왜국에 온 여인이라고 하는데,[4] 당시 왜국의 통치자는 시변황자(왕세자 홍)였지만 자립위왕을 한 사람이 없어서 혼란이 계속되고 있었다. 따라서 두 가지 가능성이 있는데, 하나는 곤지가 당시 왜국에 가 있었을 가능성이고, 또 하나는 자립위왕하지 못한 시변황자의 행적이 천황으로 기록되었을 가능성이다.

5세기 초만 하더라도 인덕처럼 갈성 가문과 손잡으면 자립위왕이 가능할 정도로 갈성 가문의 힘은 강력하였다. 하지만 5세기 중반이 지나며 갈성 가문이 점차 쇠퇴하여 손을 잡아도 자립위왕이 불가능한 상태가 되었다. 대박뢰황자(훗날의 웅략)의 고민은 여기에서 출발한다. 그는 백제 왕실의 여인이 필요한 것이다.

웅략의 생물학적인 아버지는 백제 비유왕이나 담로제에 따른 법적인 아버지는 윤공(濟)이다. 478년에 송에 전달된 왜왕 武의 국서는 奄喪父兄라 하여 아버지와 형의 비극적인 죽음을 기록하고 있다. 아버지(비유왕)

4) 이를 채녀라 부른다.

와 형(개로왕)이 모두 고구려와 관련하여 죽은 사람은 곤지뿐이다.

4. 웅략의 자립위왕 과정

웅략천황 원년(457);[5] 봄 3월,

(1) 草香幡梭姫皇女: **皇后**〈更名 橘姫(귤희)〉: 출신—인덕의 딸,
후손—?

(2) 韓媛: 元妃, 출신—葛城圓大臣의 딸,
후손—**白髮**武廣國押稚日本根子天皇, 稚足姫皇女〈更名 栲幡姫皇女〉[6]

(3) 稚姫 : 차비, 출신—吉備上道臣의 딸,〈一本云 吉備窪屋臣의 딸〉
후손—**磐城**皇子, **星川**稚宮皇子.

(4) 童女君: 차차비, 출신—春日和珥臣深目의 딸,
후손—春日大娘皇女〈更名 高橋皇女〉

일본서기를 보면 나중에 결혼한 무령왕의 어머니가 제1왕비인 황후로 되어있다. 이 말은 왕비의 순서는 결혼한 순서와는 무관하고 자립위왕 시 왕비 가문의 힘의 순서에 따른다는 뜻인데 자립위왕의 성격상 지극히 당연한 일이다.

웅략은 황후 외에 3명의 부인을 더 두었다고 하는데 그 3명으로부터는 자식을 두었으나 즉위 시 황후로 세웠다는 草香幡梭姫황녀는 자식을 둔 기록이 없는 사람인데, 일본서기의 기술상 왕후가 자식이 없는 경우는

---

5) 실제로는 462년임.

6) 일본서기는 한원의 딸인 고번낭희가 이세대신의 제궁이 되었다고 하는데, 뜻을 이루지 못하고 비극적으로 죽은 아버지를 위하여 곤지신사를 만든 사람으로 생각된다.

아주 예외적이다. 초향번사회를 인덕의 딸이라고 하였는데 인덕은 즉위하던 409년에 이미 손녀를 둘만한 나이였으므로 461년이면 손녀도 어렵다. 일본서기에서 출신을 명기하지 않은 왕이나 왕후는 대부분 백제왕실 출신이다.

초향번사회는 지체가 높은 여자가 갖는 시호적 성격의 이름이고 나중에 변경하였다는 귶희는 보통사람의 이름이다. 지체가 높은 여인이 왕후가 된 후 보통여인의 이름으로 변경하였다는 것은 자연스럽지 못해 오히려 그 반대라고 생각된다. 즉 왕후가 되기 전 무령왕의 어머니 이름이 귶희였는데, 나중에 왕후가 된 후 왕력상 인덕 아래로 편제하면서 초향번사회라는 이름을 준 것이다. 이런 경우가 일본서기에 여러 번 나온다.

자립위왕과 관련된 왕후를 제외하고는 나머지는 감출 이유가 없으므로 제대로 적었다고 본다. 元妃 한원이 갈성습진언의 손자로 추정되는 갈성원대신의 딸이라고 하는데 이는 생물학적으로도 합당하다. 이로부터 동성왕의 어머니 이름은 한원임을 알 수 있다. 네 번째 왕비는 동녀군으로 본시 채녀였다고 하는데(童女君者本是采女) 채녀란 '왕실에서 차출한 여자'라는 뜻이다.[7] 당시 왕실에서 차출할 정도라면 백제뿐이었다고 생각한다. 그녀가 낳은 딸인 춘일대랑은 훗날 현종천황의 왕후가 된다.

일본서기는 곤지가 무령왕이 태어나기 전에 이미 결혼하여 5명의 아들이 있었다고 하는데 곤지의 둘째 아들과 웅략의 아들 셋을 합하여 4명만 나온다. 차비 치원은 아들이 둘(生二男)이었다고 밝히고 있으나 원비에 관해서는 말이 없다. 나오지 않은 두 왕자는 훗날 일본서기가 출신을 알리고 싶지 않은 왕이 되었기 때문에 적지 않은 것이다. 5세기 왜국왕실의 중시조인 웅략의 후손을 정리하면 다음과 같다.[8]

---

7) 노성환 역주, 『고사기』 p.338 (민속원, 2009).

8) 『네티즌 고대사』 pp.385－396, 바. 웅략천황.

황후 — 6자 사마왕(무령왕)
원비 — 2자 **말다왕(동성왕)**, 3자 백발황자(청령천황), 5자 **남제왕(계체천황)**
차비 — 1자 반성황자, 4자 성천황자
차차비 — 아들이 없음

차비의 아버지인 길비상도신은 수군 세력가인데 웅략이 죽고 원비와 차비의 내전에서 차비가 패하면서 몰락한다. 차비의 아들이자 웅략의 장자인 반성은 살아남는데 그는 정치권력과 무관한 사람이었기 때문이다.

곤지는 다섯 명의 친아들과 한 명의 양아들을 두었는데 이 중에 4명이 왕이 되었다. 특히 본래 첫 부인인 갈성원대신의 딸 한원은 세 아들이 모두 왕이 되었다. 갈성 가문은 윤공시기에 몰락하여 갈성 가문과 손잡아서는 자립위왕이 안 되었지만 왜국 내에서 갈성 가문의 힘은 당시까지도 상당하였음을 알 수 있다.

웅략이 자립위왕한 다음 달인 웅략 6년(462) 여름 4월에 吳國에서 사신이 오는데 이것은 즉위 또는 자립위왕의 축하 사신이다. 웅략이 자립위왕한 다음 달부터는 천황의 행적과 사건이 정상적으로 기록되고 있다.[9]

5. 백제신찬이 말하는 異母兄

일본서기가 백제신찬을 인용하는 형식으로 기록한 사마왕과 동성왕의

---

9) 일본서기의 吳國기사는 모두 합리적이어서 충분히 연구해볼 가치가 있다. 일본서기 편집진은 자신들이 가지고 있었던 왜국사료와 중국사료를 비교 검토하였다. 그래서 5세기 일본서기 기년이 드러날까 염려하여 남조와 교류한 왜 5왕의 기록들을 모두 버렸다. 하지만 吳國기사는 중국사료와 겹치지 않아 일본서기 편집진이 손을 대지 않았고, 그 결과 원형 그대로 살아남은 것으로 생각된다.

관계를 보자. 일본서기 무열천황조는 동성왕이 실각하고 무령왕이 즉위하는 모습을 그려두었다. 당시 왜국은 동성왕 즉위 이후에 더 이상 대중원왕조에 대한 외교권을 행사하지 못했다. 동성왕은 영산강 유역 무력시위에서 보듯이 지방분권적인 담로제도를 폐지하고 중앙집권화 정책을 편 사람이다. 부여에서 온 담로제도는 국가의 영토를 확장하는 데는 유리했으나 고구려와 대결하다보니 국력을 하나로 모으는 데는 불리한 비효율적인 제도임이 드러났다. 수도가 고구려군에게 포위되어 함락되는데도 금강 유역과 영산강 유역의 군사력을 가진 담로들은 오지 않았다. 오히려 신라에서 구원군이 왔다.

동성왕 이후 왜국의 외교권은 백제가 행사한다. 왜국이 다시 독자적인 외교권을 행사하는 것은 7세기 초에 일본열도를 사상 처음으로 통일한 소아마자가 수나라에 사신을 보낸 때이다.[10] 일본서기는 백제에 대한 관심이 높다. 결국 자기들의 이야기이기 때문이다.

> 百濟新撰云: 末多王無道暴虐百姓 國人共除 武寧王立 諱斯麻王 是 琨支王子〈之〉子 〈則 末多王 異母兄也〉 (백제신찬에서 말하였다. 말다왕이 무도하여 백성에게 포악하였다. 국인이 함께 제거하였다. 무령왕이 섰다. 휘는 사마왕인데 곤지왕자의 아들이다. 요약하면 ...)

말다왕이 퇴위하고 사마왕이 즉위한 것을 죽 언급한 다음에 則 하고

10) 開皇 二十年(600); 왜왕의 성은 '아매'이고 이름은 "다리사비고"이며 '아배계미'라 부르는데 조정에 사신을 보냈다. 高祖가 所司를 시켜 풍속을 묻게 하였다. 사신이 대답하기를 왜왕은 하늘을 형으로 삼고 해를 아우로 삼으며 날이 밝기 전에는 책상다리를 한 채 大殿에서 정사를 듣다가 해가 뜨면 곧 일을 멈추고 아우에게 맡긴다 하였다. 高祖가 말하길 이것은 크게 법도가 없다 하고 훈령을 내려 고치라 명하였다. 왕의 처는 '계미'라 부르고 후궁은 여자가 육칠백명이 있다. 태자의 이름은 "이가미다불리"라 부른다. 성곽은 없다. ―『수서』「왜국전」

결론을 내리는데, 末多王 異母兄也 라고 하고 있다. 국내에 나온 논문이나 책을 보면 이 구절에 대하여 누가 형인지를 두고 두 가지 해석이 대립하고 있다.

(1) 즉 (사마왕이) 말다왕의 이모형이다.
(2) 즉 말다왕이 이모형이다.

바로 앞의 是 昆支王子〈之〉子에서 보듯이 소유격을 뜻하는 경우에는 之자를 넣고 있다. 따라서 만일 (1)번이라면 마찬가지로, 읽는 사람의 혼돈을 피하기 위해서라도, 末多王과 異母兄 사이에 之자나 혹은 소유격을 의미하는 어떤 글자를 넣었을 것이다. 따라서 (1)번은 해석의 오류이며 서술형인 (2)번이 맞다.

어떤 논문을 보니 '일본서기가 앞에서는 무령이 태어날 때 이미 동성이 있었다고 하여(웅략조) 동성이 무령보다 나이가 많다고 하고, 뒤에서는 무령이 동성의 이모형이다 하여(무열조) 무령이 나이가 많다고 하므로 서로 모순이다'라고 하는데 이는 사료를 잘못 해석한 것이다. 둘 사이에는 모순이 없으며 실제로 동성왕이 무령왕보다 20년 가까이 연상이다.[11]

왜국은 웅략 사후 자립위왕이 불완전하여 계체가 출현할 때까지 혼란이 계속된다. 일본서기를 비롯한 왜국의 5세기 후반을 기록한 사료들은 당시의 천황으로 나오는 〈현종－억계－무열〉 등에는 별 관심이 없고, 오로지 〈곤지왕－말다왕－사마왕〉의 출신과 가족관계 등에만 관심이 있는데, 이는 당시 왜국인들이 왜국은 이 세 명의 왕이 대를 이어 다스린 나라라고 인식했기 때문이다.

---

11) 웅략이 곤지이므로 동성왕의 출생연대를 거의 정확하게 뽑아낼 수 있다: 『네티즌 고대사』 pp.393－396, 계체천황의 즉위.

6. 공주 송산리 6호분의 주인

충남 공주 송산리에는 여러 기의 왕릉급 고분들이 있는데 대부분이 석실분이거나 전축을 일부 가미한 석실분이다. 반면에 완전히 벽돌로만 쌓은 전축분이 2개 있는데 무령왕릉과 6호분이다. 두 능은 축조방식이 거의 유사하다는 것 외에도, 거리도 바로 옆이고, 축조시기도 비슷하여 두 능의 주인이 아주 깊이 관계가 있음을 추정할 수 있다. 무령왕릉은 韓日을 통틀어 삼국시대 왕릉 중 내부에서 피장자가 어느 왕인가를 적은 근거가 나온 유일한 왕릉이다.

[그림 9] 충남 공주 송산리 6호분의 내부 벽화.
6세기, 부여문화인 사신도가 그려져 있다.

송산리 고분군의 서쪽으로는 곰나루가 있는 금강이 감싸 돌고 있으며 동쪽에는 공산성이 위치한다. 고분군은 계곡 서쪽의 무령왕릉, 5, 6호분, 29호분, 동북쪽의 1～4호분과 7～9호분으로 구분된다. 일제강점기인 1927～1933년 사이에 공주고 교사로 재직하던 일본인 輕部慈恩(기루베 지온)에 의해 무단 발굴되었다. 무령왕릉은 1971년에 5호분과 6호분의 배수로 공사 과정에서 우연히 발견되었다.

전축분인 무령왕릉과 6호분, 석실분인 송산리 1~5호분, 파괴분, 9호분, 29호분으로 분류된 고분을 포함한 다수의 횡혈식 석실분, 7~8호분으로 구분된 수혈식 석곽묘 등이 알려져 있다. 6호분은 길이 4m에 폭이 2.5m의 남북으로 긴 터널형이다. 송산리 고분군에 대하여 '디지털공주문화대전'에 나온 내용을 요약하면 다음과 같다.

「1~5호분은 모두 자연 할석으로 축조한 횡혈식 석실분으로 연도는 현실의 동쪽 벽에 축조되어 있으며, 벽면은 백회를 발라 美粧하였다. 천장은 돔 형식의 궁륭상이며, 바닥은 냇자갈을 깔아서 관대로 이용하고 있는데, 5호분만은 벽돌로 관대를 만들었다. 5호분은 남향 사면에 묘광을 만들고 그 안에 자연 할석으로 현실과 연도를 축조한 횡혈식 구조이다.

1~5호분으로 분류된 횡혈식 석실분의 경우 웅진 도읍기 초기형으로 보이는 궁륭상 석실분의 형태를 이루고 있으며, 입지나 고분의 형태상 무령왕릉과 6호 전축분보다 이른 시기에 조성된 것으로 판단된다.

무령왕릉과 함께 유일한 전축분인 6호분의 현실은 남북이 긴 직사각형 평면이며, 바닥에는 동벽 쪽으로 치우친 곳에 벽돌로 쌓은 관대 하나가 설치되었다. 연도는 남벽의 가운데에 시설되어 있으며, 현실 입구에서 남쪽으로 길이 약 20m의 배수로가 시설되어 있다. 현실과 연도를 축조한 벽돌들은 각기 그 쓰인 위치에 알맞게 크기나 모양이 다양하게 만들어졌으며, 안쪽으로 드러나는 면에는 오수전 모양, 마름모꼴 등 여러 가지 선무늬를 넣었다.」

이 중에 6호분은 남벽과 북벽은 수직이고 동서의 두 장벽은 상부가 둥글게 돔처럼 내경으로 접합되어 있으며, 동서 양 벽에 각 3개, 북벽에 1개의 화염형 소룡이 있다. 무령왕릉과 거의 같은 방법으로 구축한 것이다. 벽에는 그릴 부분에만 진흙을 바르고 그 위에 호분으로 청룡, 백호,

주작, 현무의 사신도를 그렸다. 남벽 주작의 좌우에는 일월을 그려 장식했음이 특이하다.[12] 무령왕릉에서 출토된 청동거울에도 사신도가 있어서 두 고분이 같은 계열임을 알 수 있다.[13]

6호분에서는 부여계 문화로 알려진 사신도 벽화가 나왔는데 남한 지역에서 사신도가 나오는 유일한 지역이 금강 유역이다. 부여시 능산리 1호분에도 사신도가 있어 부여씨의 출자가 부여라는 증거 중 하나다. 영산강 유역은 금강 유역과 마찬가지로 부여씨의 근거지로 생각되는데, 벽화가 없는 신라와 가야문화가 들어와 있는 지역이어서 그런지, 아니면 다른 이유가 있는지 사신도가 안 나온다. 고구려고분에 사신도가 출현하는 것은 4~5세기로 추정되고[14] 일반화된 것은 6세기 이후다. 한강 유역의 3~4세기 고구려식 적석총에는 고분벽화가 없는데 당시는 고구려 고분에 아직 벽화가 일반화되기 전이므로 당연하다.

6호분은 무덤의 규모나 화려한 사신도를 볼 때 왕이나 왕비에 근접하는 사람임에 틀림없다. 두 고분은 거의 동시대에 유사한 형태로 축조되었으나 몇 가지 차이가 있다. 무령왕릉은 왕과 왕비 2명을 매장한 고분이나 6호분은 1명만 매장한 고분임이 알려져 있다. 또 위치를 잡는데 6호분이 무령왕릉을 피해서 잡았다고 하여, 그의 신분이 무령왕에게는 약간 미치지 못하거나, 아니면 무령왕 이후에 죽은 사람이다.

무령왕릉은 벽화를 그리지 않았으나 6호분은 벽을 화려하게 채색한 것을 보면 무령왕릉보다 이후에 축조되었다고 보아야 한다. 따라서 동성왕과 성왕은 죽은 시기가 무령왕과 20년 이상 차이가 나므로 6호분의 주인이 될 수 없다. 그 외에 6호분은 임시무덤이 아니고 정식 무덤이라서 무령왕이 정식 능에 묻히기 전에 2년 3개월 동안 묻혔던 임시 무덤도

---

12) 한국관광공사.

13) 傳인덕능 출토 청동거울에도 부여계 문화인 사신도가 있다.

14) 약수리(藥水里)고분과 삼실총(三室塚) ―브리테니커

될 수 없다. 무령왕의 임시 무덤으로 추정되는 곳은 이미 발굴되었다.[15]

무령왕릉이나 6호분은 축조시기가 비슷하여 축조한 사람이 다 성왕일 것이다. 따라서 성왕의 입장에서 생각해보아야 한다. 진왕제 하에서는 여러 명의 부인이 있으나, 왕이 즉위하게 되면 왕비 중에 1명을 택하여 왕후로 세우고 자립위왕한다. 오래 전에 태자로 책봉되어 왕이 될 준비를 한 사람은 미리 자립위왕에 걸맞은 강력한 지방 세력의 여인을 태자비로 맞아 자립위왕할 준비를 하고 있다가 즉위와 동시에 그 여인을 왕후로 세우고 자립위왕하면 된다. 하지만 태자가 아니었다가 갑자기 왕이 된 사람은 대부분 이에 대한 준비가 되어 있지 않을 것이기 때문에 왕이 된 후에 강력한 지방 세력의 여인을 맞아 왕후로 세워야 자립위왕이 된다. 더욱이 정통성이 부족하다고 느낀 왕은 과거의 진왕제에 의존할 가능성이 있다.

왕과 왕비를 한 능에 합장을 해야 될 때 왕후가 낳은 아들이 왕이 되면 자신을 낳은 어머니를 아버지인 왕과 함께 합장하면 된다. 하지만 자신을 낳은 어머니가 왕후가 아닌 경우에는 누구를 아버지와 합장해야 하나? 공식적인 왕후인가? 아니면 나를 낳은 왕비인가? 왕의 능에는 왕후를 합장하는 것이 법도다. 따라서 공식적인 왕후가 왕 옆에 묻혀야 한다. 반면에 다음 왕을 낳은 어머니도 비록 합장한 왕후는 아니나 그에 버금가는 예우가 필요하다고 본다.

무령왕릉에서 나온 30대 젊은 여인의 치아가 무령왕을 자립위왕시킨 공식적인 왕비, 즉 왕후의 치아라고 생각된다. 반면에 6호분은 성왕의 어머니 무덤이 아니었을까 생각된다. 진왕제에서 비록 왕후가 되지는 못 하였으나 다음 왕의 어머니가 된 왕비는 왕후에 준하는 예우로 장사지냈다고 본다. 그러면 진왕제하에서는 왕릉급 무덤은 왕의 숫자보다 많을 것이다.

---

15) 艇止山 유적.

제38장 5세기 후반의 자립위왕

1. 청령천황의 자립위왕

일본서기에는 5세기 후반에서 6세기 초까지 〈청령－현종－인현－무열〉의 4명의 천황들이 등장하는데 평균 재위기간이 5년 내외에 불과하다. 이렇게 짧은 이유는 백제왕실의 여인이 더 이상 오지 않아 자립위왕이 어려웠고, 그 결과 강력한 권력자가 나타나지 못하고 연이어 무력으로 교체되었기 때문이다. 청령은 웅략의 아들이고, 현종과 인현은 웅략에게 죽은 시변황자의 아들이며, 무열은 출신이 불확실한 것으로 보아 이 무렵에 왜국에 들어온 외부인으로 추정된다.

475년의 고구려군에 의한 한성 함락으로 백제 왕통이 끊기자 왜국에 나가있던 곤지가 477년에 백제왕이 되기 위해 귀국하나 문주－해구 세력과 왕위를 놓고 내전이 발발하여 패하고 죽고만다. 곤지 시신이 왜국에 도착하자 곤지 사후 왜국에서 후계를 놓고 내전에서 승리하여 왜국을 통치하던 元妃의 아들들은 곤지의 죽음을 숨기고 송나라에 국서를 보내 아버지 武의 책봉을 요청한다.

윤공이 7국제군사를 요청하였다가 송나라는 백제를 빼고 6국제군사만 허락하였는데 다시 백제를 넣어 7국제군사를 요청한 것이다. 그리고 역시 6국제군사만 책봉을 받는다. 왜국을 갑자기 물려받은 말다왕(동성왕)과 백발황자(청령천황)는 자립위왕에 자신이 없자 웅략의 권위에 기대어 왜국의 안정을 도모하려는 것이다. 이는 웅략이 갑자기 죽어 왜국의 정권이 매우 불안하였다는 뜻이다.

> 宋 昇明 二年(478), ... 백제로 가는 길은 멀어 배를 타야 하는데 구려는 무도하게 우리를 집어삼키려 하고 있습니다. ... 그래서 망하는 백제를 생각하여[1] 적의 침략에 결연히 대처해왔습니다. ... 군사를 크게 일으키려 했으나 갑자기 아버지와 형의 죽음이 닥쳐와 공이 훍 한 삼태기에 무너지고 말았습니다. ... 지금에 이르러서는 병기를 연마하고 군사를 훈련하여 돌아가신 아버지와 형의 뜻을 펴보고자 하오니 .... 신에게 개부의동삼사의 작호를 내려주시고 그 나머지에게도 모두 직함을 내리시어 ...
>
> – 송서 왜국전

말다왕이 왜국을 동생인 백발황자에게 맡기고 백제로 돌아가 동성왕으로 즉위하자 왜국에 남은 백발황자도 즉위하니 이 사람이 청령천황이다. 곤지와 말다왕의 귀국은 이들의 주력 군대들과 함께 하여 왜국에 남은 백발은 어려운 처지였다고 본다.

청령은 일본서기에 아주 예외적인 경우로 왕후를 세우지 못했으나 천황위를 받았다. 정상적인 기술이라면 그의 재위기간은 웅략의 재위기간에 흡수되거나 해야 한다. 왜 일본서기가 왕후를 세우지 못한 백발황자에게 천황위를 주었는지는 의문이 생길 수 있으나 자세히 보면 이유가 있다. 자립위왕을 못한 것이 아니다.

청령은 480년에 즉위하는데 원년에 자신의 어머니인 갈성한원을 皇太夫人으로 하였다고 한다. 어머니를 황태후가 아니고 황태부인이라고 한 것은 그가 본래 왕후가 아니었기 때문이다. 일본서기를 보면 이는 왕후를 세우기 전에 하는 절차의 하나다. 보통은 '황후인 초향번사희를 황태후로

1) 武의 국서에서 고구려를 비난하는 가운데 나오는 臣亡考濟를 '망하는 백제를 생각하여'로 해석하는 경우와, '신의 죽은 아비 제'로 해석하는 경우가 있는데, 앞뒤의 고구려 관련 구절과 문맥을 고려하면 첫 번째 해석이 옳다.

하였다'라고 나와야 하는데 초향번사회 기록이 없는 것으로 보아 477년 웅략이 백제로 귀국할 때 따라간 것이다. 일본서기에 갑자기 중요한 인물이 등장하는 경우는 백제에서 건너온 사람일 가능성이 대부분이다. 마찬가지로 중요한 인물이 갑자기 사라지는 경우도 백제로 돌아갔을 가능성이 대부분이다.

清寧天皇 二年(481); 春二月, 天皇恨無子。

정상적으로 자립위왕을 하려면 재위 2년째에는 왕후를 세워야 하는데 이상하게 재위 2년째에 아들이 없음을 한탄했다고 한다. 보통 통치자가 아들이 없다는 것은 새 부인을 들인다는 명분이다. 따라서 이는 곧 다른 여자를 들이겠다는 뜻이다. 그런데 나와야 할 왕후를 세우는 내용은 빠져있고 11월에 연회 이야기가 나온다. 그리고 청령 3년조를 보면 갑자기 이상한 기록이 나온다.

清寧天皇 三年(482); 秋七月, **飯豐皇女**於角刺宮與夫初交 謂人曰 一知女道 又安可異 終不願交於男〈此曰有夫未詳也〉

한편으로는 이중천황의 딸이라고도 하고 다른 한편으로는 시변황자의 딸이라고도 하는 飯豐皇女가 갑자기 등장한다. 시변황자가 이중천황의 아들이므로 반풍황녀는 이중천황의 손녀뻘이 되어야 합리적이다. 그리고 그녀가 남편을 거부하는 기록이 나오는데 왕후로 세워야 하는 중요한 시점에 이런 기록이 나오는 것은 자연스럽지 못하다. 혹시 청령이 2년째에 반풍황녀를 왕후로 세웠는데 그녀가 거부한 것은 아닌지. 그래서 왕후로 세운 기록이 탈락한 것은 아닌지.

반풍황녀가 왕후였다고 보는 또 하나의 이유는 현종조를 보면 청령천황이 죽자 반풍황녀가 대신 국사를 보았다고 하는 것이다. 왕이 죽으면 비상시국에 왕비가 국사를 보는 것은 흔히 있는 일이다.

> 현종천황 즉위 전사:
> (淸寧)五年(甲子 四八四); 春正月, 白髮天皇(청령천황)崩, 是月 皇太子 億計王(인현천황)與天皇讓位 久而不處, 由是 天皇(현종천황)姉**飯豐青皇女** 於忍海角刺宮臨朝秉政 自稱 忍海飯豐青尊.
>
> 청령천황 3년; 여름 4월, 억계왕(훗날의 인현천황)을 황태자로 하였다. 홍계왕(훗날의 현종천황)을 황자로 하였다.

즉위는 하였으나 재위 3년째에 권력은 아버지인 웅략이 죽인 시변황자의 후손들이 차지한다. 반풍황녀는 현종의 누이라고 하는데 이 무렵 반풍이 청령을 몰아내고 현종을 세운 것이다. 청령은 재위 5년 만에 39세의 젊은 나이로 죽는다.

일본서기의 모든 천황들은 능을 썼다고 기록하는 것이 원칙인데 청령에 대해서는 능을 쓴 기록이 없어 아주 예외적이다. 청령 다음인 현종조를 보면 웅략의 능을 파헤치려 했다는 기록이 나오는 것으로 보아, 청령을 몰아낸 후 웅략계에 대한 대규모 보복이 있었던 듯 하고, 그 결과 청령은 능을 쓰지 못한 것 같다. 웅략은 사후 남제에 보낸 국서에서 이야기하다시피 왜국에 대한 대대적인 정복 전쟁을 수행하였으며, 재위기간 동안 철권 통치로 일관하여 수많은 정적을 만들었고 그것이 훗날 정치적 보복을 불러온 것이다.

2. 현종천황(홍계왕)의 자립위왕

현종과 인현은 죽은 웅략에게 죽은 시변황자의 아들들이다. 본래 형으로 기술된 억계왕이 황태자였으나 청령이 죽자 억계왕을 밀어내고 왕위에 오른 것이다. 현종천황은 원년에 왕후를 세우고 자립위왕한다. 왕후의 호칭이 왕인 것이 특이하다. 어느 소국의 여왕이었을 것으로 추정된다. 그녀는 출신이 복잡한데 이런 경우는 대개 왕력 편제상 만든 것이기 때문이다.

현종천황 원년(485); 봄 정월,

(1) 난파소야王: **皇后**, 출신－윤공천황의 증손, 반성왕의 손, 구치자왕의 딸.
후손－?

웅략을 끝으로 백제에서 왜국에 왕실의 여인을 보낸 것 같지는 않다. 6세기 계체 이후에는 통치자에게 청동거울이나 환두대도 같은 위세품을 주어 통치권을 부여하는 방식으로 진화한다. 현종은 재위 3년 만에 죽는데 주로 아버지인 시변황자의 죽음과 그에 대한 복수에 대한 이야기만 나온다.

이때 중요한 인물이 등장하니 기생반숙네다. 그는 가야 영역인 임나와 구주에 걸쳐 활동하면서 왜국의 중앙정부로부터 독립한다. 웅략 사후 중앙정부가 약해지며 왜국의 지방 세력이 독립해가는 모습이다. 청령 이후 계체가 등장할 때까지 일본열도에 정부다운 정부가 없었던 것이다.

현종천황 3년(487); 이 해에 기생반숙네가 임나에 있다가 양쪽에 걸쳐 고구려와도 통교하였다. 서쪽으로 삼한의 왕이 되려하여 관부를 정비하고 스스로 神聖이라 일컬었다.

기생반숙네의 근거지가 가야권인 것으로 볼 때 본래 가야 출신으로 생각된다. 군사를 모아 백제에도 대항하려다 동성왕에게 패하고 임나로 도망한다. 기생반숙네 세력을 완전히 토벌하는 것은 6세기 초 계체 때이다. 그의 세력이 구주에서 완전히 무너진 후 가야제국이 신라에게 통합된다.

3. 인현천황(억계왕)의 자립위왕

인현은 자립위왕하는데 웅략의 딸을 왕후로 세운다.

인현천황 원년(488); 봄 2월,

(1) 춘일대랑황녀: **皇后**, 출신－웅략의 딸, 産一男六女,
후손－1高橋大娘皇女。2朝嬬皇女。**3手白香皇女**。4樟氷皇女。5橘皇女。**6小泊瀨稚**鷦鷯**天皇**。7眞稚皇女。〈一本以 樟氷皇女 列于第三。以 手白香皇女 列于第四。爲異焉。〉

(2) 강군낭: 출신－和珥臣日爪의 딸, 후손－春日山田皇女。

일본서기는 후세에 중요한 역할을 한 사람들을 대거 왕족에 편입시켰기 때문에 첫 번째와 두 번째 딸 정도만 생물학적인 관계고 그 다음부터는 모두 왕력 편제상 후손들이라고 본다. 3녀인 수백향황녀에 대하여 순서가 불확실하다고 하는데 수백향은 훗날 계체가 왕후로 세우고 자립위왕한 사람이다. 왕후가 된 사람에 대해서 잘 모르겠다는 것은 그녀가 왕력 편제상 들어간 사람일 가능성이 크다는 뜻이다.

인현은 웅략 이후 관계가 끊겼던 고구려로 사신을 보내 손재주 좋은 사람(巧手者)을 부르는 등 고구려와 외교 관계를 복원하고 있어서 고구려와 어떤 관계를 가진 사람이 아닌가 생각된다. 현종－인현조는 백제와 관계가 거의 단절된 시기이고, 백제에 대한 기사가 많아지는 것은 다음인 무열부터인데 그는 백제의 사정을 아주 잘 안다. 그리고 그 다음인 계체조부터 백제 관련 기사가 폭발적으로 늘어난다.

재위 7년째에 소박뢰치초료(무열천황)를 황태자로 삼는데 천황이 되는 사람은 황태자를 거친다는 것이 원칙이다. 갑자기 나타나는 소박뢰치초료는 본래는 仁賢과 아무 관련이 없는 인물로 생각된다. 한자 시호를 보더라도 둘은 극과 극이다. 그가 인현 다음에 왕이 되자 왕력에 입적한 것이라고 본다.

4. 무열천황의 자립위왕

제25세 천황으로 기록된 무열의 행적은 웅략과 마찬가지로 과격하여 이전 여러 왕들과 상당히 다르다. 무열의 이름인 소박뢰는 웅략의 이름인 대박뢰와 닮았는데 둘 다 왜국에서 무자비하게 사람들을 죽인다. 무열은 인현이 죽은 후 발생한 내란을 힘으로 평정하고 왕이 되었는데 왜국에서 오래 살아 정든 사람으로 보기는 어려운 악행들을 저지른다. 일본서기는 그가 不修一善(단 한 가지도 착한 일을 하지 않음)이었다고 하였는데 이는 그를 몰아내고 왕이 된 계체에게 정통성을 부여하기 위하여 과장된 것이라 본다. 안강조가 웅략의 출현을 준비하는 시기였듯이 무열조는 계체의 출현을 준비하는 시기다.

소박뢰의 즉위는 군사력으로 이루어진다. 498년 가을 8월에 인현이 갑자기 죽자 청령 이래로 원로대신이던 평군진조가 왕이 된다. 인현의 갑작스런 죽음에 그가 관여했을 가능성을 배제하기 어렵다. 그러자 인현의 태자로 기록된 소박뢰가 나타나 대반금촌과 합세하여 鮪(유)라는 인물과 물부추록화대련의 딸인 影媛을 놓고 싸운다.

진왕제를 이해하지 못하면 왜 서로 유력 가문의 여자를 두고 싸우는지, 그리고 그것이 왜 국가 사서에까지 실려야 하는 중요한 사건인지를 이해하지 못한다. 5세기의 왜국은 통치자의 자립위왕 여부에 모든 것을 걸고 있던 시대였다. 당시 무열과 鮪가 물부추록화대련의 딸인 影媛을 왕후로 세우고 자립위왕하려 다투었던 것이다. 무열은 鮪를 죽였으나 影媛이 마음을 돌리지 않아 실패한다. 소박뢰를 태자라고 하였으나 그가 어떤 행동을 하는 것은 인현이 죽은 498년 8월이 처음이다. 인현이 죽자 인현의 태자라던 소박뢰가 아니라 평군진조가 왕이 되는 것으로부터 소박뢰가 태자였다는 것은 사실이 아님을 알 수 있다.

영원의 아버지라는 추록화라는 인물도 이때 처음 출현한다. 그가 왕을 자립위왕시킬 정도의 권력자였다면 이전에 일본서기에 모습을 보였어야 할 것이다. 물부라는 성씨와 대련[2)]이라는 지위는 모두 훗날에 주어진 것이다. 일본서기는 중요한 인물들에게는 소급하여 왕족의 지위를 부여하여 왕력에 편입하는 것이 원칙이다. 대반금촌대련도 마찬가지다. 대련이라는 지위도 무열이 즉위하고서 받은 것이다. 그는 6세기 초에도 왜국의 실권자 중의 한 명인데 이때 갑자기 군사를 이끌고 나타난다. 무열이나 대반금촌이나 물부추록화나 鮪나 이때 왜국에 처음 출현한 인물들인 것이다. 단 鮪는 왜국에 기반을 가지고 있었던 평군진조와 손잡으려 했던 것으로 보인다.[3)]

인현이 죽고 3개월 후인 11월이 되자 소박뢰와 대반금촌이 군사를 일으켜 왜왕이던 평군진조를 죽인 후, 소박뢰가 12월에 무열천황으로 즉위

---

2) 일본서기를 보면 왕 아래에 大臣이라는 지위와 大連이라는 지위가 있는데, 大臣은 광개토왕비에도 나오는 것으로 보아 한반도에서부터 있었던 지위이고, 大連은 이중천황조에 처음 나오는 것으로 보아 진왕정부가 왜국으로 망명한 후에 만들어진 지위라고 생각된다.

3) 일본서기는 (평군)眞鳥大臣男鮪라 하였는데, 전용신역 일본서기는 '평군진조대신의 **세력**인 鮪'가 아니라 '평군진조대신의 **아들**인 鮪'로 번역하였다. 男자에도 아들이라는 의미가 있기는 하나 아들이었으면 子자를 사용했을 것이다. 만일 생물학적 아들이었으면 아버지인 평군진조가 왕인데 구태여 자신이 자립위왕하려 하지 않았을 것이며, 또 鮪가 죽었는데도 아버지라는 평군진조가 모른 척 하지 않았을 것이다.

한다. 무열의 자립위왕은 춘일랑자를 왕후로 세우고 이루어졌다고 하는데 그녀의 아버지가 미상이라고 한다. 이는 춘일랑자가 왜국 출신이 아니라 무열과 마찬가지로 외부인이거나 백제왕실의 여인이라는 뜻이다.

무열천황 원년(499); 봄 3월,
(1) 춘일랑자: **皇后**, 출신—?
후손—?

일본서기 편자들이 천황들의 시호에 武자를 준 사람은 5세기의 武烈과 7세기의 天武뿐이다. 天武야 고구려가 망하고 백제부흥운동도 실패한 직후인 672년에, 왜국에 국가가 생긴 이래 처음으로 전국이 天智[4]의 아들인 대우황자 계열과 천무 계열의 둘로 나뉘어 전국적인 내란이 벌어지고,[5] 그 내란에서 승리한 사람이니 시호에 武자를 줄 만하다. 더욱이 천무는 자신들로 하여금 일본서기를 쓰도록 한 사람이니 편자들이 시호를 줄 때도 눈치를 보아야 했을 것이다.

武烈은 전쟁터에서 威名을 날린 영웅에게 주는 시호인데 일본서기만 보아서는 즉위전 기록이 없고, 재위기간도 짧고, 중간에 쫓겨난 실패한 군왕이며, 전쟁이라고 해야 왕권 교체기마다 항상 발생하는 궁중 내란에서 승리한 정도라서 왜 이런 시호를 주었는지 이해하기 어렵다.

무열에 대해서만 그런 것이 아니다. 무열과 함께 왜국에 나타난 대반금촌을 무열이 希世之雄이라 부르는데 일본서기만 보아서는 그가 왜 '세상에 드문 영웅'인지 알 수가 없다. 일본서기 전체에서 어떤 사람을 이렇게 영웅으로 부른 경우는 이것이 유일하다. 전투 경력도 없는 것 같은데 스

4) 일본이라는 이름의 국가를 만든 사람이다.
5) 임신년에 벌어져 임신의 난이라 하는데 천지의 중앙집권화 정책과 백제부흥군 동원에 반대한 지방호족들이 천무편을 들어 천무가 승리한다.

스로 장군이 되어 구름처럼 군사를 일으키자 왜왕인 평군진조가 감히 대적하지 못한다. 평군진조는 왜국을 20년 동안이나 통치해 온 실력자인데 그의 군사들은 다 무엇을 하고 있었다는 말인가?

추록화도 마찬가지다. 6세기 초에 구주에서 일어난 磐井의 반란을 그가 장군이 되어 진압하는데, 대반금촌대련이 그에 대하여 말하기를 '바르고 어질고 용감하며 병사 일에 능통하기로는 이 시대에 추록화를 넘어설 사람이 없다(正直仁勇 通於兵事 今無出於〈麤鹿火〉右)'고 한다. 추록화는 언제 어디서 병사 일을 능통하게 해보았다는 말인가? 무열과 왕권을 놓고 싸우다 죽은 鮪를 '시매'라고도 불렀다고 하는데, '시매'가 본 이름이고 큰 바닷물고기인 다랑어를 뜻하는 鮪가 별명이었던 것 같다. 그는 바다를 건너다니던 해상 세력 출신으로 추정된다.

5세기 왜국에는 3차례 새로운 지배층이 출현하는데, 첫 번째가 인덕이 출현하는 시점으로 5세기 초에 백제가 고구려와 전쟁할 때이고, 두 번째는 웅략이 출현하는 시점으로 5세기 중반 백제가 비유왕에서 개로왕으로 정권이 바뀐 직후이다. 그리고 세 번째가 무열이 출현하는 시점인 5세기 말인데 이들이 계체를 보좌하여 6세기의 왜국을 이끌게 된다. 또 이들은 대부분 군사 일에 뛰어나다는 공통점이 있어 어디선가 크게 군공을 세워 본 경험이 있는 것 같은데 도대체 언제 어디서 발발한 어떤 전쟁이었을까?

5. 무열천황의 즉위와 퇴위

무열천황조는 무열의 악행을 제외하면 대부분 백제 기록만 남는다. 그는 이전의 현종이나 인현과 달리 백제를 잘 알지만 친 백제는 아니다. 특히 동성왕에 대하여 無道하다고 하는 등 감정적인 기록을 남기고 있는데, 이는 둘 사이에 어떤 불편한 관계가 있었을 가능성을 예시한다. 인현이 498년(戊寅年) 8월에 죽었다고 하는데 갑자기 죽는 것도 그렇지만 이 시점이 예사롭지 않다.

무열이나 6세기 전반 왜국의 대표적인 세력가가 되는 대반금촌련은 인현이 죽자 갑자기 등장하여 활동하는 사람들로 이전의 행적이 없다. 나는 무열, 대반금촌, 추록화, 鮪 등을 5세기 중반의 웅략과 마찬가지로 이 무렵에 백제에서 건너온 세력가들이라고 생각한다. 건너온 시기는 498년 8월에 인현이 죽고 이들이 한꺼번에 출현하는 것으로 볼 때 이 무렵이다. 인현의 죽음도 무열 세력이 건너온 결과일 것이다.

498년 8월은 백제에서 대 사건이 벌어진 해다.[6] 이 무렵 동성왕이 영산강 유역인 무진주에 출병하여 그곳의 세력가들을 힘으로 굴복시킨다. 이전에 동성왕은 백제−북위 전쟁에 공을 세운 담로들을 남제 황제가 보증을 서는 형식을 빌려 대대적으로 후왕으로 책봉하는데 주력이 영산강 유역에 있었다. 이들은 영산강 유역에 대규모 고분을 축조하는 등 동성왕의 웅진정부 못지않은 세력가들로 성장하게 된다. 그러자 동성왕은 제주도의 무례를 징벌한다는 명분으로 영산강 유역에 대규모 군대를 이끌고 온다. 이후 6세기 초반 이후 영산강 유역의 유적과 유물이 점차 웅진백제 형식으로 변하는데 이들이 백제 중앙정부에서 주는 관직을 받고 중앙 정계 관료로 진출하게 된다. 마치 고려 초의 광종이나 조선 초의 태종에 의한 사병혁파 및 중앙관료로의 전환과 유사하다.

나는 이때 동성왕에게 굴복하지 않은 담로들이 왜국으로 건너와 인현정권을 타도하고 그 대표자가 왜국의 권력을 장악하고 자립위왕하여 천황으로 기록된 것으로 본다. 이들 영산강 유역의 담로들은 남제 황제로부터 후왕의 책봉을 받고 동성왕으로부터 자신들 지역의 통치권을 인정받았다고 생각했는데, 동성왕이 無道하게 어느 날 갑자기 군대를 이끌고 내려와 그 통치권을 거두어 가 버린 것이다. 삼국사기만 보아서는 무진주

---

6) 『네티즌 고대사』 pp.119−123, [대화] 백제가 '마한'을 정복한 삼국사기 기록은?

에 동성왕이 스스로 군사를 이끌고 온 것이 이해가 잘 안 되고 또 병력 규모도 나와 있지 않지만, 일본서기를 보면 이들이 만만치 않은 상대로서 왕이 친정할 정도였다는 것이 수긍이 간다.

따라서 무열을 비롯한 498년 8월에 왜국에 출현하는 세력가들 중에 몇몇은 동성왕이 남제에 책봉을 요청한 후왕들 중에 있을 가능성이 크다. 특히 천황위를 받은 무열은 영산강 유역의 부여씨로 보인다. 무열 3년 11월조를 보면 백제 意多郎이 죽어 高田의 언덕에 장사지냈다고 하는데 의다랑이란 인물은 여기에 딱 한 번 나온다. 그 역시 부여씨로서 무열과 함께 영산강 유역에서 건너온 후왕이 아닌가 생각된다.

1. 494년 이전에(490년경으로 추정) 책봉한 후왕들

저근: 관군장군 도장군 도한왕(영삭장군 면중왕)
餘古: 영삭장군 아삭왕(건위장군 팔중후)
여력: 용양장군(건위장군 매로왕)
餘固: 건위장군 불사후(광위장군)

이 해에 (북)위 오랑캐가 또 다시 기병 수십만을 동원하여 백제를 공격하여 그 경계 안에 들어가니, (백제왕) 모대가 장군 사법명, 찬수류, 해례곤, 목간나를 파견하여 무리를 거느리고 오랑캐군을 기습 공격하여 그들을 크게 무찔렀다. -남제서 백제전

2. 495년(南齊 建武 二年)에 책봉한 후왕들

사법명: 정로장군 매라왕
찬수류: 안국장군 벽중왕
해례곤: 무위장군 불중후
목간나: 광위장군 면중후.

무열이 498년 8월에 건너왔지만 정권을 장악하는데 몇 달이 걸린 이유는 498년 8월에는 동성왕에게 기습을 당하여 측근만 데리고 급히 빠져나왔기 때문이라고 본다. 처음에는 별다른 군사력이 없었기 때문에 평군진조 세력과 손을 잡고 인현을 제거했다. 평군진조는 평군씨의 시조인 윤공천황의 후손으로[7] 왕족이었으므로 당연히 자신이 왕이 된다고 생각하였을 것이고 또 실제로 인현이 죽은 다음 왕 노릇을 하였다.

그런데 두어 달이 지나 영산강 유역에서 무열과 대반금촌련의 수하들과 병력이 왜국에 속속 도착하게 되자 상황이 변했다. 이들은 중국 대륙에 나가 수십만 북위군을 상대로 전쟁을 치러본 사람들로서, 전쟁 한 번 없이 수십 년을 살아온 평군진조의 왜국 군대를 제압하는데 그리 많은 병력이 필요했다고는 생각되지 않는다. 20년을 왜국의 실력자로 살아온 평군진조가 힘 한번 써보지 못하고 죽은 것은 어쩔 수 없는 일이었다.

일본서기를 보면 무열은 백제와 껄끄러운 사이일 뿐, 전쟁을 일으켜 백성들을 사지로 내몰았다거나, 장기간 대규모로 토목공사를 일으켜 백성들에게 고통을 주었다던가 하는 정책적 과오는 없다. 그 대신 무열이 매년 악행을 저지른 것처럼 되어있는데 그 시기가 다음과 같다.

무열 2년; **9월**, 무열 3년; **10월**, 무열 4년; **4월**,
무열 5년; **6월**, 무열 7년; **2월**, 무열 8년; **3월**

사건의 달을 보면 하나도 안 겹치는데 이는 재위기간 내내 악행만 저지른 것으로 만들기 위하여 한 해에 일어난 사건을 여기저기 나누어 배치했기 때문이라고 본다. 아니면 악행 자체가 실제로 있었던 일이 아니라 다음에 올 남제왕(훗날의 계체천황)의 출현을 정당화하기 위하여 일본서기

7) 『네티즌 고대사』 pp.382－385, 윤공천황.

편자들이 과장하여 넣은 것일 수도 있다. 역으로 생각하면 이는 무열에 대한 백성들로부터의 지지가 상당하여 쓰러뜨려야 하는 명분이 부족했다는 뜻이다. 따라서 이 6가지 악행 기록은 제외하고 읽어야 무열천황조가 보인다.

6개의 악행 기록을 제외하면 무열의 8년 재위기간이 다음처럼 6년만 남게 된다. 이 중에 천황이 8년째에 죽었다는 것은 공위기간을 없애기 위한 조치로 마지막 사건인 무열 7년 4월 이후에 죽었다고 보는 것이 합리적이다. 따라서 이것을 제외하면 5년뿐이다. 그러면 일본서기의 기년이 다음처럼 정정된다.

- 무열천황 원년(499); 봄 3월, 춘일랑자를 황후로 세움.
- 무열천황 3년(500); 겨울 11월, 신농국의 장정을 징발하여 수파읍에 성을 쌓음. 백제 의다랑이 죽어 고전의 언덕에 장사지냄.
- 무열천황 4년(501); 501년에 있었던 동성왕의 죽음을 기록함.
- 무열천황 6년(502); 가을 9월, 소박뢰사인을 두게 함. 겨울 10월, 백제국이 마나군을 보내 조공함. 천황이 백제가 다년간 공납을 하지 않았다 하여 억류하고 돌려보내지 않음.
- 무열천황 7년(503); 여름 4월, 백제왕이 사아군을 보내 조공함.
- 무열천황 8년(504); 겨울 12월, 천황이 죽음.

505～506: 공위기간, 대반금촌대련이 통치.

507년에 계체가 즉위함.

武烈天皇 六年(502); 冬十月, 百濟國遣〈麻那君〉進調。天皇以爲。百濟歷年不脩貢職。留而不放。(백제국이 마나군을 보내 조공하였다. 천황이 백제가 다년간 공납을 하지 않았다 하여 머무르게 하고 돌려보내지 않았다.)

무열 4년조에 동성왕이 죽은 501년 사건을 기록하고 있으므로 이렇게 정정한 것이 정확하다는 것을 확인할 수 있다.[8] 502년은 무령왕이 즉위한 다음 해다. 이 해 10월조를 보면 무령왕이 보낸 마나군을 억류하는데 무령왕과 무열 사이의 협상이 깨진 것이다. 마나군을 억류한 원인이 공물 문제인 것으로 보아 무령왕은 본래 경제적인 지원을 통해 무열을 자신의 통치권 아래에 두려 했을 것이다. 즉 무령왕은 동성왕의 삼한백제 담로 흡수 정책을 계승하여 시행하는 것이다.

협상이 결렬되면 결렬을 통보하고 사자를 돌려보내는 것이 보통이고 극단적인 경우에 전쟁을 불사하고 사자를 죽이는 데 무열은 마나군을 억류하였다. 억류에는 함께 사는 의미도 있다. 무령왕이 마나군을 보낸 것은 그가 무열과 절친한 사이로 본래 같은 입장에 있었기 때문이 아닌가 생각된다. 그래서 마나군이 가서 '내가 무인년에 무진주에서 동성왕에게 항복하였지만 이렇게 왕족 대우 받으며 잘 살고 있지 않느냐'는 이야기를 하게 한 것은 아닌지.

502년 10월에 있었던 무령왕과 무열 사이의 협상이 결렬되고 504년 12월에 무열이 죽는 것으로 볼 때 그 사이인 503년에 무열의 정치 생명을 결정짓는 어떤 대사건이 벌어졌을 가능성이 있다. 그리고 그 사건은 무령왕에 의해 주도되었으며 무열 다음 왕인 계체가 즉위하는 발판이 되었을 것이다.

일본서기 편자들은 무열을 희대의 폭군으로 그려 대단히 꺼려하였다. 만일 인현의 재위기간을 무열대까지 연장하고 무열을 삭제하거나 아니면 大臣 정도로 격하하면 이후 소아씨에게 천황위를 주지 않은 것처럼 무열을 천황력에서 배제할 수도 있다. 하지만 계체 이전의 진왕제를 따른 기간에 그가 자립위왕의 조건을 만족하였기 때문에 천황위를 주지 않을 수

8) 본문 p.288, 제43장. 1. 5세기 일본서기의 기년복원법.

없었을 것이다. 일본서기가 출신을 숨긴 왕후 춘일랑자의 신분도 무열의 자립위왕에 부족함이 없었을 것이다.

이는 6~7세기에 4명의 왜왕을 배출하고도 단 한명도 천황위를 받지 못한 목씨(소아씨)들과 비교된다. 일본서기는 목씨의 시조격인 목라근자와 목협만치에 대해서도 기록을 왜곡하였다.

제39장 계체천황의 자립위왕

1. 계미년 동경과 남제왕의 출현

일본의 국보인 이른바 癸未年(503) 동경에는 사마왕과 男弟王이라는 인물이 나온다. 사마왕은 501년에 즉위한 무령왕이고 남제왕은 507년에 즉위한 男大迹王(계체천황)이다. 일본서기를 보면 이 동경은 무령왕과 무열의 협상이 결렬된 직후에 만들어졌다. 우리가 앞에서 예측한 503년이다. 이와 같이 고고학적 유물은 사서의 기록과 일치해야 한다.

[그림 10] 일본 쓰따하치만궁(隅田八幡宮)에서 발견된 계미년 동경(인물화상경)의 기념비. 본래 동경 지름은 19.8cm.

癸未年 八月 日十 大王年, 〈男弟王〉 在意柴沙加宮時 〈斯麻〉念長壽 遣開中費直穢人〈今州利〉二人等 取白上銅二百旱 作此鏡.

(계미년 8월 10일 대왕년에, 사마는 의자사가궁에 있는 남제왕의 장수를 위하여 개중 비직 예인 금주리와 다른 한 사람을 시켜 양질의 백동(白銅) 200간(桿)으로 이 거울을 만들었다.)

계미년 동경의 대왕년에서 대왕이란 본래 담로제하에서의 진왕을 일컫는 말인데 당시의 진왕인 대왕은 무령왕이었다. 따라서 대왕년이란 '사마대왕의 해' 혹은 '백제대왕의 해'라는 뜻이다. 무령왕릉지석을 보면 왕의 죽음에 대하여 중국식 천자의 죽음에 쓰는 용어인 崩을 사용하였다. 따라서 자립위왕에 성공한 진왕급 지도자는 죽음에 崩을 사용했다고 보인다. 만일 웅신이나 인덕능에서 지석이 발견된다면 崩이라고 쓰여 있을 것이다. 반면에 고이왕의 지석이 발견되면 薨일 것이고 근초고왕의 지석이 발견된다면 崩일 것이다.

소진철(원광대)에 따르면 '開中'은 물 하(河)자 안 내(內)자의 '하내'를 뜻하는데 일본의 오사카 지역이라고 한다. 당시 오사카 지역은 왜국의 중심이자 백제인 집단 거주지였다. 費直은 왕 다음가는 직책명으로 특정 지역을 다스리는 수장을 일컫는 말이며, 穢人은 예족 출신이라는 뜻이라고 한다. 금주리는 비직의 이름이다. 따라서 이로부터 알 수 있는 사항은 다음과 같다.

(1) 503년 8월에 남제왕은 오사카 부근의 의자사가궁에 있었다.
→ 일본서기가 백제 사아군이 503년 4월에 왜국에 왔다고 하였으므로 도착 후 4개월 만에 만들어졌다.

(2) 6세기 초에 오사카 지역의 행정장관은 비직이라는 직책을 가진 예족 출신의 금주리였다.
→ 훗날의 계체천황인 남제왕이 아니었다.

(3) 6세기 초에 오사카 지역의 행정장관은 무열천황이 아니라 백제 무령왕의 명령을 따르고 있었다.

→ 당시 왜국의 통치자가 누구인지를 알 수 있다. 천황으로 기록된 무열의 통치 지역은 왜국에서도 아주 일부에 불과하였다.

(4) 503년에 무령왕이 남제왕에게 권력을 승인하고 있었다.

→ 고대에 동경은 단순한 선물이 아니라 권력의 증표였다. 따라서 동경을 주는 것은 권력을 승인하는 것이다. 신공 52년조를 보면 백제로부터 칠지도와 칠자경이 함께 왔는데 이 칠자경은 권력의 인정을 뜻한다. 무열이 힘이 있었다면 남제왕에게 동경이 가는 것을 막았을 것이다.

많은 사람이 남제왕(남동생왕)에 대하여 사마왕의 동생인 것으로 생각하고 있다. 동생왕이라 불린다는 것은 형왕이 있다는 뜻이다. 동경에 사마왕이란 이름과 남제왕이란 이름을 쓴 것은 당시에는 누구나 알기 때문이다. 형왕도 상당히 오래되어 당시에는 누구나 다 아는 일반적인 사항이었을 것이다. 그런데 503년은 사마가 왕이 된 직후이므로 형왕이 사마를 뜻할 가능성은 없다고 보아야 한다. 따라서 형왕은 그 이전에 오랫동안 왕위에 있었던 사람 중에서 찾아야 하는데 그러면 동성왕뿐이다. 또한 무령왕은 동생이 없었다.

아버지가 전혀 이름 없는 인물인 경우에는 정보가 없어서 아버지를 기록하지 못할 수 있다. 일본서기는 거의 모든 천황에 대하여 아버지가 누구라 하여 족보를 만들어 넣고 있으나 계체 같은 중요한 인물에 대해서는 그냥 부왕(天皇幼年〈父王〉薨)이라고만 하고 있다. 아버지가 왕을 지냈다면 이름 없는 인물은 아닐 텐데 감추고 있다. 이는 역으로 그의 부왕이 아주 유명한 왕일 가능성이 크다. 일본서기를 보면 계체 때부터 백제와 왜의 교류가 폭발적으로 증가한다.

계체의 나이도 고사기는 무령왕보다 1살이 많고 일본서기는 11살이 많다고 하여[1] 남제왕이 사마왕의 동생일 가능성은 없다고 본다. 일본서기는 계체의 아버지를 숨긴 채 단지 유년일 때 아버지를 잃었다고 하는데, 477년 7월에 웅략이 문주－해구 연합에게 죽을 때 무령은 16세였다. 계체는 고사기를 따르면 17세요, 일본서기를 따르면 27세인데, 어릴 때 아버지를 잃었다면 고사기의 기록이 맞는 것으로 보인다. 일본서기는 무령왕이 태어날 때 곤지가 이미 5명의 아들이 있다고 하고서는 웅략은 1, 3, 4자만 적고 곤지는 2자만 적어서 5자가 행방불명이다. 이는 고의적인 것인데 나는 계체가 곤지의 다섯 번째 아들이라고 생각한다.[2]

계체는 왕이 된 후에 3번 천도하는데[3] 한 곳에 있지 못하고 여기저기 떠돌아다닌 것은 왜국에 자신의 근거지가 없었기 때문이었다. 그는 461년에 아버지인 곤지가 왜국에 건너올 때 함께 왔다가, 곤지와 말다왕(동성왕)이 백제로 돌아가는 477～479년 사이에 이들을 따라 함께 백제로 돌아간 것으로 추정된다.

> 무열천황 7년(503); 여름 4월, 百濟王(무령왕)이 斯我君을 보내 조공하였다. … 그 후에 자식을 두어 法師君이라 하였는데 이 사람이 왜왕의 선조다(是倭君之先也).

---

1) 11은 十一 또는 一一로 쓰기도 하는데 옛 책의 문장이 세로로 되어 있어서 1과 11의 혼동은 필사할 때 일어날 수 있는 오류다.

2) 『네티즌 고대사』 pp.393－396, 계체천황의 즉위.

3) 繼体天皇 五年; 冬十月, 遷都山背筒城, 繼体天皇 十二年; 春三月, 遷都弟國, 繼体天皇 二十年; 秋九月, 遷都磐余玉穗〈一本云 七年也〉

계체는 사아군으로 불렸던 듯하다. 이로부터 남제왕은 503년 4월에 왜국에 건너왔으며, 백제인 집단 거주지인 오사카 부근의 의자사가궁에 머물고 있다가, 그해 8월에 무령왕으로부터 왜국의 통치권을 상징하는 구리거울을 받은 것이다. 웅진시대에 백제왕은 외지에 파견하는 관리나 혹은 그 지역 담로들에 대한 통치권을 인정하는 형식으로 청동거울이나 환두대도를 주었다.

일본서기는 계체가 마지못해 천황위를 승낙한 것처럼 되어 있지만 이는 무열을 악인화하는데 대한 반작용으로 계체를 聖人화하기 위한 것이다. 계체는 왕조가 바뀜에도 불구하고 내란을 거치지 않고 무혈로 집권한 것으로 되어있으며 백제에서 5경박사를 불러오는 등 君子화되어 있다. 하지만 남제왕이 왕이 되기까지 2년이나 기다린 것은 무열 세력이 예상외로 강력한데 비하여 그의 정치적 기반이 약해 무열 세력을 제압하기까지 시간이 필요했다고 본다. 대반금촌은 무열의 혁명동지이자 무열 아래서 제2인자였음에도 불구하고 계체로 정권이 바뀐 후에도 정치 생명을 연장하여 권세를 누린 것으로 볼 때 그가 무열을 직접 제거한 것으로 추측된다.

계미년 동경은 6세기 초 백제가 담로를 어떻게 운영하였는가를 보여주는 유물이다. 담로제는 기본적으로 지방분권제라서 담로주가 중앙정부의 통치에서 벗어날 가능성이 있다. 특히 해외에 설치한 담로인 경우에는 그 가능성이 더욱 커진다. 담로주가 중앙정부의 통치에서 벗어나면 중앙정부는 담로주가 필요한 것들을 제공하는 회유책을 제시한다. 그러나 그것이 용이하지 않으면 어느 왕족에게 통치권을 상징하는 동경이나 환두대도를 주어 새 담로주로 봉하는 것이다. 무열의 경우 외에도 백제의 중앙통치에서 벗어나려는 담로주들이 상당 수 있었을 것이다. 하지만 무열의 경우에서 보는 것처럼 백제왕의 명을 거역하는 담로주에게는 죽음이 따랐을 것이다.

무열 6년조(502)를 보면 백제 무령왕이 왜국으로 마나군을 보냈는데, 이에 대하여 삼국사기 백제본기 무령왕 2년조에 '왜국에 사신을 보냈다' 정도로 적어놓았으면 좋았을 것을 왜 삼국사기는 아무 말도 안했는지 의아하게 생각할 수도 있다. 하지만 이는 왜국의 입장이다. 백제의 입장에서 보면 지방관리 한 명을 교체한 것으로 백제왕실기록인 삼국사기 백제본기에 나올 만한 비중 있는 사건이 아니다.

삼국사기에서 백제가 왜국을 통치하는 것은 무령왕이 계체를 파견하여 지방정권으로서 새 왕통을 설립하는 6세기 초이다. 이로써 삼국기의 백제는 6세기 초 무령왕 시기에 전 백제연합을 통일하고 다시 강국이 되었다(更爲强國). 양나라로부터 받은 寧東大將軍이란 칭호 속에는 그런 백제사의 복잡한 사연이 다 압축되어 있다.

> 삼국사기 백제본기 무령왕 21년; 겨울 11월, 遣使入梁 朝貢 先是 爲高句麗所破 衰弱累年 至是上表 稱: "累破高句麗 始與通好 而**更爲强國**." 十二月, 高祖詔冊王 曰: "〈行都督 百濟 諸軍事 鎭東大將軍 百濟王〉 餘隆 守藩海外 遠修貢職 廼誠款到 朕有嘉焉 宜率舊章 授玆榮命 可使持節 都督 百濟諸軍事 **寧東大將軍**."

2. 자립위왕의 과정

일본서기는 무열천황조로서 한 왕조를 마치고 계체천황조부터 새로운 왕조를 시작하고 있다. 이 단원의 제목을 편의상 자립위왕이라 하였지만 전통적인 자립위왕의 방식은 무열에서 끝나고 계체부터는 백제의 담로주로서의 기록이라고 생각한다. 계체는 왕후 외에도 8명의 비를 들였다고 하는데 이렇게 많이 들이는 것은 시조인 응신 이후 처음이다. 계체는 6세기 왜 왕조의 새로운 시조인 것이다.

계체천황 원년(507); 봄 3월,

(1) **皇后**: 수백향황녀, 출신－인현천황의 딸
후손－흠명천황.

(2) 제1비: 목자원, **元妃**, 〈更名 色部〉, 출신－미장련초향의 딸, • 가장 먼저 왕비가 됨.
후손－안한천황, 선화천황.

(3) 제2비: 치자원, 출신－삼미각절군의 누이
후손－대랑황자, 출운황녀.

(4) 제3비: 광원, 출신－판전대과왕의 딸
후손－신전황녀, 자전황녀, 마래전황녀.

(5) 제4비: 마적낭자, 출신－식장진수왕의 딸
후손－荳角皇女〈사좌애〉 • 伊勢大神의 사당을 섬기게 함.

(6) 제5비: 관원, 출신－자전련소망의 딸(혹은 누이)
후손－자전대낭황녀, 백판활일희황녀, 소야치랑황녀〈更名 長石姫〉

(7) 제6비: 왜원, 출신－삼미군견위의 딸
후손－대낭자황녀, 완자황자(三國公의 선조다), 이황자, 적희황녀.

(8) 제7비: 이원; 출신－화이신하내의 딸
후손－치릉희황녀, 원낭황녀, 厚皇子.

(9) 제8비: 광원,[4] 출신－근왕의 딸
후손－免皇子(酒人公의 선조다), 中皇子(坂田公의 선조).

왕후가 된 수백향이 과연 별로 힘이 없었던 인현의 딸인지는 의심스럽다. 수백향은 계체가 자립위왕하면서 새로 세운 왕비다. 그녀 역시 백제

---

4) 제3비와 제8비가 광원으로 이름이 같은데 지금이나 그때나 여자들은 같은 이름이 많았다.

왕실의 여인일 가능성을 배제하기 어렵다. 가장 먼저 왕비가 되었으며 2명의 천황을 아들로 둔 元妃 목자원이 이름을 색부로 변경하였다는 것은 자연스럽지 못하다. 본래 이름이 색부였는데 나중에 元妃가 되면서 이름을 목자원으로 변경하였다고 보는 것이 합당하다. 계체가 본래 이렇게 부인과 자식이 많은 것이 아니고 일본서기는 훗날 왜국에서 중요해진 사람들을 자립위왕에 성공한 왕의 후손으로 편입시켰기 때문이다.

한반도에서 5세기에 진왕제가 사라졌듯이 왜국도 5세기 말이 되면 자립위왕을 통한 진왕제가 점차 희미해졌다. 삼국사기 백제본기가 왜국을 辰王국가로 인정한 것은 백제본기에 왜국이 등장하는 15세 응신과 16세 인덕시기뿐이다. 왜국이 스스로 辰王으로 행세한 것은 왜 5왕의 마지막인 21세 웅략까지이고,[5] 일본서기 편집 시 전통적인 辰王의 자립위왕을 따른 사료는 25세 무열이 마지막이었으며, 왜국의 통치자가 독립적인 왕권을 행사한 것으로는 26세 계체가 마지막이었다고 본다. 일본서기 편집진은 왜국에 처음 온 진왕인 응신부터 쓰기로 하고 그 이전의 여구라든가 여휘 같은 진왕 기록은 버렸다. 버린 이유는 이들은 왜국을 통치해 본 적이 없었기 때문이었을 것이다. 따라서 일본서기를 쓸 때 소위 제왕력은 응신에서 계체에 이르는 12명밖에 없었다고 본다.

계체는 즉위 후 임나 지역의 관할권을 백제 무령왕에게 이양한다. 임나는 3세기 이후 삼한백제 영향권이었으나 삼한백제가 왜국으로 떠난 후 가야 지역 대부분의 소국들처럼 독립한 실정이었다. 계체 당시에 왜국정부가 관할하고 있지 못한 지역이라서 무령왕이 관할권의 변경을 통고한 것일 뿐이다. 계체조를 보면 가야 지역 소국들의 청은 거절하기도 하지만

---

5) 웅략의 죽음에 대하여 삼국사기 백제본기는 곤지卒이고 일본서기는 천황崩이다. 왜 응신과 인덕 시기를 제외하고 왜국이 백제본기에 국가로 안 나오는지 알 수 있다.

백제의 요구는 단 한 번도 거절한 적이 없다. 모두 다 依請代之(뜻대로 하소서)일 뿐이다. 이것이 백제왕과 담로주의 관계였다. 일본서기를 보면 백제의 요구대로 하는 것에 대하여 일부 관료들이 뇌물을 받았다는 소문이 있었다고 하는데 이미 세상이 바뀌어 백제왕의 명령대로 시행할 수밖에 없는 것이다.[6] 이것이 담로주들의 입장인 것이다.

3. 6세기 이후의 일본서기

- 継体天皇 十七年(癸卯, 523); 夏五月, 百濟王 武寧薨。
- 継体天皇 十八年(甲辰, 524); 春正月, 百濟太子 明即位。[7]

신공조 마지막 부분에 4세기 백제왕들의 퇴위와 즉위를 기록한 후 5세기 후반 곤지의 출현 무렵부터 다시 백제왕들의 퇴위와 즉위를 기록하고 있다. 왜국에서 왜 무령왕의 죽음을 기록하고 성왕의 즉위를 기록해야 하나? 삼국사기가 왜국왕의 즉위나 퇴위를 이런 형식으로 기록하는가? 중국이나 미국에서 한국 대통령의 취임과 퇴임을 국가 사서에 기록할 만한 사건으로 인식할까?

신공조 마지막에 적어 넣은 백제왕들의 퇴위와 즉위 기록은 일본서기 기년 공백을 메우기 위한 어쩔 수 없는 조치였다. 반면에 곤지 출현 무렵 이후 백제왕들의 퇴위와 즉위를 기록한 것은 그들이 곧 자신들의 통치자였기 때문이다. 따라서 왕력을 기록한 사서가 되려면 반드시 적어야 하는 것이다.

---

6) 무령왕릉에 사용된 관재가 일본산 금송인데 왕이 죽자 지방의 자재를 중앙에서 사용한 것이다.

7) 삼국사기는 당년제 방식에 의해 523년에 성왕이 즉위한 것으로 되어있으나 일본서기는 월년제 방식에 의해 524년에 성왕이 즉위한 것으로 되어있다.

일본서기를 보면 계체가 죽은 후 즉위식을 한번이라도 했는지 의심스러운 천황들이 출현한다. 26세 계체 이후에는 29세 흠명천황이 재위기간도 길고 아주 중요한 천황이기는 하나 그는 그림자 천황이다. 그는 당시 실권자인 소아도목대신과 함께 출현한다. 그리고 소아도목대신이 죽자 자기도 함께 죽는다. 흠명천황이란 인물이 따로 있었는지 없었는지 모르나 그의 행적은 당시의 최고 실권자인 소아도목대신을 모델로 만든 인물에 불과하다. 흠명이 하였다는 말은 거의 다 소아도목대신이 한 말이거나, 나중에 일본서기 편자들이 여러 사료를 참조하여 자신의 입장에서 적어 넣은 것들이다.

계체 이후의 왜국은 백제의 좌평급 각료인 대신과 대련들이 통치하는 지역이었다. 그러니 왜국은 6세기에 중원왕조에 독자적으로 사신을 보낼 수 없는 것이고, 당시 왜국의 국가원수는 〈무령왕－성왕－위덕왕〉으로 이어졌던 것이다.[8] 이는 마치 과거 호주의 국가원수가 영국여왕이었던 것과 유사하다. 성왕의 戰死에 대하여 삼국사기보다 일본서기가 훨씬 자세하고 길게 기록하고 있는데 이는 자신들의 왕이 죽었기 때문이다.

〈소아도목－소아마자－소아하이－소아입록〉으로 이어지는 소아씨 대신들은 이전의 왜왕들 못지않은 권력자들이었다. 특히 소아마자는 7세기 초에 북해도를 제외한 일본열도 전역을 일본사 최초로 통일한 인물로서 수나라에 사신을 보내 해뜨는 나라의 왕을 자처한다. 백제의 영향에서 벗어나는 것이다. 소아씨를 타도한 천지－천무계열은 훗날 역사서를 쓸 때 그들을 모두 천황에서 제외하고 적절한 인물들을 선택하여 천황의 왕통을 만들었다.

---

8) "그러므로 武寧王과 聖王代에 백제는 왜국과의 교류에 많은 힘을 기울였고, 이 과정을 통하여 큰 전쟁도 없이 영토를 확장하고 가야 지역을 복속시켰으며, 한편으로는 왜국의 군병을 끌어들여 신라와의 전쟁에 투입시키면서 국제적 위세를 높였다." －金泰植, '日本書紀에 나타난 韓國古代史像' (1998).

삼국사기 편자들은 편했다. 예를 들어 6세기라 하면, 백제의 경우 무령왕이 왕이었으니 무령왕을 왕으로 하고, 그 다음은 성왕이 왕이었으니 성왕을 왕으로 하고, ... 신라의 경우에도 마찬가지로 법흥왕이 왕이었으니 법흥왕을 왕으로 하고, 그 다음은 진흥왕이 왕이었으니 진흥왕을 왕으로 하고, ... 있는 그대로 쓰면 된다. 하지만 일본서기 편자들은 누구에게 천황위를 줄 것인가부터 고민해야 했을 것이다. 일본서기가 자립위왕의 전통이 사라진 6세기에 천황력에 넣은 사람을 어떤 기준으로 골랐는지는 앞으로 연구해 볼 과제다.

4. 일본서기에서 가장 중요한 기록

일본서기에서 가장 중요한 기록을 하나 고르라면 무엇을 고를까? 일본학자들에게 물어보면 무엇을 고를까? 우리 학자들에게 물어보면 무엇을 고를까? 아마 사람마다 다를 것이다. 또 공부하다보면 시간에 따라 변한다. 몇 가지 후보를 들면 다음과 같다.

[후보 1] 신공황후 46～52년조: 전기가야제국 멸망기록
- 신공황후 46년(224): 백제왕이 왜국에 철정 등을 주겠으니 군사를 동원하라고 함.
- 신공황후 49년(227): 군대를 보내 백제를 도와 가야 7국을 멸망시킴.
- 신공황후 52년(230): 군대를 동원한 대가로 백제왕이 칠지도를 보내옴.

일본서기는 전반적으로 가야에 대하여 우호적인 기록을 하고 있는데 유일하게 신공 후반부에 한해서만 적대적으로 기록하고 있다. 그 이유는 이곳의 원사료 출전이 다른 사료와 달랐기 때문이다. 즉, 이곳의 신공은 신공기 다른 부분의 신공과 다른 여인이라는 뜻이다. 이 기록이 중요한 이유는 서로 독립적인 사료가 상호 일치하기 때문이다. 이 기록은 3세기

초반에 삼국사기에서 가야가 사라지는 이유를 설명하며, 삼국유사에서 전반기 남가라왕들의 재위기간이 과도하게 긴 이유를 설명하며, 또 〈후한서－삼국지－진서〉로 이어지는 동이전의 삼한 설립과정을 보여준다.

가야 7국 이름이 삼국지 동이전의 변진한조에 안 나옴으로써 소국이 멸망하여 삼한에 들어가면 국명을 바꾼다는 삼국사기 기림이사금조의 말을 뒷받침하고 있다. 더욱이 칠지도라는 고고학적 유물이 남아있는데, 여기에 나오는 연호가 태화 4년으로 신공 52년의 사서기록과 완전히 일치한다. 금강 유역의 진왕으로부터 칠지도를 받은 사람이 왜 여왕 비미호였다. 백제왕은 본래 진왕의 칭호였다. 삼국사기 아달라이사금조는 서기 173년의 비미호의 사신기록을 남겨, 삼국지 동이전에 나오는 비미호의 기록은 물론 일본서기와도 전체 기록의 줄거리가 완전히 일치함을 보여준다. 또 〈중애 9년=서기 173년〉이라는 것을 가지면 2세기 동양사의 기년을 전부 복원할 수 있다. 비미호의 탄생부터 집권과정의 내란은 물론 비미호의 즉위에서 퇴위까지 모든 것을 알려준다.

[후보 2] 응신천황 7년(396)조: 영락 6년의 잔국토벌기록

- 応神天皇 七年; 九月。高麗人。百濟人。任那人。新羅人。並來朝。時命武內宿禰。領諸韓人等作池。因以名池號韓人池。

우선 이 기록이 믿을 만한 이유는 임나인만 나오고 가야인은 안 나오기 때문이다. 영락 6년 잔국 토벌 당시 임나만 있었고 가야는 없었다. 가야가 다시 나오는 것은 영락 17년에 재건국하고부터이다. 따라서 만일 영락 16년 이전의 전쟁을 기록한 사료에 임나와 가야가 동시에 나온다면 이는 거짓이다.

응신조는 이 기록 앞의 응신 6년까지는 한반도 기록이고 이 7년조부터 일본열도 기록이다. 영락 6년의 잔국 토벌을 기록하고 있는데 고구려군의

잔국토벌이 음력 9월 직전, 즉 음력 8월경부터 이루어졌음을 보여주어 육로가 아니라 수로를 이용하여 공격하였다는 뜻이다. 즉, 고구려가 『삼한사의 재조명 1』에서 설명한대로, 영락 6년에 수군을 동원하였다는 광개토왕비문과 일치한다.

이 기록은 잔국이 고구려에게 토벌되고 금강 유역을 중심으로 한 백제의 일파가 일본열도로 피신해 온 역사적 사실을 증언하고 있는 동시에 5세기 중국사서에 왜 5왕으로 알려진 왜국의 기원을 알려주는 기록이다.

[후보 3] 웅략천황 5년(461)조: 삼국지 한전의 진왕 기록

- 雄略天皇 五年; 夏四月。百濟加須利君〈蓋鹵王也〉飛聞池津媛之所燔殺〈適稽女郎也〉而籌議曰。昔貢女人爲采女。而旣無禮。失我國名。自今以後不合貢女。乃告其弟軍君〈昆支也〉曰。汝宜往日本以事天皇。軍君對曰。上君之命不可奉違。願賜君婦而後奉遺。加須利君則以孕婦。嫁與軍君曰。我之孕婦旣當産月。若於路産。冀載一船。隨至何處速令送國。遂與辭訣奉遣於朝。

곤지가 백제왕실의 여인을 데리고 왜국으로 가는 이 기록이 중요한 이유는 무령왕릉 지석을 통하여 고고학적으로 입증되었으며, 삼국지 한전에 나오는 진왕 기록이 사실이고 또 어떻게 진왕이 자립위왕하는가를 보여주고 있으며, 언뜻 보면 논리가 없어 엉망에 규칙이 없어 보이는 5세기 일본서기가 어떤 원칙에 의하여 쓰여졌는지를 알려주기 때문이다.

즉 왜 토도태자에게는 천황위가 안 주어졌고, 인덕이 동년배인 응신의 아들인 이유는 무엇이며, 5세기 왜 5왕 중에 찬, 진, 제, 무는 왕인데 무슨 이유로 홍은 왕세자인지도 알려주고, 왜 칠지도를 백제왕이 아니라 백제 왕세자가 주었는지도 알려주고 있으며, 백제왕 여휘가 동진에 사신을 보내면서 백제왕이 아니라 백제 왕세자를 칭해야 했던 이유도 알 수 있다.

뿐만 아니라 삼국사기 백제본기에 나오는 第二子가 둘째아들을 나타내는 仲子와는 어떻게 다르고 무슨 뜻인지를 알려주며, 왜 백제 초기 3루왕의 기록이 이상하게 되었고, 근초고왕조 처음 20년이 기록 공백인가도 가르쳐주고 있다.

[후보 4] 황극천황 원년(642)조: 새 이민 집단에 의한 일본 건국 기록

- 皇極天皇 元年; 正月乙酉。百濟使人大仁阿曇連比羅夫。從筑紫國乘驛馬來言。百濟國聞天皇崩奉遣弔使。臣隨弔使。共到筑紫。而臣望仕於葬。故先獨來也。然其國者今大亂矣。二月戊子。遣阿曇山背連比羅夫。草壁吉士磐金。倭漢書直縣遣百濟弔使所。問彼消息。弔使報言。百濟國主謂臣言。塞上恒作惡之。請付還使。天朝不許。百濟弔使傔人等言。去年十一月。大佐平〈智積〉卒。又百濟使人擲崐崘使於海裏。今年正月。國主母薨。又弟王子兒〈翹岐〉。及其母妹女子四人。內佐平〈岐味〉。有高名之人卌餘被放於嶋。

이 기록은 7세기 중반 무왕－의자왕 교체기에 발생한 내란과 여기에서 패한 천지 집단의 왜국 망명을 기록한 것이다. 이들에 의하여 대화개신이라는 난이 발생하여 소아씨 일족이 물러나고 이들이 왜국의 새로운 지배층으로 등장한다. 김춘추가 왜국을 방문하는 것도 이때다. 이들은 백제가 멸망하자 구원군을 파견하고, 구원이 실패하자 일본이라는 새로운 나라를 만든다. 일본인들에게 물어보면 아마 이 기록이 가장 중요하다고 하지 않을까 생각된다.

[후보 5] 응신천황 39년(407)조: 진왕국가 지속 기록

- 応神天皇 三九年; 春二月。百濟直支王。遣其妹〈新齊都媛〉以令任。爰〈新齊都媛〉率〈七婦女〉而來歸焉。

한반도의 진왕국가가 왜국으로 이동했어도 소국제에 의한 진왕국가를 유지하려면 강력한 소국 왕실의 여인으로 왕후를 세우고 자립위왕할 수 있어야 한다. 그렇지 못하면 진왕국가를 유지하지 못하고 사라지고 말 것이기 때문이다. 따라서 진왕국가를 왜국에서 계속할 수 있느냐 없느냐를 결정한 것이, 영락 17년에 고구려군에게 마지막 타격을 입고 한반도의 삼한체제가 붕괴되자, 신제도원공주를 비롯한 백제왕실의 여인들이 왜국에 건너간 응신 39년조였다. 이들이 건너가서 인덕에서 윤공에 이르는 5세기 전반의 왜국 왕후를 공급하여 왜국에서도 진왕국가가 지속될 수 있었던 것이다.

백제왕실의 여인들이 더 이상 오지 않자 5세기 중반에 왜국 왕이 자립위왕을 못하고 왕세자를 칭한 것이다. 그러자 개로왕이 곤지에게 왕실의 여인을 주어 윤공(濟)의 양자로 집어넣어 진왕(왜왕)의 왕통을 잇게 한다. 그리고 자립위왕하지 못하고 퇴위한 시변황자(興)의 재위기간 5년은 자립위왕한 웅략(武)의 재위기간에 포함되게 되니 이것이 진왕제의 왕력 기록 방식이다. 만일 4세기 이전 백제 진왕력이 발견된다면 틀림없이 5세기 일본서기의 기록 양식과 비슷할 것이다. 요즘에 내가 생각하는 일본서기에서 가장 중요한 기록은 바로 이 응신 39년조이다.

제 IX 부

시대별 논점 1

[그림 11] 2009년에 경주에서 재발견된 문무왕릉비 우측 상단부 조각(가로 40×세로 66cm), 7세기. 신라 김씨의 기원을 기록하고 있다.

제40장 1세기 이전의 논점

1. 박혁거세 집단의 기원

나는 『삼한사의 재조명 1』에서 신라(서라벌임)를 건국한 박혁거세 집단이 훗날 몽골초원에 등장하는 거란족과 유사하다는 이야기를 하였다.[1] 즉 북방유목민족의 남하가 박혁거세에 의한 서라벌 건국이라고 보는 것이다. 하지만 북방민족도 여러 갈래가 존재한다. 그 북방민족들 중에 어느 계열인지는 다음 기록으로 확인이 가능하다. 서라벌의 건국 직후인 3대 유리왕은 다음처럼 부체제라는 통치 방식을 갖춘다.

> 유리이사금 9년; 봄에 6부의 이름을 고치고 이어 성을 주었다. 양산부는 양부로 하여 성은 이요, 고허부는 사량부로 하여 성은 최요,...
> (改六部之名 仍賜姓, 〈楊山部〉爲〈梁部〉 姓李; 〈高墟部〉爲〈沙梁部〉 姓〈崔〉; 〈大樹部〉爲〈漸梁部〉[一云〈牟梁〉] 姓〈孫〉; 〈于珍部{干珍部}〉爲〈本彼部〉 姓〈鄭〉; 〈加利部〉爲〈漢祇部〉 姓〈裴〉; 〈明活部〉爲〈習比部〉 姓〈薛〉)

그런데 이 부체제는 삼국지 동이전을 보면 북방민족 중 오환족의 통치 체제다.

> 수백에서 수천까지의 마을이 스스로 하나의 부(部)를 이룬다.

1) 『삼한사의 재조명 1』 p.110, 7. [답변] 신라 갈문왕제도의 기원.

(數百千落自爲一部)

— 삼국지 위지 오환전

이것만 비슷한 것이 아니다. 無文字 刻木爲信 풍습도 같다.

刻木爲信 邑落傳行 無文字

— 삼국지 위지 오환전

無文字 刻木爲信 語言待〈百濟〉而後通焉

— 양서 신라전

발음에서도 크다(大)는 말을 '건'이라 하는 점이 같다.[2] 우리말의 '큰, 크다'의 원형이 오환어에서 왔음을 알 수 있다.

以大人 **健**者名字爲姓

— 삼국지 위지 오환전

基俗呼城曰 **健**牟羅

— 양서 신라전

이 외에도 장례식에서 죽은 사람의 물건을 태우는 풍습과, 음식을 먹기 전에 일정량을 떼어 하늘과 땅 및 조상에게 바치는 행위(고수레)가 오환족에게서도 나타나며, 오환족의 거주지는 赤山이었는데 이 명칭은 신라의 '불거내'나 '불함산'과 같은 계통의 명칭이라고 한다.[3]

통치자에 대한 호칭도 박혁거세의 '거세'가 지도자인 것처럼 오환족은 지도자를 거수(渠師)라 불렀다. '거수'계통의 호칭은 동북아에 여러 군데가 나오는데 북방민족의 이동과 관련이 있다.

---

2) 김성호, 『비류백제와 일본의 국가기원』 p.299 (지문사, 1982) 부록 I.
3) 박원길, 『유라시아 초원제국의 샤머니즘』 (민속원, 2001).

1. 建武二十五年(49), 烏丸大人郝旦等九千餘人率衆詣闕, 封其〈渠帥〉爲侯王者八十餘人, 使居塞內 —삼국지 위지 오환전
2. 寇婁敦遣弟阿羅槃等詣闕朝貢, 封其〈渠帥〉三十餘爲王 —삼국지 위지 오환전
3. 沃沮諸邑落〈渠帥〉 皆自稱三老 —삼국지 위지 동옥저전
4. 後省都尉 封其〈渠帥〉爲侯 —삼국지 위지 예전
5. 弁辰亦十二國 又有諸小別邑 各有〈渠帥〉 —삼국지 위지 변진전

3.—5.번의 기록은 245년에 고구려—위나라 전쟁 중에 위군에 참전하였다가 남옥저에서 고구려군에게 패하고 동해안을 따라 신라를 거쳐 변진 지역까지 남하한 오환족 기마군단의 이동 경로와 일치한다.[4] 그들은 옥저, 예, 변진에서 자신들이 점령한 지역의 지도자를 자신들의 통치 방식에 맞추어 거수로 임명했던 것이다. 미추이사금은 신라에 들어온 이들의 지도자였다.[5]

신라가 한반도에 들어와 주변 여러 민족들을 통합하고 강자로 나설 수 있었던 것은 이미 국초부터 그만한 능력을 가지고 있었기 때문이다. 그들은 이미 몽골 초원에서 前漢 및 흉노를 상대로 대규모 전쟁도 해 본 사람들이었다. 그러면 오환족이 언제 어떤 이유로 몽골초원을 떠나 한반도로 진출하였는가를 따져보아야 한다.

대장군 곽광(藿光)이 이를 듣고 도요장군(渡遼將軍) 범명우(范明友)를 보내 그가 기병 3만 명을 데리고 요동에 나가 흉노를 치게 했으나 명우의 군대가 이르렀을 때 흉노는 이미 떠나고 없었다.[6] 오환은 또 다시 흉노병

4) 오환족 주도하에 여러 북방 유목민족들을 하나로 모았다는 뜻임.

5) 『삼한사의 재조명 1』 p.270, 제14장. 북방계 남하.

6) 大將軍〈霍光〉聞之, 遣度遼將軍〈範明友〉將三萬騎出遼東追擊匈奴. 比〈明友〉兵至,

을 피하여 달아났고 그들은 이미 무너지고 피폐해졌다. 명우는 다시 진격해 오환을 추격하여 6천 여 명의 머리를 베고 세 왕의 머리를 얻어 돌아갔다. 훗날 오환이 자주 변경을 침범하자 명우가 다시 정벌해 그들을 여러 번 쳐부수었다.[7]

– 『삼국지』「오환전」

이 기록에 따르면 漢나라의 장군 곽광은 BC 87년에 대장군이 되었고 BC 68년에 죽었으므로, 「오환전」의 기사는 BC 87년에서 BC 68년 사이에 일어났다고 볼 수 있다. 그러면 갈 곳 없는 오환족이 대거 남하한 시기도 이 무렵인 BC 70년경으로 추정된다.

오환족의 한 갈래가 만주를 거쳐, 한반도로 남하한 후, 낙랑의 동쪽을 지나, 한강 중상류에서 국가를 건국하니 이 나라가 서라벌이다.[8] 한 나라가 망한 후 새로운 국가를 건국하는데 대략 한 세대가 걸린다고 볼 때 BC 57년의 신라건국은 아주 타당한 연도라 볼 수 있다.

2. 김알지 집단의 기원

경주에서 발견된 문무왕비문은 신라에 들어온 김씨의 기원을 다음처럼 설명한다. 해석은 일반적으로 알려진 것이다.

1행　國新羅文武王陵之碑

　　及飡國學少卿臣金▨▨奉 教撰」

2행　通三▨兵殊▨▨▨匡▨配天統物畵野經( )積德

匈奴已引去.

7) 烏丸新被匈奴兵, 乘其衰弊, 遂進擊烏丸, 斬首六千餘級, 獲三王首還. 後數復犯塞, 明友輒征破之.

8) 『삼한사의 재조명 1』 p.93, 1. 박혁거세의 건국지.

匡時濟難應神　　　　　靈命」

3행　**派鯨津氏**映三山之( )東拒開梧之境南鄰▨桂之

接黃龍駕朱蒙　　　　　承白武仰」

4행　問盡善其能名實兩濟德位兼隆地跨八貪勳超三

巍蕩蕩不可得而稱者　　　　我新」

5행　君靈源自敻繼昌基於火官之后峻構方隆由是克

枝載生英異(秺)**侯祭天之胤傳七葉**以」

6행　焉　　　**十五代祖星漢王**降質圓穹誕靈仙岳肇臨

以對玉欄始蔭祥林如觀石紐坐金輿而」

7행　大王思術深長風姿英拔量同江海威若雷霆▨地

方卷跡停烽罷候萬里澄氣克勤開」

〈5행〉 … 그 신령스러운 근원은 멀리서부터 내려와 화관지후에 창성한 터전을 이었고, 높이 세워져 바야흐로 융성하니, 이로부터 ▨지가 영이함을 담아낼 수 있었다. 투후 제천지윤이 7대를 전하여 … 하였다.

〈6행〉 … 15대조 성한왕은 그 바탕이 하늘에서 내리고, 그 영이 신선의 산에서 나와, ▨▨을 개창하여 옥란을 대하니, 비로소 조상의 복이 상서로운 수풀처럼 많아 석뉴를 보고 금여에 앉아 … 하는 것 같았다. …

투후는 흉노 휴도왕의 태자 김일제(BC 134~86)가 받은 시호이다. 김일제는 한의 거기장군 곽거병에게 포로가 되어 처음엔 말을 사육하는 노예가 되었으나, 한 무제의 총애를 받아 마감(馬監)·광록대부(光祿大夫)에 올랐으며, 망하라(莽何羅)의 난 때 무제를 암살에서 구한 공로로 투후에 봉해져 이후 한반도에서 가까운 산동성 일대를 다스리게 되었다.

흉노의 일파인 휴도족이 하늘에 제사를 지낼 때 금으로 사람을 만들어

숭배하는 풍속을 가졌다 하여 그는 한무제에 의해 金씨 성을 받았는데 이것이 역사에 등장하는 최초의 김씨이다. 前漢에 항복한 김일제 세력은 전한이 망할 때 나타난 왕망의 新나라와 혼인하고 일약 권력의 중심부에 진입한다. 왕망의 新나라 자체가 주도 세력이 중국화한 흉노족이 아닌가 생각된다.

하지만 신나라가 오래 가지 못하고 멸망하고 후한이 등장하자 곧 정치적 보복의 위협에 직면한다. 비문은 김일제로부터 7대를 살다가 떠났다고 하고 있는데 이들 흉노족이 산동성을 떠난 것은 후한 성립 초기인 1세기로 추정된다. 삼국사기 신라본기는 석탈해 9년인 AD 65년에 김알지의 출현을 기록하고 있는데 이 해가 김알지 집단이 신라에 나타난 해라고 생각된다. 신라의 경주김씨가 시조로 모셨던 김알지는 한반도에 들어온 이들의 지도자였을 것이다.[9)]

김알지 집단이 한반도에 들어온 경로는 육로와 해로 두 가지 가능성이 있는데, 대동강 유역에서도[10)] 貨泉이라는 新나라의 동전이 발굴되고 영산강 유역에서도[11)] 발굴되므로 어디라고 단정하기는 어렵다. 貨泉은 분포가 넓고 사용기간이 짧아 지질학의 표준화석에 해당하는 유물이다. 이들이 한반도에 들어온 시기는 왕망이 죽은 AD 25년(유리이사금 2년)부터 후한을 건국한 유수가 중국을 완전히 통일하고 도참을 공포한 AD 56년(유리이사금 33년) 사이로 추정된다. 그러면 김일제가 죽고 金星이 투후

---

9) 왕 중에 시조와 태조의 구분은 성씨와 무관하게 제일 앞에 오는 왕이 시조이고, 같은 성씨로서 가장 앞에 오는 왕이 태조라고 본다. 신라는 혁거세가 시조이고 미추가 태조이며, 고구려는 동명왕이 시조이고 태조왕이 태조이고, 백제는 온조가 시조이고 비유왕이 태조이다. 고려와 조선은 시조와 태조가 같다.

10) 1920년대 조선총독부에서 발굴한 대동강 유역의 제1호 고분에서 新나라 화천이 출토되었다.

11) 전남 나주 복암리에서 新나라 화천 2개가 발굴되었다.

지위를 이었을 때이다.

비문의 제6행에 나오는 문무왕의 15대祖 星漢王에 대해서는 김알지설, 김알지의 다음인 세한설, 김알지의 7세손에 해당하며 최초의 김씨왕인 미추왕설 등이 있다. 하지만 시기적으로 미추보다는 앞이라 미추는 제외한다. 이 비문을 읽으며 가장 이상하게 느끼는 것은 최초의 김씨왕이자 중시조인 미추왕과 내물왕이 왜 없느냐이다.

[그림 12] 중국정부가 만든 섬서성 흥평현 한무제 묘역에 있는 김일제 묘비.

문무왕 비문만 신라 김씨의 기원을 김일제로부터 찾는 것이 아니다. 6세기에 당나라에서 사망한 김씨 성을 가진 신라 여인의 비문도 자신의 뿌리를 흉노에서 찾고 있다.[12] 중국 서안에서 발견된 무덤 덮개돌에는 9세기 신라 여인으로 추정되는 '대당고김씨부인묘명'이란 글자와 함께 총 593글자로 김씨의 유래와 김씨 부인의 선조, 부인의 품행과 생활상, 죽음과 후사 문제 등이 기록됐다. 묘지명 내용에 따르면 김씨 부인은 증조가

---

12) 권덕영(부산외대)은 咸通 5년(864) 5월29일에 향년 32세로 사망한 재당 신라인의 묘지명 '대당고김씨부인묘명'(大唐故金氏夫人墓銘)을 찾아냈다고 밝혔다.

金原得, 조부가 金忠義, 아버지가 金公亮이며, 이구라는 사람의 후처로 들어갔다가 젊은 나이에 사망했다고 한다.

[그림 13] 1954년 중국 산시성(陝西省) 서안시 동쪽 교외 곽가탄(郭家灘)에서 출토된 무덤 덮개돌로서 현재 중국 서안시 비림박물관에 소장되어 있다. 9세기, 가로 43.5cm, 세로 44cm 크기로 전서체로 3행에 걸쳐 大唐故金氏夫人墓銘이란 글자가 새겨져 있다.

묘지명은 "太上天子께서 나라를 태평하게 하시고 집안을 열어 드러냈으니, 이름하여 少昊氏金天이라 하니, 이분이 곧 우리 집안이 성씨를 받게 된 世祖이시다"라고 적고, 그에서 비롯된 "먼 조상 김일제가 흉노의 조정에 몸담고 있다가 서한에 투항하시어, (중략) 투정후라는 제후에 봉해졌다"라고 기록했다. 이 묘지명은 김일제의 후손이 가문을 빛내다가 7대를 지나 한나라가 쇠망함을 보이자 "곡식을 싸들고 나라를 떠나 난을 피해 멀리까지 이르렀다. 그러므로 우리 집안은 멀리 떨어진 요동에 숨어 살게 되었다"고 하여 신라 김씨의 근원에 대한 설명이 문무왕 비문과 같다.

김씨는 김일제에서만 시작하는 것이 아니다. 3세기와 4세기에도 북방에서 내려온 유목민족이 신라를 정복하고 새 왕조를 연 후 김씨를 칭했다. 두 김씨 중 어느 쪽이 신분이 높았을까?

신라 김씨 왕통에는 성골과 진골이라는 두 왕통이 있는데 삼국사기가 선덕여왕과 진덕여왕을 끝으로 성골이 없어져 무열왕부터 진골 왕통이 시작되었다고 하여 성골이 진골보다 혈통상 조금 지체가 높은 것을 알 수 있다. 성골이 다른 혈통과 결혼하면 후손은 진골로 내려간다거나, 권력 투쟁에서 패하면 진골로 내려간다거나 하는 성골과 진골의 차이에 관한 여러 가지 견해가 있지만,[13] 이는 모두 성골과 진골이 성립된 후의 2차적인 구분일 뿐이다. 우리의 관심은 맨 처음에 성골과 진골이 어떻게 나뉘어졌느냐이다.

삼국사기가 선덕여왕과 진덕여왕을 끝으로 성골이 없어졌다고 하는 것을 보면 선덕여왕 앞인 진평왕은 성골이다. 그 앞의 진지왕도 성골이고, 진흥왕도 성골이고, ... 죽 올라가 김씨 왕통을 연 미추왕과 내물왕까지 성골이라는 뜻이다. 박씨와 석씨 왕들은 성골·진골의 구분이 없이 모두 성골인데 이는 각각 단일 왕통이라는 뜻이다. 김씨 왕들이 성골과 진골로 나누어진다는 것은 김씨들에게는 크게 다른 2가지 계통이 존재한다는 뜻이다. 김씨의 시조는 김알지 집단이나 김씨 왕통을 연 집단은 미추왕과 내물왕 집단이다.

그러면 진골은 무엇인가? 우리는 다행히 진골 왕통을 연 무열왕의 아들인 문무왕의 비문을 가지고 있다. 거기에 문무왕의 출자를 적고 있는데 김알지와 관련 있는 서력기원 전후의 투후 김일제와 성한왕을 언급한 후, 수백 년을 건너뛰어 문무왕이 출현하고 있다. 이것이 김씨 왕 전체의 왕통인지 아니면 진골만의 왕통인지를 판단해야 하는데 김씨 전체의 왕통이라면 당연히 나와야 할 중시조들인 미추왕과 내물왕이 안 보인다. 소위 성골 왕통을 그냥 건너뛰고 있다. 따라서 문무왕비문은 두 왕통 중에 진

13) 성골과 진골의 구분을 혈통이 아닌 후천적인 요인으로 나누는 것은 진골이 성골로 올라가는 일이 없으므로 모두 오류다.

골왕통의 기원을 기록하고 있는 것이다. 그 외에 김알지와 동시대인 1세기의 가야국 수로왕의 왕통도 진골이다.

삼국사기는 〈알지－세한－아도－수류－욱보－구도－미추－내물〉로 연결되는 계통을 소개하고 있지만, 미추이사금은 3세기 중반에, 내물이사금은 4세기 중반에 들어온 흉노·선비계로서 이전의 김일제 계보와 아무 관련이 없다. 따라서 이 계보를 통하여 서로 다른 두 김씨왕통을 하나로 묶는 것이다.

결론적으로 문무왕비문과 삼국사기로 판단하면, 성골이란 3, 4세기에 신라에 들어온 미추왕과 내물왕을 선조로 하는 왕통이고, 진골이란 1세기에 신라에 들어온 김알지와 김수로를 선조로 하는 왕통이다.[14] 삼국사기는 8세기 후반에 등장하는 원성왕을 내물왕의 12대손이라 하였는데 성골로만 이어진 계통이 아니었을 것이다.[15]

3. 가야의 건국동인

가야의 창업자인 수로왕이 김씨를 칭하는 것으로 보아 가야인의 원적지는 김알지의 김씨나 마찬가지로 중국 서북부 유목 지역으로 생각된다. 즉 흉노계로 보는 것이다. 이들이 민족 대이동 시기에 한반도로 들어왔을 것이다. 이들이 낙동강 유역에 들어온 시기는 신라보다 더 생산력이 높은 평야 지대를 차지하고 있으므로 신라보다 먼저인 서력 기원 전후일 것이다. 삼국사기를 보면 신라가 한반도 남부에 들어올 때 이미 가야가 자리를 잡고 있었다. 한반도의 가야계 명칭이 압록강 중류에서부터 북에서

---

14) 무열왕 김춘추는 본래 진골 출신으로 김용춘의 양자로 본다.

15) 성골과 진골의 구분이 진평왕이 딸에게 왕위를 물려주기 위하여 당대에 만든 것이라는 견해는 골품제가 신라사회 전반을 지배하는 것으로 볼 때 가능하지 않다.

남으로 이어져온 것을 보면 가야인들의 이주 경로는 육로이다.[16)]

1세기 가야의 건국 동인은 마한의 멸망이다. 1세기 한반도 최대 세력이었던 마한이 쓰러지자 그 힘의 공백이 한반도 남부의 낙동강 유역에 새로운 국가의 탄생을 불러일으킨 것이다. 가야뿐만 아니라 구 마한 영역의 대부분이 독립하여 소국화하였을 것이다. 고구려가 멸망하고 발해가 건국될 때까지 약 30년이 걸렸듯이, 마한이 멸망되고 가야가 건국될 때까지 또 약 30년이 걸렸다. 대한제국이 멸망하고 대한민국이 건국될 때까지 역시 약 30년이다. 패전의 상처가 아물고 새 국가 건국의 힘을 기르는데 대략 한 세대가 걸리는 것이다.

5세기 초 후기가야제국의 건국 역시 비슷하다. 한반도 최대 세력이던 삼한백제(韓)가 고구려에 의해서 무너지자 그 힘의 공백기에 후기가야제국이 건국된 것이다. 즉, 영락 17년의 패전으로 삼한백제가 완전히 멸망하자 한반도 남부에 힘의 공백이 생기고, 그 공백을 틈타 낙동강 유역의 구 가야세력이 독립한 것이다. 이전에 왕통이 단절되었던 남가야(금관가야)는 왕통을 새로 세웠고(좌지왕), 형식적으로나마 왕통을 이어왔던 대가야는 이때 왕이 실권을 되찾았을 것이다.

결국 5세기 초 가야제국이 각기 독립하면서 한반도가 춘추전국시대 비슷한 경쟁 체제에 들어가고 가야제국은 백제와 신라의 틈바구니에서 생존을 모색하다, 6세기 중반에 성왕의 백제군이 진흥왕의 신라군에게 전멸 당하자 신라에 흡수되는 것으로 결말을 맺었다.

---

16) 김성호, 「임나・김해 가야사 연구」 박영석교수 회갑기념, 한국사학논총 上, p.107 (탐구당, 1992).

4. 최치원의 '마한 즉 고구려'

천 년 전 신라 말기를 산 증인이자 당대 최고의 학자였던 최치원은 마한은 고구려, 변한은 백제, 진한은 신라라 하였다.[17] 이 중에 마한이 고구려인 것을 두고 가장 말들이 많다. 왜 마한이 고구려일까? 어떤 사람은 삼한을 삼국에 대응시키기 위해 어쩔 수 없이 만든 수사일 뿐 실제와는 무관하다고도 하였다. 과연 그럴까? 당대를 산 대학자가 한 말을 천 년이나 후대를 사는 우리가 틀렸다고 간단히 말할 수 있을까? 『삼한사의 재조명 1』에서 설명을 했는데 부족하다고 하여 이를 보충하고자 한다.

삼국사기에 부여씨가 처음 출현하는 것은 영락 17년(봄 1월임) 고구려군이 대승을 거둔 바로 다음 달인 영락 17년 2월이다. 고구려군은 영락 6년, 10년, 17년의 3차례에 걸친 대규모 남정 끝에 금강 유역에 수도를 두고 있던 마한, 변한, 진한의 소국들로 구성되었던 조각국가(잔국)를 완전히 멸망시켰다. 그리고 잔국이 재기불능이 되자 백제에 부여씨가 출현한 것이다. 전지왕 3년 봄 2월에 왕의 서제라는 명칭을 달고 백제에 최초로 출현하는 부여씨가 여신인데 조정에 출사하자마자 곧 상좌평의 자리를 차지하는 등 백제의 정권을 장악한다. 이후 백제는 부여씨의 세상이 된다.

아무 세력도 없는 사람이 어느 날 갑자기 나타나 정권을 장악할 수는 없는 것이다. 부여씨는 영락 17년 2월에 조정에 출사하기 전부터 한반도 내의 최대 세력이었다고 생각하는 것이 합당하다. 중국사서를 보면 부여씨는 4세기에 이미 여구왕과 여휘왕을 배출한 삼한백제의 왕족이었다. 전지왕 이후 구이신왕이 등장하였으나 곧 죽고 비유왕이라는 새로운 부여씨 왕통이 시작된다. 그러면 부여씨가 조정에 출사하기 전에 살던 그들의 근거지는 어디였을까?

---

17) 東海之外有三國, 其名〈馬韓〉·〈卞韓〉·〈辰韓〉. 〈馬韓〉則〈高麗(高句麗)〉, 〈卞韓〉則〈百濟〉, 〈辰韓〉則〈新羅〉也. ―『삼국사기』「열전」〈최치원〉조

5세기 후반의 남제서는 동성왕이 요구한 직위를 기록하고 있는데 지역명에 직위가 붙어있어 그 지역을 통치하던 세력가였음을 짐작할 수 있다. 송서에도 부여씨가 여럿 출현하나 직위만 나올 뿐 통치 지역을 짐작할 수 있는 호칭은 없다.

동성왕이 중앙에서 파견했을 가능성도 없는 것은 아니나, 신하들에게 높은 권력을 나누어주고 싶은 왕은 없다. 이들은 대부분 동성왕을 힘으로 위협하여 제3자인 중원왕조의 권위를 이용한 자신들의 통치 권력을 보장받고 있는 것이다. 남제서에서 부여씨가 출현하는 부분은 다음과 같다.

1) 건위장군 팔중후 餘古 영삭장군 아착왕
   — 팔중: 광주 나주, 아착: 전남 무안
2) 건위장군 餘歷 용양장군 매노왕
   — 매노: 전북 옥구
3) 광무장군 餘固 건위장군 불사후
   — 불사: 전북 전주

단 3명으로 판단하기에는 부족하지 않느냐는 견해도 제기할 수 있으나 하나도 예외 없이 이들의 근거지는 모두 금강 유역 이남의 구 마한 지역이다. 나는 이로부터 마한의 주력이 부여씨였다고 생각한다. 부여씨가 마한을 정복해서 그렇게 된 것이 아니겠느냐고 생각할 수도 있으나, 5세기까지도 부여씨가 마한의 주력이라는 것은 지배층인 부여씨는 물론이고 일반인들도 주력은 부여에서 온 부여인들이라고 보는 것이 합당하다고 본다.

4) 일본서기 웅략천황 21년조

문주왕이 웅진(久麻那利=곰나루)으로 천도하는 것을 본 웅략(부여곤)은 웅진을 문주에게 주었다고 하고 있다. 이는 웅진을 포함한 금강 유역이 본래 부여씨의 근거지였을 가능성을 준다.

5) 상좌평 여신의 출신지
삼국사기 백제본기를 보면 최초로 등장하는 부여씨가, 한반도 남해안에서 고구려군과 왜병(삼한백제병)이 수만 대군을 동원하여 전쟁을 벌이던 영락 17년 1월의[18] 바로 다음 달인 2월에 내신좌평에 오른 여신인데, 그는 왕족인 모든 해씨들을 누르고 곧 상좌평(대좌평)이란 최고직을 신설하고 국정을 총괄하는 지위에 오른다. 영락 17년 2월에 여신이 한성백제에 출현하는 것은 그 직전의 고구려군과의 전투를 치른 왜병의 지휘부였기 때문이다. 남해안에서 전투를 치렀다고 보면 여신은 한반도 남부 출신일 가능성이 크다.

6) 제주도 초기 3성: 고, 양, 부
마한 지역이었던 제주도는 지리적으로 육지로부터 분리된 덕분에 2천 년 전의 성씨가 아직도 그대로 남아있는 곳이다. 그 세 성씨가 모두 부여 · 고구려 계통이다.

백제의 지배층이었던 이른바 '8성대족'들도 거슬러 올라가면 대부분 부여에서 온 사람들이었다고 본다. 근거지를 추정해보면 해씨와 진씨는 한강 유역이고, 남제서를 비롯한 중국사서가 기록한 부여씨와 목씨와[19] 사씨는 영산강 유역이며, 웅진천도 후 나타나는 연씨와 백씨는 금강 유역

18) 『삼한사의 재조명 1』 p.503, 6. 백제에 부여씨 출현.
19) 광위장군 면중후 목간나 －남제서, 영산강 유역이 진왕백제의 영역이 된 것은 신공 49년(227)이므로 여기에 나오는 백제장군 목라근자는 일본서기가 4세기 후반인 것처럼 만들기 위해 동원한 후대의 인물임을 알 수 있다.

이다. 나머지 성씨들도 금강 이남의 한반도 남부 출신들이었다고 본다.

삼한백제의 주력이 마한인데 그들의 통치 제도가 부여 문화를 한반도에 그대로 옮겨놓은 것이다. 고구려는 부여인들이 세운 나라다. 그리고 마한 역시 부여인들이 대부분을 차지하고 있던 나라였다. 그러면 마한은 고구려라는 최치원의 말은 충분히 근거가 있는 셈이다. 하지만 '마한 즉 백제'가 아닌 것으로 보아 부여씨가 처음부터 진왕백제의 왕성은 아니었던 것 같다. 사서에 이들이 처음 등장하는 4세기 어느 때인가에 부여씨가 진왕의 왕통을 차지한 것이다.

> 해동의 모든 이족(夷族)들은 〈부여〉의 족속이다.
>
> – 『尙書』

5. 산동성 통지에 나오는 왕협과 김일제의 기록

오늘날 李씨는 중국과 한국의 大姓인데 중국에 압도적으로 많다고 해서 중국성이라 할 수 없다. 당연히 오늘날 뉴스에 李씨가 나온다고 하여 무조건 중국인이라고 생각하는 사람은 없다. 이는 고대에도 마찬가지로 王씨는 漢나라의 성씨이자 고조선의 성씨였다.[20)]

청나라 강희 17년(1678)에 조상성 등이 감수하고 전강 등이 편찬한 山東통지 64권 중 10권에 기록된 王峽과 김일제의 기록:

(1) 왕협은 위만조선 말의 무장으로 서한의 공격을 받아 왕검성이 위태로워지자 탈출하여 한무제의 군대에 투항한 공로로 산동성 평주후에 봉해졌다.

---

20) http://blog.daum.net/sabul358/16449067

(2) 흉노 휴도왕의 아들로 한무제시 곽거병에게 포로가 되었던 김일제는 무제의 마부로 살다가 공을 세워 산동성 투 지역의 제후인 투후에 봉해졌다. 한무제 능에 배장되었다는 그의 무덤은 현재 서안에 있다.

위씨조선에는 본래 王씨도 있었다는 것이다. 유물에서 王씨가 나왔다고 해서 무조건 그가 위씨조선이 멸망한 후에 들어온 중국인일 것이라는 선입견은 버려야 한다는 것이다. 전한과 후한 교체기인 AD 23년에 낙랑태수 劉憲을 죽이고 난을 일으킨 낙랑인 王調도 조선인으로 보는 것이 합당하다고 본다.

혹시 왕협이 前漢에서 귀화한 사람이거나 그의 후손일 가능성도 생각해 볼 수 있다. 하지만 조선으로 귀화한 사람이나 그 후손은 그 출신이 어디건 당연히 조선인이다. 그 역도 마찬가지다. 어찌 보면 현재 한반도에 사는 한국인은 모두 귀화인의 후손이다.

6. 조선, 패수, 그리고 위만

고구려 유민인 고질의 묘지명[21]을 보면 고구려 사람인 그를 요동의 조선 사람이라고 하고 있다. 물론 당나라 시기인 당시의 조선이란 고조선을 뜻한다. 고조선 → (부여) → 고구려로 가는 중간에 부여가 있다. 따라서 부여는 고조선의 계승일 것이다.

한무제가 우거왕의 조선을 공격할 때 만주에는 부여도 있었다. 하지만

---

21) 백석대 민경삼 교수는 중국 허난성(河南省) 뤄양시(洛陽市) 신안셴(新安縣) 톄먼전(鐵門鎭)에 소재한 고대 묘지명 컬렉션인 천당지재(千唐誌齋)에 고구려 유민 고질(高質, 626~697)의 묘지명이 수장돼 있음을 확인했다고 2009년 3월 19일 밝혔다. 고질은 뤄양 출토 묘지명을 통해 알려진 고자(高慈, 665~697)의 아버지다.

이 전쟁에 부여가 관여했다는 흔적은 없다. 우거왕의 위씨조선 이전에는 그의 할아버지인 위만이 마한 땅으로 밀어내버렸다는, 그리고 무려 40대를 유지해 온 기씨조선이 있었다. 40대를 이어오면 약 천 년이다. 하지만 더 큰 관심은 이 위씨조선의 전신인 기씨조선이 아니라 부여의 전신이 뭐냐이다. 부여의 전신이 단군에서 시작하는 또 다른 조선일 가능성이 있다.

그런데 왜 조선이란 명칭을 부여가 아니라 위씨조선이 사용하였을까? 부여는 순수한 우리말이지만 조선은 한자어로서, 중원국가가 만주의 동이족을 부르던 대표 명칭이었는데 부여보다 위씨조선이 중원국가와 더 많은 접촉을 하였기에 부여 대신 위씨조선이 당시에 조선으로 불렸던 것으로 본다. 더 많은 접촉을 하려면 위씨조선이 부여보다 漢나라로부터 지리적으로 더 가까운 위치에 있었다고 보아야 한다.

또 이때 항상 나오는 것이 漢나라와 위씨조선의 경계를 지었다는 당시 패수의 위치다. 이 문제는 간단하지 않은데, 그 이유는 한 때 패수라 불렸던 강이 난하, 능하, 요하, 압록강, 대동강 등 여럿이기 때문이다. 내 기억에 청천강은 살수로는 불렸어도 패수로 불린 적은 없다. 조선과 漢나라의 전면전 이전에 이미 둘은 패수를 경계로 공방전을 벌인다. 패수를 넘어 급습하고 다시 돌아가면 상대는 다시 패수를 넘어 보복하고 하는 이런 일이 계속되었다. 사기 조선열전을 읽고 있으면 마치 삼국사기 신라본기의 신라와 왜 관계 같다. 서로 이웃하고 있는 나라다.

전쟁 능력이라는 것은 생산 능력과 수송 능력이다. 유목민족은 생산 능력은 떨어져도 수송 능력이 뛰어났고, 농경민족은 수송 능력은 떨어져도 생산 능력이 뛰어났다. 이 둘 사이의 경쟁은 생산 능력과 수송 능령의 경쟁이기도 하였는데, 농경민족이 기계를 이용하여 말을 넘어서는 수송 능력을 갖추자 경쟁이 끝나버렸다.

BC 2세기에 漢과 흉노와의 전투를 살펴보면 漢나라가 군대를 동원하여 원정할 수 있는(전투를 하고 돌아올 수 있는) 최대 수송 능력이 약 보름이었다고 한다. 이로부터 약 천 년 후 고구려를 침공하던 수나라와 당나라가 漢과 크게 다른 점의 하나가 수송 능력이 크게 향상되었다는 것이다. 그러면 기씨조선의 수도였던 왕검성은 漢에서 왕복 보름 이내의 거리에 존재할 가능성이 크다.

패수에 대한 가장 일반적인 설은 《패수=대동강》설이다. 그 이유는 평안남도에서 발굴되는 낙랑유적의 대부분이 대동강 북쪽에 위치하기 때문이다. 그러나 이는 모순이기도 하다. 위씨조선이 대동강 북쪽에 있었고, 대동강을 경계로 한나라와 접했다면 漢나라는 황해도에 있어야 한다는 논리가 성립하기 때문이다. 그래서 나온 수정설이 《패수=청천강》설이다. 이는 漢나라가 평안북도나 압록강변에 있었다고 보는 것이다. 하지만 아직까지 평북이나 압록강 유역에서 한나라의 유적이 나온 적이 없다. 漢나라의 유적은 압록강에서 수천 리 떨어진 서안(장안)에서 나온다.

산동반도 동단은 황해를 통제할 수 있는 최상의 전략요충지로서 예나 지금이나 중요한 수군기지가 있다. 수와 당이 고구려를 침공할 때도 수군은 여기에서 출발하였고, 훗날 장보고도 여기에 수군기지를 두었다. 그런데 산동반도에서 수군을 황해로 출발시킨다고 하면 발해만도 황해에 속하는 등 황해가 아주 넓어 어디로 가는지를 모른다. 그런데 사마천의 사기는 다행히 조선을 침공할 때 수군을 산동반도에서 발해로 출발시켰다고 하여 방향을 정확히 기록하고 있다. 만일 수군의 목표 지점이 대동강 유역이라면 발해로 출발시키지 않았을 것이다.

나는 후한서와 삼국지의 동이전의 위만관련 기록을 읽고 있으면 마치 삼국사기 백제본기의 온조왕조를 읽고 있는 듯 한 느낌이 든다. 온조와 비류는 위만과 역할이 비슷하고, 마한왕은 준왕과 역할이 비슷하다. 마한

왕이 고구려의 정권 투쟁에서 밀려온 요서 이주민에게 북쪽 땅을 떼어주어 살게 했듯이, 준왕은 아마 연나라의 권력투쟁에서 밀려왔을 것으로 추정되는 발해만 지역 이주민에게 서쪽 땅을 떼어 주어 살게 한다. 비류와 온조는 말갈을 비롯한 북쪽의 위협을 막아주겠다고 하고 힘을 기르고, 위만은 전한을 비롯한 서쪽의 위협을 막아주겠다고 하고 힘을 기른다.

마침내 비류와 온조는 마한의 왕권을 장악하고, 위만은 조선의 왕권을 장악한다. 만일 위만이 사서를 남겼다면 삼국사기 온조왕조와 비슷하지 않을까 생각해본다. 이것은 민족 대이동기에 이주민이 새로운 집권층으로 등장하는 일반적인 방식이었을 것이다.

제41장 2, 3세기의 논점

1. 숭신천황의 4도장군 파견기록 검증

일본서기 제10세 숭신천황:

10년; 가을 7월, 신하들을 불러 이르기를, "백성을 이끄는 근본은 교화다. ... 그런데 먼 곳에 사는 사람들은 왕의 백성이 되지 못했다. ... 사람을 뽑아 사방에 보내 짐의 가르침을 알게 하라." 가을 10월, "만일 짐의 가르침을 따르지 않는 자는 군사로써 쳐라." 겨울 10월, "이제는 배반하던 자가 모두 없어졌다. ... 다만 먼 곳의 거친 습속을 가진 자들이 따르지 않는다... 四道장군들은 급히 출발하라."

11년; 여름 4월, 四道장군이 지방의 적을 평정한 상황을 올렸다. 이 해에 다른 나라 사람들이 많이 오고 국내는 평안해졌다.

이는 기본적으로 숭신이 자신의 통치권을 지방으로 확대해가는 과정이다. 가르침 운운하는 것을 보아서 자신의 통치권이 미치지 않은 지역에도 자신이 왜왕임을 알리려고 하는 것이다. 말을 듣지 않으면 토벌한다고 하는 것을 보아 자신에게 복종하라는 것이다. 그런데 갑자기 무슨 배경이라도 생겼기에 숭신은 이때 와서 큰소리친다는 말인가? 그런데 이게 과연 사실일까?

이제 『삼한사의 재조명 1』을 펴고 부록의 연표를 찾아본다. 숭신 10년이면 서기 108년이다. 이 직전에 숭신에게 무슨 큰소리칠 것이라도 생겼다는 말인가? 서기 108년이 후한 安帝의 永初 2년이니 그 전해인 영초 원년(107년)을 기록한 사서를 찾아보자. 혹시 왜 관련 기록이 나오는지.

> 후한 안제 영초 원년(107년); 왜국왕 수승(帥升)이 사신을 보내와 생구 160인을 바쳤다.
>
> – 후한서 동이전

이 기록은 통전에도 나온다: 倭面土[22]國王〈師升〉獻生口 —통전[23]

후한에 외교를 하고 나서 숭신은 전국에 사람을 보내 자신이 왜왕으로 인정받았다고 큰소리친 것이다. 백성들에게 가르친다는 것이 바로 이것이었다.

이는 일본서기 원사료에는 숭신이 수승이라는 이름으로 후한에 사신을 파견한 기록이 있었다는 뜻이다. 하지만 중국사서를 모두 검토한 일본서기 편집자들은 이 사신파견 기록을 남겨두면 자신들이 만들고 싶은 일본서기 기년의 오류가 곧 드러날 것을 두려워하여 그런 기록은 삭제하고 나머지만 살려둔 것이라고 생각된다.

---

22) '야마토'의 본래 표기가 '왜면토'임을 알 수 있다. 왜인들이 사는 땅이라는 뜻인데, 이것이 한국어의 이두표기로 야마토가 된 것이다.

23) 중국 역대 제도를 通觀한 책. 당나라 杜佑가 찬한 것으로, 상고시대부터 당나라 玄宗 때까지의 제도를 식화전(재정)·선거전(관리 임용)·직관전(관제)·예전(의례)·악전(악제)·병전(병제)·형전(형법)·주군전(행정지리)·변방전(외국)의 9부분으로 나누어 기술하였다. 제도사 연구상 없어서는 안 될 책이며, 특히 隋·唐나라 부분은 사료적 가치가 높고 저자의 진보사상이 반영되어 있다. 宋나라 정초의 『通志』, 元나라 마단림의 『文獻通考』와 더불어 三通이라고 한다. 전 200권. —야후백과사전

2. 일길찬 흥선의 한강 유역 회군

고려 말에 신흥세력인 명을 상대로 요동정벌군을 보낸 것은 무리한 일이었지만 불가능한 일은 아니었다. 위화도 회군은 조선 성립의 직접적인 사건이다. 만일 누가 위화도 회군이 거짓이었다고 주장하려면 이성계에 의한 조선의 성립을 부정해야 할 것이다.

2세기 후반 신라 아달라이사금시기에 일길찬 흥선이 지휘하는 2만 신라군의 한강 유역 회군은 고려에서 조선으로의 이전에 비견할 만한 중대한 사건이다. 이로써 신라의 박씨 왕통이 끝나고 벌휴이사금에 의한 석씨 왕조가 시작된다. 석씨왕조를 성립한 벌휴이사금이 바로 한강 유역에서 회군한 일길찬 흥선이다. 흥선이 한강 유역 회군으로 신라의 실권을 장악하였으나 자신이 직접 신라를 통치하기 시작한 때는 아달라이사금 21년부터라고 생각된다. 아달라이사금은 31년에 죽는데 21년부터 10년간 기록이 없기 때문이다. 이 시기가 박씨에서 석씨로의 왕통 전환이 일어나는 과도기였다.

이 흥선이 이끌고 간 2만 대군 외에도 아달라이사금이 직접 이끌고 간 8천의 군사가 있어서 신라는 3만에 가까운 대군이 한강 유역으로 진군하였다. 이 신라군 군세에 의문을 품는 경우가 있는데 백제본기를 보면 하나도 이상하지 않다.

초고왕의 한성백제만 보면 군사력은 기천명에 불과하였다. 하지만 한강 유역에는 한성백제만 있는 것이 아니고, 삼국사기에 나오지 않아서 그렇지 삼국지 동이전으로 추정할 때 당시에 적어도 15개 이상의 마한 소국이 존재하였다. 한성백제를 공격하려면 이들 모두와 맞설만한 군사력이 필요한 것이다.

2세기 후반의 이들 군사력에 대해서는 직접적인 판단은 어려우나 간접적인 추측은 가능하다. 약 2백 년 후인 4세기 후반의 한강 유역 군사력은 근초고왕조를 보면 약 3만 명 규모였다. 2백 년 동안에 인구가 급격히 늘지는 않았을 것이므로 2세기 후반에도 한강 유역 군사력은 2만 명 규모는 되었다고 생각된다. 따라서 신라가 이들을 치려면 3만 대군 규모가 필요한 것이다.

3. 칠지도의 병오정양

질문 제조시기와 길상구

발굴된 칠지도의 맨 앞부분 글자에 대하여 현재까지 가장 많이 알려진 판독은 다음과 같습니다: 泰和四年五月十六日丙午正陽 造百練

1) 丙午正陽은 길상구로 보는 것이 통설입니다. 혹시 이것이 병오만 떼서 병오년에 만들어진 것으로 볼 가능성은 없는지요?
2) 최근 일본에서 五月의 판독을 십일월로 판독한 사례가 있는데[24)] 十一月로 판독될 가능성은 없습니까?
3) 5월 16일은 길상구로 보는 것이 통설인데 만든 날짜일 가능성은 없습니까?
4) 북한학계는 칠지도를 5세기로 보고 있는데 칠지도가 5세기가 될 가능성은 없습니까?

답변 1

丙午正陽이란 丙午日中 또는 五月丙午와 함께 중국의 漢·魏·晉 代의 경(鏡)·검(劍)·대구(帶鉤) 등의 명문에서 태양의 기가 가장 왕성할 때를 상징하는 길상구로 쓰였습니다. 造百練도 길상구입니다.[25)] 五月과 丙

24) 일본 wikipedia에서 칠지도를 찾아보면 명문이 다음처럼 나온다: 泰□四年十□月十六日丙午正陽造百錬□七支刀□辟百兵宜供供.

수만 있어도 길상구인데 거기에 正陽까지 추가하니 얼마나 확실한 길상구입니까? 칠지도를 주는 사람이나 받는 사람이나 다 길상구로 알고 주고받았을 것입니다. 거기에 앞에 태화 4년이라고 연도를 명시하였는데 좁은 칼날 위에 또 병오라고 부가할 이유가 없습니다.

답변 2

일본서기는 사건의 해는 자주 틀려도 달은 거의 틀리지 않습니다. 태화 4년이 존재하는 한 발굴된 칠지도가 일본서기의 칠지도입니다. 그런데 칠지도가 음력 9월에 왔다고 하였으므로 당연히 그 이전에 만들어져야 합니다. 따라서 11월은 절대로 될 수 없습니다.

음력 5월은 태양의 고도가 가장 높아 기가 가장 왕성한 달을 뜻하는데 5월 중에도 가운데인 16일은 기가 가장 왕성한 날짜를 뜻합니다. 반면에, 음력 11월은 태양의 고도가 가장 낮아 기가 가장 약한 달을 뜻하며 11월 중에서도 가운데인 16일은 기가 가장 약한 날짜를 뜻합니다. 그런데 앞에는 기가 가장 약한 날짜인 음력 11월 16일이라고 쓰고, 뒤에는 기가 강하다는 뜻의 병오정양을 쓰면 사람들이 다 웃겠지요. 뒤에 병오정양이 나오는 한 설령 11월에 제조되었다고 하더라도 하필 11월이라고는 쓰지 않을 것입니다.

五자나 十자나 가운데는 모두 열十자입니다. 시간이 오래 지나다보니 五자의 가운데 十자로 패인 부분만 남고 나머지가 삭아서 없어진 것이라고 봅니다.

25) 元嘉三年 五月丙午日 造百練 …, 中平□年 五月丙午 造百練 …, 氷初六年 五月丙午 造百練 … (이상 후한시대 칼).

답변 3

좋은 칼은 하루 이틀에 만들어지는 것이 아니고 몇 달이 걸리기도 하므로 칼이 만들어진 날짜를 정의하는 것은 쉽지 않습니다. 쇠를 두드려 칼 모양을 만든 때를 의미할 수도 있고, 칼에 글자를 새겨 넣는 때를 의미할 수도 있고, 손잡이에 문양을 넣고 칼을 완성한 때를 의미할 수도 있습니다.

만일 칼을 완성하기로 한 날짜를 새겨 넣었다면, 그런데 무슨 일이 생겨 칼이 하루 이르게 또는 늦게 완성되었다면 어찌할 것입니까? 날짜를 새로 새겨 넣어야 할까요? 그리고 제작연도 아니고 그 날짜를 칼에 명기할 이유도 없습니다. 기분 좋으라고 보내는 선물이면 통념에 따라 상대가 좋아하는 날짜를 기록하면 그만입니다.

따라서 6월에 만들어도 5월을 새겨 넣고, 7월에 만들어도 5월을 새겨 넣을 것입니다. 5월 16일은 병오정양에 대응하는 구절로서 태양의 기가 가장 왕성한 날짜를 일컫는 길상구로 보는 것이 맞는다고 생각합니다.

답변 4

칠지도는 상감대도의 일종입니다. 그런데 칠지도에 '先世以來未有此刀'라고 해서 이전에는 이런 칼, 즉 상감대도가 없었다고 하고 있습니다. 그런데 금강 유역에서 4세기 후반에 제작된 상감대도들이 출토됩니다. 따라서 칠지도는 이보다 먼저 만들어져야 하므로 5세기가 될 수 없습니다. 또 5세기는 금과 은으로 만든 화려한 환두대도가 나오는 시기입니다. 칠지도 수준의 상감대도는 더 이상 국가 간 선물이 될 수 없습니다.

4. 한강중심론과 말갈분리론

삼국은 모두 지금 같은 단일 민족 국가가 아니었다. 교통은 지금이 편하지만 지금은 비자제도라는 통제가 있다. 하지만 고대에는 교통은 불편해도 지금보다도 더 많은 사람들이 자유롭게 이동하였다. 삼국 중 어느 나라의 민족 구성이 가장 복잡하였을까? 한 번 생각해보자.

가. 민족 구성이 단순한 나라

- 왕통이 적게 변한다. 지배층의 변화가 적다.
- 신분 제도가 거의 없거나 있어도 단순하다.
- 이전 고분을 파괴하는 일이 드물다.
- 무덤 양식이 갑자기 변하는 일이 드물고 대개 점차적으로 변한다.
- 유물의 변혁이 적다. 단층이 생기기보다는 점차적으로 변한다.
- 유물의 종류가 단순하다. 대부분 공통된 특징을 가진다.
- 사서의 기록이 단순하다. 따라서 읽기가 쉽다.
- 사고가 경직되고(오랫동안 내려온 전통적 원칙에 충실함) 정책의 융통성이 적다.

나. 민족 구성이 복잡한 나라

- 왕통이 자주 변한다. 심지어 왕의 성씨가 여러 번 변하기도 한다.
- 신분 제도가 아주 복잡하고 철저하다.
- 이전 고분을 파괴하는 일이 종종 생긴다.
- 무덤 양식이 갑자기 변하는 경우가 많다.
- 출토된 유물이 갑자기 변하는 경우가 많다.
- 유물의 종류가 복잡하다. 심지어 서역 유물이 나오기도 한다.
- 전혀 혈통이 무관한 사람들을 서로 엮다보니 사서가 복잡하다. 따라

서 읽기가 어렵다.

- 사고가 유연하고(원칙이란 그때그때 상황이 결정하는 것임) 정책의 융통성이 크다.

이렇게 따져보면 삼국 중 상대적으로 가장 단일 민족 국가에 가까웠던 나라는 고구려이고, 상대적으로 복합 민족 국가에 가까웠던 나라는 신라임을 알 수 있다.

어디에선가 보니 한국사는 한강 유역이 그 중심으로 모든 것을 한강 유역(경기 지역)에 기준을 두어 판단하고 있다. 이 한강 중심론은 냉전시대의 남북대결의 상황에서 북한의 대동강 중심론에 대한 반작용으로 나온 구시대의 유물 중 하나라는 생각도 들지만 아무튼 이를 좀 쉽게 풀이하면 대충 다음과 같은 이야기다:

한강 유역 사람들이 쓰는 말이 한국어의 중심이고, 한강 유역 사람들이 먹는 음식이 한국 음식의 중심이며, 한강 유역 사람들이 사는 집이 한국 주택의 중심이고, 한강 유역 문화가 한국 문화의 표준이고, ... 등등. 따라서 한강 유역에 사는 사람이 한국인의 주류고, 한강변을 통치한 국가가 한국사의 정통이라는 이야기다.

이 한강 중심론에 꼭 실과 바늘처럼 따르는 것이 있다. 말갈[26)]족은 한국인이 아니며, 따라서 그들이 세운 발해사는 한국사가 아니라 (요동사든지 만주사로) 따로 보아야 한다는 것이다. 그리고 이것이 마치 한국사를 제대로 아는 사람의 교양 있는 견해인양 취급된다.

적석목곽분이 신라의 상징이자 경주를 대표하는 고고학적 유적이라면

---

26) 몽골의 '골'은 사람들의 집단이란 뜻으로, 고구려의 '굴'이나, 말갈의 '갈'이나 같은 뜻이라고 본다. 말갈의 '말'은, 한국인의 근원을 통상 예맥족에서 찾는데, 그 예맥의 맥족이란 뜻이 아닌가 생각한다. 즉, 말갈이란 그저 '맥인들'이란 의미라 생각된다.

한강 유역을 대표하는 고고학적 유적은 기단식 적석총이다. 그런데 3~4세기에 한강 유역에 나타난 이 고분은 한강 유역에서 자체적으로 발생한 것이 아니라 요동 지역에서 건너온 고구려 양식이다.

서울/경기 지역은 삼국의 문화가 만나는 접경 지역이었고, 오랫동안 백제의 수도였을 뿐 아니라, 고려와 조선을 거치며 현재까지도 한국 문화의 중심 지역이다. 한국어도 역시 서울/경기어가 표준어이다. 신라가 백제와 고구려를 멸망시킨 후에 신라어가 상당한 영향을 주었으나 어디까지나 서울/경기 지역 언어의 바탕위에 이루어진 것이다.

한강 유역을 상징하는 고대국가는 백제다. 한강 유역의 국가 성립은 온조왕과 고이왕을 통하여 이루어진다. 그런데 해씨로 대표되는 온조왕조는 요서 지역에서 건너온 부여계이다. 백제가 초기에 가장 많이 만난 말갈인들이 북부에 정착한 眞씨였다.

더 중요한 것은 고이왕조다. 보병 중심이던 백제가 기동력을 갖춘 대규모 기병을 동원할 수 있게 된 것도 고이왕 이후다. 신라군의 기세에 눌려 성문을 닫고 신라군이 돌아가기만을 고대하던 백제가 대규모 공세에 나설 정도로 강해진 것도 고이왕부터이고, 신라에 사신을 보내 담로 관계를 종용하는 것도 고이왕부터이다. 요즘엔 기단식 적석총 외에 풍납토성이 서울의 상징인양 하지만, 풍납토성이 한성백제의 통치하에 들어온 것 역시 3세기 초 고이왕부터이다. 말갈이 한반도를 좌지우지하고 있었다.

고이왕의 말갈국가가 4세기 후반까지 약 150년 정도 유지되는데 그 사이에는 고구려와 전쟁이 없고 한강 유역에 고구려식 적석총이 축조된다. 고이왕부터 진정에 이르기까지 眞씨로 대표되는 고이왕조가 끝나고 근초고왕이 등장하는 4세기 후반에 한강 유역에 기단식 적석총의 축조가 중단되고 고구려와 백제 사이에 전쟁이 시작된다.

고이왕은 한강 유역의 상징이자 서울의 상징이다. 그 고이왕조가 말갈

국가다.[27] 3～4세기 한강 유역은 말갈국가였다. 초기 백제 양대 집권층의 하나로 백제의 국방을 담당하였던 眞씨가 말갈의 성씨였다. 백제군의 주력이 본래 말갈군이었으며, 처자식부터 죽이고 전쟁터에 나가 다 죽은 백제군의 정신도 본래 말갈 정신에 그 뿌리를 두고 있었다고 본다.

한국사의 정통을 억지로라도 한강 유역에서 찾는다면 한국사는 백제 초기부터 백제와 함께 나타나기 시작하여, 마침내 고이왕대에 한성백제의 정권을 장악한 말갈인들의 문화였다고 생각한다. 고이왕이 만든 좌평제는 고려와 조선을 거쳐 현재까지 한국 정치 제도를 관통하고 있다. 이후의 한국사는 신라나 고구려의 제도가 아니라 고이왕이 만든 백제의 제도를 따르고 있는 것이다.

고이왕대에 대거 이주하여 한강 유역을 점령하고 고구려식 적석총을 쌓은 말갈인들의 문화가 서울/경기 문화의 가장 중요한 바탕이 되어 이후 한국 문화의 표준으로 발전하였다고 생각한다. 서울 말의 뿌리는 말갈어이고, 서울 음식의 뿌리도 말갈음식이며, 서울 옷의 뿌리는 말갈옷이고, ... 서울 문화가 말갈 문화를 그 기반으로 하고 있다. 서울은 본래 말갈제국의 수도였던 것이다.

5. 삼국지 동이전의 接자의 사용례

삼국지 동이전에 접한다는 내용이 나오면 당시의 시각으로 당시를 보아야 하므로 '접한다'는 것이 사서에서 어떻게 쓰였는가를 먼저 확인해야 한다.

1) 〈夫餘〉在長城之北, 去〈玄菟〉千里, 南與〈高句麗〉, 東與〈挹婁〉, 西與〈鮮卑〉 接 ('부여'는 '장성'의 북쪽에 있다. '현토'에서 천리를 간

27) 『삼한사의 재조명 1』 p.207, 제11장. 말갈백제.

다. 남으로는 '고구려'에 접하고, 동쪽으로 '읍루'에 접하며, 서쪽으로 '선비'에 접한다.)

[해설] 接자를 맨 나중에 한 번만 쓴다. 하지만 뜻은 각 방위에 모두 들어가 있다. 이는 국사편찬위원회에서 나온 중국정사조선전 역주 시리즈에서도 같다.

2) 〈高句麗〉在〈遼東〉之東千里, 南與〈朝鮮〉·〈濊貊〉, 東與〈沃沮〉, 北與〈夫餘〉 接 ('고구려'는 '요동'의 동쪽 천리에 있다. 남쪽은 '조선'과 '예맥'에 접하고, 동쪽은 '옥저'에 접하며, 북쪽은 '부여'에 접한다.)

[해설] 역시 接자는 맨 나중에 한 번만 쓰지만 다 들어가 있다. 주변에 있는 나라치고 접하지 않은 나라가 없다.

여기서 나오는 조선은 낙랑국이다. 중국사서는 삼국사기의 낙랑군이나 낙랑국이나 모두 낙랑군으로 호칭하지만 낙랑국에 대해서만은 3세기까지 조선으로도 호칭한다. 이 조선(낙랑국)이 고구려 영토에 완전히 귀속되는 것은 삼국사기는 관구검전쟁을 통해서라고 하고 있다.[28] 대방국은 3세기 후반에 고구려에 귀속되는데 이는 고고학적 사실과도 일치한다. 4세기 초에 대방국 자리인 황해도 북쪽 장수산성 부근에 고구려의 남평양이 건설되기 때문이다.

3) 〈東沃沮〉在 高句麗 蓋馬大山之東 濱大海而居. 其地形東北狹 西南長 可千里, 北與〈挹婁〉·〈夫餘〉, 南與〈濊貊〉 接 ('동옥저'는 '고구려'의 '개마대산'의 동쪽에 있다. 큰 바다에 임하여 거한다. 그 땅의 형태는 동북간은 좁고 서남간은 길어서 가히 천리다. 북쪽으로 '읍

28) 『삼한사의 재조명 1』 p.288, 8. 고구려의 대동강 유역 장악.

루'와 '부여'에 접하고, 남쪽으로 '예맥'에 접한다.)

[해설] 사람들이 살만하여 정치 세력이 존재하는 북쪽과 남쪽에 대해서만 접한다는 표현을 쓰고 있다. 동옥저와 접하는 존재인 읍루, 또는 예맥과의 사이에는 다른 특이할 만한 정치 세력이 없다.

4) 〈宮〉奔〈北沃沮〉. 〈北沃沮〉一名〈置溝婁〉, 去〈南沃沮〉八百餘里, 其俗南北皆同, 與〈挹婁〉 接 ((관구검 침공시) '궁'이 '북옥저'로 달아났는데, '북옥저'는 일명 '치구루'이다. '남옥저'에서 팔백여리를 간다. 그 풍속은 남북이 모두 같다. '읍루'에 접해 있다.)

[해설] 북옥저 근처에 존재하는 정치세력은 동계인 남옥저 외에는 읍루뿐이라는 뜻이다. 또한 두 정치 세력 사이에 기록할 만한 다른 정치 세력이 없다는 뜻이기도 하다.

5) 〈挹婁〉在〈夫餘〉東北千餘里 濱大海, 南與〈北沃沮〉 接, 未知其北所極 ('읍루'는 '부여' 동쪽 천여리에 있으며 큰 바다에 닿는다. 남쪽은 '북옥저'에 접하고, 그 북쪽의 끝은 알지 못한다.)

[해설] 읍루 주변의 정치 세력은 남쪽의 북옥저뿐이다. 읍루의 북쪽은 모른다고 하였는데 만일 북쪽에 어떤 정치 세력이 존재하면 역시 접한다고 할 것이다. 천여 리 떨어진 부여에 대해서는 접한다는 표현을 쓰지 않는다. 천여 리는 당시 기준으로 자주 교류하는 거리의 한계일 것이다. 읍루와 북옥저 사이에 기록할 만한 다른 정치 세력은 없다.

6) 〈濊〉南與〈辰韓〉, 北與〈高句麗〉·〈沃沮〉 接 ('예'는 남쪽으로는 '진한'에 접하고, 북쪽으로는 '고구려'와 '옥저'에 접한다.)

[해설] 주변에 존재하는 것은 곧 접하는 것이다. 예에서 볼 때 진한, 고구려, 옥저가 천여리 이내에 있다는 뜻이다. 또한 예와 고구려, 또는 예와 옥저 사이에 다른 특기할 만한 정치 세력은 없다.

7) 〈韓〉在〈帶方〉之南, 東西以海爲限, 南與〈倭〉 接, 方可四千里 ('한'은 '대방'의 남쪽에 있다. 동쪽과 서쪽으로 바다를 한계로 한다. 남쪽은 '왜'와 접하며, 사방 사천리이다.)

[해설] 바다로 막혀 정치 세력이 없는 동쪽과 서쪽에 대해서는 접한다는 표현을 쓰지 않았다. 단 남쪽에는 정치 세력이 존재하는데 그게 왜다. 한과 왜 사이에 다른 정치 세력은 없다.

8) 〈弁辰〉與〈辰韓〉雜居, 亦有城郭 衣服居處與〈辰韓〉同. 言語法俗相似 祠祭鬼神有異, 施竈皆在戶西. 其〈瀆盧國〉與〈倭〉 接界 ('변진'은 '진한'과 섞여 산다. 역시 성곽이 있으며 의복과 거처는 '진한'과 같다. 언어와 법과 풍속은 서로 유사함이 있으나 귀신에 제사함은 다른데, 부엌 신을 문에서 서쪽에 두는 것이다. '독로국'은 '왜'와 접해 있다.)

[해설] 변진의 여러 나라들 중에 왜와 가장 가까운 지역에 있는 나라가 독로국이다. 독로국과 왜 사이에 뚜렷한 다른 정치 세력은 없다.

황하 유역 같은 농경사회는 많은 사람들이 모여 살기 때문에 땅을 나누어 가지고 경계를 그어야 혼란이 없다. 따라서 사람과 사람이 접하고 사는 것은 당연하다. 하지만 북방사회는 빈 땅이 많아 반드시 경계를 그을 필요는 없지만, 중국인 눈으로는 천 리 떨어진 거리에 존재하더라도 사람들이 왕래하기만 하면 접하는 것이다.

10세기에 기록된 구당서는 백제에 대하여 南渡海之倭國이라 하여 삼국지의 韓이 南與倭接보다 훨씬 구체적인 표현을 쓴다. 하지만 사서마다 당시의 표현 양식이 있으므로 10세기의 방식으로 3세기의 기록인 삼국지를 읽으면 안 되고, 3세기의 방식으로 3세기의 삼국지를 읽어야 할 것이다.

3세기의 삼국지의 접한다는 표현은 21세기의 아세안이나 유럽 경제 공동체, 또는 북아메리카 경제 공동체 정도의 교역이 이루어지는 거리에 있다는 뜻으로 이해한다. 그리고 둘 사이에 기록할 만한 제3의 다른 정치 세력이 존재하지 않을 때 접한다고 했을 뿐이다.

6. 고구려 동천왕대 벽비 발견

흔히 5세기 이후 고구려가 고려라는 국호를 함께 사용하였다고 알려져 있으나 이 벽비를 보니 "高麗 東川王"으로 3세기에 이미 고려로 부르기도 하였다.[29] 魏를 漢魏라 불렀다면 魏와 漢魏가 다르다는 뜻인지, 아니면 漢을 계승하였다는 의미로 관습적으로 그렇게 부른 것인지... 아래가 기사 내용을 요약한 것이다.

한국토지공사 토지박물관은 2005년 4월 11일 공사창립기념 특별전시회를 준비하는 과정에서 고구려 동천왕(227~248) 사후에 제작된 것으로 보이는 벽비를 입수했다고 밝혔다. 벽비는 점토판에 무덤 주인공이 魏의 관구검 침입 당시 세운 공훈 등 역사적 사실을 총 290여 자로 새겨, 중국 사료들보다 더 풍부한 역사 자료를 제공하고 있다고 박물관 측은 밝혔다. 이 벽비는 1930년대 평양에서 출토돼 한 집안에서 대대로 소장해온 것이라고 박물관측은 덧붙였다. 박물관 심광주 실장은 "호주 울롱공 대학에

29) 만약 가짜라면 3세기 동천왕시대의 고구려를 고려로 적을 리가 없고, '삼태읍장'이라는 벼슬 이름을 만들어낼 수가 없으며, 漢이나 魏가 아닌 漢魏라는 표현을 쓸 턱이 없다. —조약돌

열형광분석을 의뢰, 제작시기가 780±90년이라는 결과를 얻었다"며 "그러나 이 분석기법은 유물이 빛에 노출되면 연대가 낮아지는 특성으로 실제 제작연대가 훨씬 거슬러 올라가는 만큼 고구려 때 제작된 것이 확실하다"고 말했다.

내용으로 미뤄 이 벽비는 '도지질공(刀之叱公)'으로 읽힐 수 있는 무덤의 주인공이 전란 당시 세운 공훈을 기록하기 위해 만든 것으로 추정된다. 특히 명문의 서체나 서법이 요즘 흉내 낼 수 없는 고대의 것이라는 점이다. 판독 작업에 주도적으로 참여한 손환일 한국학중앙연구원 교수는 "벽비에 사용된 서체나 서법에 魏晋南北朝시대나 광개토왕비에 나타나는 특징들이 보인다"며 "벽비가 발굴된 1930년대든 지금이든 이러한 문장과 글씨를 쓸 수 있는 사람은 없다"고 단언했다.

[그림 14] 1930년대 평양부근에서 발견된 고구려 동천왕대 壁碑(무덤 내부 벽에 부착한 묘비). 3세기.

《한국학중앙연구원 손환일 석문》

[1] 魏明帝 靑龍 癸丑二年 東主 高麗 東川王 十一年// 王
위명제 청룡 계축2년, 동주 고려 동천왕 11년// 왕

[2] 詔峴睍宮三太 邑長 入漢魏 步騎 二百 回都愼冊廣欲答
조현현궁삼태 읍장 입한위 보기 2백 회도신책광욕답

[3] 煙雲丘壑 扶筇登蟦 ?(力/八面)外其所於水山深間 生愛月摩
연운구학 부공등비? (력/팔면)외기소어수산심간 생애월마

[4] 詰道 形今溯坐我士 頗得城郭根引七家 因相傳諸譜間
힐도 형금소좌아사 파득성곽근인칠가 인상전제보간

[5] 意不可自秘 引世出再(一冊) 先世 遺所已久 奇爲詳盡 體筆
의불가자비 인세출재(일책) 선세 유소이구 기위상진 체필

[6] 流芳益黠倫叱(以)啓僥怢陵芥王幸安次三塞始獲習元
유방익힐윤질(이)계경돌능개왕행안차삼색시획습원

[7] 禁凡 四十六殊 道宮室畢節於相 百三十三歷輯宗
금범 46수 도궁실필절어상 133력집종

[8] 渲引之叱(以)公世 天地 蹈事師之風須萬前郎衆始異焉
선인지질(이)공세 천지 도사사지풍수만전랑중시이언

[9] 觀獸異微斯狀墜委遺矣祖宮前室偖(撦) 百殊 規止繼
관수이미사상추위유의조궁전실 (차) 백수 규지계

[10] 明帝 還(逐)(多?)護(扌/戶)東 百殊 司吏 邑都 沸流 安泰久歲禮幣
명제 환(축)(다?)호(수/호)동 백수 사리 읍도 비류 안태구세예폐

[11] 世// 高麗 殊氏 天祖 鄒牟王 慾殺(金/殺)存 其故都 將 不耐城
세// 고려 수씨 천조 추모왕 욕살(금/살)존 기고도 장 불내성

[12] 往 尉那巖城 繼造 三千回 卒本邑都 叱祭祀祖 尉那
왕 위나암성 계조 3천회 졸본읍도 질제사조 위나

[13] 岩// 東記告後人 復國都 再造昌天府宮 拜謁日月
암// 동기고후인 복국도 재조창천부궁 배알일월

[14] 祭示天地 衆 邑長 百長 國殊 誠意 立壁碑// 永
제시천지 중 읍장 백장 국수 성의 입벽비// 영

[15] 傳百世存祖
전백세존조

[1] 魏 明帝 靑龍 癸丑 二年:

삼국사기 연표를 보면 위 명제 청룡 원년이 계축년으로 233년(동천왕 7년)입니다. 따라서 청룡 2년이면 234년(갑인년, 동천왕 8년)이지만, 당년제이냐 월년제이냐에 따라 1년의 차이가 생길 수 있다. 이 기록은 삼국

사기 동천왕 8년조의 '위나라에 사신을 보내어 화친을 하였다'는 구절에 대응하는 것으로 보인다.

東主 高麗 東川王 十一年:

동천왕 11년이면 월년제인 경우 237년(정사년)이고 당년제인 경우 236년(병진년)이다. 삼국사기 동천왕 11년조를 보면 고구려는 다시 위나라에 사신을 보내 청룡에서 경초로 연호를 바꾼 것을 축하한다. 따라서 [1] 부분은 고구려가 위와 교섭한 해 2개를 기록하고 있는 것으로 보인다.

동천왕이란 시호는 동천왕 사후 받은 것이므로, 이 벽비는 동천왕 사후 얼마 안 되어 만들어진 것이 아닌가 생각된다. 또 당시는 대동강 유역으로 고구려가 임시 천도하는 등 이 지역이 고구려의 직접 지배하에 들어온 직후이므로 당시의 평양 지역 분위기를 반영한다고 보겠다.

[2] 王// 詔 峴晛宮 三太邑長 入漢魏 步騎 二百 回都 愼册廣欲答:

"왕이 현현궁의 삼태읍장을 불러 말하기를 위나라로 보병과 기병 200명을 들여보냈으니 도읍을 잘 돌아보고..."

여기도 城이 아니고 都이다. 보기 2백 명이 도읍을 돈다는 뜻은 군사력이라기보다는 무슨 정찰이나 시위하는 것 같다. 답변을 요구한다는 것도 그렇고.

[5] 意不可自秘 引世出再(一册) 先世 遺所已久:

선세에 오래된 무엇이 남아있어서 무엇이 불가하다는 것 같은데 혹시 동천왕의 평양천도에 반대하는 것은 아닌지. 당시 평양은 고구려 영토였다. 그러니 동천왕의 천도가 가능한 것이다.

[7] 四十六殊: "46명의 殊가"

殊에 대해서는 지난 수성왕 명문에도 나온다.[30] 수성왕 10년에 동서남북의 '수'가 明帝를 이어 영동을 개척하였다고 하고 있다. 즉 영동 지역 명제 때는 후한의 영토였으나 이후 고구려 영토가 되었다는 뜻이다. 그리고는 殊가 하늘을 대신하고 시조 추모왕을 이어 나라와 백성을 평안하게 하였다고 하고 있다. 이것은 영동 지역에 대한 고구려의 통치가 원활하다는 뜻이다.

[8] 渲引之叱(以)公世 天地: "인(도)지질공 시대에 하늘과 땅이"[31]

[11] 高麗 殊氏 天祖 鄒牟王: "고구려 수씨인 하늘의 조상 추모왕"

어떤 고구려사 책을 보면 추모왕 건국설은 광개토왕비가 세워지던 5세기경에 만들어진 것이 아니겠느냐고 하였지만 아니다. 이미 3세기에 추모왕은 국가 건국자이다. 건국자를 '천조'라고 하는 것이 일본서기(天照大神)와 유사하다. 광개토왕비문(皇天)을 보아도 그렇고 일본서기는 고구려의 흔적을 상당히 지니고 있는데 모두 부여에서 나왔기 때문이다.

卒本邑都: 邑都沸流, 復國都, 其故都

都자가 여러 번 나온다. 띄어쓰기가 어렵지만 都는 수도, 혹은 그에

---

30) 『네티즌 고대사』 p.113, 제2부, 사. '고구려와 백제의 발전'에서 이 明帝에 대하여 고구려 동명성왕(추모왕)이 아닌가도 생각하였으나 후한의 명제(57:태조왕5년~75:태조왕23년)로 정정한다.

31) 현재 글자체와 현저히 다른 바람 풍(風)이나, 형상 형(形)을 우물 정(井)과 석삼(三)자로 표현한 것, 전할 전(傳)의 왼쪽 획을 두인 변으로 쓴 것 등은 이 벽비가 제작될 무렵인 중국 위진남북조시대의 필체이다. 당길 인(引)의 오른쪽 획을 칼도(刀)로 쓴 것 같이 중국에서도 나타나지 않는 고구려만의 독특한 글자도 있다. ―한국일보

상응하는 대도시인 것 같다. 비류도 역시 읍도라 부르는 것 같다. 고구려 초기의 해씨왕조시대에는 비류부 출신들이 주역이었다. 전쟁 후 復한 국도는 환도성으로 추정된다.

[12] 祭祀祖 尉那/ 岩: "위나암성에서 조상신에게 제사를 지내고"

不耐城, 尉那巖城: 당시 고구려의 성들 이름이다.

[13] 尉那岩// 東記告後人 復國都 再造昌天府宮 拜謁日月:
"위나암 동쪽에 기록해서 후인에게 알린다. 수도를 복원하고 천부궁을 새로 만들었다. 해와 달에 배알하고"

[14] 祭示天地 衆 邑長 百長 國殊 誠意 立壁碑:
"하늘과 땅에 제사지내고 여러(衆) 읍장, 백장, 국수가 정성을 모아 벽비를 세우다"
벽비를 세우는 주체가 고구려인들임을 알 수 있다. 즉, 벽비 건립의 주체와 목적을 설명한 글이다. 삼국사기 온조왕 20년조 등을 보면 부여에서 온 백제는 천지에 제사를 지내는 풍속이 있다.

邑長, 百長, 百殊, 國殊:
이것들은 고구려의 벼슬 이름들이다. 百長은 삼국지 동이전에 나오는 伯長과 같은 것으로 생각된다. 그리고 천장(仟長)도 있다. 서양의 로마에 백부장, 천부장이 있었는데 이와 유사하다. 서열 순서대로이며 一國殊가 가장 높을 것으로 생각된다.

晉率善穢**伯長** 銅印: 晋 3～4세기, 印面2.3 x 2.8 高 2.5, 寶物 560號

-경북 영일군 신광면 마조리에서 10여 개의 유리구슬과 함께 출토되었다고 전하는 중국 晋代의 관인(官印)으로, 방형의 印章面에 [진솔선예백장(晋率善穢**伯長**)]의 글씨가 3행 상하 두 자씩 예서체로 음각되어 있다.

[15] 永/傳百世存祖: "백세에 전하라"

1~3세기의 대동강 유역은, 중국왕조는 낙랑군이라고 부르고 고구려를 비롯한 한국왕조는 낙랑국이라고 불렀지만, 기본적으로 동아시아의 자유무역항으로서 중립 지역과 유사했을 것이다. 2세기에 고구려는 대동강 유역을 건너 뛰어 한반도 북부의 말갈에 영향력을 행사하였다.[32] 대동강 유역이 고구려의 직접 지배하에 들어오자 그 다음은 황해도 지역의 대방국이 고구려의 직접 지배하에 들어올 차례이다. 따라서 3세기 후반인 백제 책계왕 때 대방국에 고구려의 압력이 밀려오는 것은 자연스런 순서다.[33]

고구려가 황해도 북부 장수산성 부근에 남평양을 건설하기 시작한 것도 이 무렵부터이다. 그리고 서기 300년에 대방국과 낙랑국의 지배층이 신라에 귀복한다. 이 벽비에서 가장 중요한 것은 관구검전쟁이 끝난 직후인 3세기 중반 한반도 북서부의 평양을 고구려가 통치하고 있었다는 것이다.[34] 즉, 동천왕이 천도한 평양이 지금의 대동강 유역 평양이다. 삼국사기 고구려본기의 미천왕조를 보면 이후 313~314년에 고구려가 요동 지역의 낙랑군과 대방군을 요서로 몰아낸다.[35] 미천왕은 3세기 고구려 최대의 정복군주였다.

---

32) 『삼한사의 재조명 1』 pp.182-187, 제10장. 한예의 강성과 삼한체제의 확립.
33) 백제본기 책계왕(286); 고구려가 대방을 치니 대방이 우리에게 구원을 청하였다. 이에 앞서 왕이 대방왕의 딸 보과를 부인으로 삼았기 때문에 왕이 말하기를 ...
34) 『삼한사의 재조명 1』 p.288-291, 제14장. 북방계 남하.
35) 『삼한사의 재조명 1』 p.337-339, 제17장. 韓의 요서활동과 선비족의 흥기.

제42장 4세기의 논점

1. 고국양왕에서 광개토왕으로의 권력 교체 시기

전 왕이 반드시 죽어야만 새 왕이 권력을 행사하는 것은 아니다. 전왕이 오랫동안 병중에 있으면 전 왕의 생전에 왕권이 교체될 수 있다. 마찬가지로 전 왕이 죽었다고 해서 곧바로 새 왕이 권력을 행사한다는 보장도 없다. 고국양왕은 광개토왕의 아버지다. 그가 언제 죽었는지는 불확실하나 고국양왕에서 광개토왕으로의 권력 교체 시점은 삼국사기를 통해 추정할 수 있다.

- 고국양왕 7년(390); 가을 9월, 백제가 달솔 진가모를 시켜 도압성을 쳐부수고 주민 2백여 명을 사로잡아 돌아갔다.
- 고국양왕 8년(391) (기록이 없음)

《392년 1월부터 고구려가 달라짐》

- 고국양왕 9년(392); (1) 봄 (정월), 신라에 사신을 보내어 우호를 약속하니 신라왕이 조카 실성을 볼모로 보내왔다. (2) 봄 3월, 교서를 내려 불교를 숭배하고 복을 받게 하라고 명하였다. 관리들에게 명하여 사직을 세우고 종묘를 수리하도록 하였다. (3) 여름 5월, 왕이 죽었다. 고국양에 장사지내고 호를 고국양왕이라 하였다.
- 광개토왕 원년(392); 가을 7월, 남쪽으로 백제를 쳐서 10여 개의 성을 함락시켰다. 가을 9월, 북쪽으로 거란을 쳐서 남여 5백 명을 사로잡고

본국에서 잡혀갔던 백성 1만여 명을 불러서 타일러 데리고 왔다. 겨울 10월, 백제의 관미성을 쳐서 함락시켰다.

390년까지는 확실히 고국양왕이 권력을 행사하고 있다. 그런데 391년은 기록이 없고, 392년인 고국양왕 9년 정월부터 보통 새 왕이 즉위했을 때 실시하는 일들인 외국인 신라에 사신을 보낸다던가, 교서를 내려 복을 받게 한다던가, 종묘를 수리한다던가 하는 일을 하고 있다.

392년 5월에 왕이 죽고 장사를 지냈다고 한 후 7월에는 대규모 군사를 일으키고 있는데, 통상 왕이 죽으면 바로 장사를 지내는 것이 아니라 1년 상이든 3년 상이든 일정 기간의 애도 기간이 있다. 따라서 고국양왕이 죽었다는 5월은 장사를 지낸 시점일 가능성이 있다.

고구려본기를 보면 392년 정월부터 새 왕이 하는 일들이 시행되는 것으로 보아, 그 전해인 391년 이전에 이미 고국양왕이 죽었거나 죽지 않았어도 권력 일선에서 물러난 것이 확실하다. 그러면 광개토왕이 권력을 장악한 해는 391년이 된다. 결국 영락 1년을 391년이라 한 광개토왕의 비문과 차이가 나지 않는다. 4말 5초에 광개토왕비문은 고구려왕의 연호는 당년제를 사용했고, 삼국사기 고구려본기의 왕력은 월년제를 사용하여 기록한 것이지 두 기록이 사건 연도를 차이 나게 기록한 것은 아니다.[1)]

2. 삼국사기로 보는 신무천황의 동정 기간

백제본기에 왜국이 나타날 때까지 진행된 고구려와 백제의 30년 전쟁은 초창기인 근초고－근구수왕 대에는 백제가 우세하나, 후반기인 진사

---

1) 삼국사기를 번역한 어떤 책은 삼국사기에 엄연히 392년으로 되어있는 광개토왕원년을 광개토왕비문을 이유로 1년을 강제로 옮겨서 391년으로 번역하였는데 이는 삼국사기와 비문을 모두 이해하지 못하여 발생한 오류다.

—아신왕 대에는 고구려가 우세하다. 따라서 전쟁 28년 만에 왜국이 출현한 것은 고구려가 우세한 가운데 발생한 사건이므로 그 경계인 396년에 모종의 대사건이 일어났다는 뜻이다.

그런데 이 경우에는 우세한 고구려가 아니라 열세인 백제 쪽이 어떤 험한 일을 당했을 가능성을 준다. 전쟁 같은 대사건이 일어나면 보통 수많은 피난민이 발생하여 사람들이 대규모로 이동한다. 새로운 국가가 갑자기 나타난다는 것은 어느 국가가 멸망할 정도로 큰 사건이 발생하였다는 뜻이다.

3세기의 삼국사기를 3세기의 삼국지 동이전과 비교해보면 삼국사기는 삼한사를 탈락시킨 사서임을 알 수 있다. 아신왕 6년(397)에 왜국이 나타났다면 그 원인이 그 전해인 아신왕 5년(396) 정도에 발생하였을 텐데 이에 대하여 아무런 기록이 없다는 것은 그 대사건이 백제(한성백제)와 연결된 것이 아니라 삼국사기에서 탈락한 삼한사와 관계가 깊다는 뜻이다. 즉 韓이 아신왕 5년에 고구려에게 중대한 타격을 입었다는 뜻이다. 또한 그 해에 고구려와 백제와는 별다른 전투가 없었다는 반증이기도 하다. 만일 고구려와 백제 사이에 큰 전투가 있으면 삼국사기에 반드시 나와야 하기 때문이다.

삼국사기를 보면 당시 백제의 통치권이 미치는 지역은 한강 유역뿐이었다. 백제의 8성대족 중에 2개를 차지하고, 남한의 4대강 유역 중에 한수 하나를 차지하여 대략 1/4 정도로 추정할 수 있다. 그런데 고구려가 백제와 전투하지 않고 그 남쪽의 韓을 치려면 수군으로 백제를 돌아 韓의 중심부를 치는 수밖에 없다. 그리고 당시에 韓의 중심지는 목지국이 있는 금강 유역이었다. 475년에 문주왕은 금강 유역으로 천도하는데 가서 重修宮室이라 하여 궁궐을 신축하는 것이 아니고 수리한다. 궁궐을 신축하는 데는 많은 시간이 걸리는 것을 생각할 때 금강 유역에 그 이전부터 궁궐이 있었다는 뜻이다. 또 고친다는 구절로 미루어볼 때 그 궁궐은 전쟁으로 피해를 입었을 가능성이 크다.

결과적으로 아신왕 5년에 고구려는 수군을 이용하여 적의 후방인 금강 유역을 직접 공격하였다고 보아야 한다.[2] 그러면 고구려군은 몇 월에 공격하였을까? 342년에 전연이 고구려를 침공할 때를 보면 강물이 어는 그해 겨울이었다. 기마부대를 신속하게 이동시키려면 강이 가장 큰 장애물이다. 강을 건너기 위해 시간을 지체하면 적이 방어진을 갖출 시간을 벌게 되기 때문이다. 따라서 육로로 공격할 때는 겨울이 가장 이상적이다. 이전의 위나라 관구검은 고구려를 가을에 공격하는데, 그 결과 전쟁초기에 전열을 정비한 고구려군에게 많은 타격을 입었다. 전연은 이것을 알기에 겨울에 고구려를 공격한 것이다.

하지만 수군을 이용하는 경우에는 다르다. 이때는 강을 건널 필요가 없으므로 가을이 좋다. 그 이유는 적이 추수기라 군대를 동원하기 어렵다는 것이 첫 번째요, 수군으로 공격하면 보급이 문제가 되는데 추수기인 가을에 공격하면 적의 식량을 빼앗아 군량을 현지 조달할 수 있다는 것이 그 두 번째이고, 전쟁을 끝내고 철군할 때는 강이 어는 겨울이 오기 때문에 군대를 신속하고 안전하게 철수시킬 수 있다는 점이 세 번째이다. 백년 후에 동성왕이 탐라국을 혼내준다는 핑계로 영산강 유역에 군대를 이끌고 진주할 때도 나주평야가 농번기인 음력 8월을 택하였다. 따라서 고구려는 아신왕 5년 가을인 8월 정도에 수군으로 적의 후방에 상륙하였을 것이다.

전혀 예상을 하지 못하고 있다가 후방을 기습당한 韓은 제대로 방어하지 못하고 순식간에 무너졌을 것이다. 그리고 국가가 무너질 정도였으면

---

2) 영락 6년조에 실린 고구려가 점령한 성의 위치: 『삼한사의 재조명 1』 pp.439－447, 2. 미추홀의 위치비정.

수많은 성이 함락되었을 것이다. 이것이 그 다음 해에 백제본기에 왜국이 출현하는 이유라고 판단해야 한다. 韓을 멸망시킨 고구려는 목표를 달성하였으므로 신속히 철군하였고, 한강 유역의 백제는 이들을 막지 않았다. 막기도 어렵지만 아마 막을 필요도 없었을 것이다. 백제권에서 가장 큰 세력이 무너졌기 때문에, 두 번째로 큰 세력이었던 자신들이 맹주로 등장할 기회가 올 수 있기 때문이다.

8월부터 공격을 당했다면 다음 달인 9월 정도에는 왜국의 구주에 대규모 피난민이 몰려왔을 것이다. 그러나 구주는 이미 기존 세력들이 자리를 잡고 있었기 때문에 새로 온 세력들이 들어갈 자리가 마땅치 않았을 것이다. 구주에서 배를 타고 소위 일본의 내해를 거슬러 동쪽으로 나가면 넓은 평야가 있는 오사카 지역에 도달한다. 그러면 피난민으로 구성된 동정군은 그해 10월에 출발하였을 것이다.

다음 해 5월에 전지태자가 어떤 이유로 새롭게 등장한 왜국에 인질로 간다. 태자가 인질로 갔다는 것은 충분한 대가가 있었다는 뜻이다. 5월에 태자가 왜국에 가려면 그 전에 2번은 왕복해야 한다. 즉, 왜국의 건국 소식이 백제에 알려지고, 이 소식을 들은 백제에서 왜국으로 사신이 가고, 다시 왜국의 협상안을 들고 사신이 백제로 와야 하기 때문이다. 왜국에서 백제까지는 한 달이 조금 못 걸리는 거리지만, 사건 처리까지 포함하여 평균 한 달이 걸린다고 계산하면, 4달 전에 왜국이 건국되었다는 뜻이다. 다시 말하면 왜국의 건국은 아신왕 6년 1월이다.

이 과정을 요약하면 다음과 같다.

- 아신왕 5년 8월; 고구려군이 금강 유역에 상륙하여 한반도 서부를 초토화함.
- 아신왕 5년 9월; 전쟁의 피난민들이 바다를 건너 일본열도의 구주에

대규모로 몰려옴.

- 아신왕 5년 〈**10월**〉; 피난민들로 구성된 원정대가 동쪽으로 정벌을 떠남.

--- **東 征** ---

- 아신왕 6년 〈**1월**〉; 피난민들이 4개월 만에 정벌을 마치고 기내에 도착하여 새 국가가 건국됨.
- 아신왕 6년 2월; 왜국의 건국 소식이 백제에 알려지고 백제가 사신을 파견함.
- 아신왕 6년 3월; 백제 사신이 왜국에 도착하고 왜국은 한반도에 두고 온 영토에 대한 협상안을 제시함.
- 아신왕 6년 4월; 왜국의 협상안을 들고 사신이 백제로 돌아옴.
- 아신왕 6년 5월; 협상안을 받아들이기로 하고 전지태자가 왜국으로 떠남. 《백제본기 최초의 왜국 기록》

결론적으로 광개토왕비가 없었다면 영락 6년의 잔국토벌을 알 수 없었을 것이라는 견해는 옳지 않다. 삼국사기를 잘 읽어보면 그 안에 이미 다 있다.

3. 삼국사기 바꿔 읽기

4세기 후반~5세기 초반의 삼국사기를 읽는데 국명을 다음처럼 바꾸어서 읽어보자. 그리고 느낌이 어떤지 알아보자.

삼국사기의 백제 → 말갈
삼국사기의 신라 → 선비
삼국사기 백제본기의 왜 → 백제

삼국사기 신라본기의 왜 → 가야

우선 시험 삼아 광개토왕비문의 가장 난해하다는 영락 6년조 전쟁명분 구절을 읽자. 참고로 광개토왕비문의 왜는 백제본기의 왜이고, 백잔은 삼국사기의 백제다. 임나가야는 가야의 일파이므로 그대로 두겠다.

1) "말갈 선비 구시속민 유래조공"
2) "而 백제 신묘년 래도해 파 말갈 임나 선비 이위신민"
3) "以 (영락) 6년 왕솔수군 토벌백제"

자, 느낌이 어떤가? 비문에 논리가 이상한 곳이 있는가? 논리전개가 1) → 2) → 3)으로 물 흐르듯이 아주 자연스럽지 않은가? 만일 만주 벌판에서 5세기 초에 고구려가 세운 비문이 하나 발견되었는데 1)번 구절이 써 있다면 너무도 당연하다 하여 아무도 관심을 두지 않을 것이다. 2)번을 보면 고구려는 임나가 백제의 영향권인 것은 참을 수 있으나 말갈과 선비가 백제의 영향권에 들어가는 것은 묵과할 수 없다고 하고 있다. 그래서 3)번처럼 백제를 토벌하는 것이다.

그러면 왜 이렇게 바꾸어 읽는가? 그것은 이것이 당시 전쟁이 발발하기 직전인 4세기의 실체였기 때문이다. 다음은 삼국사기 백제본기의 아신왕—전지왕조이다. 외교 관계를 중심으로 몇 개만 해보자.

- 말갈 아신추장 2년; 봄 정월, 추장이 동명왕의 사당에 배알하고 또한 남쪽 제단에서 천지신명에게 제사를 지냈다.
- 말갈 아신추장 3년; 봄 2월, 추장의 맏아들 전지를 태자로 삼고, 죄수들을 크게 사면하였다. 가을 7월, 고구려와 수곡성 아래에서 싸워 패배하였다.

- 말갈 아신추장 4년; 가을 8월, 추장이 좌장 진무 등에게 명하여 고구려를 치게 하니, 고구려왕 담덕이 직접 군사 7천 명을 거느리고 패수에 진을 치고 대항하였다.
- 말갈 아신추장 6년; 여름 5월, 추장이 백제와 우호 관계를 맺고 태자 전지를 인질로 보냈다. 가을 7월, 한수 남쪽에서 대대적으로 군대를 사열하였다.
- 말갈 아신추장 8년; 가을 8월, 추장이 고구려를 공격하기 위하여 군사와 말을 대대적으로 징발하니 백성들이 병역을 고통스럽게 생각하여 많은 사람들이 선비로 도망하였고, 이 결과로 호구수가 줄었다.
- 말갈 아신추장 11년; 5월, 백제에 사신을 보내 큰 구슬을 요청하였다.
- 말갈 아신추장 12년; 봄 2월, 백제에서 사신이 오자 추장이 이들을 위로하고 특히 후하게 대우하였다. 가을 7월, 군사를 보내 선비의 변경을 침공하였다.

- 말갈 전지추장 2년; 봄 정월, 추장이 동명왕의 사당에 배알하고 남쪽 제단에서 천지신명에게 제사를 지내고 죄인들을 크게 사면하였다. 2월, (동)진에 사신을 보내 조공하였다.
- 말갈 전지추장 5년; 백제가 사신을 파견하여 야명주를 보내오니 추장이 특별히 예우하였다.
- 말갈 전지추장 14년; 여름, 백제에 사신을 파견하여 흰 포목 열 필을 보냈다.

여기에 나오는 동명왕은 부여의 동명왕일까? 고구려의 동명왕일까? 말갈추장이 고구려의 건국자를 제사지내는 것은 아주 자연스런 일이다. 이제 신라본기 내물－실성이사금조도 같은 방법으로 몇 개만 해보자.

- 선비 내물칸 9년; 여름 4월, 가야병의 대부대가 공격해왔다. 칸이 이를 듣고 대적할 수 없다고 생각하여 풀로 허수아비 수천 개를 만들어 옷을 입히고, ... 가야인은 자신의 병력이 많은 것을 믿고 곧장 진격해왔다.

복병들이 갑자기 공격하여 허를 찌르니 가야인이 대패하여 도주하였다.

- 선비 내물칸 11년; 봄 3월, 말갈인이 와서 예방하였다.
- 선비 내물칸 13년; 봄, 말갈이 사신을 보내 좋은 말 두 필을 바쳤다.
- 선비 내물칸 18년; 말갈의 독산성주가 백성 3백 명을 이끌고 투항하였다. 칸은 이들을 받아들여 6부에 나누어 살게 하였다.
- 선비 내물칸 26년; 위두를 부견의 (전)진에 보내 토산물을 바쳤다.
- 선비 내물칸 37년; 봄 정월, 고구려가 사신을 보내 왔다. 고구려가 강성했기 때문에 칸은 이찬 대서지의 아들 실성을 인질로 보냈다.
- 선비 내물칸 38년; 여름 5월, 가야인이 와서 금성을 포위하고 닷새가 되도록 풀지 않으니 모든 장병들이 나아가 싸우기를 요청하였다.
- 선비 내물칸 46년; 가을 7월, 고구려에 인질로 가 있던 실성이 돌아왔다.

- 선비 실성칸 원년; 3월, 가야와 우호 관계를 맺고, 내물칸의 아들 미사흔을 인질로 보냈다.
- 선비 실성칸 2년; 가을 7월, 말갈이 변경을 침범하였다.
- 선비 실성칸 4년; 여름 4월, 가야병이 명활성을 공격했으나 이기지 못하고 돌아가는데, 칸이 기병을 거느리고 독산 남쪽에서 요격하였으며, 다시 싸워 그들을 격파하고 3백여 명을 죽였다.
- 선비 실성칸 6년; 봄 3월에 가야인이 동쪽 변경을 침략하고, 여름 6월에 다시 남쪽 변경을 침범하여 1백 명을 잡아갔다.
- 선비 실성칸 7년; 봄 2월, 칸은 가야인이 대마도에 병영을 설치하고 병기와 군량을 저축하여 우리나라를 습격하려 한다는 말을 듣고,...
- 선비 실성칸 11년; 내물칸의 아들 복호를 고구려에 인질로 보냈다.
- 선비 실성칸 14년; 가을 8월, 가야인과 풍도에서 싸워 승리하였다.

자, 느낌이 어떤가? 동진에 사신을 보낸 백제와 다르게 전진으로 사신을 보낸 신라의 기록이 자연스럽지 않은가? 고구려본기의 광개토왕조도 한 번 해보기 바란다. 어떤 기분이 드는지.

4. 북한의 삼한사 인식

4세기 이전의 한반도를 기록한 대표적인 문헌은 삼국사기인데 한강 중류 일부와 낙동강 상류 일부를 제외하고는 대부분이 기록의 공백 지대라서 이에 대한 시각이 남북한 학계 사이에도 다르다.

과거 남한학계의 전통적인 시각은 삼국사기 초기 기록을 부정하는 것이었다. 즉 삼한을 대표하는 마한이 1세기 초에 백제에게 통합되었다는 삼국사기의 기록을 부정하고 3세기 고이왕 때나 4세기 근초고왕 때에 백제에게 통합되었다고 보는 것이다. 그리고 그 근거로 삼국지와 후한서 마한기록을 든다.

하지만 이는 일본서기에 대한 이해 부족에서 발생한 오류로서 삼국지와 후한서 마한 기록에는 오히려 삼국사기의 기록대로 1세기 초에 마한이 백제에 통합되었다는 기록이 있다.[3] 이후 백제는 진한과 변한을 통합하여 3세기에 삼한 체제를 완성하는 것이다. 삼국사기가 후한서 및 삼국지와 정확하게 일치하는 것이다. 즉 백제란 금강 유역에 도읍하였으며, 마한, 변한, 진한으로 구성된 국가를 뜻하는 것이다. 삼국사기의 백제는 백제의 일부였던 마한의 한 소국이었다.

그러면 북한학계는 중부 이하 한반도(편의상 삼한 지역이라 칭함)를 어떻게 보는가? 북한학계는 3~4세기 이전까지 삼한 지역을 소국 난립 상태로 본다. 즉 조각 국가 상태로 보는 것이다. 당연히 통일정부의 존재를 부정한다. 반면에 3~4세기의 고구려는 중원왕조의 맞서던 강력한 나라였다고 본다. 삼한 지역에 대한 북한학계의 시각은 한마디로 광개토왕비에 적힌 고구려의 시각과 일치한다. 광개토왕비는 삼한백제를 殘國이라 불렀는데 이는 '조각 국가' 혹은 '쪼가리 국가'라는 뜻이기도 한다.

하지만 북한학계의 시각은 논리적 모순이다. 한반도 남부가 소국 난립

---

3) 『삼한사의 재조명 1』, p.143, 4. 후한서와 삼국지가 기록한 마한의 멸망.

상태였다면 한반도 북부의 그 강력한 고구려가 왜 4백 년 동안이나 한반도 남부를 통합하지 못했단 말인가? 고구려는 4세기에 처음으로 한반도 남부의 소위 '조각 국가'와 군사력으로 맞붙었을 때 졌다. 그 외에도 4세기 말에는 '조각 국가' 정도를 토벌하기 위해 고구려왕이 직접 대군을 이끌고 내려와야 했단 말인가?

소국 난립 상태로는 몇 백 년을 갈 수 없다. 그 이유는 서로 전쟁을 벌여 자연스런 통합이 이루어지기 때문이다. 소국 난립 상태가 수백 년 이상 지속되는 경우는 그 소국이 지방 행정 구역일 경우뿐이다. 삼국지 동이전에 기록된 삼한 소국은 모두 삼한백제의 담로국들이었다. 백제는 부여인들이 남하하여 부여를 한반도에 그대로 옮겨놓은 나라였다. 북한 학계의 삼한사 인식도 수정되어야 할 것이다.

5. 진삼국사표의 古記文字蕪拙과 4~5세기 요서백제

자치통감에는 다음처럼 요서의 백제가 4, 5세기에 걸쳐 4회 나온다.

1) 346년 (근초고왕 1년)

顯宗成皇帝下 永和二年(丙午) … 初, 夫餘居於鹿山, 爲〈**百濟**〉所侵, 部落衰散, 西徙近燕, 而不設備. 燕王皝遣世子儁帥慕容軍・慕容恪・慕輿根三將軍・萬七千騎襲夫餘. 儁居中指授, 軍事皆以任恪. 遂拔夫餘, 虜其王玄及部落五萬餘口而還. 皝以玄爲鎭軍將軍, 妻以女.

2) 380년 (근구수왕 6년)

烈宗孝武皇帝上之中 太元五年(庚辰) … 幽州治中平規曰 :"逆取順守, 湯・武是也 ; 因禍爲福, 桓・文是也. 主上雖不爲昏暴, 然窮兵黷武, 民思有所息肩者, 十室而九. 若明公神旗一建, 必率土雲從. 今跨據全燕, 地盡東海, 北總烏桓・鮮卑, 東引句麗・**〈百濟〉**, 控弦之士不減五十餘萬, 奈何東手就征, 蹈不測之禍乎!" 洛攘袂大言曰 : "孤計決矣, 沮謀者斬!" 於是自稱大將軍・大都督・秦王. 以平規爲幽州刺史, 玄菟太守吉貞爲左長史, 遼東太守趙贊爲左司馬, 昌黎太守王蘊爲右司馬, 遼西太守王琳・北平太守皇甫傑・牧官都尉魏敷等爲從事中郎. 分遣使者征兵於鮮卑・烏桓・高句麗・**〈百濟〉**・新羅・休忍諸國, 遣兵三萬助北海公重戍薊.

3) 488년 (동성왕 10년)

世祖武皇帝上之下 永明六年(戊辰) ... 但綜司出納・敷奏而已, 國之吉慶, 一令無預. 其軍旅之警, 墨縗從役, 雖愆於禮, 事所宜行也."魏主皆從之. 由是公私豐贍, 雖時有水旱, 而民不困窮. 〈魏遣兵擊**百濟** 爲**百濟**所敗〉.

4) 490년 (동성왕 12년)

世祖武皇帝中 永明八年(庚午) ... 上乃止. 以**〈百濟王〉**牟大爲鎮東大將軍**〈百濟王〉**. 高車阿伏至羅及窮奇遣使如魏, 請爲天子討除蠕蠕, 魏主賜以繡袴褶及雜彩百匹.

하지만 삼국사기 백제본기에는 위의 4개 중 3)번만 나온다.

東城王 十年(488), 魏遣兵來伐 爲我所敗

김부식을 비롯한 삼국사기 집필진은 자치통감을 비롯한 중국사서들을 다 확인하였다. 그렇다면 4～5세기 자치통감에 백제가 4회 나오는 것도 알았을 것이다. 하지만 그는 3)번의 488년 기록 단 하나만 적었다. 그 이유는 무엇일까? 그 이유는 김부식이 가지고 있었던 구삼국사로 추정되는 원사료에 위의 네 개의 사건 중 3)번 하나만 있었기 때문이다. 단 그 원기록이 '魏遣兵來伐 爲我所敗'라고 적혀 있었는지 아닌지는 우리는 모른다.

김부식은 정지상 등과 함께 당시 고려를 대표하는 문필가 중의 한 명이었다. 그는 구삼국사를 비롯한 우리 고유의 사료를 보고, 그 표현 방식이 정통 한문의 표현 방식을 벗어난다고 생각되는 것을(古記文字蕪拙), 중국 사서를 참고하여 자신이 생각하는 이른바 표준 한문 형태로 적은 것이다. 그가 가지고 있었던 원사료에는 아마도 향찰식 표현이 상당 부분 들어가 있었던 것으로 추정되는데 김부식은 이것이 기전체사서의 표준 양식이 아니라고 판단한 것 같다.

그는 군데군데 자신의 견해를 밝혔는데 그 대부분이 삼국사기 내용을 거의 이해하지 못한다는 것을 보여주고 있다. 그는 문필가였지 역사학자는 아니었던 것이다. 하지만 전혀 없는 것을 임의로 만들어 적는다거나 하지는 않았다. 이해하지 못하는 사람은 조작도 하기 어렵다.

다시 구삼국사 편집시기로 돌아가 보자. 구삼국사를 어느 시기에 편집하였는지, 또 구삼국사가 무엇을 보고 편집한 것인지는 모른다. 아무튼 그 원사료가 신라 말에 편집되었다고 가정하자. 고려 때라면 김부식이 삼국사기를 이해 못할 이유가 없기 때문이다. 신라말에 원사료를 쓸 때는 4~5세기 요서백제에 대한 내용이 아마 수십 개 이상 있었다고 생각된다. 만일 그 내용이 모두 전해졌다면 우리는 고생할 필요가 없었을 것이다. 하지만 원사료를 쓸 때 중대한 선택을 하게 된다.

백제본기에 들어갈 내용을 선택할 때 다음처럼 하는 것이다. 3세기 삼국지 동이전을 보면 韓이 78국이고 非韓이 2국(사로국, 우유국)인데, 여기서 한 78국 중에 마지막까지 백제라는 이름으로 살아남은 1국과 관련된 기록을 제외하고는 모두 버리는 것이다. 그리고 그 1국이 나머지 77국과 교섭한 기록도 역시 모두 버리는 것이다. 따라서 4세기 이전 한반도 남부 대부분이 기록의 공백인 것이다. 이렇게 한 이유는 왜국이 일본으로 국호를 변경하여 한국사에서 분리되었기 때문이다.

편의상 78국이라고 하지만 3세기 한성백제의 위상이 1/78인 것은 아니다. 4세기 후반에는 남한의 4대강 중 하나인 한강을 차지하고, 또 백제 8성대족에서 2개를 차지하였으므로, 근초고왕 시기의 비중은 대략 백제권의 약 1/4이었다. 백제본기를 보면 가장 컸을 때가 온조왕 시기이고, 이후 3루왕 시기를 거쳐 점차 작아지다, 3세기 고이왕대에 커진다. 그리고는 4세기 근초고왕대에 한강 북부를 손에 넣으며 백제권의 1/4이 된 것이다.

아무튼 이 선택 과정에서 4~5세기 요서백제의 기록 중 3)번 하나가 살아남은 것이다. 그 이유는 동성왕에 의하여 이들에 대한 책봉이 이루어졌기 때문이다. 만일 이 책봉이 없었다면 사라져버린 수십 개의 요서백제 기록과 마찬가지로, 이 기록도 역시 삼국사기에 나올 수 없었을 것이다. 그래서 김부식은 그 기록을 보고 자치통감을 참조하여 자신이 생각하는 표준 한문 형식으로 '魏遣兵來伐 爲我所敗'라 적어 넣었다고 본다.

1)번에서 부여를 공격한 백제도 백제본기와 비교하여 판단할 수 있다. 만일 삼국사기 백제본기에 나오면 그 1국이고 안 나오면 나머지 77국과 관련된 사건이기 때문이다. 하지만 우리는 불행히도 77국 중 어느 나라인지는 알 수 없다. 오로지 마지막까지 살아남은 1국이냐 아니냐만 사건의 경중과 삼국사기와 비교하여 알 수 있는 것이다.

칠지도 역시 마찬가지다. 만일 백제본기에 나오면 최종적으로 살아남은 그 1국에서 간 것이고, 안 나오면 나머지 77국 중 어느 나라에서 간 것이다. 따라서 칠지도는 백제본기가 아니라 그 원인을 제공한 신공 49년에 신라가 관여하였으므로 삼국사기 신라본기에서 신공 49년도를 찾은 후 3년(신공 52년)을 더해야 한다.

어떤 사람이 말하기를 3세기에 백제를 공격하는 말갈은 마한의 신분고국이라고 하였다. 이 주장의 진위는 간단히 검증할 수 있다. 만일 그 나라가 韓 77국에 들어가면 삼국사기에 나올 수 없고 안 들어가면 나올 수 있기 때문이다. 마한의 신분고국은 말 그대로 韓의 마한에 들어간다. 따라서 삼국사기 백제본기에 나올 수 없으므로, 삼국지와 삼국사기가 모두 거짓 기록이 아닌 한, 이 주장은 오류가 되는 것이다.

고구려본기도 같은 방식이다. 고구려가 한 78국 중에 77국과 교섭한 기록은 모두 원사료에서 탈락하는 것이다. 따라서 영락 6년조의 잔국토벌이 삼국사기 고구려본기에 나올 수 없는 이유도 이것이다. 본래의 원사료에는 아마 고구려와 수·당과의 전쟁 이상으로 영락 6년에 출동한 고구려군 지휘관들의 명단을 비롯하여 잔국토벌에 대한 자세한 내용이 있었을 것이다. 하지만 이것이 나머지 77국과 관련된 내용이라 모두 빠진 것이다.

古記文字蕪拙에 대한 삼국사기의 선택을 하나 더 보자. 다음은 342~343년간에 있었던 고구려－전연의 전쟁에 대한 기록이다.

[자치통감] 顯宗成皇帝下鹹康 八年(壬寅) 十一月，...
將軍慕輿泥 追獲 〈其母〉周氏 及〈妻〉而〈還〉, 會 王寓等 戰於北道 皆敗沒, 由是 皝不複窮追 遣使招〈釗〉 〈釗〉不出 皝將還

[삼국사기] 고구려본기 고국원왕 12년, 十一月, ...
將軍慕輿埿 追獲 〈王母〉周氏 及〈王妃〉而〈歸〉, 會 王寓等 戰於北道 皆敗沒, 由是 皝不復窮追 遣使招〈王〉 〈王〉不出 皝將還

두 기록이 아주 비슷하다. 이 경우는 삼국사기가 자치통감의 기록을 참조하여 적어 넣은 것이다. 아마 구삼국사에 북쪽 길로 간 사람이 왕우인지 누구인지에 대한 기록은 없었을 것이다. 따라서 왕우 등이 북쪽 길로 갔다가 한 명도 돌아오지 못했다는 것은 고구려의 입장이 아니라 전연의 입장이다. 고구려는 북쪽 길로 간 연나라 군대를 만나지 못했던 것이다. 따라서 고구려는, 관구검 전쟁 때 만난 미추이사금의 경우와 다르게,[4] 이들을 추격하지 않았다.

4) 『삼한사의 재조명 1』 p.270, 제14장. 북방계 남하.

제43장 5세기의 논점

1. 5세기 일본서기의 기년복원법

일본서기는 초판은 8세기에 쓰였다고 하나 현존하는 가장 오래된 것은 임진왜란 무렵인 16세기 본이다. 그리고 삼국사기와 다르게 전해오는 책마다 내용이 조금씩 다른데 이는 8백 년을 전해 내려오며 조금씩 고쳐졌기 때문이다. 하지만 어느 부분이 9세기에 고친 것이고, 어느 부분이 10세기에 고친 것이고, ... 어느 부분이 16세기에 고친 것인지는 알기 어렵다. 주로 일본의 정치 상황이 격변할 때 일본서기에 손을 댔다고 하는데 어느 부분을 손댔을 것이라는 것은 추정이 가능하다. 고친 부분은 대개 천황가의 위신과 관련된 곳이고, 그렇게 되면 주로 한반도 관련 기록에 손을 댔을 것이라는 뜻이다. 또 이는 반대로 일본서기에서 가장 원문이 그대로 남아있는 곳이 어느 부분일 것이라는 암시도 준다. 그곳은 비정치적이거나 후세인들도 무슨 뜻인지 이해를 잘 못하는 부분일 것이다.

『네티즌 고대사』에서 신공 이전의 기년을 어떻게 찾았는가를 설명하였다.[1] 하지만 『삼한사의 재조명 1』에서는 5세기의 일본서기 기년을 구체적으로 어떻게 찾았는지에 대한 설명을 생략하였는데 이는 너무 간단하여 쓸 필요조차도 없다고 보았기 때문이다. 핵심은 사건의 달(月)이다. 일본서기의 달이 상당히 정확하다는 것은 칠지도 연호 찾는 것에서 보았을 것이다.

---

1) 『네티즌 고대사』 pp.168－178. 마. 일본서기 읽는 법 II: 2～3세기 일본서기 연표.

우선 일본서기의 기년 산출 방식을 알아야 한다. 『네티즌 고대사』에서 설명하였는데, 일본서기는 두 가지 방법으로 기년을 설정하였고, 454년 안강천황의 즉위를 기준으로 기년 체계가 전혀 다르다. 그 이후는 기년이 차이가 나도 약간이라서 비정에 큰 문제가 없으나 그 이전은 엉망이다. 그 이유는 삼한백제 15대 왕인 응신의 앞 왕력을 어떻게 채울 것이냐는 문제에 직면하여 무리한 설정을 하지 않을 수 없었기 때문이었다.

390년에 즉위한 응신의 앞을 잘라버리고 아주 옛날에 일본열도에 있었던 비미호의 기록을 가져다 연결하였다. 하지만 비미호의 죽음은 247년으로 응신의 즉위 사이에 무려 143년의 기간이 있었다. 응신의 즉위년인 390년을 270년으로 바꾼 후, 247년에 죽은 비미호를 269년에 죽은 것으로 하여 연결하였다. 하지만 자신들이 가진 비미호의 기록이 별로 없자 5세기 초의 응신의 왕후 기록으로 중애 말년과 신공의 전반 기록을 채우고, 신공의 후반은 비미호의 기록으로 채웠다.

일본서기가 270년에 맞춘 응신이 390년에 즉위하였고, 이것이 다시 453년에 일치한다면, 일본서기는 약 60년에 이르는 연도를 180년으로 3배 가량 부풀린 셈이다. 따라서 약 2/3를 줄여야 본래의 기년으로 돌아온다. 어떻게 본래의 기년으로 돌리느냐는 다음처럼 한다.

1) 우선 응신부터 윤공에 이르는 모든 기록 중에서 달이 없는 기록은 한 쪽으로 모두 뺀다. 그리고 달이 기록된 나머지는 일본서기가 적어도 순서는 바꾸지 않았을 것이라고 가정한다. 그래서 응신에서 윤공에 이르는 모든 사건 기록을 한 해에 카드 한 장씩 적은 후 이를 일렬로 배열한다.

2) 자립위왕이 불완전하여 왕후의 호칭이 황후가 못되고 황비와 황부

인인 이중과 반정의 재위기간은 늘리지 않았다고 보고 그대로 인정한다. 실제로 줄일 것이 없다. 문제가 되는 것은 기간이 긴 응신과 인덕과 윤공의 3명으로 실제 재위기간은 약 50년이다. 이 3명의 기록은 분량이 충분하여 50년을 충분히 채우고 남는다. 따라서 거의 매년 빠짐없이 기록하였다고 가정한다.

15세 /応神天皇 /오진 /270年 1月 1日 ~ 310年 2月 15日
→ 재위기간 연장
16세 /仁徳天皇 /닌토쿠 /313年 1月 3日 ~ 399年 1月 16日
→ 재위기간 연장
17세 /履中天皇 /리츄 /400年 2月 1日 ~ 405年 3月 15日
18세 /反正天皇 /한제이 /406年 1月 2日 ~ 410年 1月 23日
19세 /允恭天皇 /인교 /412年 12月 ~ 453年 1月 14日
→ 재위기간 연장
《일본서기 기년 산출 방식이 변화함》

3) 재위기간을 늘린 3명은 다음처럼 조정한다. 연도를 모두 무시하고 사건의 달이 어떻게 변하는지를 본다. 그래서 연도가 달라도 달이 증가하면 같은 해에 벌어진 사건으로 묶고, 달이 감소하거나 증가하지 않으면 다른 해에 벌어진 사건으로 판단한다. 즉 일본서기 편자들이 해를 3배로 늘리기 위하여 같은 해에 벌어진 사건을 달은 그냥 두고 이를 다른 해에 벌어진 것으로 나누어 넣었다고 보는 것이다. 예를 들겠다. 즉 다음과 같은 기록이 있다고 가정하자.

1. 모모천황 10년 6월, …

2. 모모천황 15년 9월, ...
3. 모모천황 17년 11월, ...
4. 모모천황 18년 11월, ...
5. 모모천황 19년 12월, ...
6. 모모천황 20년 4월, ...
7. 모모천황 21년 5월, ...
8. 모모천황 23년 2월, ...
9. 모모천황 24년 6월, ...
10. 모모천황 29년 8월, ...
11. 모모천황 30년 7월, ...
12. 모모천황 37년 11월, ...

이 12개 기록은 37－10＋1＝28로, 28년으로 만들어져 있지만 실제는 그렇지 않다. 자, 그럼 이 사건은 몇 년에 이루어진 사건인가를 세어 보겠다. 달이 증가하다 감소하는 곳을 나눈다. 그것은 해가 바뀌기 때문이다.

1. 모모천황 10년 6월, .../모모천황 15년 9월, .../모모천황 17년 11월, ...
2. 모모천황 18년 11월, .../모모천황 19년 12월, ...
3. 모모천황 20년 4월, .../모모천황 21년 5월, ...
4. 모모천황 23년 2월, .../모모천황 24년 6월, .../모모천황 29년 8월, ...
5. 모모천황 30년 7월, ../모모천황 37년 11월, ...

즉 실제로는 28년이 아니고 5년뿐이라는 뜻이다. 가장 많이 인정해주면 1년에 1개씩 해서 12년이다. 그래서 위의 기록은 5년 남짓 되는 기록을 사건의 순서는 그냥 두고 적당히 늘렸다고 판단한다. 여기서 달이 없는 기록은 모두 뺀다는 것을 명심해야 한다. 그것은 기년 조작용으로 이용되었을 가능성이 크기 때문이다.

3) 일렬로 배열한 카드를 위처럼 묶는다. 그러면 놀랍게도 180년이 거의 1/3 수준으로 줄게 된다. 그리고 각 카드 묶음에 390년부터 453년까지 예비연도를 붙인다.

여기까지는 누구나 할 수 있는 기계적인 일이다. 하지만 다음은 역사를 알아야 한다. 한중 사서로 비교하여 미세 조정에 들어간다. 한국사서는 주로 삼국사기 백제본기이며, 중국사서는 왜 5왕이 기록된 남조사서이다. 삼국사기와는 달을 유심히 비교하여야 한다. 삼국유사와 광개토왕비문도 도움이 된다. 여기에 역사를 보는 눈이 필요하다.

괴이한 기록이 갑자기 나온다던가(왕의 죽음), 외국에서 사신이 왔다든가에 주목한다. 사신이 오는 것은 혼자서는 할 수 없는 일이기 때문에 사실일 가능성이 크기 때문이다. 그리고 조작이 쉬운 인명이 나오는 것보다 조작이 어려운 지명이 나오는 기록이 신뢰성이 높다. 또 앞 뒤 왕의 자립위 왕의 조건에 따라 퇴위한 해와 즉위한 해가 움직이는 것에 유의한다.

4) 왜국은 국가 건국의 혼란기였으므로 왕이 바뀔 때는 항상 공백기가 있을 가능성이 있다. 특히 왕이 바뀌는 절차가 무력에 의한 정변을 수반할 때 그렇다. 또 매년 사건을 기록하였다는 보장이 없으므로 사건이 기록되지 않은 공백연도를 찾는다.

5) 앞에서 버렸던 달이 없고 해만 있는 기록을 가져다. 어느 왕이라든가 하는 인명은 모두 무시한 후, 사건 자체만 보고 판단하여 적절한

곳에 끼워 넣는다. 여기서 달은 없고 해만 있는 목만치의 기록이 실제로는 들어갈 장소가 없다는 것을 알게 된다.

6) 원칙에 따라 같은 해로 묶었지만 사서 대조로 묶을 수 없는 기록이나 상식적으로 판단하여 같은 해에 일어날 수 없는 사건은 해를 분리한다. 그러면 위의 예에서 구한 5년과 12년 사이가 중간의 적당한 선에서 결정된다.

나는 이것을 하면서 얼마나 놀랐는지 모른다. 여기에서 보여준 일본서기 기년의 예는 아주 일부에 불과하다. 다들 한 번씩 해보기 바란다. 그래서 이 책 부록에 적힌 연표를 더 정확하게 수정해보기 바란다.

2. 고구려인이 보는 부여와 조선

광개토왕비를 보면 고구려는 그들의 기원을 조선이 아니라 부여(북부여)에서 찾고 있다. 왜 조선이 아니라 부여일까? 만일 광개토왕비에 조선이라고 쓰면 어떤 일이 일어날까? 확실한 것은 당시 고구려인은 비문에 부여라고 써야 자신들이 원하는 정확한 의미를 전달할 수 있었다는 것이다. 이는 비문에 조선이라든가 하는 다른 것을 쓰면 의사 전달이 제대로 되지 않는다는 뜻이기도 하다.

BC 3세기에 북중국의 대혼란을 피해 지금의 북경 부근(당시 연나라 지방)에 살던 사람들이 동쪽으로 몰려오며 동쪽에 있었던 국가에서 정권이 바뀐다. 당연히 이 국가는 동쪽에 있었던 다른 국가들에 비해 중국 대륙(북중국)에서 가장 가까운 곳에 있었을 것이다. 좀 더 구체적으로 따지면 위만에 의한 새 왕조가 성립하였다. 이때 중국 대륙은 秦漢의 교체기였다. 漢은 무제 때가 되자 국가가 안정되어 주변국가에 대한 대대적인 공세가 시작된다. 그리고 그 결과 위만의 손자인 우거왕대에 한무제는 조선과 전면전을 치른다. 그 전쟁의 배경이 천년 후 수나라나 당나라의 고구려 침공과 유사하다.

전쟁의 결과 조선이 멸망하고 한나라에 의한 4군이 성립하며, 이것이 한국사의 시작이라고 외국에서는 한국사를 가르치는 것이 보통이다. 사실은 이것도 많이 보아준 것이다. 외국에는 고려나 조선부터 한국사가 시작하는 것으로 가르치는 나라들도 많기 때문이다.

다시 뒤로 돌아가자. 한사군이 한국사의 시작인가? 물론 아니다. 그러면 위만조선과 이를 이은 한사군이 한국사의 중심 줄기인가? 왜 우리 역사는 한사군에서 시작하는 것처럼 보일까? 이것은 한국인의 눈이 아닌 중국인의 눈으로 한국사를 보려고 하기 때문이다. 어떤 한국통사 책을 보면 이 한사군과 싸우면서 그 속에서 삼국이 건국되고 한국사가 본격적으로 시작하는 것으로 쓰고 있다. 즉 한국사를 [기자조선 → 위만조선 → 한사군 → 삼국 → ...] 이런 식으로 보는 것인데 전형적인 중국사의 입장이다.

하지만 漢이 조선을 공격할 때 만주와 한반도에는 조선만 있었던 것이 아니다. 그 외에도 여러 나라가 있었는데 크게 3국이 더 있었다. 언제 시작하였는지 그 기원을 알 수 없는 부여와, 위만에게 밀려난 준왕이 새로 국가를 만들어 왕통이 내려오는 마한, 그리고 역시 북중국에서 들어왔지만 조선의 동쪽에 자리 잡은 辰國이다. 초기에 위만은 조선의 서쪽에 자리 잡았고 진국은 조선의 동쪽에 있었다는 것에 유의해야 한다.[2)]

마한은 크게 2차례의 왕통 교체를 겪는다. 첫 번째가 BC 2세기 조선의 준왕에 의한 새로운 왕통의 성립이다. 나는 이 준왕의 남천지를 대동강

2) 어떤 책은 이 방위를 모두 잘못된 것으로 보고, 〈서－동〉이 아니라 "압록강－청천강－대동강－한강"으로 해서 〈북－남〉으로 늘어놓았는데, 사서가 기록한 방위가 하나도 아니고 모두 틀렸다고 생각하는 것은 무리다. 그보다는 자신의 해석이 혹시 틀린 것이 아닌가 하고 돌아볼 필요가 있다.

유역으로 본다. 그러면 준왕의 마한은 만주에서 한반도 북부로 천도해 내려오는데 훗날 고구려가 이 뒤를 밟는다. 따라서 고구려는 삼한 중에 마한의 계승이라고 볼 수 있다.

낙랑이 한반도 북부로 밀려들자 그 연쇄 반응으로 마한은 다시 한반도 중부와 남부로 이동한다. 그 와중에 다시 왕통 교체를 맞는데, 이것이 온조와 함께 내려온 비류에 의한 새 마한 왕통의 성립이다. 그리고 이 마한이 새 국호를 쓰는데 그것이 백제다. 칠지도를 보낸 그 백제다. 훗날 5세기에 마한의 일부이던 한강 유역의 1국이 비류의 마한을 인수하며 백제라는 국호도 함께 인수하게 된다.

고구려는 마한의 계승이나 광개토왕비를 보면 고구려의 기원은 마한이 아니라 부여다. 광개토왕비문이 다룬 것은 고구려와 백제(백잔과 왜)의 전쟁이지만 따지고 보면 부여 내부에서의 세력 다툼이다. 당연히 중국사서는 이에 대해 관심이 없다. 백제도 마한의 계승으로 볼 수 있으나 역시 그들은 부여를 기원으로 한다. 백제를 부여의 별종이라고 한 중국사서의 기록은 정확하다. 오히려 고구려보다 백제가 부여의 전통을 더 많이 오래도록 가지고 있었다. 담로제라는 통치 제도도 그렇고 아예 부여라는 국호까지 계승하려 했다. 마한은 더 말할 필요도 없지만 진한과 변한의 기원인 辰國도 韓의 많은 부분을 차지했을 것이다. 하지만 그보다 더 한 것이 고구려와 백제의 기원인 부여였다. 왜국 역시 부여의 계승이다. 만주에서 한반도를 거쳐 일본열도까지 가장 많은 사람들이 부여를 기원으로 삼았다.

다시 광개토왕비문으로 돌아가자. 만일 비문에 '조선이 기원이다'라고 써놓으면 당시 사람들은 위씨조선을 기억하거나 낙랑국을 기억할 것이다. 대동강 유역의 낙랑국은 3세기까지 조선이라고도 불렸기 때문이다.[3)]

---

3) 漢나라 시기에 산해관과 갈석산이 있는 난하 유역에도 朝鮮縣이라는 지명과 朝鮮城

당연히 이는 고구려정부의 의도와 다르게 해석된다.

삼국이 멸망하고 고려가 들어섰다. 이제 국가의 기원을 어디에서 찾아야 할 것인가? 삼국사기는 말 그대로 삼국사를 기록한 책이지 고조선사를 기록한 책이 아니다. 당연히 삼국사기에 고조선사를 기술할 필요는 없다. 일연은 삼국유사를 쓸 때 당시의 국가사서인 삼국사기를 훤하게 꿰뚫고 있었다. 상식적으로 생각하면 당연히 부여를 기원으로 해야 했을 것이다. 그리고 이 부여는 고구려와 백제를 낳은 부여가 아니라 그 이전의 '원부여'이어야 삼한 통합의 대의에 조금이라도 가까울 것이다. 그리고 위씨조선과 다른 단군조선이 등장한다. 이 단군이란 제정 일치 사회의 지도자이다.

나는 고조선사의 연구는 결국 부여사의 기원에 대한 연구로 갈 것이라고 본다. 그리고 진국에 대한 더 많은 이해가 필요하다. 왜 발해는 하필 국호를 진국이라 했을까? 혹시 건국한 지역이 과거의 진국과 어떤 관계가 있는 것은 아닐까?

3. 사지비궤의 가야 토벌 사건

신공황후 섭정 62년; 二月, 新羅不朝 卽年遣〈襲津彦〉擊新羅.(2월, 신라가 조공하지 않았다. 즉시 습진언을 보내 신라를 치게 하였다)

百濟記云; 壬午年 新羅不奉貴國 貴國遣〈沙至比跪令討之 新羅人莊飾美女二人 迎誘於津〈沙至比跪受其美女 反伐加羅國 加羅國王〈己本〉旱岐, 及 兒〈百久至〉,〈阿首至〉,〈國沙利〉,〈伊羅麻酒〉,〈爾汶至〉等, 將其人民 來奔百濟 百濟厚遇之. (백제기에서 말하기를; 임오년에 신라가 귀국(왜국)에 조공하지 않았다. 귀국(왜국)이 사지비궤를 보내 신라를 토벌하게 하였다. 신라가 미녀 2명을 보내 향응을 하자 사지비궤는 이에

이라는 유적도 있었다. 위나라 창업자인 조조가 이를 점령하고 조선현을 盧龍郡으로 개명하였다. • 갈석산은 노룡현(盧龍縣)에 있다. 一通典

넘어가 반대로 가라국을 토벌하였다. 가라국왕 기본 한기, 아들 백구지, 아수지, 국사리, 이라마주, 이문지 등이 사람들을 데리고 백제로 도망갔다. 백제는 이들을 후하게 대접하였다.)

加羅國 王妹 旣殿至 向大倭啓云 天皇遣〈沙至比跪以討新羅。而納新羅美女 捨而不討 反滅我國 兄弟人民皆爲流沈 不任憂思 故以來啓 天皇大怒卽遣〈木羅斤資〉 領兵衆來集加羅 復其社稷。(가라국왕의 누이 기전지가 왜국에 하소연하기를, "천황이 사지비궤를 보내 신라를 토벌하라고 했는데 신라미녀의 향응을 받고 반대로 우리나라를 쳤습니다. 형제와 인민이 모두 유랑하여 이에 걱정이 되어 아룁니다" 하였다. 천황이 이 소식을 듣고 크게 노해 목라근자를 보내 군사를 거느리고 가라에 모여 그 사직을 되돌리라고 했다.)

一云。〈沙至比跪知天皇怒 不敢公還 乃自竄伏 其妹有幸於皇宮者 〈比跪密遣使人間 天皇怒解不。妹乃託夢言 今夜夢 見〈沙至比跪。天皇大怒云 〈比跪何敢來。妹以皇言報之 〈比跪知不免入石穴而死也。(이설에 말하기를, 사지비궤가 천황이 노한 것을 알고 감히 돌아오지 못하고 스스로 숨었다. 그 누이가 다행히도 황궁에 있었다. 비궤가 몰래 사람을 보내 천황의 노여움이 풀렸는지 물어보았다. 누이는 꿈을 핑계 대며 "오늘밤 꿈에 사지비궤를 보았습니다"라고 말했다. 천황이 크게 화를 내며 "비궤가 어찌 감히 오는가"라고 했다. 누이는 천황의 말을 일러주었다. 비궤는 용서받지 못함을 알고 돌 굴에 들어가 죽었다.)

신공 62년조 앞줄의 습진언 기록은 이해가 간단하다. 서기 397년이다. 서기 400년인 응신 14년조를 보면 습진언을 신라에 보낸 지 3년이 되었다고 하고 있다:

응신천황 14년; 〈弓月君〉自百濟來歸 因以奏之曰 臣領己國之人夫百廿縣而歸化 然因新羅人之拒 皆留加羅國爰遣〈葛城襲津彦〉 而召弓月之人夫於加羅 然經〈三年〉而〈襲津彦〉不來焉。

당시 가야/신라 지역에 운집한 백제 피난민들을 이끌고 있는 사람이 백제 궁월왕(인덕, 왜왕 찬)과 백제 아지왕(반정, 왜왕 진)이었다. 일본서기 인덕 12년(412)조를 보면 고구려 사신이 인덕에게 하필 철과녁을 선물로 가져와 왜국의 능력을 시험하는데[4] 그 이유는 인덕의 이름이 弓月이었기 때문이라고 생각된다. 활(弓) 쏘는 모습을 옆에서 보면 마치 月자처럼 느껴지는데 인덕은 본래 명궁으로 유명하여 고구려에까지 알려진 것이다. 그래서 고구려는 인덕을 망신 주고자 일부러 철과녁을 가져온 것이다.

습진언이 신라에 간 이유는 응신이 혼자서 빠져나와 397년 1월에 건국하고 보니, 도해하지 못하고 가야/신라 지역에 몰려있는 잔국 토벌로 발생한 수많은 자기 백성들이 있었기 때문이다. 그들을 무사히 데려오기 위해 신라의 협조가 필수적이었으나 신라는 승자인 고구려 쪽에 치우쳐 오히려 고구려의 광개토왕에게 자신들의 영토에 밀려 내려온 피난민들을 몰아내 달라고 요청한다. 이것이 영락 10년에 고구려 5만 대군이 출동하게 된 배경이다. 따라서 왜국이 397년 1월에 동정(신무천황조)을 마치고 건국하였으므로 2월이라는 습진언 기록은 달도 정확하다. 적어도 시급했던 동정이 끝나야 사람을 보낼 수 있기 때문이다.

문제는 다음이다. 이 신공 62년조 뒷부분에 백제기云 하고 나오는 기록은 군사력의 동원이라는 물리력을 비롯하여, 사건의 〈원인－진행－결과〉가 나와 틀림없이 발생하였던 어떤 사건을 기반으로 하여 작성된 기록이다. 旱岐(한기)는 일본서기에 자주 나오는 가야제국 수장의 호칭이며, 목씨와 사씨는 5세기 이후 중국사서에 나오는 백제의 대 귀족성들이다. 燕氏·沙氏·解氏·眞氏·國氏·木氏·苗氏, ... 등 인데 시대와 세력 판도에 따라 8성이 바뀐다. 이 중에 4세기에 백제영역의 1/4을 차지하였던 한성백제가 역시 8성 중에 1/4인 2개(해씨와 진씨)를 차지한다.

---

4) 『삼한사의 재조명 1』 p.514, 3. 고구려와 韓의 만남.

가. 신공 62년조의 가라가 대가야로 본다.

1) 만일 이 가야가 임나가야였으면 강국으로서 공격 한 번으로 무너지지 않는다. 또 임나는 왜국으로부터 공격받을 이유가 없다. 임나는 한반도에서 일본열도로 건너가는 관문으로 왜국은 임나를 보호해야 했다.

2) 삼국사기 신라본기는 가야제국의 기록들 중에 김유신 때문에 금관가야의 기록들은 버리지 않고 상당 부분 살려두었다. 그런데 신라본기에 전혀 흔적이 없다. 따라서 금관가야일 가능성은 아주 적다.

3) 일본서기는 가야의 지역이 아니고 어느 국가를 가리킬 때 '임나' 등으로 가야국의 구체적 명칭을 명기한다. 예를 들어 신공 49년조를 보면 가야 7국이 멸망하였다고 하고서 〈비자발, 남가라(금관가야), 훼국, 안라, 다라, 탁순, 가라(대가야)〉의 7국을 적어놓았다. 즉 일본서기는 신공 49년조처럼 남가라(금관가야)였으면 남가라로, 안라가라였으면 안라로, 다라가야이면 다라로 ... 등등 가야국의 구체적 명칭을 써서 구분한다. 하지만 신공 62년조는 그냥 '가라'다. 위의 가야 7국 중 마지막의 가라는 대가야다. 따라서 나는 신공 62년조에 나오는 가라를 대가야가 아닌가 생각한다.

나. 신공 62년조의 백제기를 인용한 사건은 5세기 초이다.

1) 이 기록은 임나를 제외한 가야제국이 멸망하여 삼한백제의 변진한에 들어간 227년 3월~407년 1월 사이는 될 수 없다. 298년 이후에는 신라도 공격할 필요가 없었으므로, 특히 298년 1월~396년 8월 사이는 절대 아니다.

2) 국가가 어려움을 당하면 외교 부서를 비롯한 국가 조직이 움직여야 하는데, 그러지 못하고 왕의 가족이 일을 처리한다. 이는 국가의 초창기라는 뜻이다. 후기가야가 건국되는 계기가 407년(영락 17년)에 변진한이 고구려군과의 대결에서 패하여 붕괴한 일이므로 이 사건은 407년 이후다.

3) 이와 유사한 상황이 삼국유사 가락국기의 좌지왕조에 있다. 좌지왕은 407년에 후기가야를 건국한 사람이다. 국가 체계가 아직 미비하여 국초에 여인이 국정에 관여하고 있다.

4) 일본서기 신공조에 나오는 가장 후대의 사건이 신공 5년조에 실린 418년의 박제상 사건이다. 따라서 신공 62년조도 418년 이전에 발생한 사건일 가능성이 크다. 신공 5년조의 황태후는 응신의 황후인데 본래 '인덕 38년 立八田皇女爲皇后' 다음에 있었던 기록이다. 일본서기가 5세기 초의 황후 기록들을 몽땅 신공조로 옮겨놓은 것을 보면, 일본서기 편집할 당시에 왜 여왕 비미호에 대한 사료가 별로 없었다는 것을 알 수 있다.

5) 사지비궤는 가야국을 치더라도 천황이 용서해줄 것을 기대하였다. 그것은 천황이 가야 지역과 어떤 관련이 있기 때문이다. 인덕은 400년 무렵 가야 지역에 가득 찼던 백제인을 이끌고 고구려군의 공격을 피해 도해한 사람이다. 그러다 407년에 변진한 지역이 완전히 무너지면서 가야제국이 독립해 나가는 분열이 일어나자, 돌아가는 것을 포기하고, 408년에 응신의 아들인 토도치랑자 태자를 제거한 후, 409년에 즉위했다. 따라서 그는 가야 지역의 통치권을 상실한 사람

이므로 사지비궤는 인덕을 위하여 나름대로 독립해 나간 가야를 쳐도 된다고 판단할 수 있다.

박제상 사건이 삼국사기에서 신라본기에 나오는 이유도 같다. 가야 지역과 연관된 사건이기 때문이다. 영락 10년 낙동강 유역에 운집한 궁월군이 지휘하의 백제 피란민들 속에는 당연히 변진한 지역 주민들인 가야인들이 아주 많았을 것이다. 이 피란민들을 신라가 무사히 보내준다는 보장으로 미사흔이 인질로 가므로 박제상 사건은 가야사의 연장이다. 만일 가야사와 무관하면 신라본기에 왜 관련 기록으로 나올 수 없다.

6) 가야를 실질적으로 복원시킨 것은 천황이 아니라 가야왕족을 환대한 백제다. 가야왕의 누이가 천황에게 요구한 것은 백제가 가야의 복원에 나서더라도 방해하지 말라는 뜻이다. 이 요구를 들은 천황은 방해하지 않았으며, 백제의 군사가 와서 복원시킨 것이다. 신공 62년조는 왜국의 의사와 별 관련이 없이 어쩔 수 없게 된 상황을 마치 천황의 은혜로 된 것처럼 보이기 위하여 기록된 것이다. 결국 가야 지역에 대한 영향력이 왜국에서 백제로 이동하고 있다는 뜻이다.

7) 일본서기에서 천황의 권위가 이 정도 서 있었던 것은 백제왕으로서 초창기 이민의 지도자이자 정복자였던 응신과 인덕 정도다. 그리고 천황이 노했다고 해서 대 귀족이 스스로 동굴에 들어가 죽을 정도의 권위가 서 있었던 사람은 인덕뿐이다.

인력이 대규모로 동원된 결과로 만들어진 초대형 고분은 정복자의 상징으로서 비생산적인 일의 극치다. 5세기 초에 일본열도에 초대형 고분이 나타난다는 것은 당시에 정복이 있었다는 증거다. 5세기에 응신과 인덕 외에 오사카 부근에 초대형 고분을 쓸 수 있는 사람은 또 다른 정복자인 웅략과 무열 정도다. 만일 응신능이나 인덕능에서 지석이 나온다면 왜왕이 아니라 무령왕릉처럼 백제왕을 칭하고 있을 것이다.

8) 백제는 전지태자가 왜국에 인질로 가면서 응신으로부터 진왕백제의 한반도 영토를 받았다. 하지만 인덕이 즉위하자 왜국은 입장이 바뀌어 구 진왕백제 영토를 고집하였다. 따라서 한성백제 입장에서는 진왕백제의 변진한 체제가 붕괴하여야(가야제국이 독립하여 나와야) 왜국의 영향이 사라지는 것이다.

가야 지역은 6세기 전반인 무령왕－성왕 때 백제의 통치하에 들어간다. 이때의 왜국은 백제의 담로국이 된 후이다. 하지만 성왕이 죽고, 한반도에서의 군사적 주도권이 신라에게 넘어가자 가야제국은 신라의 통치를 받게 된다. 따라서 이 사건은 가야 지역에 대한 백제와 왜국의 이해가 대립하기 시작하는 전지(405～420)－인덕(409～425) 무렵이다. 전지왕이 죽고 구이신왕이 즉위했을 때는 백제는 혼란기가 되어 외부적으로 가야에 대한 영향력을 발휘하기 어려웠다.

9) 천황이 신라를 공격하라고 한 이유는 소위 조공하지 않았다는 것이다. 삼국사기 백제본기 비류왕조를 보면 신라는 왜국이 한반도에 百濟라는 이름으로 있을 때는 조공하였음을 추정할 수 있다. 그러다 백제가 일본열도로 쫓겨 가 왜국이 된 후부터는 조공을 중단하게 된다. 물론 이 조공이란 당시의 공무역인데 얼마나 평등하냐가 문제인 것이다. 인덕시기에 신라가 조공하지 않았다고 한 경우가 두 번 있었다.

인덕천황 17년(415년; 전지 11년, 실성 14년, 후기가야 건국 8년째)。**新羅不朝貢**。秋九月。遣的臣祖 砥田宿禰小泊瀨造祖 賢遺臣 而問闕貢之事 於是新羅人懼之 且貢獻調絹一千四百六十疋 及種種雜物幷八十艘

인덕천황 53년(422년; 구이신 3년, 눌지 6년, 후기가야 건국 15년째)。**新羅不朝貢**。夏五月。遣上毛野君祖竹葉瀨 令問其闕貢 是道路之間獲白鹿 乃還之獻于天皇 更改日而行 俄且重遣竹葉瀨之弟田道 則詔之曰若新羅距者擧兵擊之。

인덕 53년이 삼국사기 신라본기와 고구려본기에 동시에 기록된 대로 사실이었으므로[5] 인덕 17년도 사실일 가능성이 높다고 본다. 이 둘 중에 신라가 힘으로 맞선 것은 두 번째인 인덕 53년이고, 첫 번째는 맞서지 않았다. 신라는 아직 조공을 중단할 준비가 되지 않았던 것이다. 그러면 다른 방식을 생각할 수 있다. 또 신라를 치지 않은 것은 17년이다.

따라서 신공 62년조에 실린 사지비궤 사건이 본래 인덕 17년인 서기 415년(전지왕 11년)에 일어난 사건이라고 판단한다. 이때 가야왕이 자기 품으로 오는 것을 환대하였던 백제왕은 왜국으로 인질로 가는 대신에 이전의 진왕백제의 영토를 받았던 전지왕이라고 생각한다. 그 다음 해인 전지왕 12년에 한성백제는 백제사 최초로 중원왕조로부터 도독이며 진동장군 백제왕의 책봉을 받는다.

전지왕 12년(416); 〈東晉〉安帝遣使 冊命王 爲使持節都督 〈百濟〉諸軍事 鎭東將軍 〈百濟王〉.

5세기 초 사지비궤의 가야토벌 사건이 신공조 후반에 기록하게 된데 대하여 다시 한 번 부연설명을 하고자 한다. 이는 일본서기 신공조의 구

---

5) 『삼한사의 재조명 1』 pp.522－524, 6. 신라의 원호제도.

성과 관련하여 중요하기 때문이다. 일본서기를 보면 백제에 대해서는 모두 우호적이고, 가야에 대해서는 거의 다 우호적이며, 신라에 대해서는 거의 다 적대적이고, 고구려에 대해서는 적대가 우세한 가운데 적대와 우호가 교차한다. 그런데 가야에 대해서 기술하는데 단 한군데가 적대적이다.[6] 그곳은 신공조 후반기록들이다. 따라서 사지비궤의 기록도 성군으로 묘사된 인덕조에 적합하지 않다고 보고 가야에 대하여 적대적인 기록들을 모아놓은 신공조 후반에 함께 끼워넣은 것이다.

4. 남제서의 가라국 하지왕

중국사서 중 남제서 동이열전은 거의 유일하게 당대 가라에 대하여 사신기록을 남겼다.

> 加羅國 三韓種也. 〈建元〉元年, 國王〈荷知〉使來獻. 詔曰: 量廣始登, 遠〈夷〉洽化. 〈加羅王〉〈荷知〉款關海外, 奉贄東遐. 可授輔國將軍 · 本國王. (가라국은 삼한의 종자다. 건원 원년에 나라의 왕 '하지'가 사신을 보내어 공물을 바쳤다. 조서를 내려 말하길 널리 헤아림은 높은 곳에서 시작하니 먼 곳의 오랑캐가 감화되었다. 가라왕 '하지'가 동쪽의 먼 바다 밖에서 정성으로 폐백을 받드니 가히 보국장군 본국왕을 내린다.)
>
> — 남제서 가라국전

이 하지를 대가야왕으로 보는 것이 보통인데 나는 그 근거를 알 수 없다.

> 高靈郡: 본디 大加耶國이다. 시조 이진아시왕(혹은 內珍朱智라고도 한

6) 그 이유는 일본서기 집필할 때 사용한 이곳의 출전이 다른 곳의 출전과 다르기 때문이다.

> 다)으로부터 道設智王에 이르기까지 무릇 16대 5백 20년이었는데, 진흥대왕이 침략하여 이를 멸망시키고, 그 땅을 大加耶郡으로 삼았다. 경덕왕이 이름을 고쳤는데, 지금 이를 그대로 쓰고 있다.
>
> –『삼국사기』「잡지」〈지리〉조

5세기 후반 남제에 사신을 보낸 가라왕 '하지'가 누구인가에 대하여 많은 논의가 있어 왔는데, 대부분이 '하지'와 발음이 비슷한 가야왕을 찾는 것이었다. 가락국기에 기록된 5세기 당시의 질지왕이나 신라본기에 기록된 6세기 가실왕을 하지왕으로 거론하는 사람도 있는데, 나는 '질지'나 '가실'이 어떻게 '하지'와 발음이 비슷한지 알 수 없다.

나는 발음으로 하지왕을 찾으려는 노력에 회의적인데 그 이유는 다음과 같다. 일본서기를 보면 가야의 통치자를 '한기(旱岐)'로 호칭한다. 나는 남제서의 '하지'란, 가야 사신이 말한 자신들의 통치자를 일컫는 호칭인 '한기' 또는 '한지'를 남제의 관리가 듣고 비슷한 발음을 가진 한자로 옮겨 쓴 것에 불과하다고 생각하기 때문이다.

5. 삼국사기 고구려본기에서 가장 중요한 기록

건국과 멸망을 제외하고 삼국사기 신라본기에서 가장 중요한 기록은 기마민족국가의 남하를 기록한 흘해이사금 35년조이고, 백제본기에서 가장 중요한 기록은 삼한백제의 왜국 건국을 기록한 아신왕 6년조라고 하였다. 그러면 고구려본기에서 가장 중요한 기록은 무엇이냐는 질문을 받은 적이 있는데 다음 기록이라 생각한다.

삼국사기 고구려본기 장수왕 24년 (436);

> 4월, 魏나라(북위)가 燕(북연)나라의 백랑성(白狼城)을 공격하여 이겼다. (우리)왕은 장수 갈로(葛盧)와 맹광(孟光)을 보내 무리 수만 명을 거느리고 陽伊를 따라 和龍으로 가서 燕왕을 맞이하게 하였다. 갈로와 맹광이 성에 들어가 군사들에게 명하여 헤진 옷을 벗게 하고 燕나라의 무기 창고에서 예리한 무기를 가져다가 나누어 주었으며 성안을 크게 약탈하였다.
>
> 5월, 燕왕이 용성에 남아 있는 주민들을 동쪽 고구려로 옮기고 궁전에 불을 질렀다. 불길은 열흘 동안 꺼지지 않았다. (이때) 이동하는 (燕나라의) 부녀자들에게는 갑옷을 입혀 행렬의 복판에 서게 하고, 양이 등은 정병을 거느리고 행렬의 바깥쪽에 서게 하였으며, 갈로와 맹광은 기병을 거느리고 후미에 서서 수레를 나란히 몰아 진군하였다. 행렬의 길이가 80여 리에 이어졌다.
> 魏왕이 이 소문을 듣고, 산기상시 封撥을 고구려에 보내 燕왕을 압송하라고 하였다. 왕이 魏나라에 사신을 보내 표문을 바치면서, 燕왕 풍홍과 함께 魏왕의 교화를 받들겠다고 하였다. 魏왕은 고구려왕이 자기의 소칙을 어겼다는 이유로 고구려를 공격할 것을 논의하였다. 그는 농우 지방의 기병을 출동시키려 하였으나, 유혈, 악평, 왕비 등이 간하여 이를 중지하였다.

고구려는 백 년 동안 전쟁하였던 연나라를 평화적으로 인수하여 선비족의 용감하고 강건한 유목 문화를 자신들의 문화 속에 흡수하였다. 이는 훗날 고구려가 또 다른 선비족 정권인 수나라와 당나라의 공격을 막아내는데 큰 힘이 되었다.

제 X 부

시대별 논점 2

[그림 15] 전남 나주 반남면에 위치한 덕산리 고분군, 4~6세기. 영산강 남쪽에 위치하며 고대에는 주변까지 배가 들어왔다. 영산강 유역에는 4세기 중반부터 정치권력의 출현을 뜻하는 대형 고분이 등장한다.

제44장 한성백제의 삼한백제 인수

1. 비유왕의 죽음

부여씨인 비유왕은 삼한백제 계열로서 한성백제 왕위를 장악한 인물이다. 왜국도 삼한백제 계열이지만 둘의 차이는 왜국은 영락 6년과 10년에 일방적으로 밀리다 패한 집단이고, 한성백제는 영락 17년에 대규모 기갑군단을 동원하여 고구려에 맞선 집단이다.

비유왕의 나이는 일본서기에서 확인 가능한 곤지(웅략)의 나이로부터 역산하면 전지왕과 비슷하여 4세기 후반 출생이다. 백제본기는 유일하게 庶子표현을 썼는데 庶子는 신라본기의 사위에 해당하는 것으로서 왕통이 완전히 바뀌는 경우다. 비유왕대의 주요 사건의 연표는 다음과 같다.

427; 비유1, 눌지11, 장수15: 한성백제에 진왕백제 계열(扶餘隆 百濟辰朝人也)인 부여씨 왕통 시작

428; 비유2, 눌지12, 장수16: 백제본기 마지막 왜국 기록, 반정(아지왕, 珍)이 왜국의 정권을 장악함. 패배한 세력이 백제로 도망오고 왜국과의 관계가 단절됨. 이후 일본서기에서 백제가 사라지고 왜국의 도독주장 시작

429; 비유3, 눌지13, 장수17: 백제가 송에 조공. 진왕계인 여신이 죽고 한성백제 구왕족인 해구가 상좌평이 됨

432; 비유6, 눌지16, 장수20
433; 비유7, 눌지17, 장수21: 백제가 신라에 화친을 청함
434; 비유8, 눌지18, 장수22: 신라와 선물 교환
435; 비유9, 눌지19, 장수23

449; 비유23, 눌지33, 장수37
450; 비유24, 눌지34, 장수38: 신라와 고구려의 우발적 충돌과 신라의 사과
451; 비유25, 눌지35, 장수39
452; 비유26, 눌지36, 장수40
453; 비유27, 눌지37, 장수41
454; 비유28, 눌지38, 장수42: 8월 고구려가 신라의 북쪽을 침범
455; 개로1, 눌지39, 장수43: 9월 흑룡이 한강에 출현하고 백제왕이 죽음. 10월 고구려가 백제를 침범하자 신라가 구원. **비유왕의 長子인 개로왕 즉위, 백제본기 기록 공백 14년 시작**

비유왕부터 동성왕에 이르는 5세기 백제왕들의 가장 큰 문제는 왜국으로 망명한 삼한백제의 영토를 실질적으로 인수하는 것이었다. 비유왕은 당시 한강 유역만을 통치하고 있어서 그가 해야 할 일은 왕권강화로 지방세력(담로)들을 포섭하는 일이었다. 위세품으로 포섭하는 것은 한계가 있었을 것이다. 한성백제 양대 통치 세력인 해씨(부여계)와 진씨(말갈계)의 반발이 있고 나아가 전국의 담로들이 말을 잘 듣지 않았을 것이다.

비유왕이 죽을 때 흑룡이 나타났다는 것으로부터 외부의 침범이 아니라 내부 정변으로 죽은 것인데 왕권강화와 관련된 사건으로 본다. 백제에서 비유왕이 즉위할 때 왜국에서는 아지사주가 정권을 잡고 인덕의 아들

을 왕으로 세운 후 일본서기에서 백제가 사라진다. 비유왕은 일본서기에 나오지 않는 드문 백제왕인데 당시 양국의 공식 교류가 중단되었다.

사건의 순서가 비유왕이 455년 9월에 죽고 고구려는 10월에 백제를 침범한다. 이는 백제에 내부 혼란이 발생하자 고구려가 바로 행동에 들어간 것이다. 이 침범이 고구려본기에 나오지 않는 이유는 백제의 반응을 떠보기 위한 작은 규모의 침범이었기 때문일 것이다. 반면에 왕이 죽은 상태에서 당하는 입장에서는 아무리 작은 군사의 침범이라도 중대한 것이다.

개로왕 말년인 21년조를 보면 고구려 승 도림이 말하기를 선왕의 유골을 제대로 수습하지 못하고 있다고 한다. 이는 개로왕 초기에 비유왕의 유골을 수습할 만한 힘이 없었다는 뜻인데 개로왕 초기 14년이 기록의 공백인 이유다. 비유왕의 죽음이 왕권강화라고 보는 또 하나의 이유는 그의 아들인 개로왕이 비유왕의 長子라는 것이다. 이는 비유왕이 자립위왕에 실패하였다는 것인데 당시까지도 자립위왕이 되지 않은 왕의 직접통치 영역은 직할지에 한정되었던 것이다. 근초고왕이 자립위왕하면서 얻은 경기 북부와 황해 남부는 비유왕이 자립위왕하지 못하자 통치권에서 이탈한 것이다. 그러면 이 지역에 대한 고구려와 백제의 이해가 충돌하게 된다.

- 고구려본기 장수왕 42년(454); 가을 7월, 군사를 보내 신라의 북쪽 변경을 침범하였다.
- 신라본기 눌지마립간 38년(454); 가을 8월, 고구려가 북쪽 변경을 침범하였다.
- 백제본기 비유왕 29년(455); 가을 9월, 흑룡이 한강에 나타났다가 잠시 후 구름과 안개가 어둡게 끼더니 날아가 버렸다. 왕이 죽었다.
- 신라본기 눌지마립간 39년(455); 겨울 10월, 고구려가 백제를 침범하니 왕은 군사를 보내 구원하였다.

454년을 보면 고구려와 신라의 접촉이 동시에 기록되어 있다. 달이 한 달 틀린 것은 전투가 7월 말에서 8월 초에 벌어졌기 때문일 것이다. 그런데 455년의 사건은 제3자라고 볼 수 있는 신라만 기록하고 정작 당사자들인 고구려와 백제는 기록하지 않았다. 신라가 있지도 않은 사건을 잘못 기록한 것이 아니라는 것은 이 고구려의 공격이 백제에서 왕이 죽는 내란이 발생한 직후에 이루어진 것으로부터 알 수 있다. 내란에서 패배한 백제인들이 고구려로 피신하자 고구려와 백제의 중앙정부와 무관하게 접경지역의 고구려군이 출동한 것으로 보인다. 신라가 도운 것은 그 접경 지역의 백제 담로들일 것이다.

개로왕 21년조는 비유왕의 무덤에 쓰일 돌을 지금의 임진강으로 추정되는 욱리하에서 가져왔다고 하였다. 욱리하를 북한강으로 보는 견해도 있는데 어찌되었건 백제의 북쪽으로 고구려와의 접경 지대라는 공통점이 있다. 또 475년에 고구려군이 한성을 공격할 때 개로왕을 죽인 고구려 장군들인 재증걸루와 고이만년에 대하여 본래 백제인인데 죄를 짓고 고구려로 도망간 사람들이라 하였다. 이로 미루어볼 때 비유왕은 자립위왕하지 않고 경기도 북부와 황해도 남부 지역의 통치권을 확보하려다 반격을 받아 욱리하에서 죽었으며, 재증걸루와 고이만년은 그 지역의 통치자들로서 내란에서 패하고 고구려로 망명하였다고 생각된다. 이 지역은 본래 근초고왕의 자립위왕 이후에 한성백제에 들어왔던 지역이었다. 개로왕이 지역의 통치권을 다시 확보한 것은 기록의 공백기가 끝나고 고구려에 대하여 반격하는 즉위 15년(469) 만이다.

비유왕의 죽음이 백제와 고구려의 중간 지대의 통치권을 두고 발생한 사건이라고 보는 또 하나의 이유는 왜왕 武(곤지)가 宋에 보낸 국서 때문이다. 왜왕 武의 국서는 武의 아버지와 형이 비극적인 죽음을 맞았다고 하고 있고 이에 대하여 고구려를 비난하는데, 형인 개로왕뿐만 아니라 아버지인 비유왕 역시 고구려와 관련된 사건으로 죽었을 가능성을 주기 때문이다.

2. 개로왕조의 공백기

삼국사기 백제본기를 보면 개로왕조는 원년이 아니라 15년부터 시작한다.

- 개로왕 14년(468); 겨울 10월, 천체관측(일식)
- 개로왕 15년(469); 가을 8월, 고구려의 남쪽 변경 침공
- 개로왕 18년(472); (북)위에 사신을 보내 고구려 공격에 동참할 것을 요청함.
- 개로왕 21년(475); 가을 9월, 고구려의 공격으로 한성이 함락되고 왕이 죽음.

일반적으로 국가의 창업자와 멸망자는 기록이 상세하고 길다. 개로왕조가 긴 것은 북위에 보낸 국서 때문인데 어찌 보면 이 역시 한성백제의 멸망과 관련이 있으므로 그는 멸망을 지켜본 군주다. 그런데 우리의 관심은 한성백제의 멸망이 아니고 그의 즉위 후 공백기 14년이다. 왜 처음 14년이 기록의 공백일까? 14년 동안 백제에 무슨 일이 있었을까? 우리는 그 14년 동안 생긴 일을 삼국사기와 중국사서와 일본서기를 통해서 추론해보고자 한다.

개로왕조는 기록의 분량이 아주 많지만 21년 재위기간 중 단 4년에 한한다. 그것도 전체 기록을 제외하면 기록이 존재하는 해는 고구려와 관련된 것으로서 단 3년뿐이다. 비유왕 말년부터 시작된 고구려와의 분쟁이 결국 한성백제의 멸망을 초래한 것이다.

> 개로왕 18년(472); (북)위에 사신을 보내 예방하고 왕이 표문을 보내 말하기를 ... 제가 임명한 관군장군 부마도위 불사후 장사 여례와 용양장군 대방태수 사마 장무 등을 보내어 ...

관료들이 높은 지위를 받는 것은 신권을 강화시키고 왕권을 약화시킬 가능성이 큰 것으로 어느 왕도 내켜하지 않는 일이다. 이로부터 14년 공백 기간에 개로왕은 제대로 왕권을 행사할 수 없었을 것이라고 추측할 수 있다. 특히 비유왕이 흑룡이 날고 죽은 것으로 보아 그 공백 기간 중에 백제에 발생했을 사건은 권력의 공백으로 인한 혼란이다.

비유왕은 한성백제의 중시조에 해당한다. 구이신왕 이후 한성백제의 왕권이 부여씨에게 넘어갔는데 부여씨는 본래 한성백제계가 아니고 진왕계열이었다.

> 宋 世祖 大明 2년(458), '경(백제 개로왕)'이 사신을 보내어, 표를 올려 말하길, "... 행관군장군 우현왕 '여기' 등 11명은 충성스럽고, 근면하여 벼슬을 함이 마땅하니 ... 청을 받아들여 제수하여 주십시오."

이에 행(1)관군장군 우현왕 '여기'를 관군장군에 삼고, 행(2)정노장군 좌현왕 '여곤', 행(3)정노장군 '여훈'을 정노장군, 행(4)보국장군 '여도', (5)'여예'를 보국장군, 행(6)용양장군 '목금', (7)'여작'을 용양장군, 행(8)영삭장군 '여류', (9)'미귀'를 영삭장군, 행(10)건무장군 '우서', (11)'여루'를 건무장군에 삼았다.[1] —『송서』「백제전」

개로왕이 즉위 후 14년 동안(455～468) 기록이 없는 이유는 내부 정리가 안 되어 통치권을 제대로 행사하지 못했기 때문이다. 그런데 송서 백

1) 국가 주요 요직에 부여씨가 많다는 것은 왕도 부여씨일 가능성이 크다는 뜻이다.

제전을 보면 개로왕이 458년에 사신을 보내 신하들에게 작위를 요청하는 것으로 보아 비유왕이 죽으면서 발생한 내란은 455～458년 사이였음을 알 수 있다.

언뜻 보면 개로왕이 그냥 임명하면 되지 왜 하필 송나라 황제의 동의를 구하는지 이상하게 느껴진다. 비유왕 사후 벌어진 내전에서 승리하고 개로왕의 집권을 도운 공신들이 자신들의 직위에 대한 제3자의 보장을 요구한 것이다.[2] 마치 왜국에서 反正이 정권을 잡고 송에 사신을 보내 자신을 위해 공을 세운 사람들의 직위를 요구한 것이나 유사하다. 과거 한성백제 왕족인 解씨와 지배층인 眞씨는 한 명도 없고 금강 이남의 구 삼한백제 왕족인 부여씨가 대거 직위를 받은 것으로부터 解씨와 眞씨는 통치권이 넘어가는 데에 불만이 많았던 듯하다. 고구려로 달아난 재증걸루와 고이만년도 부여씨가 아니다.

국내 문제가 정리되자 개로왕은 곤지를 왜국에 파견하여 왜국문제를 정리하고 두 나라의 관계를 복원한다. 일본서기 웅략 5년(461) 여름 4월조는 당시 백제왕인 개로왕을 王이라 호칭하지 않고 "가수리君"이라 호칭하고 있다. 君은 여러 왕족 중의 한 명이라는 뜻이다. 이는 461년에도 개로왕이 백제를 완전히 장악하지 못하고 있었다는 뜻으로, 당시의 삼국사기 개로왕조가 공백이라는 사실과 정황이 일치한다.

삼국사기는 기록의 공백기가 끝나고 즉위 15년(469)만에 고구려의 남부를 공격하고 있어서 이 무렵에는 경기 북부 및 황해 남부 지역에 대한 통치권이 확보된 것을 알 수 있다. 이로부터 3년 후인 재위 18년째(472)에 북위에 보낸 국서를 보면 각 지역 담로들의 독자성을 인정해 주는 선에서 타협을 맺고 있어 개로왕의 통치권이 안정된 시점이 삼국사기의 기록대로 고구려를 공격하는 469년 직전임을 확인할 수 있다. 결국 기록

2) 백제왕의 요청에 대하여 송나라 황제는 단 한 번도 거절한 적이 없다.

공백 14년의 이유가 명백하고 그 사이에 벌어진 일들이 무엇이었는지도 추정할 수 있다.

개로왕이 북위에 보낸 국서에 '부마도위 불사(전주로 추정)후 여례'라 하여 전주 지역의 인물이 나오는 것을 보아, 개로왕대에 금강 유역까지는 어느 정도 포섭에 성공한 것으로 추측된다. 하지만 백제본기에 확실한 금강 유역 기사가 (온조왕대 건국 기사를 제외하고) 처음 나오는 것은 475년의 웅진천도이다. 이때 문주왕이 신라에서 데려온 1만 기병대로 금강 유역을 장악한 것이다. 따라서 금강 유역이 한성백제의 직접 통치에 들어가는 것은 475년 겨울이다.

개로왕이 작위를 내린 영역을 직접 통치할 수 없었음은 일본서기로도 확인이 가능하다. 475년에 장수왕이 군사를 이끌고 내려와 한강 유역을 토벌하였는데 더 이상 남쪽으로 내려가지 않았다. 그 이유는 장수왕은 개로왕을 벌하기 위하여 남하하였는데 금강 유역 이남은 개로왕과 무관하였기 때문이었다. 장수왕이 더 이상 남하하지 않은 이유를 일본서기는 다음처럼 기록하고 있다.

> 웅략천황 20년; (고구려)王曰。不可矣 寡人聞 百濟國者 爲日本國之官家 所由來遠久矣 又其王入仕天皇 四隣之所共識也 遂止之。

백제가 오랫동안 일본국의 관가라서 (일본국과 마찰이 생길 수 있으므로) 한강 유역 아래로는 남하하지 않는다는 뜻이다. 이는 당시 고구려군으로 참전했던 사람이 훗날 왜국으로 이주하여 백제인들에게 전했던 것을 나중에 일본서기 입장에서 다시 정리한 것으로 본다. 이 말은 금강 이남은 개로왕의 통치 지역이 아니었다는 것이다. 일본열도로 피신한 삼한백제 망명정부가 당시까지도 금강 이남 지역과 친연 관계를 유지하고 있었다는 뜻인데, 그 지역의 담로들은 한성백제의 중앙집권적 통치보다 과거 삼한백제의 지방분권적 통치를 선호하고 있었기 때문이다.

3. 한성백제의 삼한백제 지방 세력 흡수

금동 위세품은 백제가 5세기에 지방을 어떤 방식으로 통치하였느냐와 관련이 있는데 475년의 웅진천도를 경계로 둘로 구분된다. 이 기간에 〈전지왕－구이신왕－비유왕－개로왕－ㅣ－문주왕－삼근왕－동성왕〉의 7명의 백제왕이 있었는데 단 한명도 자연사하지 못했다. 이때는 백제왕의 권한이 도전받던 시기로서 혼란기였다는 뜻이다. 이 사이에 백제는 왕실이 왜국으로 쫓겨 간 진왕의 삼한백제의 영토를 흡수하는데 그 방식이 475년의 웅진천도를 경계로 달라졌던 것이다. 5세기 백제 지역에서 발굴된 금동모나 금동관이 나온 고분들을 정리해보면 다음과 같다. 관이나 모나 둘 다 모자의 일종이지만 관 안에 쓰는 것이 모이다. 유명한 신라금관은 모두 관이다.

(가) 5세기 웅진남천 이전: 금동모 출토 지역

1. 충남 공주 수촌리
2. 충남 천안 용원리
3. 충남 서산 부장리
4. 전북 익산 입점리
5. 전남 고흥 길두리
6. 일본 구마모토(熊本) 후나야마

(나) 5세기 웅진남천 이후: 금동관 출토 지역

7. 전남 나주 신촌리

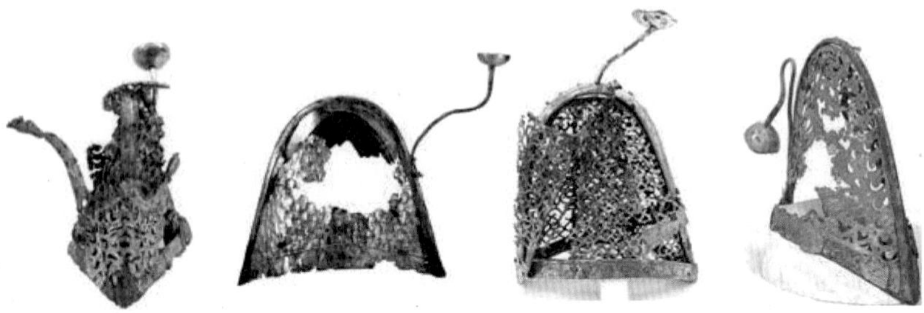

[그림 16] 5세기 백제 금동모[3]: 좌로부터 공주 수촌리 4호분, 익산 웅포면 입점리 1호분, 고흥 길두리 안동고분, 일본 구마모토현 후나야마 고분.

1.번에서 6.번까지의 금동모들은 양식이 무덤양식과 무관하게 유사하다. 이들은 고깔 모양의 기본 구조에 금동판을 도려내어 무늬를 새겼고 꽃봉오리 모양의 장식을 덧붙인 형태로 외형 · 도안 · 제작 기법 등 일정한 공통점을 갖고 있다. 그러면 백제의 중앙정부에서 제작하여 지방에 나누어준 위세품으로 보아야 한다. 중앙정부가 그 지역 세력의 권위를 인정해주면서 자신들의 영향하에 두려는 포섭 정책의 일환이다.

반면에 7.번의 나주 신촌리 옹관묘에서 나온 국보 295호 금동관은 관이다. 형태가 독창적이라서 독자적으로 만든 것으로 보아야 한다. 나주 반남면 지역은 중앙에서 위세품을 내려주는 다른 지역과 성격이 달랐던 것이다. 따라서 웅진천도 이전에는 금동모를 지방 세력가들에게 내려주었으나 웅진남천 이후에는 사라졌음을 알 수 있다. 웅진천도를 기준으로 지방 통치 방식이 바뀐 것이다.

금동신발은 금동관이나 모와 다르게 장기간 넓게 사용되었다. 지금까지 발굴된 백제시대 금동신발은 공주 수촌리 고분군 3켤레, 익산 입점리 1켤레, 나주 신촌리 고분과 복암리 고분 각 1켤레, 고흥 길두리 고분 1켤레, 서산 부장리 고분 1켤레, 공주 무령왕릉 2켤레, 원주 법천리 1 · 4호

3) 조선일보 허윤희기자, 2010.1.20.

[그림 17] 전남 나주 반남면 신촌리 9호분 을관 출토 금동관
(높이 25.5㎝, 국보 295호)과 원통형토기(높이 59.6cm).[4]
5세기 후반, 일제강점기에 일본인들에 의하여 발굴되었다.

각각 1켤레는 출토품이며, 이 외에도 이화여대박물관과 서울역사박물관에 1켤레씩 소장돼있어 모두 14켤레다. 이 중에 가장 뛰어난 작품은 복암리 출토 금동신발인데 금동신발은 지역적 특성이 있어서 자체 제작하였다고 생각된다.

금강 유역인 공주 북쪽에 위치한 수촌리 고분군은 토광묘 2기, 횡혈식 석실분 2기, 횡구식 석실분 1기, 수혈식 석곽묘 1기 등 모두 6기가 조사되었는데 4세기 중반~5세기 중반으로 추정된다. 수촌리 일대에는 청동기시대부터 조성된 고분들이 밀집해 있다. 1호분과 4호분에서 금동모가 나왔으며 금동신발, 금제이식, 환두대도, 4세기 중국 동진시대에 만들어진 흑유 계수호 등이 출토되었다.[5] 목곽묘에서는 귀면문 허리띠 장식이 나왔다.[6] 이런 허리띠는 보통 관복제도의 정착을 의미하는데 관복제도란 국가의 통치 질서가 정상 궤도에 올라갔을 때 나타난다.

---

4) 국립광주박물관.

5) 디지털공주문화대전.

6) 357년에 축조한 기록이 분명한 고구려 안악 3호분의 현실 입구 양쪽 기둥머리에 장식된 귀면문이 수촌리 출토품과 매우 흡사하다. —이한상.

[그림 18] 금동모, 금동신발, 환두대도 등이 출토된 충남 공주 수촌리 1호 토광묘, 4~5세기.

천안 용원리 고분군은 4세기 중반부터 5세기 전반에 걸쳐 조성되었다.[7] 용원리에는 약 150기의 고분이 있는데 토광묘는 구릉 북쪽 경사면을 중심으로 밀집돼 능선 방향에 맞춰 열을 이루며 일렬로 배치돼 있다. 상대적으로 수가 적은 석곽묘는 토광묘와 묘제 유형상 차이는 있지만 유물 부장 방식과 내용에 있어 유사하여 동일 집단에 의하여 토광묘가 먼저, 석곽묘가 나중에 조성되었음을 알 수 있다.

용원리 인근의 청당동과 화성리 일대에도 고분군이 있어서 이런 것들이 모두 4세기 금강 유역의 국가의 존재를 의미한다. 따라서 공주 수촌리나 천안 용원리나 당시 삼한백제 진왕의 유력한 왕릉지 후보들이다. 정작 한성백제의 도읍지인 서울에는 4세기 후반에 고구려식 적석총이 사라지고 이후 웅진남천까지 백 년 동안 사용했을 왕릉지가 없다.

지방 세력에게 위세품만 내려주었다고는 생각되지 않는다. 이전의 진

7) 용원리에서는 364년을 뜻하는 연도가 표시된 도자기가 나왔다고 한다.

[그림 19] 동진시대 흑유 계수호, 금동으로 만든 용과 봉황, 환두대도 등이 출토된 천안 용원리 9호 석곽묘, 4~5세기. 고분군에서 별도로 조성되어 주인의 신분이 다름을 알 수 있다.

왕제 전통에 따라서 지방 세력은 자기 가문의 여인을 백제왕에게 시집보냈다고 생각한다. 훗날 고려태조가 시행한 지방 통치 정책과 같다.

흡수하는 지역은 구주의 후나야마고분(船山古墳)에서 보듯이 한반도에만 국한하지 않고 일본열도도 모두 포함하였다. 후나야마고분은 길이 47m 정도의 전방후원분으로서 여러 개의 큰 칼이 출토되었다. 글자가 새겨진 칼도 발굴되었는데 현존하는 일본에서 가장 오래된 금석문으로 알려져 있다.[8] 이와 함께 백제식 금동관모와 청동거울이 발굴되었다.

---

8) 철검이 발견되었는데 獲加多支鹵大王이라는 글자를 포함하여 75자의 명문이 새겨져있다. '획가'는 waka로 읽어 웅략에 비정하는 것이 보통인데 백제식 관모와 금동신발이 함께 발굴된 것으로 보아 맞는다고 보면 461년 이후에 축조되었다. 獲加多支鹵大王이라는 명문은 稻荷山고분의 철검에서도 발견되었다. 왜왕 무(웅략)가 전국적인 정복을 단행하였다는 증거다.

최근 주목할 만한 두 가지 발굴은 다음과 같다.

1) 전남 고흥 포두면 길두리 기러기동네(雁洞) 고분

마한 지역인 전남 고흥에서 5세기 전반으로 추정되는 고분이 발굴되었는데 지름 34m, 높이 6m 가량의 봉토를 갖춘 원형분으로 전남 남해안 지역에서는 가장 큰 규모이다. 도굴로 무덤 천장을 이루는 덮개돌이 뜯겨져 있기는 하지만 무덤 안 석실은 비교적 온전한 상태로 남아 있었다. 봉토 정상부에 돌로 쌓은 무덤방(玄室)을 만들었다. 길이 320cm, 너비는 무덤방 출입구가 딸린 서쪽이 130cm, 동쪽이 150cm인 사다리꼴이다. 고흥은 영산강 유역보다 섬진강 유역에 가까워 영산강 유역에서 발전한 다장형식의 옹관묘가 아니라 석실분이다.

출토된 유물은 5세기 백제 지역에서 자주 발견되는 반구형 장식이 달린 금동모를 비롯하여 금동신발, 청동거울, 철제 갑옷 외에도 둥근고리큰 칼(환두대도) 3점, 쇠투겁창 2점, 철제 투구, 철 화살촉, 유리소옥 등이다. 지름 10.5cm 크기인 청동거울에는 자손들이 길이 번창하라는 의미인 '長宜子孫'이란 4자 명문과 8자 명문이 각각 새겨져 있다. 거울에는 이 밖에도 8자가 더 적혀 있지만 아직 판독되지 않았다.

[그림 20] 전남 고흥 기러기동네 고분 출토 갑옷과 투구. 5세기 전반

발굴된 갑옷과 투구는 이전 변진한 지역에서 집중적으로 출토되는 가로로 철판 몇 장을 묶은 판갑옷에 챙이 달린 투구로서 마한 지역에서도 동일한 형태의 갑옷과 투구를 사용했음을 알 수 있다. 傳인덕능에서 출토된 갑옷과 투구도 이 형식인데 이를 보고 고분의 주인을 변진한 지역의 담로주 출신으로 추정하였으나[9] 갑옷과 투구만 보고 판단할 수 없다는 것이 확실해졌다. 광개토왕비문에 나오는 영락 17년의 전투 지역이 한반도 남해안이므로 고구려군이 노획했다는 수만 점의 갑주도 아마 이런 형태였을 것이다.

2) 전북 고창 봉덕리 1호분[10]

전북 고창 봉덕리 1호분은 길이 72m, 너비 50m, 높이 7m 정도의 방대형(方臺形)으로 백제 영토에 분포하고 있는 고분 가운데 최대급이다. 이 분구묘는 5세기 초에 축조된 것으로 추정되는데 구릉의 말단부를 장방형 형태로 다듬은 후 그 위에 성토하여 분구를 조성하고 상부에는 석실분 5기와 옹관묘 2기를 안치하고 있어 영산강 유역의 전통인 다장 형식이다. 분구의 유실을 방지하기 위한 호석 시설과 도랑(주구) 등도 확인됐다. 다량의 유물이 출토된 석실 4호분은 다른 석실이 횡혈식인데 비하여 수혈식이고 가장자리에 위치한 것으로 보아 상대적으로 나중에 축조된 것으로 보인다. 특히 석실에서 다량의 기와 조각이 발견되어 본래는 무덤 위에 기와로 지붕을 이었던 것으로 추정된다.

많은 유물이 출토된 4호 석실분은 중앙 머리 부근에서 금동관이나 금동모 대신에 청동제 대나무잎 모양의 장식품이 발견되고, 머리와 가슴 부근에서는 귀걸이 2쌍과 곡옥 2점을 비롯한 다량의 옥이 발견돼 부부

9) 『삼한사의 재조명 1』 p.514, 제26장, 2. 인덕의 善政.

10) 원광대 마한・백제문화연구소(소장 최완규).

[그림 21] 전북 고창 봉덕리 1호분 4호 석실에서 출토된 금동신발과 青瓷盤口壺 및 小壺裝飾有孔廣口壺. 5세기 전반.

합장 고분으로 추정된다. 팔 부근에선 칠기로 만든 화살통과 큰 칼 2점, 손칼(刀子)이 발견되었다. 목 부분과 측판 2매, 바닥으로 이루어진 금동 신발의 바닥 중앙에는 용 1마리가 있으며, 발뒤꿈치 부분에는 고구려 장천1호분 고분벽화나 백제 무령왕릉 허리띠 장식에 보이는 力士像이 투조로 장식되었다. 중국 남조시대 청자가 나왔으며, 등자 같은 마구류와 큰 칼 2점 등 무기류도 발굴되었다.

5세기의 위세품 분배에 관해서는 삼국사기가 자세히 기록하고 있다. 당시 백제의 지방 세력 중 마지막까지 살아남은 한 세력이 이를 삼국사기에 기록으로 남겼다.

> 비유왕 7년(433); 가을 7월, 신라에 사신을 보내 화친을 청하였다.
>
> 비유왕 8년(434); 봄 2월, 신라에 사신을 파견하여 좋은 〈말〉 두필을 보냈다. 가을 9월, 다시 흰 〈매〉를 보냈다. 겨울 10월, 신라에서 좋은 〈금〉과 〈구슬〉을 답례로 보내 왔다.

누가 위세품을 내려 보내고, 누가 이를 받았으며 어떤 위세품이 갔는지도 유추할 수 있다. 백제는 지방 세력가가 좋아할 물건들을 보내고, 지방 세력가 역시 자신들의 특산품을 중앙에 보내는 방식으로 답례하였다. 삼국사기를 보면 먼저 사신을 보내고 그 다음 약 1년 후에 위세품이 간다. 이와 동시에 백제와 신라 간에 혼인이 이루어졌을 가능성이 큰데 삼국사기에 기록이 없다. 일본서기 웅략조는 신라왕성인 모씨 문주왕이 개로왕의 외삼촌이라 하여[11] 백제와 신라가 혼인했을 가능성을 준다. 하지만 비유왕의 아들인 개로왕이 元子가 아니고 長子인 것으로부터 비유왕은 자립위왕하지 못했고, 개로왕은 신라 여인의 아들이 아니라 첫 번째 왕비가 낳은 아들이라는 것을 알 수 있다. 당시 신라 여인의 신분이 눌지왕의 딸이 아니라 신분이 낮아 자립위왕이 안 되었던 것은 아닌지.

5세기에 전국에 금동모를 내려 보낸 백제왕은 웅진천도 이전의 〈전지왕－구이신왕－비유왕－개로왕〉까지로 보이는데, 전지왕 3년에 진왕백제 계열인 부여씨가 한성백제에 최초로 등장하며 정권을 잡으므로 실질적으로는 부여씨 정권이 행한 것이다. 웅진천도 이전에는 금동모 등을 보내주며 포섭하는 방식으로 통치를 하였으나 웅진남천 이후에는 직접 통치에 나선다. 천도의 혼란이 수습된 동성왕대부터는 무력시위(영산강 유역)와 동시에 예전의 혼인을 통한 담로 통치 방식(신라)을 병행하였고, 6세기 무령왕 이후에는 사서에 후왕이라 불리던 담로주가 사라지는 것을 볼 때 담로 통치 방식은 점차 폐지하였다.

왜왕 武(곤지)의 국서는 武가 수많은 소국들을 정복했다고 하는데 이는 군사적인 정복이라기보다는 과거 삼한백제에 복속하던 담로들을 한성백제에 복속하도록 하는 삼한백제 인수의 연장선에 있고, 왜국에서는 곤지가 이를 대행하는 것이다. 웅략(곤지) 사후 이런 복속이 중단되었다가

11) 雄略天皇 二一年; 春三月, 天皇聞百濟爲高麗所破 以久麻那利賜〈汶洲王〉 救興其國 時人皆云 百濟國雖屬旣亡聚憂倉下 實賴於天皇 更造其國。[〈汶洲王〉〈蓋鹵王〉母弟也 日本舊記云 以久麻那利賜〈末多王〉 蓋是誤也 久麻那利者 任那國下哆呼唎縣之別邑也]

6세기 초 계체가 집권하며 다시 시작된다. 무열 이전까지는 전쟁이라고 해야 주로 수도를 중심으로 벌어진 지배층 내부의 권력싸움이었지만, 계체가 들어서면서부터 수만 대군이 동원되고 전국적인 전쟁이 발발한다. 왜국도 중앙집권화를 통한 통일전쟁이 시작된 것이다. 그리고 이를 최종적으로 완성하는 것은 7세기 초 소아씨정권 때이다.

3세기 이전 삼한백제는 한반도만 통일하면 되었지만 5세기 이후 한성백제는 왜국도 통일해야 했다. 이 외에도 3세기 이전과 5세기 이후에는 한 가지 중요한 요소가 달라졌다. 3세기 이전에도 신라는 삼한백제를 견제하는 상당한 역할을 하였는데, 4세기에 유목민족 집단이 북에서 내려와 이들이 새로운 집권 세력이 된 신라는 점차 힘을 키워 6세기에는 동아시아의 질서를 좌우할 정도의 강력한 세력으로 성장한 것이다. 백제의 가야 지역 흡수는 실패하고 오히려 신라에게 가야 전체를 내어주게 되는데, 농업생산력은 물론이고 해운력에서도 뛰어난 가야 지역을 흡수한 신라는 고구려와 백제에 맞설 만한 경제력을 키워 7세기에 최종 승리자가 될 수 있는 토대를 갖춘다.

7세기 후반에 백제와 고구려가 멸망하고 〈신라－고구려－백제〉의 3국은 〈신라－발해－일본〉으로 재편된다. 하지만 발해는 고구려를 계승하여 한국사에 남지만 일본은 백제의 계승을 부정하여 한국사에서 이탈한다. 발해는 국민 대부분이 고구려인이라서 고구려의 계승을 천명하는데 별 무리가 없었다고 보지만, 일본은 5세기 이후 이미 3백 년 동안 새로운 나라의 건국을 준비해 왔으며, 또한 백제인 뿐만 아니라 고구려인, 가야인, 신라인들이 복합적으로 구성되어 있어서 백제만을 계승한 나라가 아니었다.

4. 환두대도의 출토지

한반도 중남부와 일본열도 전역에서는 삼국시대 환두대도가 출토된다. 손잡이에는 지배자를 상징하는 용무늬나 봉황무늬를 조각하기도 하였다. 환두대도를 백제 지방 통치의 상징물이라고 하는 이유는 왕이 자신의 칼과 같은 종류의 칼을 지방 수장에게 나누어 줌으로써 지방 수장은 중앙정부에 신속하고 중앙정부는 권력을 분양하는 형식을 취하기 때문이다. 오늘날 대통령이 고위 장군에게 지휘권을 상징하는 칼을 주는 전통이 이미 4세기 후반 백제에서 시작한 것이다. 환두대도는 실용적인 무기가 아니라 과시용 위세품인데 여러 환두대도들 중에 가장 유명한 것은 칼의 기품으로 보나 작품성으로 보나 단연 최고인 무령왕릉 출토 용무늬환두대도다.

3세기 김포 양촌 주구목관묘에서 철제 환두대도가 나왔으나 위세품이 아니었다. 상감대도는 위세품으로서 가장 이른 형태의 대도로 4세기 후반에 금강 유역에서 시작하였는데 4세기 후반~5세기 초반의 공주 수촌리, 청주 신봉동 등에서 나왔다. 대도는 생전에 사용하던 것을 매장하였을 것이므로 출현은 4세기 후반으로 본다. 수촌리 환두대도는 용무늬를 은상감한 고리만 있고 고리 내부에 장식이 없는 초기의 상감환두대도이다. 칠지도는 상감대도의 원시 형태로 볼 수 있다. 환두대도를 철로만 만들던 3세기에는 위세품이 아니었는데 4세기 후반에 금강 유역에서 귀금속으로 만들어지고 고리에 문양이 들어가며 위세품화 하고 있다.

상감대도 다음에 나타난 것이 용봉문환두대도이다. 초기의 천안 용원리 환두대도는 손잡이 아래가 단순하나 후기의 무령왕릉 환두대도는 칼 손잡이 부분을 金絲와 銀絲를 한 줄씩 번갈아 감아 장식하는 등 훨씬 세련되었다. 4세기 후반에 금강 유역에서 시작한 대도 문화는 이후 점차 남하하여 영산강 유역으로 이어진다. 이후 5~6세기에 영산강 유역에서 꽃을 피우고 다시 금강 유역으로 북상하여 6세기 전반 무령왕릉의 환두대

[그림 22] 충남 천안 용원리 12호분 출토 은상감금제단봉문환두대도(왼쪽, 4세기 후반~5세기 초)와 공주 송산리 무령왕릉 출토 단용문환두대도(오른쪽, 6세기 전반). 봉황과 용을 각각 조각하였고 위세품화 하면서 고리가 커졌지만 기본 구조가 같다. 두 환두대도의 중간 시기에 영산강 유역 환두대도들이 있다.

도에 연결된다.

영산강 유역에 위치한 나주 반남면 신촌리 9호분은 5세기 후반에 축조된 대형 방대형분으로 옹관 속에서 금동관과 금동신발 외에 금장단봉환두대도 1점, 은장단봉환두대도 1점, 은장삼엽문환두대도 2점이 출토되었다. 장고형 고분인 전남 함평 예덕리 신덕 1호분에서는 장식대도의 일종인 꼰환두대도가 나왔는데 6세기에 일본열도에서 유행하던 대도이다. 나주 복암리 3호분에서는 장식대도인 圭頭大刀 및 귀면문환두대도가 출토되었는데 6세기 후반에서 7세기 초에 걸쳐 일본에서 유행하였다. 규두대도는 일본에서 중심지였던 기내 지방이 아니라 변두리였던 관동 지방에서 집중적으로 출토된다.

일본열도의 대도는 6세기 전반 이전에는 주로 백제에서 가져간 것이며 6세기 중반 이후는 일본에서 자체 제작한 것으로 생각되는데,[12] 한반도

12) 김낙중은 6세기 후엽 이후 일본에서 유행하던 장식대도도 제작지가 주로 백제였

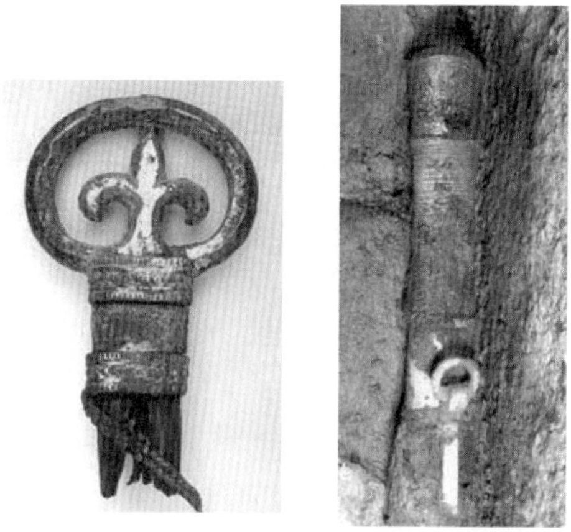

[그림 23] 나주 복암리 3호분에서 출토된 삼엽문환두도(96석실 옹관, 5세기 후반)와 규두대도(7호 횡혈식 석실, 6세기 전반). 삼엽문환두도의 병두금구는 은제이며 자루에는 가는 은띠를 나선형으로 감았다. 규두대도는 병두 표리면에 정교한 용문이 대칭으로 새겨져 있고 병두에는 지름 9mm의 끈 구멍이 있다.

에서 만들어진 대도가 일본열도에 건너가 장식용 칼로 진화한 것이다. 그리고 일본열도의 고분시대가 끝나는 7세기에 들어서면 대도도 점차 사라진다. 삼국시대 환두대도의 특징을 정리해보면 다음과 같다.

(1) 금강 유역에서 비롯된 백제문화다.

4세기 후반 이후 금강 유역에서 출토되는 상감대도에서 시작한다. 고구려에서는 칼은 나와도 이런 환두대도 문화는 없었다. 4세기 후반에 자립위왕을 못한 여휘왕이나 권력강화에 힘쓰던 응신왕 등이 지방담로들에게 상감대도를 나누어 준 것으로 보인다. 결정적인 것은 5세기 중후반에 개로왕과 동성왕이 지방 담로들을 대거 후왕으

을 것으로 본다. 그리고 유력한 장소로 영산강 유역을 지목하였다.

로 책봉한 것이다. 이때 환두대도가 따라간 것으로 추정된다. 5세기 후반 이후 영산강 유역에서 화려한 무기류가 출토되는 것은 동성왕—무령왕 시기에 이들이 백제를 운영하였다는 뜻이다. 5세기 후반 이후 자신들이 백제를 운영하였기 때문에 상당 기간 독자적인 문화 유지가 가능하였던 것이다. 영산강 유역 후왕들은 같은 환두대도를 차고 있던 무령왕을 자신들의 일파라고 생각했을 것이다.

(2) 한반도는 3~6세기 것이, 일본열도에는 5~7세기 것이 출토된다. 일본에 4세기 이전 환두대도가 없는 것은 백제식 국가가 5세기에 건국되었기 때문이다. 4세기 이전의 왜국은 5세기 이후의 왜국과 전혀 다른 존재로 가야문화권이었다. 5세기 고분인 傳인덕능에서도 단봉문 환두대도가 나왔는데 현재 미국 보스턴 박물관에 있다. 이곳에서는 백제식 칠자경도 출토되어 역시 보스턴 박물관에 있는데 무령왕릉 출토 칠자경과 같은 양식이다.[13] 용과 봉황무늬 환두대도는 5세기에서도 중엽 이후에 유행한 것으로 보아 傳인덕능의 주인이 더 후대의 인물일 가능성이 있다.
가장 오래된 대도는 230년에 아직 자립위왕하지 못한 진왕이 왜여왕 비미호에게 보낸 칠지도다. 명문에 선세 이래로 이런 칼이 없었다고 하는 것으로 보아 권력을 인정하는 의미로 칼을 만들어 주는 행위는 그때가 시초였다는 것을 알 수 있다. 왜 하필 3세기에 백제에 대도 문화가 출현하였느냐는 삼국사기로 알 수 있다. 삼국사기를 보면 3세기 초에 백제가 마한과 진한과 변한을 통합하고 삼한소국체제를 출범시키기 때문이다.

---

13) http://blog.naver.com/soulthemusic/80103336030

(3) 가야와 신라 지역 환두대도는 백제식이다.

가야 지역인 경남 합천 옥전 M3호분은 5세기 후반으로 추정되는데 용봉문환두대도와 단봉문환두대도가 출토되었다. 가야 지역 환두대도는 문양이 백제와 같으므로 백제에서 보내주었거나 백제의 기술자가 와서 만든 것으로 추정된다. 신라에서도 5세기 이후에는

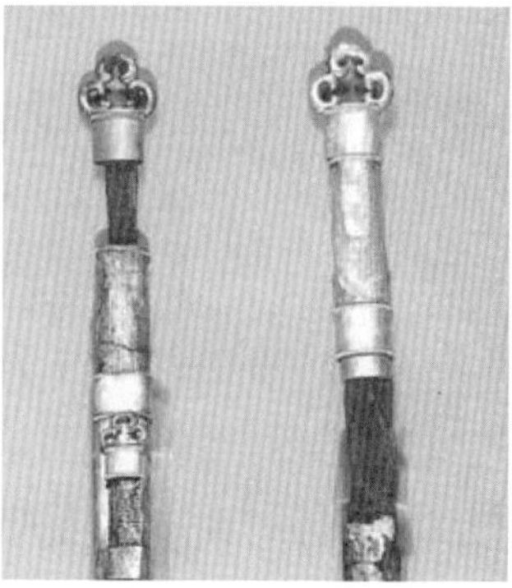

[그림 24] 경북 경주시 황남대총 남분 출토 삼엽문환두대도. 5세기 전반.

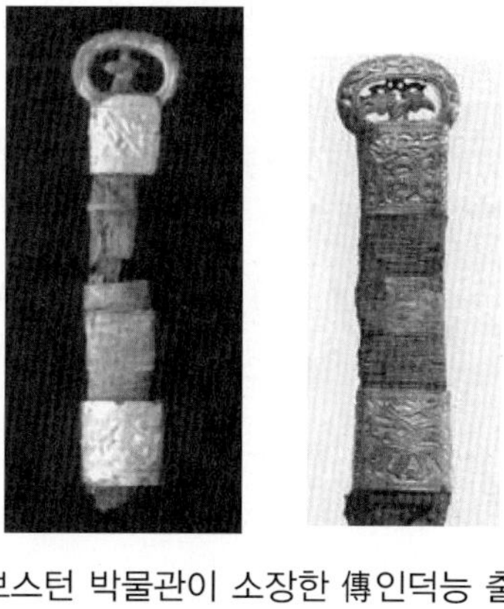

[그림 25] 미국 보스턴 박물관이 소장한 傳인덕능 출토 단봉문환두대도(좌)와[14] 경남 합천군 옥전 가야고분군 M3호 출토 용봉문환두대도(우). 모두 5세기인데 기본 구조가 같다.

환두대도가 출토되는데 가야와 마찬가지로 백제식이다. 황남대총에서는 삼엽문환두대도만 나온 것으로 보아 5세기에서도 초창기 무덤이다. 가야가 6세기에 신라에 통합된 후에는 백제식의 환두대도가 사라진다. 가야 지역의 금동관은 신라 양식인데 이 역시 신라에 통합된 이후에는 사라진다. 백제가 칼문화이고 고구려가 활문화라면 신라는 기마문화이다.

(4) 한강 유역에서는 출토되지 않는다.

이것이 가장 흥미로운 문제인데 왜 한강 유역에서는 위세품으로서의 화려한 환두대도가 출토되지 않느냐는 것이다. 앞으로 설령 한두 개가 나온다고 할지라도 수십 개씩 출토되는 다른 지역과는 비교할 바가 아니다. 한강 유역은 환두대도의 공백 지대이자 담로계 지명의 공백 지대이기도 하다. 그런데 4세기 후반 이후 금강 유역의 백제 진왕으로부터 신라와 가야를 포함하여 전국에 환두대도가 보내질 때 한강 유역은 제외되었다는 뜻이다. 그 말은 한강 유역에는 자체적으로 강력한 통치자가 있어 백제 중앙정부의 통치권 밖에 있었으며, 그 문화도 백제의 전통 문화와는 다른 문화였다는 뜻이다. 삼국사기를 보면 한강 유역은 3세기 초 고이왕부터 새로운 집권세력이 북에서 말갈군과 함께 내려온다. 그리고 한강 유역에서 기존 무덤을 파괴하고 고구려식 적석총이 축조되기 시작한다. 이는 3세기 초에 한강 유역에 고구려 계통에 의한 정복이 있었다는 뜻이다. 삼국사기를 보면 백제는 고이왕때부터 활문화가 등장한다. 한강 유역은 고구려와 백제의 접경 지역으로서 고구려문화가 많이 남아있었다. 근초고왕에서 전지왕에 이르는 한성백제 해씨왕조는

14) http://www.mfa.org/

4말 5초에 환두대도를 내려 보내지 않았던 것이다. 환두대도를 내려 보내고 싶어도 보낼 곳이 없었을 것이다. 한성백제가 전국에 환두대도를 내려 보내는 것은 진왕 계열인 부여씨 정권이 등장하는 다음 기록들 이후다. 금동모 역시 마찬가지다.

- 전지왕 3년(407); 봄 2월, 서제 **여신**을 내신좌평으로 삼고, 해수를 내법좌평으로, 해구를 병관좌평으로 삼았는데 모두 왕의 친척이었다.
- 전지왕 4년(408); 봄 정월, **여신**을 승진시켜 상좌평으로 삼고 군국정사를 위촉하였다. 이로써 상좌평의 관직이 시작되었는데 지금의 冢宰와 같다.
- 전지왕 12년(416); 동진의 안제가 사신을 보내와 왕을 책명하여 '사지 절도독 백제제군사 진동장군 백제왕'이라 하였다.

백제의 칼문화는 일본으로 이어졌고, 신라의 기마문화는 농경화되면서 계승되지 못했지만, 고이왕이 가져온 고구려의 활문화는 대대로 이어져 고려시기에 몽고군을, 조선시기에 일본군을 막는 데 큰 역할을 하였고, 오늘날 세계 양궁대회를 석권하는 등 한국의 대표 문화가 되었다.

무령왕은 백제에서 왜국으로 가던 중 각라도라는 섬에서 태어나 어머니와 이별하고 백제로 돌려보내졌다. 한강 유역으로 돌아왔다고 하더라도 고구려와 대치 중인 한강 유역에 살았을 가능성은 적다. 일본서기는 한성함락시 왕족들이 다 죽었다고 하였으므로 무령왕은 그곳에 없었다. 그가 왜국에 있었다는 견해도 있으나 곤지 사후 현종-인현에게 청령이 죽는 마당에 같은 곤지 계열인 그가 왜국에 있었다면 목숨을 부지하기 어려웠을 것이다.

일본서기는 國人이 동성왕을 제거하고 무령왕을 세웠다고 하는데[15]

---

15) 무열천황 4년; 是歲 百濟〈末多王〉 無道 暴虐百姓 〈國人〉遂除而立〈嶋王〉 是爲〈武

國人은 당시 환두대도를 차고 있던 금강 유역과 영산강 유역의 담로들이다. 따라서 그들이 세웠다면 무령왕도 이 두 지역 중의 하나에 있었을 가능성이 크다. 만일 금강 유역에 있었다면 웅진남천 후 왕권투쟁에 휩싸여 왕족으로서 살아남기 어려웠을 지도 모른다. 6세기 초에 백제왕을 배출하려면 당시에 그만한 힘을 가진 곳이어야 하는데 고고학적으로 볼 때는 영산강 유역이었다. 무령왕의 전축분 선택은 파격으로 그가 만일 금강 유역에서만 성장하였다면 상상하기 어려웠을 것이다. 당시 무덤 양식을 자유롭게 선택하던 지역은 한 · 중 · 일 교역의 중간 지점인 영산강 유역이었다. 그의 환두대도는 즉위 전에 영산강 유역에서 꽃을 피웠다. 그래서 그를 영산강 유역에서 환도대도를 차고 있던 후왕들 중의 한 명이라고 본다.[16]

寧王〉。

16) 김성호는 무령왕릉에서 왕의 머리가 남쪽을 향하고 있던 것으로부터 남쪽 담로주 출신으로 추정했다. 『비류백제와 일본의 국가기원』 p.337 (지문사, 1982).

제45장 백제 부여씨의 흥기

질문 부여씨에 의한 百濟辰朝人의 성립계기

백제의 왕성인 부여씨는 본래 진왕의 왕성이라 하였습니다. 하지만 진왕의 시조인 비류는 부여씨가 아니라고 하였습니다. 그러면 부여씨가 언제 어떻게 진왕의 왕통이 된 것입니까?

1. 영산강 유역의 고고학

가. 옹관묘

토광묘(널무덤)는 땅을 파고 내부에 별다른 시설을 하지 않고 시신을 그대로 안치하는 간단한 매장 방법으로 영산강 유역에서 가장 오래되었으며 또 가장 많이 분포하는 묘제다. 내부 시설을 기준으로 직장토광묘, 목관토광묘, 목곽토광묘 등으로 부르기도 하는데 주변에 도랑을 파고 물을 흘리는 주구묘가 나타나기도 하고 그 안에 옹관이 들어있기도 하는데 철기시대의 개막과 함께 일반화된다. 묘 내부나 주변에 토기를 매장하는 관습도 이 무렵에 시작한다. 2009년에는 한강 하류 지역인 경기도 김포 양촌에서 주구목관묘가 발견되었다.[1)]

주구묘는 경기에서 전남에 이르는 서해안 지방의 물을 대기 쉬운 농경

1) 3세기이며 한반도에서 출토된 것 중 가장 이른 시기의 금제귀걸이(길이 2.5cm) 1쌍과 길이 120cm짜리 철검 등 다양한 철제 유물이 나왔다.

지대에 분포하는 것으로 보아 농경문화의 산물이다. 이후 영산강 유역에 가서 크게 발전하였으며, 일본열도로 옮겨가 전방후원분을 품으며 5세기에 극성기를 이루었고, 분주토기는 전방후원분 주위에 묻는 원통형 토기로 발전하였다. 무덤 주변에 주구를 만드는 이유에 관해서는 묘역구분·배수·채토 등 여러 가지 의견이 있는데, 종교적으로는 生의 영역과 死의 영역을 물로써 구분한다는 농경민족의 관념 세계를 표현한 것이라 한다(이정호).

2005년에 금강 하류인 군산시 수송2지구 택지 개발 사업장 내에서 토광묘, 옹관묘, 석곽묘 등과 삼국시대 분주토기가 발굴되었고 도랑도 확인되었다. 옹관묘(독무덤)는 토광묘 다음으로 나타나는데 토광묘와 옹관묘의 공존 현상은 대동강 유역, 한강 유역, 금강 유역, 낙동강 유역 등 한반도 전역에서 전국에서 보고된다.[2] 옹관묘가 북한에서는 황해도에서 발견되고 서해안을 따라 전남 지역까지 이어지는 것을 볼 때 이는 준왕의 남천지로 추정되는 평양에서부터의 마한의 남하 경로와 일치한다. 이들이 평양에 내려오기 전에는 만주에 있었다.

특히 영산강 유역에서 발달한 합구식 옹관은 BC 2세기부터 나타나며, 대형옹관은 3세기 중반부터 나타난다. 지리적으로 영산강 유역의 중심에 있으며 지금도 사용되는 석실분이나 전축분보다 고형이다. 나주 오량동에서 대규모의 옹관가마터 유적이 발굴되었는데 대형 옹관 제조에는 상당한 시설과 기술을 동원할 수 있는 경제력이 필요하다. 일본열도에는 3세기 초 이전 야요이시대에 구주에 나타나는 것으로 보아 3세기 이전에도 두 지역 사이에 교류가 있었음을 알 수 있다.

대형 옹관이라도 처음에는 땅에 매장하는 방식으로 분구가 작았으나, 4세기 중반이후 지상식으로 발전하며 크기가 40m가 넘는 대형 분구가

---

2) 한옥민, 전남지역 토광묘, 『전남의 고대문화』 pp.57－99 (2003, 학연문화사).

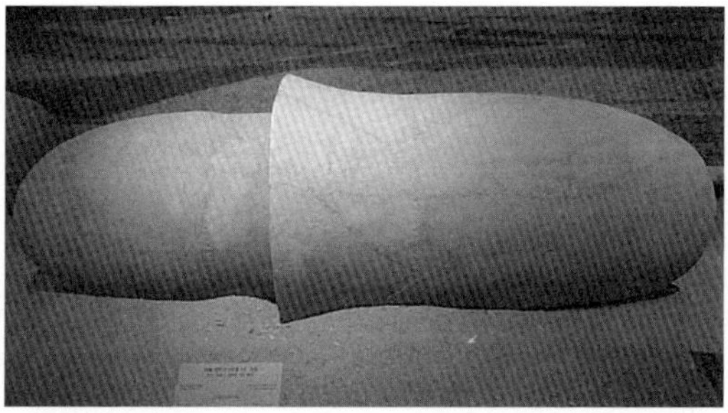

[그림 26] 옹관 2개를 맞댄 합구식 옹관. 큰 것은 길이는 3m, 무게가 400~500kg에 이른다. 초창기에는 항아리의 흔적이 남아 옹관 몸체와 목의 구분이 확연하고 저부에 원형돌기가 있으나, 후기로 갈수록 그림처럼 U자형의 밋밋한 장례 전용관 형태를 띤다.

나타났다. 지상식으로 발전한 이유는 다장묘로 사용하였기 때문이다. 즉 분구 하나에 여러 개의 옹관을 매장하므로 지상에 출입구를 만들면 대를 이어 가족 공동 묘로 사용하기에 편리하기 때문이다. 이는 성씨의 정착과도 관련이 깊어 한반도 남부에서 지배층 성씨가 언제 정착되었는가를 연구해 볼 필요가 있다. 영산강 유역에 독자 권력을 상징하는 웅장한 고분군이 축조되기 시작하는 것이 이때부터인데 삼국사기의 백제 근초고왕 즉위 무렵이며, 중국사료에 요서백제가 출현하는 시점이자 백제 지배층 성씨인 부여씨가 나타나는 시점이다.

3세기에서 6세기에 이르는 대형 옹관 고분 시대는 크게 3기로 구분된다.[3] 제1기는 대략 3세기 중반에서 4세기 중반에 이르는 시기로 옹관을 땅에 묻기 때문에 지하식이거나 반지하식이다. 옹관은 대형이나 분구의 크기는 20m 이내로 아직 대형이 아니다.

제2기는 대략 4세기 중반에서 5세기 중반에 이르는 시기로 옹관을 지상에 묻고 분구를 키운 시기다. 대형 옹관에 대형 분구가 출현하나 부장

---

3) 이정호, 『전남의 고대문화』 p.101, 영산강 유역의 옹관 고분 (학연문화사, 2003),

품은 아직 풍부하지 않다. 이 시기에 옹관 고분이 대형분구와 소형 분구로 나뉘어져 지배층이 출현하는 등 계층의 분화가 발생하였음을 알 수 있다.

제3기는 5세기 중반에서 6세기 전반의 석실묘로 전환되기 직전까지로, 2기와 같지만 부장품이 풍부한 시기다. 당시 백제권 전체에서 분묘의 규모가 가장 클 뿐만 아니라 권력을 상징하는 위세품이 가장 많이 출토된다. 따라서 대형 옹관 고분이라도 옹관을 지하에 묻는지 지상에 묻는지, 옹관만 대형인지 분구까지도 대형인지를 구분할 필요가 있다.

제1기의 대형 옹관묘는 3세기 후반에서 4세기 후반에 축조된 영암 옥야리 고분군이 대표적이다. 28기가 남아있는데 분구의 형태는 주로 방대형이거나 원형이며 타원형도 있다. 분구의 크기는 최대 30m급부터 다양하며 주변에 도랑을 팠다. 부장품으로 토기류 · 철검류 · 옥류 등이 나왔으나 아직은 풍부하지 못하다. 옹관은 농경문화의 상징으로서 대형 분구를 가진 옹관묘는 경제력을 바탕으로 한 정치권력의 출현을 뜻한다.

영암 신연리에도 토광묘와 옹관묘 등으로 이루어진 고분군이 있는데 중심부는 토광묘이다. 따라서 중심묘제가 토광묘에서 옹관묘로 변화해 간 것으로 추정할 수 있다. 현재 17기가 확인되었는데 축조 시기는 모두 4세기이다. 모양은 장방형이거나 원형인데 사다리꼴도 있다. 도랑이 둘러져있어서 주구가 옹관묘에 따르는 일반적인 양식임을 알 수 있다.

영암은 나주와 함께 영산강이 휘돌아가는 나주평야의 중심이다. 고대에는 부근까지 바다여서 배에 사람이나 물건을 싣고 곧바로 서남해로 나갈 수 있었다. 또한 나주는 당시에 철산지였다. 영암에는 영산강 지류인 삼포강을 중심으로 옥야리와 신연리 외에도 금계리, 금지리, 금강리 등에 삼국시대 고분군이 산재한다.

제3기 대형 옹관묘에서는 5세기 후반이 되면 금동관 · 금동신발 · 환두

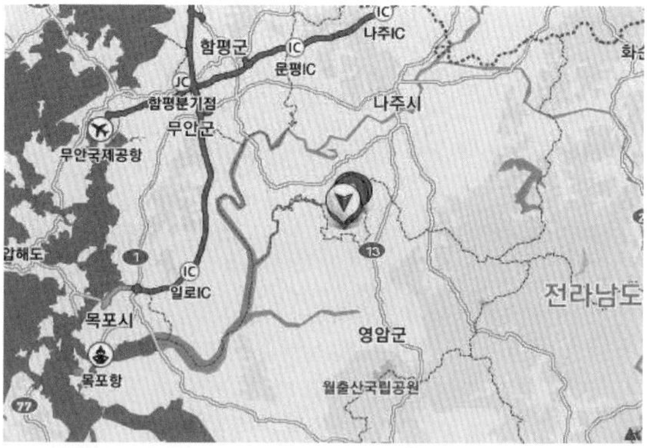

[그림 27] 영산강 유역 옹관 고분군의 중심인 나주와 영암의 위치. 화살표 있는 곳이 나주 반남면사무소가 있는 곳으로 주변에 고분군이 있다. 영암 신연리와 옥야리 고분군은 반남면에서 서쪽으로 영산강 지류인 삼포강 부근이고, 복암리 고분군은 반남면에서 정북 방향으로 영산강 바로 북쪽이다.

대도 등 고고학적으로 가장 화려한 유물을 보인다. 또 이 시기부터 점차 횡혈식 석실분으로 교체되기 시작하는데 횡혈식 석실분을 가진 장고형 고분도 이때 나타난다. 모양은 장고형이라도 출토되는 유물은 대부분 백제 · 가야식이거나 토착인들의 것이다(이정호). 나주평야의 중앙에 해당하는 대안리(사적 76호), 신촌리(사적 77호), 덕산리(사적 78호) 고분군 등이 밀집한 반남면이 옹관묘의 중심이다. 자미산을 중심으로 둘러서 위치하는데 덕산리와 신촌리는 붙어 있고 대안리는 떨어져 있다. 지금은 행정구역 편의상 구분한 것이고 고대에는 구분이 없었다. 대부분 도굴되어 유물이 별로 없는 것이 아쉽다.

대안리 고분군은 반남면에서 가장 이른 시기로 대형 옹관묘 제2기인 4세기 후반~5세기 초반의 옹관 고분이 주류이나 7세기의 석실(4호분)도 있다. 모두 12기가 확인되었는데 현재는 6기만 남아있다. 분구 형태는 원형, 방대형, 사다리꼴 등이고, 규모는 길이 11m 내외(2호분)에서 47m

[그림 28] 대안리 3호분. 앞면에는 넓고 큰 계단이 있고 주변에 큰 도랑이 있다.

내외(9호분)에 이르기까지 다양하며 주변에 도랑이 있다. 최대 규모인 9호분은 제3기로서 너비 4～6m의 도랑을 가지고 있으며 9기의 옹관과 함께 금반지·환두대도·구리팔찌·유리구슬·토기 등이 출토되었다.[4)]

신촌리와 덕산리는 대부분 제3기 대형 옹관묘로 볼 수 있는데 신촌리 고분군은 모두 9기의 원형, 방대형, 사다리꼴 등의 고분으로 구성되어 있다. 분묘 주위에 도랑을 둘렀으며, 분구의 크기는 평균 20～30m급으로 대안리나 덕산리 고분들에 비하여 규모가 작다. 모두 5세기의 옹관묘이며 금동관 등 화려한 유물이 나온 9호분은 아래 부분은 5세기 전반이고 윗부분은 5세기 후반인 방대형인데, 11～12기의 옹관이 고분의 윗부분에 집중적으로 안치되어있었다.

덕산리 고분군은 신촌리 고분군과 나란하게 평지에 10기가 있었는데 5세기 옹관묘가 주류이나 6세기 석실(10호분)도 있다. 주변에 도랑을 둘렀고 분구 형태는 원형과 방대형 등 다양하지만 주로 원형이다. 3호분은 지름 23～24m, 높이 9m의 대형 분구를 도랑이 감싸고 있는데, 3기의

4) 이상은 나주와 한국관광공사의 설명이다.

[그림 29] 덕산리 고분군, 5~6세기. 현존하는 것으로 보면 반남면에서 덕산리가 가장 웅장하다.

옹관과 함께 몇 점의 토기와 쇠화살촉·은방울·유리구슬 등의 유물이 출토되었다.

영산강 유역에는 방형분, 방대형분, 원형분, 사다리꼴 고분, 장고형 고분 등 여러 가지 묘제가 흩어져 있고, 석실도 영산강식, 백제식, 가야식, 중국 태호 동남부식, 일본 구주식 등 다양하다. 이 지역의 3대 기본 고분 형태의 출현 순서는 〈사다리꼴 → 방형 → 원형〉순이라고 한다.[5] 묘제의 다양성은 여기에 마한계만 있었던 것이 아니고, 전쟁 중 몰려온 가야계를 비롯한 여러 사람들이 이 지역에서 문화를 주고받았음을 알 수 있다. 한반도 서남부는 지리적으로 한·중·일 교역의 중간 지점에 위치하여 다양한 문화를 수용하는데 유리하다.

고대의 묘제란 한 명 혹은 두 명의 시신을 안치하고 분구를 만들어 안치한 장소를 표시하는 것이 보통인데, 옹관묘는 분구 하나에 시신을 안치한 여러 개의 항아리들이 수십 년 혹은 수백 년 동안 누적되어 형성

5) 임영진 외, 복암리 고분군 p.187, (전남대학교 박물관, 1999).

된 다장형식의 가족 공동묘로서, 화장만 안했을 뿐 오늘날의 납골당과 성격이 같다. 묘제란 보수적이어서 잘 바뀌지 않는 것이 보통인데 영산강 유역에서 갑자기 바뀐 것은 옹관묘가 당시의 기준으로 볼 때 일반적인 묘제의 범주에 넣기 어려운 장례 형식이었기 때문일 것이다. 옹관묘가 전국적으로 분포하지만 영산강 유역을 제외하고는 지배층의 묘제로 선택되지 않은 이유도 그것일 것이다. 즉 단독 매장을 하는 왕릉의 경우 옹관묘는 부적합하다.

그 결과 4세기 이후 영산강 유역의 옹관묘는 대형화하였으나 5세기에 들어 한계에 이른 감이 있다. 석실분은 대형 옹관묘 제3기에 영산강 유역 외곽부터 출현하는데 장고형 고분도 이때 출현한다. 옹관묘의 소멸 과정이 소형화하면서 석실분으로 바뀌는 것이 아니고 복암리 3호분처럼 대형 옹관과 석실분이 공존하며 석실분으로 바뀌는데, 이것은 그들이 새로운 묘제를 찾고 있었고 다른 묘제가 나타나면 언제든지 받아들일 준비를 하고 있었기 때문이다. 이런 것들이 옹관묘 집단이 다른 지역에 가서도 그곳의 분묘 형식을 별 거부감 없이 받아들인 이유로 본다.

나. 역사

옹관을 사용한 사람들은 위만에 의한 위씨조선 건국과 준왕의 남천으로 인한 민족 대 이동기에 영산강 유역에 들어온 조선인들로 그 이전에 살던 사람들을 흡수하여 영산강 유역의 토착 세력이 되었다. 이들 역시 부여계인데[6] 고구려 건국 직후 만주에서 들어온 부여인들 보다 먼저 들어왔고, 1세기 백제 온조왕대에 백제에 흡수된 마한의 후계세력으로 본다. 토광묘와 옹관묘가 공존하다가 점차 옹관묘로 전환되는 것을 볼 때, 옹관묘는 북에서 내려온 부여계 마한인들이 영산강 유역에 들어와서 농

---

6) 본문 p.244, 제40장. 4. 최치원의 '마한 즉 고구려'.

경 생활을 하면서 발전시킨 묘제라고 생각된다. 경제적인 부를 상징하는 대형 옹관묘가 나타나는 가운데에서도 가장 일반적인 묘제는 토광묘였다.

3세기 초에 영산강 유역은 삼한백제 진왕에게 정복되는데 그 고고학적 유물이 칠지도이다. 이후, 마치 4세기 초에 임나가야(신라본기의 왜국)에게 정복된 신라가 임나가야와 혼인 관계를 맺고 그들의 담로국이 되었듯이, 삼한백제에게 정복된 영산강 유역은 삼한백제와 혼인 관계를 맺고 그들의 담로국이 되었다고 본다. 한강 유역은 말갈족들이 차지하고 있었는데 삼한백제는 그들을 정복하기 보다는 그들이 가진 강력한 군사력을 이용하기 위하여 타협하였다.

3세기 초에는 칠지도를 보내는 등 직접 외교권을 행사하던 진왕의 권력이 점차 약화되어 3세기 중반 이후에는 삼국지 동이전이 묘사한 모습이 되었다. 그 이유는 담로국의 권력이 진왕권을 능가하게 되었기 때문이다. 왕권 약화를 외부에서 쉽게 확인할 수 있는 것은 3세기 후반 진왕의 외교권 상실이다. 그러자 금강 유역 진왕의 권력 공백을 영산강 유역의 담로국들이 메우게 되었다.

대형 옹관묘 제1기인 3세기 후반에 대형 옹관 고분이 대두하면서 晉書 張華열전에 282년에 20여국으로 이루어진 마한 新彌諸國이 서진과 교섭하였다는 것을 볼 때[7] 신미제국은 이들이라 생각된다. 마한 신미제국이란 마한 지역 신미의 여러 나라란 뜻인데, '신'은 새롭다는 뜻이고, '미'가 물을 의미하므로, 바다나 큰 강을 끼고 있는 지역이다. 그러면 한강 유역이나 금강 유역이나 영산강 유역 중 한 곳인데, 한강 유역이라면 고이왕이 한강 유역을 석권하였을 때이므로 삼국사기에 나와야 하는데 안 나오

7) 東夷馬韓 **新彌諸國** 依山帶海, 去州四千餘裏, 曆世未附者二十余國 並遣使朝獻。於是遠夷賓服, 四境無虞, 頻歲豐稔 士馬強盛。 一晉書 列傳 **衛瓘**子恆孫璪玠張華子禕韙劉卞

므로 아니다. 금강 유역은 백제 진왕이 거처하는 곳이므로 여기서 갔으면 백제의 공식 사절단이었을 것이므로 여기도 아니다. 그러면 영산강 유역만 남는다. 산에 의지하고 바다를 끼고 있었다는 것(依山帶海)도 소백산맥과 노령산맥이 있으며 서남해안을 끼고 있는 영산강 유역과 일치한다.

영산강 유역에 3세기 중반에 대형 옹관이 출현한다는 것은 이 무렵 경제력을 가진 세력이 나타났다는 뜻이다. 경제력이 커지면 정치력으로 진화하고 외교력은 정치력의 꽃이다. 그런데 마한 신미제국이 외교를 하는 것으로 보아 당시 마한의 최대 세력이 이들이다.[8] 따라서 3세기 후반에 서진과 교섭한 마한왕도 이 지역 최대의 담로왕이라고 보는 것이 합당하다. 이 마한왕은 진왕제에 의해 금강 유역의 진왕과 혼인 관계를 맺고 왕후를 공급하면서 세력이 커졌을 것이다. 왕후의 공급은 중앙 정계로의 진출을 의미하기도 한다.[9]

옹관묘 집단은 3세기 후반 이후에 점차 삼한백제의 중앙 정계에 진출했다고 생각한다. 대형 옹관이라도 땅에 묻을 때는 대형 분구가 나타나지 않았다. 대형 분구는 人馬 동원력을 가져야 가능하므로 영산강 유역을 기반으로 한 강력한 정치 권력이 등장한 것은 옹관을 지상에 묻으며 분묘가 대형화되는 4세기 중반이다. 대형 옹관묘 제2기인데 이후 삼한백제 진왕의 왕통도 결국 이들이 차지했다고 본다. 마한왕이 진왕으로 변신한 것이나 마찬가지다. 새로운 왕통이 등장하자 왕권이 강력해져 칠지도 이후 마한왕과 진한왕이 대신하였던 외교권도 다시 진왕에게 돌아왔다. 진왕 여구와 여휘의 출현이 그것이다.

백제 진왕실이 부여씨였음은 1920년 중국 하남성 북망산에서 출토된

---

8) 3세기 고이왕 당시의 한성백제는 마한이라는 소속개 념보다는 말갈(또는 고구려)이라는 소속 개념이 우세하였을 것이다. 고이왕조는 고구려식 적석묘를 사용하고 있었는데 그 안에서 발굴되는 서진제 도자기는 진왕이 내려 보낸 것으로 생각된다.
9) 본문 p.364, 제45장. 3. 문주－삼근 왕통.

의자왕의 아들인 부여융 묘지석으로도 확인할 수 있다. 맨 첫줄에 부여씨의 출자를 설명하는 데 백제 辰朝人이라 하였다.

公諱隆字隆百濟〈辰朝人〉也(공은 이름이 융이고, 자도 융으로, 백제 진조인이다.)

[그림 30] 부여융 묘지석 복제품(부여박물관),[10] 7세기 후반.

朝란 왕실을 뜻한다.[11] 따라서 辰朝人이란 진왕실 사람이란 뜻이다. 백제를 고구려와 더불어 兩貊이라고 부른 것으로부터도 백제 부여씨가 부여에서 왔음을 알 수 있다. 또한 부여씨를 바다에 살던 물의 자손(海隅開族河孫)이라 하여[12] 부여씨가 바다를 건너다니던 해양 세력이었음을

10) http://cafe.daum.net/museummystery, "이때 공의 나이는 68세로 사제(私第)에서 사망하였다. 이에 조정에서는 그를 輔國大將軍으로 추증하고 시호(諡號)를 내렸다. … 永淳 원년(682) 壬午年 12(11)월 24일 계유일(癸酉(癸丑日)에 洛陽北茫 淸善里에 장례를 치렀으니"

11) 天朝란 본래 제후국들에 대응하는 의미로 천자의 조정을 뜻하는데, 잔국토벌로 인한 진왕실의 망명을 기록한 일본서기 응신 7년조는 스스로를 天朝라 부르고 있다.

12) 고구려의 河伯도 수상 세력이나 직접 관련은 없다고 본다.

알 수 있다. 한반도 서남부는 역사적으로 동아시아 해상 교통의 요지로서 이후 장보고와 이순신 등이 활약하였다.

고고학적 출토물로부터 당시의 신라 지역은 교통 수단이 주로 말이었으나 영산강 유역은 주로 배와 관련된 유물이 많이 출토되어 배가 교통 수단이었음을 알 수 있다. 영산강 유역이 진왕백제의 영역이 된 것이 3세기 초이므로, 2세기에 요서에 마한이란 이름으로 나간 것은 금강 유역이고, 4세기에 요서에 백제라는 이름으로 나간 것은 영산강 유역이다. 이들은 중국 대륙 및 일본열도를 자기 집 드나들듯 다닌 사람들이었다. 진왕 여구가 당시 요서에 있었던 낙랑태수의 직을 받는 것으로 보아 요서백제도 이들의 해운력에 의해 운영되었다.

이들이 진왕이 되며 혼인 동맹으로 손잡은 곳은 한강 유역일 수밖에 없다. 따라서 한강 유역의 양대 세력인 眞씨 가문과 解씨 가문에서 4세기 중반 이후에 진왕의 왕후를 공급하게 되었다.[13] 그 결과 4세기 이후 한성백제는 마한왕의 지위를 확보하게 되었는데 이것이 훗날 368년에 근초고왕이 자립위왕하고 백제왕을 칭하는 기반이 되었다. 따라서 다음 2개의 기록들이 영산강 유역의 대형 분구를 가진 옹관 고분 출현에 대응하는 삼국사기 기록이다.

> 비류왕 30년(333); 여름 5월, 별이 떨어지고 궁궐에 화재가 나서 민가들이 불탔다. 가을 7월, 궁궐을 수리하였다. **진의**를 내신좌평에 임명하였다.
>
> 근초고왕 2년(347); 봄 정월, 천지신명에게 제사를 지냈다. **진정**을 조정좌평에 임명하였다. **진정**은 왕의 친척으로 성질이 매우 흉악하고 어질지

---

13) 영산강 유역 외에 4세기 중반에 중부 이남 한반도에서 대형 고분을 쌓은 곳은 한강 유역이나, 고이왕계가 퇴조하고 새로운 왕통인 근초고왕이 집권함에 따라 고구려식 적석총이 사라지고 고구려와의 전쟁이 시작된다. 또 신라의 적석목곽분 출현보다 약 반세기가 빨라 신라에는 아직 적석목곽분이 나타나지 않았다.

> 못하며, 일을 처리하는데 까다롭고 잔소리가 많았으며, 왕후의 권세에 기대어 제 마음대로 하니 백성들이 그를 미워하였다.

진왕의 자립위왕은 국경을 맞대고 있던 고구려를 위협하여 4세기 말에 한반도에 대 전쟁이 발발하였다. 금강 유역의 부여씨 진왕실은 잔국이 토벌되던 396년 9월에 일본열도로 피신하였다. 하지만 일본열도로 피신한 이후에도 한성백제와 혼인 동맹을 맺고 자립위왕하는 전통은 계속되었다.

전쟁후인 5세기, 특히 웅진천도 후인 5세기 후반에는 영산강 유역에 많은 위세품을 부장한 대규모 고분을 만들게 되는데 웅진이나 사비의 백제 왕릉은 규모가 보통 10~20m급이나 영산강 유역은 50m급도 수두룩하다. 이는 대형 옹관묘 제3기에 해당하는데 고고학적으로만 판단하면 5세기의 백제는 이들이 운영하였다. 금동관을 쓰고, 금동신발을 신고, 환두대도를 차고, 왕릉급 대형 고분을 축조하는 등 이들이 백제를 완전히 장악하였다. 동성왕과 무령왕의 시대는 이들의 세상이었다.

다. 장고형 고분 및 복합 고분

한반도에서 일본에서 발견되는 것과 같은 장고형 고분이 발견되는 지역은 전남 지역 외에 전북 남부 지역인데 전북은 북부는 범 금강 유역권이고 남부는 범 영산강 유역권이며, 동부는 범 섬진강 유역권으로 볼 수 있다. 전남 지역에서도 전남 동부인 섬진강 유역에서는 대형 옹관 고분이 나오지 않는데(이정호) 이 지역에서는 장고형 고분도 나오지 않아 옹관 고분 집단과 장고형 고분 집단 사이에 밀접한 관계가 있음을 추정할 수 있다(최성락).

장고형 고분은 현재까지 14기가 발견되었는데 내부는 원부에 횡혈식 석실이 원칙이고, 방향은 특별히 정해진 것이 없으나 원부는 평야 쪽을 방부는 구릉 쪽을 향하고 있는 것이 보통이다. 모두 도랑을 갖추고 있기 때문에 분주와 도랑 사이에 토기나 목기 같은 분주물이 배치되었을 것으로 추정된다. 함평 신덕고분과 광주시 월계동 1호분에서는 축조 과정이나 축조 후에 제사가 시행된 사실이 밝혀졌다(임영진).

[표 2] 영산강 유역권의 장고분 일람표(김영진). 단위는 m임.

	全長	方部		腰部		圓部		方部方向	出典
		幅	高	幅	高	直徑	高		
靈巖泰澗里古墳	35	7.5	2.25	9	2.25	23.5	5	남	姜仁求1992
咸平新德古墳	51	25	4	19	3.25	30	5	북	成洛俊1992
光州月桂洞1號	45.3	31.4	5.2	14.5	3.8	25.8	6.1	서북서	林永珍1994
光州月桂洞2號	34.5	22	3.0	14.5	1.5	20.5	3.5	서남서	林永珍1994
光州明花洞古墳	33	24	2.73	12	1.87	18	2.73	서북	朴仲煥1996
海南長鼓山古墳	77	38	9	31	6.25	44	10	북	姜仁求1985
海南龍頭里古墳	40.5	17	3.5	15	3	23	5	서남	姜仁求1987
咸平長鼓山古墳	70	37	7	24	4.5	39	8	서남	成洛俊1993
咸平杓山古墳	46	26	4	13	3.5	25	5	서북서	林永珍外2000
靈光月山里古墳	41.2	19	2.5	11	2	22.5	6	서북	林永珍外1993
高敞七岩里古墳	53.2		29.6			34		서남	崔完奎2002
潭陽聲月里古墳	38	15				18		서	林永珍外1995
潭陽古城里古墳	(24)	12				14		동서	林永珍外1995
光州堯基洞古墳	(50)							서남	林永珍1992

영암에는 타원형 분묘들이 있으며, 반남면 신촌리 6호분은 내부는 옹관묘이나 외양은 가운데가 잘록한 방대형이다. 장고형 고분은 원형 부분과 방형 부분의 크기가 비슷한 것이 보통인데 영암 태간리 자라봉 고분은

큰 원형 부분에 작은 방형 부분이 돌기처럼 붙어있는 장고형 고분이다. 그런데 석실은 왜국식이 아니라 백제식이다(최성락). 이런 것들은 모두 옹관묘를 사용하던 원형분이나 방형분 집단이 장고형 고분을 받아드린 흔적들로 본다. 이 지역들은 광개토왕 전쟁 후 살아남은 진왕백제계의 잔존 영역으로서 5세기에 일부가 일본열도로 건너간 이후에도 한일 양쪽에 걸친 국가 형태를 유지해왔다.

[그림 31] 앞이 반남면 신촌리 5호분이고 뒤가 6호분이다. 반남고분군 중에 신촌리 4, 5, 6호분만 구릉지대에 위치하고 나머지는 평야지대에 있다.

영산강 유역의 여러 묘제 중 장고형 고분의 축조시기가 5세기 후반에서 6세기 전반으로 약 50년에 불과하여 가장 짧은 데, 왕력으로는 동성왕과 무령왕대에 해당하며, 도읍으로는 웅진도읍기에 해당한다. 6세기 중반 이후 사비시대가 되면 영산강 유역의 대부분 고분들이 모두 백제식 석실분으로 바뀌는데 장고형 고분도 마찬가지다. 이는 장고형 고분이 백제의 웅진천도 후에 혼란이 발생하고 이를 수습하여 안정을 되찾는 과정에서 잠깐 나타난 묘제라는 것을 알 수 있다.

함평은 영산강 유역 북쪽의 외곽지대로서 서해안에 접한 평야지대이다. 예덕리에는 타원형 분구를 가진 옹관묘군이 있고, 마산리에는 9기의 고분이 있다. 죽암리에는 길이 70m에 이르는 영산강 유역에서 두 번째로 큰 장고형 고분이 있고, 금산리에는 50m급 방대형 고분이 있다. 그 외에도 대덕리와 진양리 등에 삼국시대 고분군이 있다.[14)]

예덕리의 2개의 고분군 중의 하나인 신덕고분군에는 2기의 대형분이 있는데 하나가 장고형이고 다른 하나는 그보다 후대의 백제식 원형분이다. 같은 집안에서 선대는 장고형 고분으로 후대는 백제식 석실 고분을 사용한 것으로 추측된다. 장고형 고분 원형부 정상에서는 원통형 토기 파편이 집중적으로 출토되었다. 금동관 파편이 출토되어 금동관의 존재가 추정된다. 이 고분군에서 兩耳白磁壺 등 중국제 도자기가 발견되었다. 중국제 도자기 조각은 해남 지역에서도 발견되어 5～6세기에 영산강 유역과 중국 대륙 사이에 어떤 교류가 있었음을 알려준다.

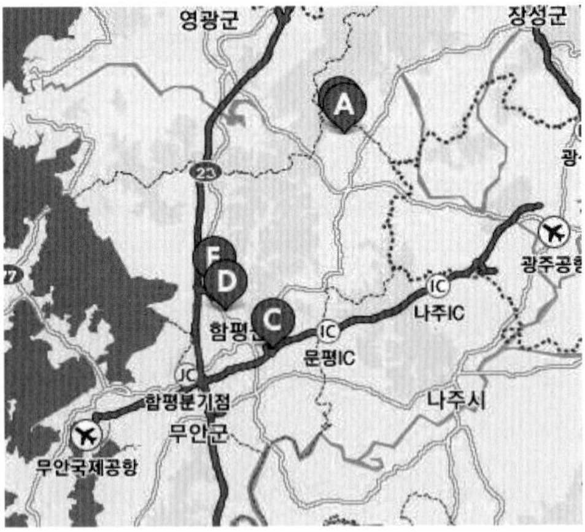

[그림 32] 함평의 주요 고분군 위치. A가 예덕리 신덕고분군이다. 영산강 유역의 상당한 외곽지대다.

---

14) 함평군청.

[그림 33] 위에서 본 함평 예덕리 신덕고분군. 위의 원형분이 사비 시대 백제식 석실분으로 후대에 전방 후원형에서 방형 부분을 떼어버리고 규모가 축소된 것을 알 수 있다.

길이 77m로 장고형 고분 중 가장 큰 해남 장고산고분은 낮은 야산의 능선에 위치하는데 마치 고분 2개가 붙어있는 듯하다. 내부는 횡혈식 석실인데 도굴되어 남아있는 유물은 없다. 현실의 천정석은 모두 대형 판석

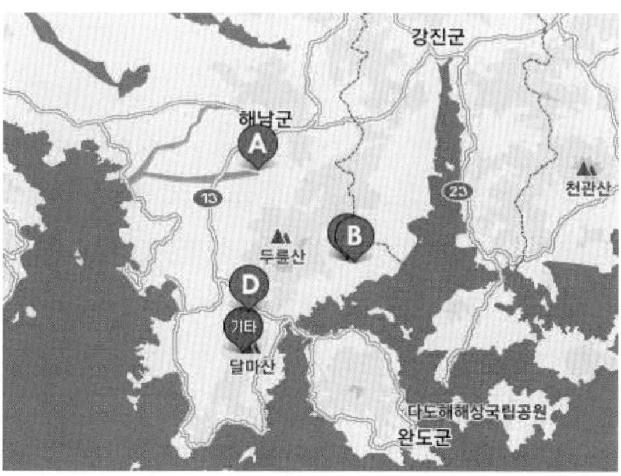

[그림 34] 해남의 주요 고분군 위치. B가 최대급인 방산리 장고형 고분이고 A가 용두리 장고형 고분이다. 영산강 유역의 상당한 외곽지대다.

[그림 35] 붉은 칠이 되어있는 해남 방산리 장고산고분의 횡혈식 석실 내부. 현실의 규모는 460cm×240cm×190cm로 대형이다.

을 사용하였으며 천정석 아래의 벽석 사이는 황백질 점토를 사용하여 틈을 메웠다. 신덕 1호분 외에도 해남 장고산고분 등 일부 장고형 고분은 내부에 붉은 칠을 하였는데 당시 일본열도의 전방후원분에 나타나는 방식이다. 영산강 유역에서는 훨씬 오래전부터 옹관 고분 내부에 황토 칠을 하였는데 이것이 전방후원분의 붉은 칠과 어떤 관련이 있을지 모른다는 견해도 있다(이정호).

광주광역시 월계동 고분은 1993년 과학산업단지 조성공사와 관련하여 현지보존을 위하여 전남대학교 박물관에서 조사하였다. 2기의 장고형 고분이 근접하여 축조되었는데 2기가 함께 발견된 것은 처음이다. 분구 자체도 훼손되고 내부는 모두 도굴되어 유물은 거의 남아있지 않았다. 1호분은 횡혈식 석실 내에 석관의 존재가 확인되었으며 금귀고리 조각과 백제식 은피관정(머리를 은판으로 감싼 관못)이 나왔다. 2호분은 규모는 1호분보다 크기는 약간 작으나 시기나 축조 방식이 1호분과 같다. 횡혈식 석실 내부에서 토기 조각과 유리옥이 발견되었다. 도랑 내에서 원통형 토기와 목기가 나왔다. 전방부가 부채 모양이고 도랑이 방패형인 것은 6세기 전반에 일본열도에서 유행하던 형식이다.

[그림 36] 위에서 본 월계동 장고형 고분. 아래가 1호분이고 위가 2호분이다. 원형분에 사다리꼴분이 결합된 형태임을 알 수 있다.

[그림 37] 월계동 장고형 고분 1호분. 원형부의 옆면에 석실 입구가 보인다. 주구에 물이 채워져 있어서 갈대가 자란다.

장고형 고분의 출현 이후 같은 옹관 고분이라도 원형분은 줄어들지 않는데 방형분이 급격히 감소하는 것으로 볼 때(최성락) 방형분 집단이 장고형 고분을 비롯한 석실분을 먼저 받아드리고 원형분 집단이 나중에 받아들인 것으로 추정된다. 하지만 6세기 중엽 이후 모두 동일한 원형의 백제식 석실분으로 전환되는 것을 볼 때 두 집단 사이에 본질적 차이가 있었다고는 생각되지 않는다. 또한 석실이 영산강 유역의 중심보다 외곽에서 먼저 나타나는 것을 볼 때 중심 세력보다는 주변세력이 먼저 받아들였다. 현장에서 보면 옹관 고분들보다 장고형 고분이 세련되었다. 이 지역의 전통인 다장 형식은 석실분이 들어오는 5세기 후반부터 점차 사라지는데 장고형 고분도 그때 도입된 석실 중 하나다.

영산강 바로 북쪽인 나주 다시면 복암리 고분군은 현재 4기가 남아있는데 七造山으로 불려 동쪽의 농경지에 3기가 더 있었다고 한다. 1호분과 2호분 사이의 50여 m에 이르는 지역에 도랑을 가진 10여 기의 옹관묘들이 발견되었다.[15] 주변에 도랑 흔적들이 많아 본래는 상당한 규모의 고분

[그림 38] 위에서 본 복암리 고분군. 위에서부터 1호분, 2호분, 3호분, 그리고 서쪽으로 4호분이다. 4호분 왼쪽에도 사다리꼴 도랑의 흔적이 보인다. 고분 형태에 집착하지 않음을 알 수 있다. 농경지 및 도로와 수로에 의하여 2호분과 3호분은 도랑이 잘렸고 4호분은 분묘 자체가 잘려 작아졌다.

15) 임영진 외, 복암리 고분군 (전남대학교 박물관, 1999).

군이었을 것으로 추정된다. 유물전시관을 건립하고자 땅을 파니 역시 유물이 쏟아져 나오는 등 이 지역 전체가 유적지이다.

복암리 3호분은 남북 약 42m, 동서 약 38m, 높이 약 6m다. 안동권씨 선산으로 사용되어 도굴을 피했고 그 결과 영산강 유역에서 거의 유일하게 도굴되지 않고 발굴된 삼국시대 고분으로서 학술적 중요성이 매우 크다. 1996년부터 3년에 걸친 발굴 조사 결과 하나의 분구 안에 41기의 무덤이 조성되었고 3m에 가까운 대형 옹관이 잇달아 출토되었다(총 28기). 기존 옹관이 매납된 분구를 조정, 확대하여 거대한 분구를 조성하였는데 이 과정에서 분구가 비대칭이 되었다.

[그림 39] 원형인 복암리 1호분으로 대형 주구를 가졌다.

5세기 후반에 당시 일본열도에서 유행하던 형식으로 조성된 96호 석실이 최초의 석실로 4개의 옹관이 들어있어 옹관묘가 석실분으로 전환되는 중간 단계를 보여준다. 옹관 옆에서 금은장삼엽환두대도와 금동신발 등 호화스런 유물이 나왔는데 이 무렵에 분구가 대폭 커졌다. 금동신발의 물고기 문양은, 1백 년 후인 나라현의 후지노끼 고분의 금동신발에서도 발견되는데, 백제의 다른 지역이나 신라의 금동신발에 비하여 예술성이 가장 뛰어나다고 한다(역사스페셜).

[그림 40] 많은 유물이 출토된 복암리 3호분의 도랑. 너비가 거의 10m에 이르러 물을 채우면 호수 속에 분묘가 잠기게 된다. 뒤에 2호분이 보인다.

복암리 3호분은 하나의 분구 안에 이 지역에서 나타났던 7종류의 묘제를 모두 가지고 있어서 영산강 유역의 여러 묘제의 주인들이 기본적으로 동일 집단임을 보여주었다.[16] 동일 집단이 3세기 중반부터 7세기 초까지 〈목관묘—옹관묘—석곽옹관묘—수혈식 석곽묘—횡구식석곽묘—횡혈식 석곽묘〉를 차례로 조성했다(윤근일).[17] 크게 보면 〈마한 옹관묘 → 왜계 석실분 → 백제 석실분〉 등으로 변화하였는데 다장 형식이라는 옹관묘의 전통은 변하지 않았다(조유전).

---

16) 6구의 인골들이 발견되어 유전자 검식 결과 같은 집안임이 밝혀졌다.

17) "동일 집단이 400년간 옹관묘(3세기 중엽~5세기 중엽 · 마한계) → 초기 횡혈식 석실분(5세기 후엽~6세기 초 · 일본 규슈의 전방후원분과 유사) → 백제 석실분(6세기 중엽~7세기)으로 이어지는 일목요연한 무덤을 구축했으니 얼마나 재미있습니까?" —윤근일

2010년 발굴 조사된 전남 영암 옥야리의 방대형 고분은 하나의 분구 안에서 횡구식 석실묘와 수혈식 석곽묘, 옹관묘, 목관묘 등을 마련한 복합 고분이다. 복암리 3호분처럼 동일 집단이 시대가 변함에 따라 여러 가지 묘제를 조성하였다. 분구 중앙에 있는 앞트기식 돌방무덤은 장축이 3m, 단축 1.1m 정도의 세장방형으로 4개의 나무기둥을 세워 석실 벽을 축조하였는데, 경남 창녕 교동고분군, 김해시 대성동 고분군,[18] 양동리 고분군[19] 등에서 확인되던 가야식이다. 분구 주변으로 도랑을 둘렀는데 분구와 도랑에서는 원통형 토기가 다량 출토되었다.

라. 특성

신라는 경주를 중심으로 순금관이 출토되는 가장 큰 고분들이 있고 주변으로 갈수록 점차 고분도 작아지고 출토물도 약해지는 것으로 보아 중앙집권이 이루어졌다고 볼 수 있다. 반면에 영산강 유역은 나주 반남면이 중심이나, 먼 외곽에도 대형 고분과 화려한 유물이 나오는 등 전체적으로 넓게 대형 고분이 분포하는 것으로 보아 중앙집권이 일어나지 않았다. 즉 경주 지역은 정복이 일어나 그곳에 자체의 국가가 형성되었으나, 영산강 유역은 정복이 없었으므로 그곳에 자체의 국가도 형성되지 않았다는 뜻이다. 한강 유역과 낙동강 유역에는 선대의 무덤을 파괴하고 새로운 형태의 무덤을 쓰는 반면에 영산강 유역은 선대의 무덤을 파괴하지 않고 더불어 새로운 형태의 무덤을 축조했다.

사람들의 집단이 이동하여 먼저 와서 살던 사람들을 정복하면 지배층

---

18) 고인돌을 비롯하여 널무덤(토광묘), 덧널무덤(토광목곽묘), 굴식돌방무덤(횡혈식 석실묘) 등 여러 형식의 무덤이 발견되었다. 구릉 주변 평지에는 1~3세기 무덤이 밀집되어 있고, 구릉 정상부에는 4~5세기 무덤이 밀집되어 있다(김해시).

19) BC 2~AD 5C, 목관묘 · 목곽묘 · 석곽묘 · 옹관묘 등 548기의 유구와 토기 · 청동기 · 철기 등 5,100여 점에 이르는 유물이 출토되었다(김해시).

의 교체가 일어나 이전에 살던 사람들이 만든 무덤을 부수고 자신들의 무덤을 쓰는 것이 보통이다. 그리고 무덤에 순장이 따르는 것이 일반적이다. 고구려를 포함하여 한강 유역, 낙동강 유역 등 민족 이동이 발생하면 대부분이 다 그러는데 나는 이를 '무덤의 직렬 분포'라 부른다. 이런 경우는 보통 주체 세력이 바뀌며 갑자기 대형 분묘가 나타나며 점차 작아져 소형으로 안정된다. 왜국은 5세기에 전방후원분의 주체 세력이 바뀌며 갑가지 커지므로 직렬 분포에 해당한다.

반면에 민족 이동이 발생해도 정복이 이루어지지 않고 함께 더불어 살면 선주민의 무덤 파괴 현상이 안 나타나며 순장도 없다. 이주민들의 무덤 양식에 대한 거부감도 적어 여러 가지 복합적인 무덤양식이 섞여서 출현하게 되는데 나는 이를 '무덤의 병렬 분포'라 부른다. 이런 경우는 보통 소형 분묘가 동일한 주체 세력에 의해 점차 커져서 대형으로 발전한다.

아직까지 삼국시대 고분들 중에서 선주민의 무덤 파괴 현상이나 순장이 전혀 나타나지 않는 곳이 이른바 마한권인 금강 유역과 영산강 유역이다. 특히 영산강 유역은 선주민들이 외지인들과 함께 섞여 살며 그들의 무덤양식을 별 거부감 없이 받아들인 곳이다. 문화 수용의 대표적인 것이 6세기 양나라 유행 양식인 전축분을 받아들인 무령왕릉인데, 무령왕이 이렇게 자유스럽게 당시 유행하던 무덤 양식을 선택한 것을 보면, 그가 왕이 되기 전에 살던 지역도 이와 유사한 풍습을 가지고 있었지 않았을까 생각하게 된다. 만일 무령왕릉에서 지석이 안 나왔다면 백제에 파견된 양나라 관리의 무덤이라는 주장이 유력한 학설로 등장했을 것이라 한다.

낙동강 유역의 가야 지역에서 장고형 고분이 나오지 않는 것은 삼국사기 신라본기를 보면 알 수 있다. 4세기 초까지는 백제와 왜의 신라에 대한 정책이 동일하나 4세기 중반 이후에는 신라에 대한 정책이 백제는 친선이고 왜는 전쟁으로 서로 다르기 때문이다. 즉 낙동강 하류를 통치하던 임나가야(신라본기의 왜)는 4세기에 이미 진왕백제의 직접 통치에서 벗어났기 때문이다.

광개토왕 전쟁이 끝난 후 영산강세력은, 전쟁 이후 유일하게 살아남아 번성했던 진왕백제계의 후계 세력으로서, 독자 세력이었던 한성백제보다 본래 같은 나라였다가 일본열도로 밀려난 왜국과 더 많은 교류를 했을 것이다. 왕인 외에도 5세기의 일본서기에 나오는 많은 인물들이 이곳 출신이었을 것이다. 5세기의 중국 대륙과 동남아의 백제 영토도 이들에 의해서 유지되었다. 5세기 중국 사서에 등장하는 백제 侯王들의 주 근거지가 영산강 유역이었는데 백제왕은 이들 侯王들 중에서 가장 큰 大王이므로 당시의 백제왕도 이곳에서 나왔다고 보는 것이 타당하다.

영산강 유역의 특징 중의 하나가 국가는 있으나 궁궐이 없다는 것이다. 국가를 상징할 정도의 충분한 위세품은 나오나, 국가가 있으면 국왕이 있고, 국왕이 있으면 궁궐이 있어야 하는데 궁궐이 없고, 또 궁궐이 없으니 이를 방어할 도성도 없다. 나는 영산강 유역에 궁궐이 없는 것은 당연하다고 본다. 그 이유는 그들의 궁궐은 다른 곳에 있었기 때문이다. 4세기에는 금강 유역에 있었고, 5세기 초중반에는 한강 유역에 있었고, 5세기 후반부터는 다시 금강 유역에 있었기 때문이다. 그리고 일본열도의 오사카 부근에도 이들의 궁궐이 있었다.

2. 동성왕의 즉위 배경

영산강 유역에는 원형분, 방대형분, 사다리꼴 무덤, 무덤 주위에 도랑 파고 물 채우는 풍습,[20] 무덤에 도자기 넣는 풍습 등등 당시 왜국에서

20) 한반도에 주구 석곽묘는 청동기시대에 나타났다. 전남 영광에서 서해안 고속도로 건설 중 발견된 주구 토광묘는 목포대학교에서 조사하였는데 초기 철기시대인 BC 2세기다(최성락).

유행하던 장고형 고분의 재료가 되는 여러 가지 유적이 흩어져 있으나 왜국과 거의 똑같은 장고형 고분이 등장하는 것은 5세기의 제4사분기로 웅진천도 직후다. 토착민도 장고형 고분을 축조하였지만 이런 계기가 된 것은 이주민들의 영향이다. 이주민의 영향으로 보는 또 하나의 이유는 위치가 영산강 유역의 중심부인 나주 반남면 일대가 아니고 함평, 해남, 고창, 광주 등 외곽이란 점이다. 또 다른 고분들은 고분군을 형성하기도 하는데 장고형 고분은 하나씩 독립적으로 축조되었고 유지 기간도 여러 분묘 양식들 중에서 가장 짧다.

이는 5세기 후반에 왜국에서 상당한 세력이 몰려와 영산강 유역 주변에 자리를 잡았고, 옹관 고분으로 대표되는 영산강 유역 토착 세력이 이들과 함께 살며 이들의 문화를 자연스럽게 받아들인 것인데 그 과정을 삼국사기와 일본서기가 기록하고 있다.

> 개로왕 21년(475); 9월, (한성이 고구려군의 공격으로 폐허화 된 후) 문주가 목협만치와 조미걸취 등과 함께 남쪽으로 떠났다.

일본서기를 보면 목협만치(소아만지숙녜)는 왜국의 원로대신이다. 순서가 목협만치가 앞인 것으로 보아 조미걸취보다 지위가 더 높았다. 그러면 함께 온 조미걸취는 목협만치를 도운 젊은 장군일 것이다.

> 웅략천황 21년(476); 봄 3월, 천황은 백제가 고구려에게 파멸되었다는 소식을 듣고 구마나리(웅진)를 문주왕에게 주어 나라를 다시 일으키게 하였다.

웅략이 문주에게 웅진을 주어 백제를 다시 일으켰다고 하고 있는데 이는 문주를 도와 함께 천도를 단행한 목협만치와 조미걸취가 곤지가 보낸 구원군이라는 뜻이다. 구원군의 규모는 고구려군과 맞서야 하므로 수천 명 이상일 것이다.

> 문주왕 3년(477); 여름 4월, 곤지를 내신좌평에 임명했다. 여름 5월, 흑룡이 웅진에 나타났다. 가을 7월, 곤지가 죽었다.

477년 4월이 되자 왜왕 곤지가 귀국하는데 그의 각료들은 물론이고 호위군대도 함께 왔을 것이다. 곤지는 백제왕이 되기 위해서 왔는데 와보니 문주가 왕이 되어 자신에게 내신좌평을 내리는 것이었다. 한 달 만인 5월에 내란이 벌어지고, 3개월 만인 7월에 곤지 세력이 패하고 그들의 대표자인 곤지가 죽는다.

곤지뿐만 아니고 목협만치와 조미걸취를 비롯한 왜국 각료들이 이때 다 죽거나 도망갔을 것으로 보인다. 곤지의 시신은 자신이 통치하던 왜국으로 후송되었으나 상당수 곤지 세력은 왜국으로 돌아가지 못하고 백제에 묻혔다고 생각한다. 고구려의 영향하에 있던 한강 유역에 묻힐 수도 없고, 자신들이 패한 금강 유역에 묻힐 수도 없다. 그러면 어디로 가 묻혔을까?

> 웅략천황 23년(479); 여름 4월, 말다왕을 백제의 왕으로 하였다. 아울러 축자국의 군사 500인을 보내 호송하였다. 이를 동성왕이라 한다.

곤지가 죽은 후 문주왕도 내란으로 죽어 문주의 나이 어린 아들이 삼근왕으로 즉위하나 백제는 계속 혼란에 빠진다. 그러자 다시 왜국에 남아있던 곤지 세력들이 백제로 돌아와 백제에 있던 자신들의 우호 세력들과 손잡고 곤지의 둘째 아들[21]을 왕위에 옹립하니 이 사람이 동성왕이다.

---

21) 첫째 아들이 왕이 될 수 없는 이유: 『네티즌 고대사』 pp.385－397, 바. 웅략천황.

일본서기는 동성왕이 귀국할 때 북구주의 축자국 군사 5백 명이 호위하였다고 하는데 이는 왜왕이던 자신의 군대이다.

문주왕의 신라계 모씨 왕통은 기반이 약해 왕위를 이을 수가 없었고, 이전의 해씨 왕통도 해구 세력이 몰락하자 더 이상 왕위를 이을 수가 없었다. 고이왕 이후 한성백제의 지배 세력이었으나 근초고왕 이후 解씨에게 왕권을 빼앗기고 물러났던 眞씨는 부여씨를 지지했다. 개로왕의 왕자들이 고구려군의 공격으로 모두 죽은 마당에 부여씨 왕통의 설립자인 비유왕의 후손으로서 왕위를 받을 혈통은 16세의 어린 무령(삼근보다 3살 연상임)과, 대부분 20～30대이던 장성한 곤지의 다섯 아들들뿐이었다.

동성왕은 왜국을 자신의 동생에게 맡기고 귀국하는데, 만일 동성왕이 귀국하지 않았다면 일본서기는 청령 대신에 동성왕을 천황자리에 넣었을 것이다. 곤지의 아들 중에 둘째가 백제왕이 되고 셋째가 왜왕이 되는 것으로부터 5세기 후반의 백제와 왜국의 상대적 위상을 알 수 있다. 이제 왜국이 아니라 한반도의 백제가 진왕정부를 계승한 나라가 되었으니 이들은 중원국가에 별도로 사신을 보낼 필요가 없는 것이다. 이것이 동성왕 즉위 후에 왜국이 중국사서에서 백 년 이상 사라지는 이유다.

곤지 사후 왜국은 元妃의 아들들인 말다왕자(동성왕)와 백발황자(청령천황)가 통치하고 있었다. 추도문 형식을 띤 왜왕 武의 국서는 곤지가 갑자기 죽자 왜국의 혼란을 우려한 元妃 세력이 보낸 것이다. 왜국은 곤지의 시신이 돌아오자 그의 죽음을 숨겼거나, 아니면 3년상 동안만이라도 권력의 안정을 꾀하기 위하여 송나라에 국서를 보내 곤지(武)의 책봉을 요구한 것이다.

동성왕을 따라 곤지 세력의 주력이 귀국하고 남은 세력들은 동성왕의 동생인 백발황자를 왜왕에 세우고 통치하였으나 5년 만에 청령이 죽고 왜국의 권력은 곤지 이전의 시변황자 후손들에게 돌아간다. 이때 몰락한 곤지의 잔존 세력들도 바다를 건너 백제로 돌아와 자파 세력이 미리 건너와 자리를 잡은 전남 지역에 들어온 것으로 추정된다. 이들이 같은 전남 지역이라도 옹관묘가 없는 섬진강 유역으로 들어오지 않고, 옹관묘가 있는 영산강 유역으로 들어온 이유는 본래 부여씨인 자신들의 근거지가 영산강 유역이었기 때문일 것이다.

475년의 고구려에 의한 한성 함락 후 왜국으로부터 백제로 건너온 곤지세력은 외부로는 고구려를 막아야 하고 내부로는 권력 투쟁이 격화되는 시기였기 때문에 많은 군사를 이끌고 왔을 것이다. 그리고 그 규모는 혼란을 정리하고 동성왕을 왕위에 옹립할 정도였으므로 적어도 수천 명, 아니 그 이상으로 보아야 한다. 4말 5초의 대규모 이민 이래 최대의 역이민인 셈이다.[22] 결국 영산강 유역의 장고형 고분은 곤지의 귀국과 동성왕의 출현에 대한 고고학적 증거다. 이와 유사한 경우를 서양사에서 찾는다면 20세기 전반에 스페인이 내전에 휩싸이자 스페인의 모로코 주둔군 사령관이었던 프랑코가 군대를 이끌고 귀국하여 스페인의 통치자가 된 일이다.

무령왕은 왜국 문제를 무열을 퇴진시키고 계체를 왕으로 세워 해결하는 데 과거 응신이 한성백제 문제에서 진사왕을 퇴진시키고 아신왕을 세워 해결하던 것과 비교된다. 둘 다 통치권의 중첩 때문에 실각하였다. 이후부터는 새로 임명되는 담로주에게는 환두대도나 청동거울 같은 위세품을 주어 보내게 된다. 6세기의 왜국은 백제의 지방 행정 구역의 하나가 된 것이다. 왜국이 백제로부터 자립하는 시기는 소아씨가 일본열도 전체를 통일한 7세기이다. 삼국사기 백제본기는 무왕 사후 권력 투쟁에서 의자왕에게 패해 왜국으로 쫓겨난 교기왕자 세력이 소아씨 정권을 무너뜨

22) 주구묘 집단의 역이민설은 조유전과 임영진이 주장하는데 역이민의 이유는 서로 다르다.

리고 왜국을 장악한 후 백제로부터 독립한 이후부터를 다시 왜국으로 부른다.

3. 문주-삼근 왕통

중국사서가 牟都라 부른 문주왕을 개로왕 국서에 나오는 보국장군 여도로 보는 학설도 있으나 문주왕과 삼근왕은 신라계인 모씨로 보아야 당시 상황에 대한 이해가 간다. 단지 백제가 위기에 빠졌다고 신라가 바로 군사를 내어주고 지휘권까지 넘겨주는 것은 상식 밖이다. 지휘관인 문주가 신라와 관련이 있다고 보는 것이 합당하다.

곤지의 아들인 동성왕(여대)은 물론 부여씨이다. 개로왕이 송에 보낸 국서를 보면 최고 관직이 우현왕과 좌현왕인데 여기에 여기와 여곤이 임명된 것을 알 수 있다. 여도는 이름으로는 4번째이고 등급은 그 아래 급인 보국장군에 임명되는데, 문주가 여도이고 곤지의 형이었다면 이렇게 거꾸로 되지는 않았을 것이다.

> 宋 世祖 大明 二年(458), (백제왕 부여慶) 遣使上表曰, 臣國累葉 偏受殊恩 文武良輔 世蒙朝爵 行冠軍將軍 右賢王 〈餘紀〉 等十一人 忠勤宜在顯進 伏願垂愍 並聽賜除
> 〈최고 관위〉 仍以行冠軍將軍 右賢王 1〈餘紀〉 爲冠軍將軍, 以行征虜將軍 左賢王 2〈餘昆〉 行征虜將軍,
> 〈아래 관위〉 3〈餘暈〉 並爲征虜將軍, 以行輔國將軍 4〈**餘都**〉, 5〈餘乂〉 並爲輔國將軍, 以行龍驤將軍 6〈沐衿〉, 7〈餘爵〉 並爲龍驤將軍, 以行寧朔將軍 8〈餘流〉, 9〈麋貴〉 並爲寧朔將軍, 以行建武將軍 10〈于西〉, 11〈餘婁〉 並爲建武將軍 -宋書 百濟傳

삼국사기는 문주가 상좌평이었다고 하는데 우현왕이나 좌현왕은 외직이고 좌평은 내직이었을 것이라고 추측한다. 특히 좌현왕은 동쪽을 관장하는 직책으로서 백제에서 보면 왜국은 동쪽으로 좌현왕 소관이다. 따라서 곤지가 461년에 왜국에 가기 전에 이미 왜국에 다녀온 일이 있었지 않은가 생각된다.

만일 문주가 부여씨 왕족이었다면 왜국을 통치하던 곤지가 왕이 되려고 백제에 올 이유가 없다. 일본서기는 百濟記라는 책을 인용하여 고구려군에게 한성이 함락되면서 개로왕을 비롯한 왕족이 적의 손에 다 죽었다고 하였는데[23] 문주가 왕자였다면 이렇게 기록하지 않았을 것이다. 또한 곤지가 백제로 돌아온 이유도 왕족이 다 죽어 왕통이 끊겼기 때문에 자신이 돌아와서 왕위를 계승해야 한다고 생각했기 때문이다. 삼국사기는 문주왕에 대하여 개로왕의 元子나 長子가 아닌 그냥 子라 하였는데 이것도 생물학적 아들이 아닐 가능성을 준다.

일본서기 웅략조는 문주를 개로왕의 외삼촌이라고 하였는데(汶州王 蓋鹵王母弟也) 차라리 이것이 현실적이다. 비유왕이 자립위왕을 위하여 노력하였을 것이고 그러면 왕비 중에 신라 출신도 있을 수 있다고 보기 때문이다. 더구나 비유왕은 눌지마립간과 선물을 교환하는데 이때 두 나라 사이에 혼인이 이루어졌을 것이다. 문주는 혼인할 때 함께 온 신라 출신으로 보아야 모씨라는 신라 성씨가 설명된다. 진왕제하에서는 자기 가문의 여인을 진왕실로 시집보낼 때 시종과 호위무사는 물론이고 집안의 주요 인물도 함께 따라가는 것이다. 즉 중앙정계로의 진출을 의미한다.

김부식이 혼란을 일으킨 이유는 그가 본 고기에는 백제에 문주—삼근의 신라계 모씨 왕통이 없었기 때문일 것이다. 아마 개로왕과 동성왕 사이가 그냥 혼란기로 공백이었을 것이다. 하지만 백제인은 문주—삼근에

---

23) 일본서기 웅략천황 20년; 百濟記云。〈蓋鹵王〉乙卯年冬 狛大軍來 攻大城七日七夜 王城降陷 遂失尉禮國 王及大后王子等**皆沒敵手**

게 부여씨를 주어 정식 왕력으로 편입시킨 것이다. 이는 4세기 이전 백제 진왕들 중에 소국 출신으로 국난 극복에 공을 세우고 이로 인하여 왕이 된 사람이 있었을 가능성을 준다.

영산강 유역에서 백제 진왕을 배출하였다면 고고학적으로는 영산강 유역에 대형분묘가 등장하여 경제력이 정치 권력으로 전환되고, 사료적으로는 요서에 백제가 나타나는 4세기 중반이다. 3세기에 농업과 상업을 통하여 경제력을 키운 옹관묘 집단이 3세기 후반이나 4세기 초에 삼한백제의 중앙정계에 진출하며 본래 부여에서 왔다고 하여 부여를 성씨로 삼게 된 것으로 본다. 이후 진왕권을 장악한 이들이 삼한백제 부여씨 왕통을 연 것이다. 그리고 진왕의 권력이 강해져 스스로 중원왕조와 접촉하여 백제왕의 책봉을 받으니 여구왕의 출현이다. 이 지역을 대표하는 성씨인 부여씨 집단의 분묘로서는 역시 이 지역을 대표하는 분묘 형식인 옹관묘를 제외하고는 생각하기 어렵다.

4. 목협만치의 생몰연도

목협만치는 백제 8성대족의 하나인 목(목협)씨로서 목만치 혹은 소아만지라 부르는데 일본서기와 삼국사기에 모두 나온다.

- 응신천황 25년; 〈달이 없음〉, 百濟〈直支王〉薨 卽子〈久爾辛〉立爲王 王年幼 〈木滿致〉執國政 與王母相婬 多行無禮 天皇聞而召之. [百濟記云: 〈木滿致〉者是〈木羅斤資〉討新羅時 聚其國婦而所生也 以其父功專於任那 來入我國往還貴國 承制天朝執我國政 權重當世 然天朝聞其暴召之]

- 이중천황 2년(429년); 冬十月, 都於磐余 當是時 平群〈木菟〉宿禰, 〈蘇賀滿智〉宿禰, 〈物部伊莒弗〉大連, 〈圓大〉使主, 共執國事。

• 개로왕 21년(475) 문주가 곧 목협만치와 조미걸취 [목협, 조미는 모두 복성인데 「수서」에서는 목협을 두 개의 성으로 보았으니 어느 것이 옳은지 알 수 없다] 를 데리고 남쪽으로 떠났다. 이때 고구려의 대로 제우, 재증걸루, 고이만년 [재증, 고이는 모두 복성이다] 등이 군사를 거느리고 와서 북쪽 성을 공격한지 7일 만에 함락시키고, 남쪽 성으로 옮겨 공격하자 성 안이 위험에 빠지고 왕은 도망하여 나갔다.

• 전지왕 16年(420); 봄 3월, 王薨.
• 구이신왕 元年(420); 전지왕 長子, 전지왕薨 卽位.
• 구이신왕 08年(427); 冬十二月, 王薨.

420년 3월, 전지왕이 죽자 그의 어린 아들(구이신왕)이 즉위한다. 구이신왕의 할아버지인 아신왕이 나이가 어려 숙부이던 진사왕에게 왕위를 빼앗기고 응신의 도움으로 다시 왕위를 찾은 것이 392년이다. 할아버지도 어려서 왕위에 올랐는데 손자가 이로부터 겨우 28년 만에 왕위에 오르니 그 또한 어린 나이였을 것이다. 구이신왕이 長子인 것으로부터 전지왕은 자립위왕을 못했다는 것을 알 수 있다. 영락 17년(전지왕 3년) 2월 부여씨 출현 이후의 전지왕은 여신을 중심으로 한 부여씨에게 업혀 있는 명목상의 왕이었다.

백제본기 구이신왕조는 8년이나 되는데도 전혀 기록이 없어 이것만으로는 백제에 무슨 일이 있었는지 짐작하기 어렵다. 그러나 일본서기와 중국의 사서는 이에 대한 기록을 남기고 있어서 추정이 가능하다. 일본서기는 전지왕이 죽던 420년 3월에 대하여 2개의 기록을 남기고 있는데, 하나는 정상적인 위치에 있는 기록이고, 또 하나는 비정상적인 위치에 놓인 기록이다. 정상적인 기록은 3월이라는 달까지 정확하게 기록하고 있으나 비정상적인 기록은 아예 달이 없다. 응신 25년은 기년복원 절차에서 나올 수 없는 해다. 즉 존재하지 않는 해다.

(가) 정상적인 기록

• 인덕천황 41년(420); 봄 3월,
紀角숙녜를 백제에 보내 처음으로 國郡의 경계를 나누어 상세하게 향토의 소출을 기록하였다. 그때 백제 왕족 酒君이 무례하였다. 이 때문에 기각숙녜가 백제왕을 책하였다. 백제왕은 두려워하여 쇠사슬로 酒君을 묶어서 습진언에 딸려서 보내왔다. 酒君이 石川錦織首許呂斯(석천금직수허려사)의 집에 도망하여 숨었다. 거짓으로 '천황은 신의 죄를 용서하였다. 그래서 그대를 따라 살고 싶다'라고 하였다. 오래 지난 뒤 천황이 드디어 그 죄를 용서하였다.

(나) 비정상적인 기록

• 응신천황 25년; (달이 없음),
백제 직지왕(전지왕)이 죽었다. 그 아들 구이신이 왕이 되었다. 목만치가 국정을 잡았다. 왕모와 간음하여 무례한 일이 많았다. 천황이 듣고 불렀다.(백제기에서 말하기를 목만치는 목라근자가 신라를 칠 때 그 나라의 부인을 얻어 낳았다.)

(가)는 왜국과 관계된 사건과 인물이 나오는 실제의 기록이나, 나.는 왜국과 무관한 백제의 왕력이다. 즉, 일본서기의 기년 조작을 위한 기록이다. (나)의 왕모와 무례하였다는 인물은 목만치가 아니라 백제 왕족 酒君임을 알 수 있다.

인덕은 전지왕이 죽자 급히 기각을 백제에 파견한 것이다. 기각은 구이신왕의 섭정을 목적으로 파견되었으나, 전지왕 사후 구이신왕을 대신하여 백제의 국정을 보던 왕족 주군과 충돌한 것이다. 이 과정에서 주군이 실각하여 왜국으로 보내지고 기각이 승리한 것 같았으나 최후의 승자는 여신—여비로 이어지는 부여씨였다.

서기 429년인 이중천황 2년에 '소하만지'라는 인물이 나타나 숙녜가 되는데, 이 사람이 46년 후인 475년에 웅략의 명으로 백제에 파견되어 웅진천도를 돕는 진짜 목만치이다. 백제 구원군의 파견을 일본서기는 웅략이 웅진을 문주에게 주어 백제를 다시 일으키게 하였다고 하고, 삼국사기 백제본기는 목협만치가 천도를 도왔다고 하고 있다. 동일한 역사적 사실을 각기 자신의 입장에서 기록한 것일 뿐이다.

목씨는 본래 영산강 유역 성씨의 하나로 신공 49년(227) 이후에 삼한백제에 귀속되었다. 따라서 475년에 문주의 천도를 도운 목협만치의 아버지라는 목라근자가 신공 49년의 백제장군 이름이 될 수 없다. 하지만 일본서기가 신공조에서 한 일을 보면 무내숙녜의 기록처럼 기년 조작을 위하여 후대의 인명으로 교체했을 가능성도 있다. 즉, 백제 진왕을 지우고 한성백제의 초고왕을 넣고, 백제장군을 지우고 5세기 목라근자를 넣고, … 이런 식이다. 그러면 우리가 믿을 수 있는 것은 목협만치가 목씨 성을 가진 백제장군이 신라를 공격할 때 만난 신라 여인으로부터 태어났다는 사실뿐이다.

백제와 신라의 관계를 보면 3세기 말에 전투가 있고는 6세기 중반에 전투가 있다. 그 중간에는 전투가 없고 두 나라는 사이가 아주 좋았다. 좀 더 사실적으로 말한다면 4, 5세기에 신라는 백제의 속국이었기 때문에 사이에 전쟁이 있을 수 없는 것이다. 그런데도 불구하고 만일 목협만치가 백제가 신라를 칠 때 태어났다면 탄생연도는 다음처럼 하나로 결정된다. 백제와 신라 사이에 전쟁이 없는 270년 동안 백제가 신라를 공격한 경우가 딱 한번 있었기 때문이다. 삼국사기의 '신라－백제' 간에 벌어진 전쟁을 요약하면 다음과 같다.

《나제 간에 전쟁이 계속됨》

고이왕 50년(283); 가을 9월, 군사를 보내 신라의 변경을 침범함.
→ 전기 백제의 대 신라 마지막 전쟁

《나제 간에 전쟁이 없음》

아신왕 12년(403); 봄 2월, 왜국에서 사신이 오자 왕이 이들을 환대하고 위로하였으며 특별히 후하게 대우하였다. 가을 7월, 군사를 보내 신라 변경을 침공하였다.(春二月, 〈倭國〉使者至 王迎勞之 特厚. 秋七月, 遣兵侵〈新羅〉邊境.)

《나제 간에 전쟁이 없음》

성왕 31년(553); 가을 7월, 신라가 동북면의 변읍을 빼앗고 新州를 설치하였다.
→ 후기 백제의 대 신라 최초 전쟁

《나제 간에 전쟁이 계속됨》

아신왕이 403년 2월에 왜국사신을 위로한 것은 그때 응신이 죽었기 때문이다. 그리고 나오는 것이 아신왕 7월의 그 유명한 기록이다.[24] 목협만치가 어떤 백제장군이 신라를 칠 때 얻은 여인으로부터 태어났다면 백제장군이 403년 7월에 신라 여인을 만났을 것이므로 목협만치는 404년생이다.[25] 목협만치가 언제 죽었는가는 나오지 않지만 477년 7월에 자신의 주인이던 곤지가 돌아와 왕권을 놓고 문주－해구 연합과 싸우다가 죽었으므로, 그 역시 곤지 편에 섰다가 73세로 죽은 것으로 추정된다. 이상을 요약하면 다음과 같다.

목협만치의 일생

404년; 출생, 백제장군을 아버지로 신라여인을 어머니로 태어남.

24) 『삼한사의 재조명 1』 p.487, 제24장. 7. 신라의 왜국 공격.
25) 10달 후에 태어났을 것이므로 태어난 달까지 따질 수도 있지만 생략한다.

429년; 25세, 인덕 사후 벌어진 내란에서 공을 세워 왜국의 각료가 됨.
475년; 71세, 곤지의 명을 받고 백제에 파견되어 웅진천도를 도움.
477년; 73세, 웅진에 흑룡이 날 때 곤지와 함께 죽음.

477년의 내란 중에 곤지는 죽어 시신이 왜국으로 이송되었지만 목협만치와 조미걸취는 죽어 영산강 유역에 묻혔을 것이다. 영산강 유역의 장고형 고분이 일본열도의 구주식과 유사한데(임영진) 목협만치와 조미걸취는 비상시국을 맞이하여 한반도에서 가장 가까운 구주 지역의 군대를 이끌고 왔을 것이다. 영산강 유역에서 발굴되는 5세기 후반의 장고형 고분들 중에는 목협만치와 조미걸취의 무덤이 있을 가능성도 있다고 본다.

5. 498년 8월의 나주평야

백제가 고구려의 공격으로 개로왕을 비롯한 왕족이 모두 죽고 웅진으로 남천하자 대규모 권력 투쟁이 벌어져 천도를 단행한 문주왕과 삼근왕이 죽고, 한성 세력을 대표하던 해구도 죽고, 왜국 세력을 대표하던 곤지도 죽는다. 이 혼란은 왜국세력인 동성왕이 당시 백제 최대 세력인 영산강 세력의 도움을 받아 승리하며 종식되었다. 영산강 유역은 본래 부여씨의 근거지로서 동성왕 자체가 영산강 유역 세력의 대표자였던 것이다. 이후 백제의 권력을 장악한 영산강 유역은 화려한 유물이 부장된 대규모 고분군이 조성되는 등 고고학적 전성기를 맞는다.

그런데 동성왕에게 새로운 위협이 닥친다. 개로왕이 북위에 국서를 보내 고구려를 남북으로 공격하려 하였으나, 북위가 고구려와의 평화를 택함으로써 그 국서의 내용이 장수왕에게 전해졌다. 남조를 통일해야 하는 북위의 입장에서 남조와 친했던 대륙의 백제가 더 싫었을 것이다. 분노한 장수왕에게 한성백제가 공격받아 개로왕이 죽으니 백제와 북위의 관계가 급랭한다. 북위에게 배신당한 백제는 동성왕이 즉위하였으나 그 자신의 군사력으로는 북위와 맞설 수 없었다. 한강 유역과 금강 유역이 모두 고구려에게 공격받거나 내전으로 피폐해져 당시 백제권에서 유일하게 해운력과 군사력을 보유한 곳은 금강 이남의 구 마한권뿐이었다.

백제와 북위가 대륙에서 대치하는 동안에 먼저 선공에 나선 것은 북위였다. 488~490년 간의 북위의 침공에 맞서 요서와 영산강 유역의 백제군이 군대를 동원하여 중국 대륙에서 북위의 침공을 격퇴하였다. 이는 마치 4세기 후반 근초고왕의 태자인 근구수가 3만의 백제군을 지휘하여 고구려군에 맞섰으나, 실제로 자신 휘하의 군대 수는 얼마 되지 않았고, 대부분은 삼한 각지의 신지들이 이끌고 온 군대였던 것과 유사하다.

백제—북위 간의 전쟁이 백제의 승리로 끝나자 동성왕은 전쟁에 공로를 세웠던 영산강 유역을 비롯한 지방 세력가들에게 중국 남조황제의 이름으로 侯王의 지위를 부여하는 동시에 자신들의 지역에 대한 통치를 인정해주지 않을 수 없었다. 이를 당시 전공을 세운 장군들에게 동성왕이 통치할 영지를 나누어 주는 것으로 오해하는 수가 있는데 전쟁 전에 이미 그들은 그 영지의 주인들이었다. 그렇게 되자 공식적으로 후왕 지위를 받아낸 이들 영산강 유역의 대 세력가들은 동성왕의 웅진정부가 다루기 어려운 존재가 되었다. 따라서 영산강 유역에 지금까지 서있는 수백 기의 왕릉급 고분들은 백제—북위 전쟁의 고고학적 증거들이다.

이들을 통제하기 어려웠다는 것은 심지어 별다른 경제력이나 군사력이 없었던 제주도의 탐라국마저 웅진의 중앙정부를 무시하는 것으로부터 추측이 가능하다. 마치 3세기 진왕체제가 돌아온 것이나 흡사하였다. 하지만 한성백제의 전통은 다르다. 그들은 4세기 후반의 근초고왕 이후 지방분권적인 담로제 대신에 중앙집권을 추구하고 있었다. 독산성주의 망명은 중앙집권과정에서 나온 불가피한 일이었다.

영산강 유역이 추수기로 바쁜 498년 음력 8월, 동성왕은 전군을 몰아 노령산맥을 넘어 나주평야에 진주한다. 명분이 제주도를 정벌한다는 것이니 영산강 유역의 후왕들은 길을 비켜줄 수도 없고, 농번기에 바쁜 백성들을 모아 동성왕에 대항할 수도 없는 입장이었다. 삼국사기는 영산강 유역의 상황은 거론하지 않고 제주도가 곧 항복함으로써 상황이 종료되고 동성왕은 철군하였다고 하는데 이는 서로의 체면을 살린 결과라고 생각된다.

이 동성왕의 무력시위 결과는 6세기 초 영산강 유역의 고고학적 유물 변화로 나타난다. 그들은 금동관을 벗고 웅진정부로부터 은으로 만든 꽃을 받아 머리에 꽂았다. 즉 좌평과 달솔 같은 고위 관직을 받고 중앙정계에 진출한 것이다. 영산강 유역 외곽에서부터 바뀌던 무덤 양식이 이후 중심부에서도 백제식 석실분으로 바뀐다. 설령 동성왕이 내려오지 않았더라도 새로운 묘제를 찾던 영산강 유역 집단의 옹관묘는 6세기에 점차 사라지고 석실분을 받아들였을 것이라고 생각한다.

당시 영산강 유역이 통일되지 않아 대표자가 없었다거나, 혹은 6세기까지 고대국가로 성장하지 못했다거나, 혹은 반대로 6세기까지 독립국가였다거나 하는 생각으로는 고고학이건 사료건 하나도 합리적으로 설명할 수 없다. 동성왕과 무령왕이 이들의 대표자였으며, 4세기 부여씨의 진왕 백제와 5세기 왜 5왕의 왜국이 이들이 세운 나라였다.

이 사건 직후 왜국에는 인현조가 타도되고 대신 무열조가 등장하는데 동성왕을 비난한다. 영산강 유역에서 동성왕에게 굴복하지 않은 담로들이 왜국으로 망명하여 왜국의 정권을 장악한 결과로 본다. 무열 일행이 망명지로 왜국을 택한 이유는 그 이전부터 두 지역 사이에 많은 교류가 있었기 때문일 것이다. 하지만 동성왕을 이은 무령왕이 다시 계체를 파견함으로써 무열을 퇴진시키고 왜국에 친백제정권이 성립된다. 계체에서 시작하는 6세기 왜국 지배층도 영산강 유역에서 건너간 담로들이라서 두 지역사이의 교류는 이전보다 오히려 더 늘어났고 그 흔적이 영산강 유역에 고고학적 유물로 나타난 것이다.

무령왕대까지도 담로가 20여개나 남아있었던 것을 볼 때 동성왕 사후 사태를 정리한 무령왕은 두 가지 통치 형태의 중간 정도에서 백제를 통치한 것으로 추정된다. 나당연합군에 의해 백제의 중앙정부가 무너진 후에도 전국적인 부흥 운동이 일어나는 것을 보면 백제는 마지막까지도 신라 같은 철저한 중앙집권은 하지 못했다.

동성왕이 신라와 혼인한 이유는 고구려의 견제보다는 자립위왕의 형식을 취한 후 지방 세력을 흡수하기 위함임을 알 수 있다. 약 1세기 후에는 성왕의 딸이 진흥왕에게 시집가는데 이로부터 백제와 신라의 힘의 구도에 변화가 생겼음을 알 수 있다. 신라는 6세기에 들어 법흥왕－진흥왕대를 거치며 자신들이 4세기에 중앙아시아에서 가져온 유목민족적 특성 위에 신라의 전통적인 문화를 융합하여 새로운 국가체제를 확립하였다. 신라의 역사를 정리하여 혁거세를 시조로 확립하고 이전의 여러 왕들에게 시호를 준 것도 이때로 생각된다. 이로부터 신라는 한반도 귀퉁이의 작은 나라에서 벗어나 고구려 및 백제와 경쟁할 수 있는 국가가 되었다.

6. 담로들이 보는 동성왕

聖君이란 무엇이고 暴君이란 무엇인가? 왕조시대는 왕과 신하가 권력을 나누어 가지고 균형을 이루며 유지되는 것이 보통이었다. 따라서 성군이란 권력을 신하에게 나누어 주는 왕이고, 폭군이란 신하의 권력을 거두어가는 왕을 말하는 경우가 많다. 흔히 조선시대를 재상 중심의 입헌군주제적 성격을 가진 왕조로 이야기하는데 초기에는 대통령중심제적 성격이 강하고 중반 이후로는 내각책임제적 성격이 강하다. 그리고 그 경계에 있는 왕이 연산군이다.

연산군이 폭군이라 하나 그것은 관료들 입장이고 백성들의 입장에서는 알 수 없다. 백성들의 입장에서는 무거운 세금을 물리거나 대규모 전쟁이나 토목공사를 일으켜 백성들을 동원하거나 하는 왕이 폭군이지, 지배층 내부에서 자신들끼리 죽고 죽이는 것은 폭군의 기준이 될 수 없기 때문이다. 또 연산군은 한국사에서나 폭군이지 중국사의 기준으로 보면 전혀 폭군 축에 들어가지 못한다.

삼국사기를 읽어보면 이상하게도 백제에는 폭군이 없다. 상대적으로 나쁘게 기록된 사람은 백제 멸망의 직접적 책임을 지고 있는 의자왕 정도다. 그러면 만일 진왕제의 입장에서 보면 누가 과연 폭군일까? 그것은 명목상의 진왕이 통치하는 담로제를 깨고 전제왕권을 수립한 사람이 폭군일 수밖에 없다. 근초고왕은 전제군주가 아니었다. 그는 전투에서 승리하여 노획한 물품을 자신이 가져가지도 못하며, 전투에서 승리하여 더 북진하고 싶어도 여러 소국의 군대가 자신의 명을 듣지 않아 불가능한 그런 입장의 군주였다.

백제사에서 폭군이 나와야 하는 시점이 있다면 정복의 시점이다. 정복자는 후대를 위하여 어쩔 수 없는 짐을 져야 하기 때문이다. 한성백제사에서 큰 정복은 웅진남천 후 최초로 안정된 권력자의 위치에 올랐던 동성왕의 몫이었다. 그런데 중국 대륙에서 남북조 국가 간에 전쟁이 벌어져 군사력을 가지고 있었던 지방 세력들이 출병하여 공을 세우고, 그 대가로 왕에게 자신의 통치권을 국제적인 보장을 통해 인정해 달라고 요구했을 때 동성왕은 난감하였을 것이다. 따라서 동성왕 20년의 무진주출병은 백제라는 나라의 방향을 결정짓는 대 사건이었다. 동성왕이 이기면 한성백제 같은 중앙집권제로 가고, 지면 과거의 진왕제 같은 담로제로 가는 것이다.

이 과정을 목격한 백제인들은 동성왕을 "담력이 매우 컸다"고 했는데 이는 아주 정확한 표현이다. 반대로 이런 일은 담로제를 해 왔던 세력들의 입장에서는 정말로 왕이 도를 어긴 일이 아닐 수 없다. 일본서기는 백제의 왕들 중에 유일하게 동성왕을 폭군으로 기록하고 있다.

> 무열천황 4년(동성왕 23년); 백제의 말다왕(동성왕)이 무도하여 백성들에게 포악한 짓을 하였다. 國人이 그를 제거하고 섬왕을 세웠다. 이를 무령왕이라 한다.

여기서 國人이란 과거 삼한시절의 臣智들을 비롯한 담로들로서 당시는 금강 유역과 영산강 유역이 주 세력권이었다. 동성왕을 제거하는 명분으로 백성들의 원망을 들고 있으나 실질적으로는 무진주출병 같은 왕이 臣權을 거두어들이는 일이었을 것이다. 동성왕 22년의 궁궐단장도 무진주출병이나 마찬가지로, 마치 훗날 대원군이 경복궁을 중건한 것처럼, 왕권강화책의 연장선인 것이다. 하지만 이는 한성백제 방식이지 진왕제하의 방식은 그런 것이 아니다. 진왕제하의 궁궐은 다음과 같았다.

> 인덕천황 4년(410년); 봄 2월, 궁의 담장이 무너져도 수축하지 아니하고, 지붕의 갈대가 썩어도 개수하지 않았다(궁궐의 지붕을 기와가 아니고 갈대로 이었다는 뜻임).
>
> 인덕천황 7년(410년); 여름 4월, 황후가 말하기를 "궁궐의 담장이 무너졌어도 고칠 수가 없습니다. 대궐이 무너지고 (비가 새서) 의복이 젖습니다."

미추홀에서 건국하여 웅진에서 망할 때까지 4백 년을 보낸 진왕들의 궁궐들도 아마 이와 유사했을 것이다. 진왕보다는 오히려 마한왕이나 진한왕의 궁궐이 훨씬 크고 화려했다고 추정된다. 무덤도 마찬가지다. 5세기 왜국의 통치자들은 정복자를 상징하는 거대한 고분은 축조하였으나 궁궐만은 그렇지 못했던 것이다. 왜국에 최초로 등장한 대형 궁궐은 7세기의 소아씨들의 거처였다. 중세 이후 일본 천황들은 대부분 빈곤하였는데 4세기 이전 진왕들도 아마 상당수는 빈곤하였을 것이다.

동성왕의 궁궐 단장을 보는 국인들의 시각은 전통적인 진왕이 보이는 모습으로 이해하기 어려웠을 것이다. 5세기 왜국의 왕들 중에 철권 통치를 통해 강력한 권력을 구축한 사람이 그의 아버지인 웅략이다. 동성왕은 자신의 아버지로부터 상당한 영향을 받았을 것이다. 5세기 말에 동성왕의 무도를 탓한 무열천황 4년조는 일본서기가 기록한 백제—북위 전쟁의 간접적 증언이라 할 수 있다.

영산강 유역의 역사가 곧 부여씨 백제의 역사였다. 4~6세기 영산강 유역이 번성할 때가 곧 백제의 전성기였다. 사비시대 이후 백제의 중심이 자연스럽게 수도권인 금강 유역으로 옮겨지게 되자 영산강 유역은 점차 쇠퇴하여 백제의 주요 무대에서 사라진다. 무왕과 의자왕 교체기에 발생한 지배층의 대규모 왜국 망명은 백제에 멸망의 그림자를 드리우게 되고, 결국 나당연합군과의 전쟁에서 패하여 금강 유역이 폐허가 된다. 이후 영산강 유역은 긴 잠에서 깨어나 장보고 시대를 거쳐 왕건과 견훤의 시대를 맞게 된다.

7. 백제—북위 전쟁의 고고학적 흔적

질문 1

제가 3세기 초반에 낙동강 유역의 가야 7국이 멸망하였다는 것을 믿는 것은, 일본서기 신공 49년조에 이 사건이 나오기 때문도 아니고, 삼국사기에 가야가 3세기 초반에 사라지기 때문이 아니라, 오늘날 일본에 칠지도라는 고고학적 유물이 남아있기 때문입니다.

제가 3세기 중반에 위나라가 고구려를 침공하는 중에 선비족 기병부대를 동원하였다는 것을 믿는 이유는, 삼국지 동이전 때문이 아니고, 오늘날 낙동강 유역에서 당시 전쟁에 참전하였던 선비족 기병부대의 유물들이 발굴되기 때문입니다.
제가 4세기 중반에 전연이 고구려를 침공하는데 서몽골과 중앙아시아의 유목민족을 동원하였다는 것을 믿는 이유는 晋書 때문이 아니라, 경주 지역 대능원등에 4세기 후반 이후에 등장하는 고분에서 당시 참전하였던 흉노계 선비족의 유물들이 발굴되기 때문입니다.
4말 5초에 한반도 고구려가 한반도 남부를 초토화하였다는 것을 믿는 이유는, 삼국사기나 광개토왕비문에 적혀 있어서가 아니고, 5세기 초에 일본열도에서 축조된 고분에서 당시의 전쟁과 관련된 한반도 남부의 유물이 나오기 때문입니다.
그러면 5세기 후반에 있었던 백제와 북위 전쟁에 대한 고고학적 유물은 오늘날 무엇이 남아있습니까?

5세기 후반 고구려에게 패하고 웅진으로 내려온 백제에게 군사력은 영산강 유역을 비롯한 호남 지역 정도가 남아있었다. 백제－북위 전쟁이 끝난 후 동성왕은 남제에 표를 보내 전쟁에 공을 세운 장군들을 책봉해 줄 것을 요청한다. 이는 전쟁에 공을 세운 담로들이 동성왕을 압박하여 남제 황제에게 직위를 받는 형식을 통하여 통치권의 국제적 보장을 요구한 것이다.

남제의 황제는 백제왕의 요청을 단 한 번도 거절한 적이 없다. 이에 대하여 아무런 영향이 없는 명예직이기 때문이라는 주장도 있으나, 이들이 군사력을 가진 실체이므로 남제가 어떻게 할 수 없는 것이다. 이것은 假行이라는 것으로도 알 수 있다. 중원왕조는 직책을 임명할 때의 假行을 붙여 천거하면(요구하면) 황제가 이를 떼어주는 형식을 취하기 때문이다.

이렇게 되면 동성왕은 그들의 자치권을 인정해줄 수밖에 없어서 과거의 진왕과 같은 명목상의 통치자가 되는 것이다. 동성왕으로서는 내키지 않는 일이겠으나 현실적으로 이들이 군사력을 가지고 있기 때문에 어쩔 수 없는 것이다. 4세기 후반 근초고왕과 근구수태자가 고구려와 전쟁할 때도 그랬다. 승리한 왕이 더 진격하고 싶어도 군사력을 가지고 있는 담로들이 안 간다면 갈 수 없는 것이다. 이것이 진왕 체제의 한계이자 백제가 삼국통일을 못한 중요한 이유의 하나다.

후왕 책봉에는 〈자신이 다스리는 지역〉+〈후, 왕〉으로 되어 있는데 주로 영산강 유역을 중심으로 한 호남 지역이다. 그러면 영산강 유역을 비롯한 호남 지역에서 당시 북위와의 전쟁을 치룰 만한 경제력 및 人馬 동원 능력을 갖추었느냐가 첫 번째 검증 사항이다. 이는 5세기에 영산강 유역에 수백기의 대형 고분이 축조되고 있음을 통해서 고고학적으로 입증된다. 오늘날까지 영산강 유역의 대형 고분에서 출토되는 금동관을 비롯한 유물들은 백제-북위 전쟁의 고고학적 증거가 되는 것이다. 더욱이 영산강은 유량이 풍부하고 주변에 나주평야가 펼쳐 있어서 이들의 경제력을 뒷받침하였다. 훗날 고려 태조가 후삼국을 통일하는데 영산강 유역에서 태조의 통일비용을 부담하였다.

두 번째 검증사항은 백제-북위 전쟁에 대한 백제 자체 사료의 존재 여부이다. 동성왕은 즉위 20년째인 498년 영산강 유역이 추수기로 한창 바쁜 음력 8월, 대군을 몰고 노령산맥을 남하하여 무진주에 진주한다. 만일 탐라국(제주도)을 혼내줄 것 같으면 장군 한 명에게 수군을 주어 보내면 충분하다. 훗날 삼별초를 토벌할 때도 수군이 갔다. 그런데 왕이 직접 군대를 이끌고 육로로 무진주에 쳐들어간 것은 탐라 때문이 아님을 쉽게 알 수 있다.

삼국사기는 이런 결단을 내린 동성왕에 대하여 담력이 뛰어났다고 하였는데, 담로들의 입장에서 보면 대단히 무도한 일로서 실패하였으면 동성왕이 실각했을 것이니 삼국사기가 그렇게 기록할 만하다. 따라서 다음 기록이 백제－북위 전쟁으로 발생한 백제 내부의 최종 정리가 된다.

> 동성왕 20년(498); 가을 8월, 王以耽羅不修貢賦 親征 至〈武珍州〉 耽羅聞之 遣使乞罪 乃止. (왕이 탐라가 조공을 바치지 않는다 하여 친히 치려고 무진주에 이르니 탐라에서 이 소식을 듣고 사신을 보내어 사죄하므로 중지하였다.)

누가 만일 이 기록을 슬쩍 떼어 북위와의 전쟁 이전이나 동성왕에 의한 직위 요청 이전으로 옮겨놓았다면 물론 모순이다. 사료의 기록이란 나와야 할 곳에 나와야 하기 때문이다.

세 번째 검증할 사항은 백제－북위 전쟁에 대하여 중국사서나 백제사서가 아닌 제3 사서의 증언이 있느냐이다. 일본서기 무열천황 4년조는 동성왕의 無道를 탓하고 있으며, 또 무진주 출병 이후 왜국에 등장하는 새로운 지배층이 대부분 전쟁 경험과 관련된 군사일에 능한 인물들이었는데 당시 왜국에는 큰 전쟁이 없었다. 따라서 동성왕의 무진주 출병 이후 왜국에 등장한 새로운 지배층의 전쟁 경험은 백제－북위 전쟁을 의미하는 제3 사서의 증언이라고 할 수 있다.

백제－북위 전쟁에 대한 고고학적 유적을 보고 싶은 사람이 있다면 나주를 비롯한 영산강 유역에 내려가 보아야 할 것이다. 거기에 아직도 서있는 수백 기의 대규모 고분군이 백제－북위 전쟁의 고고학적 증거이기 때문이다.

질문 2

임진왜란 중에 일본은 우리들의 도공들을 잡아갔습니다. 그 결과 지금도 일본에는 당시 우리나라에서 가져간 도자기 조각들이 남아있습니다. 마찬가지로 영산강 유역에서 중국 대륙에 출병하였다면 영산강 유역에서도 어떤 대륙계 유물이 나와야 하지 않습니까?

만일 영산강 유역에서 당시 백제－북위 전쟁의 유물이 나와야 한다면 어떤 유물이 나와야 하는가를 먼저 묻고 싶다. 무기류야 백제인이 백제의 무기를 사용하였을 것이기 때문에 남제나 북위의 무기가 나올 이유가 없다. 갑옷도 마찬가지라고 본다. 무덤은 실전용 무기보다는 신분과 권력을 과시하는 위세품을 부장하는 것이 보통이다. 비록 수는 적지만 고창, 해남, 함평 등에서 당시 중국 남조국가에서 만들어진 도자기편이 발굴되었다. 이것이 백제－북위 전쟁의 흔적이라면 현재 생각할 수 있는 흔적이다.

일제강점기에 다니이 사이이찌에게 반남면 일대 고분들이 도굴되어 마차 11대분이나 되는 유물을 실어갔는데 보고서라고는 다음과 같은 종이 한 장 뿐이었다고 한다. 다음이 다니이 사이이찌의 보고서 전문이다(나주문화원).

「반남면에 있는 자미산 주위 신촌리, 덕산리 및 대안리의 대지 위에 수십기의 고분이 산재하고 있다. 이들 고분의 외형은 원형 또는 방대형이며 봉토 내에 1개 또는 수 개의 도제옹관을 간직하고 있다. 지금 조사결과를 개설하면 먼저 지반 위에 성토를 하고 위에 도제의 큰 독을 가로 놓은 뒤, 이에 성장한 사체를 오늘날도 한반도에서 행해지고 있는 것처럼 천(布)으로 감아서 판자에 얹은 뒤 머리 쪽부터 큰 독 속에 끼워 넣고, 큰 독의 아가리에서 낮거나 또는 아가리를 깨서 낮게 한 작은 단지(小土甘)를 가지고 판자를 아래로부터 받친 뒤, 약간 작은 독을 큰 독 속에 끼워 넣어서 사체의 족부를 덮고, 대소의 독이 맞닿은 곳을 점토로 발라 옹관 밖의 발이 있는 쪽에 제물을 넣은 단지를 안치하여 흙을 덮는다. 그 발견된 유물 속에는 금동관과 금동신발이 있고, 칼(大刀 및 刀子)과 도끼, 창, 화살, 톱이 있고, 귀고리, 곡옥, 관옥, 다면옥(切子玉), 작은 구슬 등 낱낱

이 열거할 겨를이 없을 정도다. 이들 고분은 그 장법과 관계 유물 등으로 미루어 아마도 倭人의 것일 것이다. 그 考說은 후일『나주 반남에 있어서의 왜인의 유적』이라 제하여 특별 보고서로서 제출하게 될 것이다.」[26)]

26) 특별 보고서는 영원히 나오지 않았다. 유물들의 행방도 일본으로 실어갔다고 추정될 뿐 알 수 없다.

제46장 무왕과 교기왕자

1. 삼국사기가 기록한 선화공주

무왕은 혜왕과 법왕이 1년 만에 죽는 정치적 혼란기 속에서 왕이 되었다. 그는 본래 왕이 될 만한 입장이 아니었다고 보인다. 그런데 혼란을 종식시키고 왕이 되었다. 또 무왕을 혜왕의 長子라 하는 것으로부터 혜왕은 자립위왕하지 못했음을 알 수 있다. 백제의 진왕제와 담로제는 5세기 이후 점차 소멸되어가는 분위기였으나 민간에는 아직도 남아있었기에 삼국사기 백제본기의 왕력을 쓸 때 마지막까지 진왕제 원칙을 적용했다고 보인다.

혜왕은 성명왕의 제2자라고 하는 것으로 보아 성명왕과 부자 관계가 아니다. 혜왕은 성왕과 관련이 있는 어떤 여인과 직·간접적으로 관련이 있는 사람이었을 것이다. 예를 들면 혜왕이 성명왕의 사위더라도 진왕제로 따지면 혜왕은 성명왕의 제2자가 된다.

그러면 무왕은 자립위왕하였을까? 만일 무왕이 자립위왕하였으면, 그리고 그가 낳은 아들이 왕위를 이었으면, 그 아들에 대해서는 삼국사기가 무왕의 元子라고 써야 한다. 반면에 무왕이 자립위왕하지 못하고 그의 아들이 왕이 되었다면, 삼국사기는 그 아들을 무왕의 長子라고 쓸 것이다. 또 설사 자립위왕하였더라도 다음 왕이 자신의 부왕을 자립위왕시킨 왕비의 아들이 아니라 다른 왕비의 아들이었으면, 근구수왕이나 성명왕처럼 그냥 선왕의 子라 기록하게 된다.

결국 백제본기가 무왕의 아들에 대하여 어떻게 기록하고 있느냐에 따라 선화공주의 존재가 신뢰를 가질 수도 있고 가지지 못할 수도 있다. 이제 삼국사기를 펴고 무왕 아들인 의자왕에 대하여 무엇이라고 기록하고 있는지를 보자.

삼국사기 백제본기: 義慈王, 武王之〈元子〉

이 짧은 기록이 선화공주의 존재가능성을 기록한 삼국사기 백제본기의 증언이다. 삼국사기에 선화공주가 나오지 않는 것이 아니다. 무왕은 본래 정치적 기반이 별로 없었고 왕이 되려면 민심을 얻어야 했다. 그 민심이란 과거의 진왕제에 의한 자립위왕이었을 것이다.

"선화공주님은(善花公主主隱) 남몰래 사귀어 두고(他密只嫁良置古) 서동방을(薯童房乙) 밤에 몰래 안고 가다(夜矣卯乙抱遺去如)"

이제 왜 백제왕자가 신라공주를 업어가려고 그렇게 노력해야 했는지를 이해할 수 있다. 진왕, 즉 백제왕이 되려고 해도 실권이 없었던 백제 왕자가 옛날 풍습에 기대서라도 백제왕이 되어 보겠다는 노력이었던 것이다. 무왕은 구제도에 의지하여 신라의 공주를 데려다 왕후에 옹립함으로써 나름대로 자립위왕하였다고 생각된다. 서동요는 이 과정에서 성립한 것이다.

남북한이 한국전쟁이라는 대 전쟁을 치렀지만 국내외 누구도 서로가 동족임을 부정하지 않는다. 만일 전쟁의 유무로 동일 국가나 동족을 구분하려 한다면 중국사는 무엇이 되겠는가? 서동요는 7세기 당시까지도 백제인에게 신라는 단순한 외국이 아니라 백제를 구성하던 하나의 구성원으로 생각하고 있었다는 뜻이다. 우리가 한국인이라고 느끼는 공동체의 인식이 혹자는 신라의 통일로부터, 또는 고려의 통일로부터 비롯되었다고 하는데 이는 잘못된 판단이라고 본다.

2. 해동증자

- 책계왕: 의지와 기품이 웅대하였다.
- 비류왕: 너그럽고 인자하여 사람을 사랑하였다.
- 근초고왕: 원대한 식견이 있었다.
- 진사왕: 용감하며 총명하고 슬기로웠으며 지략이 많았다.
- 동성왕: 담력이 컸으며 활을 잘 쏘아 백발백중이었다.

삼국사기 백제본기는 왕들에 성격에 대하여 위에서 몇 개 보여준 것처럼 미사여구로 치장하고 있는데 의자왕에 대해서는 아주 색다른 표현을 하고 있다. 의자왕은 부모를 효성으로 섬기고 형제 간에 우애가 있어서 사람들이 海東曾子라 불렀다는 것이다. 해동증자라는 호칭까지 붙은 것으로 보아 이것은 단순한 형식적 기술이 아닌 어떤 근거가 있는 역사적 사실에 바탕을 둔 것으로 판단할 수 있다.

효성과 우애가 깊다는 것은 뒤집어 보면 의자왕이 아버지인 무왕 및 형제와 심각한 갈등이 있었다는 표현에 다름이 아니다. 왕실에서 왕자가 아버지 및 형제들과 갈등이 있었다면 그것은 십중팔구 왕위 계승 문제다. 이 해동증자라는 표현을 읽으면서 조선 초 태조와 태종의 관계가 바로 떠오른다.

조선 태조에게는 이미 죽은 한씨 왕비에게서 얻은 아들들이 있었고 이후 얻은 강씨 왕비에게서 얻은 아들들이 또 있었다. 자신이 낳은 자식에게 왕위가 계승되었으면 하고 바라는 것은 이 세상 모든 왕실 여인들의 자연스런 소망이다. 강씨 왕비가 태조의 도움을 얻어 자신이 낳은 아들에게 왕위를 물려주려고 한 결과 왕자의 난이라는 내란이 벌어져 강씨 왕비가 낳은 왕자들은 모두 죽고 태조는 실각한다. 이 내란에서 승리한 왕자는 이후 왕위에 올랐으나 아버지 및 동생들과 화해를 못하여 해동증자라는 말은 들을 수 없었다.

우리는 해동증자의 내용만 보아도 무왕－의자왕 교체기의 상황이 대충 짐작이 가지만 삼국사기와 당시 백제의 사정을 기록한 일본서기를 비교해보며 그 사건을 다시 살펴보기로 한다. 의자왕 즉위 시에 벌어진 사건이 어떻게 마무리 되어 의자왕이 해동증자로 칭송받게 되었는지를 다룰 것이다.

삼국사기 백제본기를 보면 의자왕조는 아주 기록이 풍성한데 이상하게도 당나라 사신 기록 외에 원년조가 없다. 어느 왕이나 즉위하면 바로 시행해야 할 일들이 많기 때문에 원년조는 매우 중요한 것이 보통이다. 그런데 풍성한 기록 속에 원년조가 없다는 것은 의자왕 즉위시에 왕실 입장에서 차마 언급하고 싶지 않은 대사건이 벌어졌다는 뜻이다.

백제 무왕은 무려 42년이라는 장구한 세월을 왕위에 있었는데 재위 기록을 잘 살펴보면 재위 30년 부근을 경계로 통치 방식에 큰 변화가 생긴다. 이전과 다르게 무왕이 절을 세우고, 거대한 화원을 만들고, 기이한 꽃을 기르고, 성대한 잔치가 많아지는 등 정치적 지도자라기보다는 정신적, 종교적 지도자의 역할을 수행한다. 그리고 이 통치 방식의 변화 시점에 맞추어 재위 33년인 632년에 의자왕자가 태자가 된다. 마치 정치는 아들에게 물려주고 2선으로 물러난 것 같은 느낌인데, 권력이란 당사자가 살아있는 동안에는 자식이라도 함부로 승계하기 어려운 법이다.

3. 서명천황

삼국사기가 의자왕자를 元子라 하는 것으로 보아 무왕은 강력한 소국 출신의 여인을 왕후로 세우고 자립위왕하였고, 의자왕자는 무왕을 자립위왕시킨 그 왕후의 아들임을 추정할 수 있다. 재위기간 42년이라는 뜻은 무왕이 아주 젊어서 즉위하였다는 뜻이다. 42년 재위 중에 무왕이 등장하는 마지막 기록은 재위 39년인 638년이다. 그리고 3년 후인 641년 봄 3월에 죽는다.

- 11년; 가을 7월, 조칙을 내려 "금년에 큰 궁궐(백제궁)과 큰 절(백제대사)을 만들어라"라고 하였다. 그래서 百濟川 옆을 궁궐터로 하여 서쪽의 백성은 궁궐을 짓고 동쪽의 백성은 절을 지었다. 겨울 12월, 百濟川 옆에 9층탑을 세웠다.
- 12년; 겨울 10월, 百濟宮으로 거처를 옮겼다.
- 13년; 겨울 10월, 百濟宮에서 죽었다. 百濟宮의 북쪽에 시신을 모셨다. 이것을 百濟大殯이라 한다.

만일 누가 이것들을 읽어본다면 백제의 어느 왕의 기록이라고 생각할 것이다. 이 기록은 7세기 초 일본서기의 서명천황에 대한 것인데 그는 아주 특이한 인물이다.

일본서기 서명천황조는 다음과 같은 특징이 있다.

1) 재위 13년 동안의 기록에 倭나 日本이란 글자가 전혀 안 나온다.
— 백제란 글자만 무성하게 나오지 왜나 일본 같은 글자는 그림자도 없는데 일본서기에 10년 이상 재위한 천황 중에 유일하다.

2) 온천을 좋아한다.
— 서명은 재위 13년 동안 온천에 자주 들르는데 한 해에 여러 번 들르

기도 한다. 이것으로 보아 피부가 안 좋았을 가능성이 있다. 무왕이 신수도 건설을 추진하였던 익산 왕궁리에도 왕궁온천이 있다.

3) 소아씨 세력을 누른 실세다.

– 5~7세기 왜국에는 크게 2개의 왕통이 존재한다. 하나는 응신에서 계체에 이르는 부여씨 왕통이고 다른 하나는 6세기 후반에서 7세기 초에 이르는 소아씨 왕통이다. 왜국은 계체천황과 안한천황 이후에 왕권이 약해져 정권이 소아씨에게 넘어간다. 그런데 일본서기는 소아씨 세상의 중간에 등장한 서명이 실세천황인 것으로 기록하고 있다.

4) 무려 42년을 재위한 무왕에 대한 언급이 없다.

– 5세기 이후에 백제에 대하여 시시콜콜한 것까지 다 적던 일본서기가 42년이나 재위한 무왕에 대하여 왜 전혀 언급을 안 할까?

5) 서명이 죽자 의자왕이 조문사를 파견한다.

– 천황으로 기록된 인물이 죽어서 고구려나 신라가 조문사를 보내는 경우는 있어도 백제가 조문사를 보내는 경우는 이전에 단 한 번도 없었다. 이는 의자왕에게 서명천황은 아주 중요한 존재라는 뜻이다.

일본서기는 7세기 초의 왜국 왕이 서명이 아니고 4대째 권력자로 내려온 소아씨 가문의 蘇我蝦夷와 그의 아들 蘇我馬子였음을 여러 가지로 기록하고 있다. 그의 집은 왕궁이라 불리었고 자식들은 왕자와 공주였으며 왕만이 하는 의식들을 그가 다 치렀다. 당연히 외국에서 오는 사신의 접대도 그가 맡는다. 여러 역사가들은 마치 '서명'은 명목상의 왕이고 소아씨가 실권을 휘두른 것으로 기록하고 있으나, 계체계 왕통을 억지로라도 인정하더라도 실제로는 서명천황 앞의 여왕인 推古천황에서 끝난다. 소아씨 왕통을 간단히 정리하면 다음과 같다.

(가) 선화천황과 흠명천황: **소아도목**이 왜왕이다. 천황의 기록은 별로 없고 주로 백제 성왕의 기록과 이를 집행한 소아도목의 기록이다. 소아도목이 죽자 흠명천황도 죽는데 이는 소아도목이 없으면 흠명천황도 의미가 없기 때문이다.

(나) 민달천황, 용명천황, 숭준천황, 추고천황: **소아마자**가 왜왕이다. 백년 만에 수나라에 사신을 보낸 것도 소아마자다. 소아마자가 죽자 추고천황도 죽는다. 민달－추고에 이르는 4왕은 실제로는 왕이 아니었으며 성덕태자를 포함하여 실제로는 있으나마나 했다. 소아마자는 숭준천황을 죽이고도 멀쩡한데, 사실은 소아천황이 자신에게 위협이 될 수도 있는 세력을 제거한 것에 불과하다.

(다) 서명천황: **소아하이**가 왜왕이다. 그런데 일본서기는 소아씨 통치의 중간에 등장한 서명을 마치 실세 천황인 것으로 기록하고 있다.

(라) 황극천황: **소아입록**이 왜왕이다. 하지만 소아씨는 천지, 천무 계열에게 타도되어 단 한명도 천황시호를 받지 못한다. 일본서기에서 가장 중요한 사람이 天智와 天武이다. 천황시호는 일본서기 쓰면서 만든 것들인데, 일본서기 편자들은 단 두 명에게만 시호에 하늘 天자를 주었다. 일본이라는 나라를 만든 사람과 자신들로 하여금 사서를 쓰게 한 사람이다.

소아씨는 소아입록이 中大兄(훗날의 천지천황) 세력에게 타도되며 몰락하는데 당시 왜국 내에는 소아씨에게 맞설만한 세력이 없었다. 그런데 그 강력한 소아 왕통을 타도한 중대형이 어느 날 갑자기 등장한다. 역사 법칙상 이는 이미 축적된 힘이 있기 때문에 소아 왕통을 타도할 수 있는 것이지 아무 것도 없는 사람이 어느 날 갑자기 강력한 정권을 쓰러뜨릴 수는 없다.

서명천황대에는 소아하이가 실제 왜왕임에도 불구하고 일본서기는 출신도 애매한 서명천황이 소아하이를 누른 것으로 되어 있다. 일본서기에 따르면 서명천황은 무왕처럼 몰락 왕족 출신이다. 그는 이미 구 왕통이 소아마자에게 토벌되어 사라진 후에 즉위한 인물로 상식적으로 판단하여 권력을 가질 수 없다. 당시 왜국에서는 누구도 소아왕권에 도전할 수 없었다. 또 서명 사후 소아하이의 아들인 소아입록이 실권을 행사하므로 서명시대의 왜왕은 서명이 아니고 소아하이임이 확실하다. 그런데 일본서기는 소아왕권하의 허수아비 천황들과는 다르게 서명을 실세로 기록하고 있다. 당시 소아가문에 도전할 수 있는 세력은 외부에서 온 세력밖에 없었다. 예를 들어 만일 부여 풍이라면 그를 누를 수도 있었을 것이다.

무왕과 서명천황의 공통점을 정리하면 다음과 같다.

1) 백제에서 무왕이 권력을 상실할 때 왜국에서 서명천황이 즉위한다.

─ 삼국사기를 보면 무왕은 630년경에 권력 일선에서 물러난 것처럼 보이는데, 이 무렵에 왜국에 서명천황이 나타나고 백제에서는 의자왕자가 태자가 된다.[1)]

1) 무왕은 630년경에 권력을 잃는 것으로 보이는데 서명은 629년 혹은 630년에 즉위한다. 1년의 융통성을 두는 이유는 일본서기는 629년이라 하였으나, 631년에 당에 사신을 보낸 사건을 일본서기가 서명 3년(631년)이 아닌 서명 2년(630년)에 적었기 때문이다.

631년(일본서기 서명천황 3년); 봄 3월, 백제왕 의자가 왕자 풍장을 보내 인질로 하였다.

632년(백제본기 무왕 33년); 봄 정월, 元子 의자를 태자로 하였다.

일본서기를 보면 631년에 의자왕자를 백제왕으로 기록하고 있는데 당시는 엄연히 무왕의 재위기간이다. 의자왕자가 백제왕이라면 무왕은 무엇이란 말인가? 무왕은 어디에 있었을까? 아니면 어찌된 일인가?

2) 唐에 사신을 여러 차례 보낸다.

— 무왕은 백제에서 여러 차례 당에 사신을 보내는데, 왜국은 서명천황에 의해 당(631년)과 본격적인 외교가 시작된다.

3) 학문을 숭상한다.

— 무왕은 여러 차례 당에 사신을 보냈으며 41년째에는 자제들을 당에 보내 국학에 입학할 것을 청한다. 서명천황은 당나라에서 학문 승들을 초빙하여 크게 강연회를 연다.

4) 무왕이 죽자 서명천황도 죽는다.

— 무왕은 641년 3월에 죽는다. 그리고 서명은 7개월 후인 641년 10월에 죽는다. 무왕이 약간 먼저 죽는데 당시 백제에 내란이 발생하였다. 마치 백제에서 곤지가 죽자 왜국에서 웅략이 죽은 것과 유사하다.

그러면 이제 무왕이 백제에서 어떤 행위를 할 때 동시에 서명도 왜국에서 어떤 행위를 하는지 보자. 이는 한 사람이 백제와 왜국 양쪽에 동시에 나타나는 경우가 있는지 보기 위함이다.

(가) 무왕이 삼국사기에 나타난 기록: 638년 **이전에** 집중적으로 나타난다.

630년(무왕 31년) 2월, 7월.

632년(무왕 33년) 7월.

634년(무왕 35년) 2월, 3월.

636년(무왕 37년) 3월.

638년(무왕 39년) 3월(백제본기에서 무왕의 마지막 기록).

641년 3월에 죽음.

(나) 서명천황이 일본서기에 나타난 기록: 638년 **이후에** 집중적으로 나타난다.

630년(서명 2년) 10월.

631년(서명 3년) 9월, 12월.

636년(서명 8년) 6월.

638년(서명 10년) 10월.

639년(서명 11년) 1월, 7월, 12월(대 건축의 해).

640년(서명 12년) 4월, 10월(일본서기에서 서명천황의 마지막 기록).

641년 10월에 죽음.

이를 비교해보면 단 하나도 겹치지 않는다. 즉 무왕이 백제에 나타날 때는 왜국에 서명천황이 없다. 그리고 왜국에 서명천황이 나타날 때는 백제에 무왕이 없다. 두 사람이 백제와 왜국에 동시에 출현하는 경우는 없다. 삼국사기 백제본기에서 무왕의 마지막 기록은 638년 3월이다. 그런데 일본서기를 보면 백제에서 무왕이 사라진 다음부터 4년 동안 왜국에 서명천황이 집중적으로 나타난다.

서명천황조는 이상하게도 왕족들의 모습이 보이지 않는다. 서명천황은 왜국 후반기의 중시조로서 그의 많은 후손들은 왜국을 정리하고 일본이라는 나라를 건국한 집단이다. 그의 황후는 천황 위를 두 번이나 지내는 寶皇女이며 그의 아들들은 일본서기에서 가장 중요한 인물인 天智와 天武이다. 일본서기가 시호에 하늘 天자를 준 사람은 이 둘 뿐이다. 그런데 서명천황 재위 시에 이들을 비롯한 왕족들의 행적에 대한 아무런 기록이 없다. 왕족들이 일본서기에 나타나는 것은 서명천황이 죽은 다음이다. 서명천황 생존 시에는 어디 갔는지 왜국에 보이지 않던 왕족들이 서명천황이 죽자 한꺼번에 우르르 나타나는 것이다.

최근 출토된 미륵사지 사리 봉안기를 보면 639년에 미륵사지를 창건하였다고 하는데(익산 왕궁리 건설도 이 시기임), 일본서기 역시 같은 해인 639년에 백제궁과 백제사를 창건하였다고 한다. 신수도 건설이 1년 만에 이루어질 수 있는 것은 아니지만 어찌되었건 두 지역에 동시에 궁궐과 사찰이 축조되고 있다.[2] 2개의 불교적인 꽃이 피고 있는 것인데 일본서기는 이 무렵 다음과 같은 기록을 남기고 있다.

> 서명천황 7년(635); 가을 7월, 백제의 손님을 조정에서 향응하였다. 상서로운 연꽃이 劒池에서 자라났다. **한 줄기에 두 개의 꽃이 피었다.**

이 무렵 삼국사기 백제본기에는 왜국이 안 나온다. 백제인에게 왜국이란 삼국사기 백제본기의 기록처럼 4세기 말에 출현하여 5세기 초에 사라지는 국가다. 그리고 7세기 중반에 다시 나타나는 국가다. 만일 무왕 32년조에 왕자 풍장을 왜국에 보냈다라고 쓰면 존재하지 않는 나라에 사람을 보내는 꼴이 된다. 당시 백제인에게 왜국은 자신의 일부이지 나라 國

2) 상층부가 무너진 익산 미륵사지석탑이 7층인지 9층인지 논의가 분분한데 일본서기가 미륵사지석탑과 동시에 만든 백제탑이 9층이라 하였으므로 9층이라고 생각한다.

자를 써서 기록하는 대상이 아니다. 목협만치는 왜국 대신이었지만 백제인의 입장에서는 왜국인이 아니라 백제인이다. 곤지도 마찬가지다. 왜국왕이었으나 백제인에게는 백제인일 뿐이다. 따라서 백제인이 왜국이라고 기록한다는 것은 오히려 자신과 정치적으로 구분되는 독립적 존재를 인정하는 의미가 있다.

서명은 의자왕자 세력에게 권력을 뺏기고 익산의 신수도 건설이 수포로 돌아가자 대신 소아하이가 통치하던 왜국에 건너가 왜국에 신수도를 건설하려 했다고 본다. 즉 서명천황은 630년 이후 무왕이다. 그리고 백제궁과 백제사 건립을 실질적으로 지휘한 사람은 왕자 풍장이었다고 생각한다. 훗날 소아 왕통은 무왕의 아들들에게 모두 타도되고 결국 일본서기에서 천황위를 받지 못했다.

무왕, 즉 서명천황의 사망 시점은 삼국사기의 3월이 맞다고 본다. 무왕은 백제에서 3월에 사망한 것으로 보이며 이후 의자왕자 세력과 교기왕자 세력 사이에 대란이 벌어진 것이다. 여기서 승리한 의자왕자가 패배한 교기 세력을 모두 왜국으로 추방하는데 무왕의 시신은 일본서기에서 서명이 죽었다는 10월에 왜국으로 건너온 것이다. 백제대빈은 무왕의 시신을 모신 곳이며 따라서 무왕의 장사는 왜국에서 치러졌을 것이다.

무왕은 마지막까지 의자왕자에게 왕위를 주지 않으려고 하였던 것이다. 이후 왜국으로 추방된 교기가 왜국의 정권을 잡는다. 그리고 13년만에 형제 간에 화해한다.

> 백제본기 의자왕 13년; 가을 8월, 왕이 왜국과 우호를 맺었다(王與倭國通好).

통호의 주체가 왕이라는 것이 중요하다. 국가 간에는 그 동안에도 매우 친했다.

[그림 41] 익산 금마면 미륵사지 전경.[3] 남쪽에서 북쪽으로 본 모습이다.

4. [답변] 의자왕의 태자 책봉

무왕은 600년에 백제왕이 되어 641년에 죽었으므로 무려 42년을 재위합니다. 그런데 그의 아들인 의자는 재위 33년(632) 정월에 태자가 됩니다. 삼국사기 백제본기는 그저 封元子〈義慈〉爲太子라 하여 간략히 적고 있으나 왜 이렇게 늦게 태자가 되어야 했는지에 대한 설명이 없습니다. 무왕 33년이면 의자왕자는 이미 장성하여 나이가 많았을 것입니다. 의자왕은 즉위 후 4년째 태자를 세우는데 이것이 정상입니다.

이에 대하여 일본서기는 중요한 기록을 남기고 있습니다. 의자왕자가 태자가 되기 바로 전해인 631(또는 632)년 3월조의 일본서기를 보면 다음과 같습니다.

서명천황 3년(631 혹은 632년); 봄 3월, 百濟王〈義慈〉入王子〈豊章〉爲質

---

3) 미륵사지에서 발굴된 사리봉안기 발표 안내문이다.

백제왕 의자가 왕자 풍장을 왜국에 인질로 보냈다는 것입니다. 저는 처음에는 백제왕이 '의자'라는 이 기록을 무왕의 오기로 생각했습니다. 그런데 생각해보니 오기가 아닐 수도 있다는 것입니다. 의자왕의 태자책봉은 무왕이 한 것이 아니라 의자왕이 스스로의 힘으로 하였을 가능성이 있기 때문입니다. 의자왕자에 의해 왜국으로 추방된 왕자 풍장은 의자왕자에게 밀린 무왕의 다른 왕자가 아닌가 생각합니다. 물론 무왕은 왕비가 여럿이었을 것입니다. 삼국사기는 부여 풍에 대하여 '古王子'라고 하는데, 이것이 무왕의 아들이라는 말인지 의자왕의 아들이라는 말인지 혼란이 옵니다.

의자왕자가 태자에 오를 정도의 권력을 장악한 것은 무왕 31년인 630년 무렵으로 추정됩니다. 무왕 31년(630)을 보면 다음과 같습니다.

> 무왕 31년; 봄 2월, 사비의 궁을 중수하였다. 왕이 웅진성에 갔다. 여름에 가뭄이 들어 역사를 중지하였다. 가을 7월, 왕이 웅진성에서 돌아왔다.

630년 2월과 7월 사이에 왕이 수도를 비운 사이에 어떤 사건이 발생한 것이 아닌지 추정됩니다. 그리고 632년에 의자왕자 태자가 된 것으로 보입니다. 그 직전인 631년에 태자 즉위의 걸림돌이 되는 풍장을 왜국으로 보낸 것이 아닌가 생각됩니다. 이후 무왕은 별로 힘이 없는 존재가 아니었을까 생각합니다. 이후의 무왕 행적은 정치를 떠나 유람하는 듯한 모습을 보이기 때문입니다.

- 무왕 33년; 가을 7월, 왕이 생초 벌판에서 사냥을 하였다.
- 무왕 35년; 봄 2월, 왕흥사가 준공되었다. 그 절이 강 언덕에 섰으며 채색으로 웅장하고 화려하게 장식하였다. 왕이 매양 배를 타고 절에 들어가 향을 피웠다. 봄 3월, 대궐 남쪽에 못을 파고 20여 리 밖의 물을

끌어들여 사면 언덕에 양류를 심고, 물 가운데 섬을 쌓아 방장선산과 비슷하게 만들었다.

- 무왕 37년; 봄 3월, 왕이 측근 신하들을 데리고 사비하 북쪽 포구에서 잔치를 베풀고 놀았다. 포구의 양쪽 언덕에 기묘한 모양의 바위와 … 가을 8월, 왕이 망해루에서 여러 신하들을 위하여 잔치를 베풀었다.
- 무왕 39년; 봄 3월, 왕이 왕비와 궁녀들을 데리고 큰 못에서 배를 띄우고 놀았다.
- 무왕 42년; 봄 3월, 왕이 죽었다.

요약하면 630년을 기준으로 무왕의 행적이 크게 바뀝니다. 630년 이전에는 사냥도 없습니다. 신라에 대해 힘으로 밀어 붙입니다. 하지만 630년 이후에는 마치 인생을 포기한 사람 같습니다.

5. [답변] 무왕의 익산천도

호남고속도로를 타고 내려가다 보면 여산 휴게소가 나옵니다. 그리고 휴게소를 지나면 곧 익산 출구가 나옵니다. 출구를 나와 서쪽으로 가면 금마가 나오는데 이곳이 무왕이 천도를 계획한 당시 신도시입니다. 왕궁리가 있고, 왕궁탑이 있고, 미륵사지가 있고, 미륵탑[4]이 있습니다. 또 7세기 전반의 횡혈식 석실분인 쌍릉이 있고 주변에 왕궁온천(중요함)이 있습니다. 미륵사지는 어느 정도 발굴이 되었고, 미륵탑은 동탑과 서탑 중에 하나가 복원되었습니다. 왕궁리 터는 지금 발굴 중입니다.

익산은 북으로는 금강, 남으로는 만경강과 동진강이 있습니다. 강이 있음에도 불구하고 전통적으로 물난리가 안 나는 곳이며 눈사태도 없는 지역입니다. 남으로는 김제평야요, 서쪽으로는 금강 하류에 군산항이 있고, 동으로는 산으로 둘러싸인 요새인 전주가 있습니다. 수도로서 지형적

4) 국보 11호, 7세기. 백제 최대의 사찰인 미륵사에 건립된 한국 최대의 석탑이다.

[그림 42] 전북 익산 금마면 왕궁리 5층 석탑. 7세기, 국보 289호.

요건을 갖춘 곳입니다. 무왕이 임시로 천도를 하였다는 견해도 있고, 무왕대에 웅진－사비－익산 이렇게 3京제를 실시하였다는 견해도 있지만 제가 보는 견지로는 천도계획을 세웠다가 실패하였습니다. 미륵사지는 당시 백제 최대의 사찰이었음에도 불구하고 삼국사기에 기록이 없습니다. 이는 천도를 계획한 세력이 사찰을 건립했다가 몰락한 결과라고 봅니다.

6세기 후반, 위덕왕 사후 혜왕과 법왕이 즉위 후 곧 죽음으로써 백제는 왕통이 단절된 것이 아닌가 생각합니다. 그리고 몰락 왕족인 부여 장이 추대되어 즉위하니 이 분이 무왕입니다. 무왕은 즉위하였으나 세력이 약해 왕권강화 차원에서 자신의 근거지인 익산으로 천도를 계획한 것으로 보입니다. 무왕 세력은 처음부터 천도를 말한 것이 아니라 처음에는 절을 지었습니다. 절이 완성되자 별궁을 지었습니다. 즉, 반대파를 무마하기 위해 서서히 천도를 추진한 것입니다. 하지만 630년에 천도 반대파를 등에 업은 의자왕자에게 밀려나 천도 계획이 수포로 돌아간 것이 아닌가 생각합니다. 당시 백제 지배층 입장에서는 신라와 국운을 건 전쟁 중인데 무리한 토목 공사를 하여 백성들을 힘들게 하는 것은 옳은 일이 아니라고 생각하였을 것입니다. 그런데 무왕의 꿈은 왜국에서 이루어집니다.

6. 의자왕 즉위 시의 백제 대란

일본서기를 보면 무왕에서 의자왕으로 왕권이 교체되던 641년에 서명천황도 죽는데 백제에 대란이 발생하여 왕족들을 비롯한 수많은 사람들이 왜국으로 추방되어 왔다고 하고 있다. 삼국사기를 보면 641년 3월에 무왕이 죽었다고 하고 있으므로 백제의 대란은 3월 직후에 발생하였을 것이다. 이 대란이 얼마나 오래 진행되었는지는 모르나 의자왕의 승리로 끝나고 패배한 세력들에 대한 단죄와 재판이 이루어졌을 것이다. 그 결과 의자왕 반대편에 섰던 왕족과 고관들을 왜국으로 추방하기로 결정한 것이다.

일본서기를 보면 642년 2월에 백제에서 온 조사가 대란 사실을 알리는 것으로 되어 있는데, 이것이 추방된 사람들의 결과보고다. 즉 이 전에 이들이 왜국에 도착하였다는 뜻인데 이를 구체적으로 살펴보면 다음과 같다.

641년 11월:

(1) 백제 대좌평 지적이 죽었다.

— 이때 대좌평 지적이 왜국에 도착하였다는 뜻이다. 일본서기가 서명천황이 641년 10월에 죽었다고 한 것은 이때 죽음을 확인하였다는 뜻이다. 백제궁에서 죽었다는 뜻은 시신을 백제궁에 안치하였다는 뜻으로 보아야 한다.

642년 1월:

(2) 국왕(의자왕)의 어머니(무왕의 왕후)가 죽었다.

— 642년 1월에 백제 무왕의 왕후가 왜국에 도착하였다는 뜻이다.

(3) 의자왕의 동생(弟王子) 교기왕자

— 의자왕자와의 왕위 계승전에서 패한 무왕의 아들로서 어머니와 함께 추방되었다.

(4) 4명의 공주

(5) 내신좌평 기미

— 대좌평(상좌평)과 내좌평은 백제에서 서열 1위와 2위에 해당하는 고위직이다. 이것으로부터 백제가 둘로 나뉘어 수개월 동안 큰 내전을 치렀음을 추정할 수 있다.

(6) 고관대작 40여 인

일본서기는 641년에 백제에서 벌어진 대란으로 많은 사람들이 죽거나 추방되었다고 하고 있다. 일본서기가 죽었다고 하는 경우에는 실제로 죽은 경우도 있지만, 왜국으로 건너와 아주 중요한 인물이 된 경우도 있다. 그 이유는 일본서기는 한반도에서 왜국으로 사람이 건너오면 둘을 분리하여 기술하는 것이 원칙이기 때문이다. 국왕의 母가 죽지 않았을 것이라는 것은 그가 여자이며, 사건의 당사자인 교기를 살려주는 판에 그의 어머니를 죽인다는 것은 민심을 잃는 것으로 사리에 맞지 않는다고 보기 때문이다. 이로부터 대좌평 지적과 무왕의 왕후가 왜국에 건너와 아주 중요한 인물이 되었으리라는 것을 추정할 수 있다.

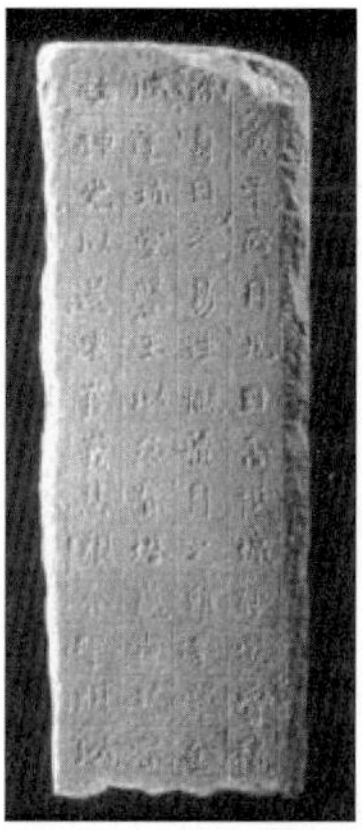

[그림 43] 사택지적비(砂宅智積碑). 7세기, 부여박물관 소장 충남 유형문화재 101호. 1948년 충남 부여읍 관북리 도로변에서 발견되었다. 잔존 부분의 크기는 높이 101cm, 너비 38cm, 두께 29cm이다. 앞면을 다듬어 가로, 세로로 줄을 그은 후 그 안에 한 자씩 글씨를 새겨 두었으며,[5] 오른쪽에는 동그라미 안에 봉황을 새겨 붉은색을 칠한 흔적이 희미하게 보이고 있다.

일본서기가 죽었다고 한 인물이 실제로는 죽은 것이 아니라는 것은 고고학적으로도 증명이 가능하다. 부여에서 대좌평 지적이 죽었다는 641년부터 13년 후에 세워진 그의 공적비가 발견되었다. 즉 그는 641년에 죽은 것이 아니고 그로부터 13년 후인 654년(갑인년) 직전에 죽은 것이다. 이로부터 일본서기가 죽었다고 한 인물이 죽지 않을 수 있다는 것이 확인된다. 이는 또한 일본서기 자체 기록으로부터도 모순이다. 일본서기 읽는 일반적인 방법을 하나 복습해보자.

> 황극천황 원년(642); 봄 2월, 백제에서 내란이 일어나 전해인 641년 11월에 대좌평 지적이 죽었다.

---

5) 甲寅年 正月九日, 奈祇城〈沙宅智積〉 慷身日之易往慨體月之難還穿金 以建珍堂鑿玉以立寶塔巍巍慈容 吐神光以送雲峩峩悲懇含聖明以

> 황극천황 원년(642); 가을 7월, 百濟使人 대좌평 지적 일행에게 향연을 베풀었다.

앞에서는 대좌평 지적이 죽었다고 해놓고 뒤에서는 지적 일행에게 향응을 베풀었다고 하고 있다. 어느 쪽이 옳은가? 앞은 왜국과 무관한 기록이지만 뒤는 왜국과 관련된 기록이다. 따라서 앞의 지적이 죽었다고 한 것은 거짓이고 뒤의 향연을 베푼 것이 정확한 기록이 된다. 일본서기가 대좌평 지적과 의자왕의 새 어머니를 죽었다고 기록한 것은 그들이 훗날 왜국에서 대단히 중요한 인물이 되었기 때문에 분리하고자 하는 의도에서이다.

일본서기는 성을 쓰지 않고 이름만 지적이라고 하였지만 고고학적으로 지적의 성이 백제 8성대족의 하나인 사택씨임이 확인되었다. 왜 사택 가문을 대표할 것이 분명한 지적이 의자왕자가 아닌 교기왕자 편에 섰는가는 수수께끼였다. 단지 혹시 교기왕자의 외가가 사택 가문과 무슨 관련이 있는 것이 아닐까 하는 정도가 추측의 전부였다.

일본서기에서 가장 중요한 여자를 찾으라면 서명천황의 왕후로서 황극천황과 제명천황으로 천황위를 2번이나 역임한 보황녀라고 할 수 있는데 일본서기는 그의 출신에 대해서 모정왕의 딸이라고 해 놓고 모정왕이 누구인지는 말이 없다. 일본서기는 중요한 인물일수록 출신이 불확실한 경향이 있는데 일본서기가 출신을 얼버무리는 사람은 거의 다 이민 1세다. 보황녀는 백제 멸망 시 백제 구원군을 파견하는 사람으로서 661년에 죽는데 대략 60세 정도일 것이다.

일본서기가 삼국사기와 다른 점의 하나는 왕후에 대한 기록이 아주 풍부하고 많다는 것이다. 그런데 서명천황조에는 특이하게도 왕후에 대한 기록이 전혀 없다(사실은 왕족 전체에 대한 기록이 없다). 일본서기의 모든 왕후들 중에 천황위를 두 번이나 지낸 보황녀보다 더 중요한 황후는 없는데도 그렇다. 왕후가 나타나는 것은 서명천황이 죽은 뒤이다. 무왕의 왕후가 죽었다는 642년 1월이 사실은 그녀가 왜국에 도착한 해라고 보는데, 일본서기는 그때 서명천황의 왕후인 보황녀가 황극천황으로 즉위했다고 한다. 하지만 당시 왜국의 왕은 소아하이였다.

> 황극천황 원년; 겨울 12월, 이 해에 소아대신 하이는 자기의 조묘를 갈성의 고궁에 세우고 (중국 천자만이 한다는) 8승의 춤을 추었다. 180부곡의 백성들을 징발하여 쌍묘를 미리 만들었다. 하나를 대릉이라 하여 하이의 묘로 하였다. 다른 하나를 소릉이라 하여 (아들인) 입록의 묘로 하였다.

일본서기를 보면 보황녀는 아들이 둘이 있다. 큰 아들이 중대형으로 훗날의 천지천황이고 작은 아들이 대해인으로 훗날의 천무천황이다. 일본학자들의 연구에 따르면 동생으로 기록된 대해인이 형으로 기록된 중대형보다 나이가 많다고 하는 견해도 있는데, 일본서기가 왕자의 기록순서를 왕력에 입적된 순서에 따르기 때문에 충분히 가능한 일이다. 두 아들 중 장자인 중대형은 보황녀의 생물학적 아들이고 차자인 대해인은 사료상의 아들이라고 생각된다.

서명천황은 아들이 둘이나 있음에도 아들이 아니라 왕후가 왕위를 계승한다. 또 일본서기는 태자 세우는 것을 관습적으로 적고 있는데 서명천황조는 태자 세우는 기록이 없는 정도가 아니고 아예 왕자들 이야기가 전혀 없다. 일본서기에서 가장 중요한 2명이 중대형과 대해인인데 전혀 보이지 않는다. 이들 왕자들이 일본서기에 모습을 보이는 것도 보황녀처럼 서명천황이 죽은 뒤이다. 보황녀의 어머니를 길비희왕이라 하였는데 그녀 역시 서명천황이 죽은 다음에 나타난다.

보황녀와 천지, 천무를 비롯하여 서명천황의 왕족들이 서명천황 생존시에는 전혀 나타나지 않는 이유는 그들이 당시 왜국에 없었기 때문이다.

이들은 서명천황이 죽은 뒤에야 일본서기에 나타나는데 그 이유는 서명천황이 죽은 뒤에 왜국에 나타났기 때문이다. 만일 왕족들이 왜국에 있었다면 자신들에게 조금만 위협이 되어도 구 왕족들을 무자비하게 제거하던 소아씨들이 가만 두지 않았을 것이다.

7. [답변] 소아하이의 반란

질문 무왕과 소아씨의 관계

1. 무왕은 아무런 힘이 없는 서동의 지위에서 부여씨라는 신분을 가지고 의자왕의 모(선화공주?)를 통해 왕위에 올라 자립위왕한 것일까요? 무왕의 이전 왕들인 법왕과 혜왕이 1년 만에 죽은 것을 보았을 때, 자립위왕하고 왕권을 튼튼하게 하기 위해서는 스스로의 힘이 있어야 하는 것이 상식입니다. 사서에서는 무왕의 출신이 서동 또는 불분명하게 기술되어 있는데, 과연 어떤 배경으로(부여씨 신분 빼고) 왕이 되어 장기간 재위하고 왕권을 강화할 수 있었을까요?

2. 무왕은 630년 이후 왜국에서 활동을 합니다. 당나라에 외교사절을 보내는 등 적극적인 활동을 하였는데요. 과연 무슨 목적이었을까요? 의자왕을 견제하기 위한 것이었을까요?

3. 그 당시 왜국은 소아씨가 실질적인 왜왕으로 실권을 잡고 있었는데, 실권을 의자왕에게 빼앗긴 무왕이 갑자기 왜국에 가서 외교 활동 등 활동을 하는데 아무런 반발이 없었을까요? 무왕은 소아씨와 직간접적으로 연관되어 우호적인 관계였을까요? 아니면 군대를 이끌고 가서 세력을 구축해 놓고 소아씨를 실력으로 압박했을까요? 교기왕자와 사택지적이 소아씨를 몰살하고 정권을 탈취하는 것을 보면 그 당시 사택씨를 왕비로 맞이한 무왕이 소아씨와 친한 관계는 아니었을 것으로 보이는데요. 무왕과 소아씨의 관계에 대해서 설명해주시기 바랍니다.

답변

1. 무왕이 자립위왕하였다고 하나 힘이 있었는지는 의문입니다. 초기부터 대 신라 강경책인데 이것이 진의였는지도 모르겠고, 저도 어렵습니다. 40년 장기 집권을 통해도 왕권강화에 여의치 않자 수도를 익산 왕궁리로 이전하고 미륵사를 건립하려 한 것은 아닌가 생각됩니다. 미륵사는 건립하였으나 수도 이전은 실패한 듯 보입니다.

2. 서명이 왜국에서 행한 대당 외교 등은 백제사와 백제궁 건립의 연장선이라고 생각합니다. 서명 7년, 가을 7월을 보면 하나의 연꽃 줄기에 2개의 꽃이 피었다고 하고 있습니다. 서명이 백제에서 미륵사를 짓고 왕궁리에 새 수도를 건립하려 하였는데 이와 같은 일을 왜국에서도 동시에 하려고 한 것이 아닌가 생각됩니다.

3. 서명천황의 출현에 대하여 소아씨가 반가울리가 없지요. 서명천황이 처음에는 형식적인 왕인 듯 하였으나 점차 세력을 키워나가자 소아하이가 저항합니다.

서명천황 9년; 이해에 하이가 반하여 조정에 나오지 않았다. 대인 상모야군형명을 장군으로 하여 치게 하였다. 도리어 하이에게 패하여 보루에 들어왔다. 적에게 포위당했다. ... 스스로 남편의 검을 차고, 열개의 활을 펼쳐서, ... 그래서 남편도 일어나 병기를 들고 나갔다. ... 하이를 쳐서 크게 이기고 모두 포로로 하였다.

소아하이의 반란을 진압한 후에야 백제, 신라, 임나 등이 다 같이 조공하였다고 하고 있습니다. 당시 왜국에 소아씨에게 대항할 만한 사람이 없었다고 생각되므로 하이의 난을 진압한 상모야군형명은 서명천황이 왜국으로 갈 때 따라간 백제 장군일 가능성이 높다고 생각됩니다.

8. 교기왕자

일본서기에서 가장 중요한 인물이 일본이란 이름의 국가를 만든 천지천황인데 서명천황이 죽자 최초로 출현한다.

> 서명천황 13년; 겨울 10월, 동궁개별황자(중대형, 훗날의 천지천황)가 16세의 나이로 조문을 읽었다.

16세의 나이로 추정해보면 어머니인 보황녀는 대략 40세 정도로서 의자왕과 비슷한 연배다. 보황녀의 나이가 너무 젊기 때문에 과거에 보황녀가 무왕의 부인이 아니라 의자왕의 누이로 추정하는 학설들이 등장하였다. 하지만 무령왕릉을 보면 합장한 백제왕비는 30대의 젊은 여인으로서 무령왕의 아들인 성왕과 동년배였다.

서명천황이 죽었으므로 그의 아들인 중대형이 천황위에 즉위하거나, 즉위하지 않더라도 그가 중심이 되어서 왜국의 사건이 진행되어야 하는 것이 상식이나 조문을 읽은 중대형은 사라진다. 대신 의자왕에게 추방되어 온 배다른 동생인 교기왕자가 일본서기 전면에 부상한다. 서명천황 다음의 황극천황조를 보면 교기, 교기, 교기 ... 온통 교기 이야기만 나온다. 왜국이 교기왕자와 그를 추종하는 대좌평 지적 중심으로 움직인다.

> 황극천황 元年; 봄 2월, 今年正月 國主母薨 又弟王子兒〈翹岐〉。及其母妹女子四人。內佐平岐味。有高名之人卌餘被放於嶋。
> → 백제대란 이후 교기왕자에 대한 첫 기록이 나타난다.

> 황극천황 元年; 봄 2월, 召〈翹岐〉安置於阿曇山背連家。(교기를 불러 담산배련 집에 머물게 하였다.)
> → 교기왕자의 거처마저도 중요하다.

황극천황 元年; 여름 4월, 太使〈翹岐〉將其從者拜朝。(태사 교기가 그 일행을 거느리고 조정에 왔다.)

황극천황 元年; 여름 4월, 蘇我大臣於畝傍家喚百濟〈翹岐〉等。親對語話。仍賜良馬一疋。鐵廿鋌。(소아대신이 무방의 집으로 교기 일행을 불러 대화하였다. 양마 1필과 철 20정을 선물로 주었다.)

→ 교기왕자가 왜왕을 처음으로 만났다.

황극천황 元年; 여름 5월, 於河內國依網屯倉前。召〈翹岐〉等。令觀射獵。(하내국의 둔창 앞에 교기일행을 불러 수렵하는 것을 관람하게 하였다.)

황극천황 元年; 여름 5월, 〈翹岐〉從者一人死去。(교기의 종자 1명이 죽었다.)

→ 종자 1명이 죽은 것까지 기록하는 경우는 일본서기에서 아마 이것이 처음일 것이다.

황극 元年; 여름 5월, 〈翹岐〉兒死去。(교기의 아기가 죽었다.)

→ 왕자가 죽어도 잘 기록하지 않는 일본서기가 교기의 아기가 죽은 것까지 기록하고 있다.

황극천황 元年; 여름 5월, 〈翹岐〉將其妻子。移於百濟大井家。乃遣人葬兒於石川。(교기가 처자들을 데리고 백제 대정의 집으로 이사하였다. 죽은 아기를 석천에 장사지냈다.)

→ 교기가 이사하는 것까지 기록한다. 아기가 죽어서 장사지낸 것을 기록하는 경우도 일본서기에서 전례 없던 일이다.

황극천황 元年; 가을 7월, 乃命健兒相撲於〈翹岐〉前。智積等宴畢。而退拜〈翹岐〉門。(힘센 자들을 불러 교기 앞에서 씨름을 시켰다. 지적 일행은 연회가 끝나고 교기 앞에 배례하였다.)
→ 황극천황조는 한마디로 교기왕자조이다.

황극천황 二年; 여름 4월, 筑紫大宰馳驛奏曰。百濟國主兒〈翹岐〉弟王子共調使來 ('백제국왕의 아들 교기와 동생왕자가 함께 왔습니다' 하였다.)
→ 교기왕자의 마지막 기록이다.

황극천황 二年; 가을 9월, 서명천황을 갑판능에 장사지냈다.
→ 삼국사기에 기록된 무왕의 죽음으로부터 1년 6개월 후이며, 일본서기가 서명천황이 죽었다고 한 후부터 11개월 후이다. 일본서기의 주인공이 바뀐다.

일본서기는 교기 일행의 행적을 일일이 좇아가며 기록하고 있어서 이것이 사서인지 교기의 수행록인지 혼동이 될 정도다. 마치 일본서기가 그를 위해 쓰이고 있는 듯하다. 사서가 어느 한 개인을 위하여 이렇게까지 자세히 기록한 것은 최고의 영광을 그에게 바치며 경배하고 있는 것이다. 그러다가 서명천황의 장례를 마치자 교기왕자와 그를 추종하는 사택지적이 사라지고 대신 중대형황자와 그를 추종하는 중신겸족이란 인물이 왜국의 중심에 등장한다.

9. 大化改新

641년에 무왕과 서명천황이 죽자 다음 해인 642년에 백제에서 왕족들을 비롯하여 고관대작들이 대거 왜국에 추방되어 온다. 그리고 643년에는 서명천황의 장례를 지낸다. 이때 맞추어 왜국에도 그 동안 보이지 않던 서명천황의 왕족들과 고관대작들이 우르르 나타난다.

서명천황의 장례가 끝나자 다음 해인 644년에 중대형과 그를 받드는 중심겸자련(중신겸족)이라는 인물이 나타나 소아씨 일족을 모두 죽이고 왜국의 정권을 잡는다. 그 다음 해인 645년에 연호를 大化라 하고 크게 개혁을 했다 하여 이 정변을 大化改新이라 부른다. 일본서기가 기록한 정변의 장면을 요약하면 다음과 같다.

황극천황 3년(643); 겨울 11월, 소아하이와 아들 소아입록(鞍作)은 집을 감도강에 나란히 지었다. 하이의 집을 上宮門, 입록의 집을 谷宮門이라 하였다. 남녀의 아이들을 왕자라 불렀다.

→ 上宮은 여러 번 나오는데 이른바 천황이 사는 집을 뜻한다. 일본서기가 천황 위를 주지 않은 왜왕들의 이런 불충한 기록들을 남겨놓은 이유는 중대형에 의한 정변을 합리화하기 위해서라고 본다.

황극천황 4년(644); 여름 6월, 중대형은 가만히 창산전마려臣에게 일러 '삼한이 調를 올리는 날 반드시 경에게 그 표문을 읽게 하겠다'라고 하며 비로소 입록을 베어버리겠다고 말하였다. 마려신은 승낙하였다.

천황이 태극전에 나왔다. 중신겸자련은 소아입록이 평소에 의심이 많고 주야로 칼을 가지고 다닌다는 것을 알고 익살꾼을 시켜 칼을 풀게 하였다. 창산전마려臣이 나아가 표문을 낭독하였다. 중대형은 위문부를 경계하여 일시에 12개의 통문을 잠그고 왕래를 금지시켰다.

→ 왜국 군대가 곧 소아씨의 군대였다.

중대형은 스스로 긴 창을 들고 대극전 옆에 숨었다. 중심겸자련은 활과 화살을 가지고 그를 호위하였다. 좌백련자마려와 갈성치견양련망전에게 칼을 주며 말하기를 반드시 한순간에 베어버려라 하였다.

창산전마려臣은 표문을 읽어나가 끝나려고 하고 있는데 자마려 등이 땀

이 흘러 몸에 퍼지고 목소리는 떨리고 손이 부들부들 떨렸다.

→ 당시는 소아씨가 왜왕이어서 왜국 내에서는 그 누구도 감히 이들에게 대적할 수가 없었다.

중대형은 자마려 등과 같이 불시에 칼로 입록의 머리 어깨를 베었다. ... 중대형은 땅에 엎드려 고하기를 "안작(소아입록)은 왕자들을 모두 멸하고 제위를 엿보고 있습니다." 좌백련자마려와 갈성치견양련망전은 입록을 참하였다.

→ 중대형은 안작이 왕족들을 모두 없앴다(鞍作盡滅天宗)고 하고 있는데 정작 왕족인 자신은 그때까지 아무런 해를 입지 않고 살아 있어서 마치 스스로의 말에 모순이 되는 것처럼 들린다. 하지만 다음 말이 힌트다.

고인대형은 상황을 보고 사택으로 뛰어들어 사람들에게 "韓人들이 안작신을 죽였다" 라고 하였다.

→ 韓人이라고 한 까닭은 당시 중대형 일파가 본래 왜국에 살던 사람들이 아니었다는 뜻이다.

중대형은 법흥사에 들어가 이를 城으로 삼아 방비하였다. ... 사람을 보내 안작의 시신을 소아하이에게 주었다. ... 소아하이 등은 주살될 것으로 생각하고 천황기, 國記, 보물들을 모두 불태워 버렸다. 선사혜척이 불타는 國記를 꺼내어 중대형에게 바쳤다. 중대형은 소아하이 및 안작의 시신을 묘에 묻는 것을 허락하였다.

→ 倭 왕실의 상징물을 모두 소아하이가 가지고 있었다.

왜국의 정권을 잡은 중대형은 자신이 즉위하지 않고 대신 몰락왕족 출신을 왜왕에 세우니 이 사람이 효덕천황이다. 중대형 일파는 왜국의 대대적인 제도 개혁을 단행하는데 왜국에서만 살아온 사람들이 실시하기에는 도저히 불가능한 것들이다. 제도 개혁의 중심이 되는 것은 7색 13계로 대표되는 관위의 제정이다. 이는 왜국에 아직도 남아있던 담로제를 폐지하고 백제의 좌평제 같은 중앙집권적 국가를 만드는 것이었다. 이때 비로소 왜국은 고구려나 백제나 신라와 대등한 국가 체제를 갖추게 된다.

중대형이 왜국을 장악하자 신라가 이에 반응한다. 효덕 3년인 647년에 신라의 실권자인 김춘추가 왜국에 와서 역시 왜국의 실권자인 중대형을 만난다. 당시 신라는 의자왕의 백제에게 심하게 공격받는 입장이었다. 김춘추가 중대형에게 무슨 제의를 했는지는 모르나 소득 없이 돌아간다. 이후 김춘추는 고구려에 가서 최고 실권자인 연개소문을 만나 백제에 대한 공동 공격을 제의하나 거절당하고, 다시 당나라로 가서 백제에 대한 공동 공격을 제의하는 것으로 볼 때, 왜국에 가서 중대형에게 무슨 제의를 했는가는 대충 짐작할 수 있다.

신라는 651년에 왕자 김법민을 직접 당나라에 파견하여 군사 동맹을 체결한다. 중대형이 왜국의 정권을 잡고 대화개신이란 제도 개혁을 통해 권력을 굳히고, 신라는 당나라와 손을 잡자, 삼국사기 백제본기에 왜국이 다시 출현한다.

의자왕 13년(653); 가을 8월, 왕이 왜국과 우호를 맺었다(王與倭國通好).

이로써 형제 간에 우애가 확립되었다. 의자왕에게는 비록 이것이 가장 현실적인 선택이었겠으나, 자기가 아니라 동생에게 왕위를 물려주려 한 부모 및 그 동생과 화해한 이 모든 상황을 목격한 백제인들은 의자왕을 해동증자라 크게 칭송하였을 것이다.

10. 미륵사지에서 나온 보황녀

[그림 44] 전북 익산 미륵사지석탑. 국보 11호, 7세기, 금제사리봉안기가 나온 해체하기 전의 서탑 모습.

〈2009년 1월 뉴스에서 인용〉

국립문화재연구소(소장 김봉건)는 지난 14일 익산 미륵사지 석탑(국보 11호)을 해체 보수하는 과정에서 석탑 1층 心柱 윗면 중앙에서 사리공(舍利孔)을 확인하고, 그 안에서 백제왕실의 안녕을 위해 무왕 왕후가 조성한 사리장엄구를 발견했다고 19일 밝혔다. 이와 함께 사리공에서는 사리와 석탑 조성 내력을 적은 금제사리봉안기와 은제 사리합(舍利盒) 등 6점, 장식용 칼로 보이는 단도 2점, 백제 특유의 머리꽂이 장식인 은제관식 등 각종 유물 500여 점이 수습됐다.

유물 중 금제사리호는 사리장엄의 핵심으로 사리공 중앙에 모셔져 있었다. 높이 13cm, 어깨 너비 7.7cm의 작은 병 형식이며, 보주형 뚜껑을 덮었는데 내외함의 이중 구조다. 사리호 표면의 다양한 문양과 세공 기법은 백제 금속 공예의 우수성을 잘 보여주고 있다.

금제사리봉안기는 가로 15.5cm, 세로 10.5cm 크기의 금판에 음각하고 주칠한 선명한 글씨 194자가 새겨져 있다. 금제사리봉안기에서는 "우리

백제 왕후는 좌평 **사택적덕(沙宅積德)의 따님**으로 지극히 오랜 세월 善因을 심어 금생에 뛰어난 과보를 받아 삼라만상을 어루만져 기르시고 불교의 동량이 되셨기에 능히 淨財를 희사하여 가람을 세우시고, 기해년(639) 정월 29일 사리를 받들어 맞이했다"는 요지의 명문이 발견됐다. 탑을 만든 절대 연도가 밝혀진 것이다.

[그림 45] 미륵사지석탑 1층에서 발견된 사리 장엄구. 7세기. 위 우측은 사리봉안기로 무왕의 왕후가 사택씨임을 알려준다. 중앙 좌측은 금제 사리호이고, 중앙 우측은 백제의 고위관료가 머리에 꽂았다는 은으로 만든 장신구인데 금강 유역과 영산강 유역에서 출토되었다.

제47장 雜言錄

1. 明刀錢과 동아시아의 트로이 전쟁

경제학은 단순히 재화를 양산하여 그것을 분배하는 과정과 결과만을 다루는 학문이 아니다. 재화 속에는 인간 활동의 모든 것이 담겨져 있기 때문이다. EU라는 경제 공동체는 단순히 유로화라는 돈만 공유하는 것이 아니다. 돈을 공유하게 되면 문화를 공유하게 된다. 장사를 하기 위해 사람이 만나면 대화를 해야 하므로 언어를 공유하게 되고, 함께 밥을 먹게 되면 음식 문화를 공유하게 되고, 옷을 바꾸어 입으면 의복 문화를 공유하게 되고, 자주 만나다보면 결혼하게 되므로 인종을 공유하게 된다.

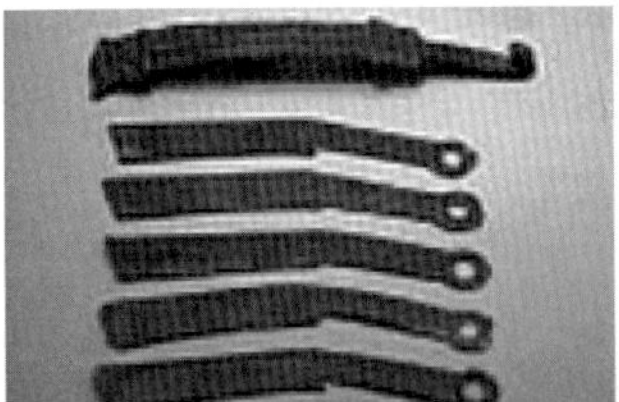

[그림 46] 명도전, 크기는 일반적으로 길이 12.4~13.5cm, 너비 1.5~1.9cm, 무게 12~19g이다. 把頭에는 고리가 있고 손잡이에는 3조의 직선문양이 길이로 나 있다. 재료는 모두 청동이며 鎔范에 의해서 주조된다.

최근에 교육부에 근무하시는 분이 『고조선, 사라진 역사』라는 책을 냈는데(성삼제, 동아일보사) 여기에서 명도전에 대한 새로운 해석을 시도하였다. 교보문고 사이트에서 책을 검색한 후 '책 속으로'를 선택하면 다음처럼 나온다.

> '명도전은 고대 연나라의 화폐다' : 국사 교과서에도 나오는 이 명제는 참일까, 거짓일까. 명도전 출토 지역의 분포를 보면 옛 고조선의 영역과 거의 일치한다는 사실은 무엇을 말해주는가. 만주사의 기초를 닦았다는 중국 길림대 역사학과의 장보촨(張博泉) 교수는 어떤 연유로 2004년 중국 학회지에 명도전이 고조선 화폐일 가능성이 높다는 논문을 발표했을까? (『고조선 사라진 역사』 6장 '명도전은 고조선 화폐가 아닐까' 148~156쪽)

이 명도전은 초기 철기시대의 화폐인데, 작은 칼(刀)처럼 생겼고, 표면에 明자가 새겨있어 明刀錢이라 부른다. 명도전은 고조선 후반기인 BC 3~2 세기 사이에 집중적으로 사용된 국제 화폐인데[1] 이것이 위씨조선 — 전한의 전쟁 원인이 된 것으로 보인다.

위씨조선이 동방 여러 나라들과 전한 사이의 중계 무역을 독점하여 부를 쌓은 것이 전쟁의 원인이었으므로, 위씨조선의 위치도 당시 부의 상징이자 국제 화폐인 명도전이 집중적으로 출토되는 지역에 위치해야 하는 것은 상식이다. 만일 위씨조선이 대동강 유역에 존재하였다면 한반도 남부와 전한의 교역을 중계하였다는 것인데, 명도전이 북부에 비해 현저하게 적게 출토되는 BC 3~2세기 한반도 남부의 경제력이 그런 큰 전쟁을 몰고 올 정도로 컸는가는 의심의 여지가 있다.

명도전은 북경 부근인 하북성과 청천강 이북 사이에서 집중적으로 출

---

1) 고조선의 영토에서는 명도전, 반량전, 포전, 명화전, 일화전 등이 출토된 바 있는데, 명화전과 일화전은 당시 중국 영역에서 출토된 사례가 거의 없어서 고조선의 화폐로 보기도 한다.

토되므로[2] 중계 무역으로 부를 쌓았다는 위씨조선도 그 지역에서 찾는 것이 순리일 것이다. 동북아 지도를 놓고 어디를 장악하여야 前漢과의 교역을 독점할 수 있는지를 보면 만주에서 중국 대륙으로 들어가는 입구다. 위씨조선과 前漢의 전쟁은 서양에서 트로이가 흑해와 에게해를 연결하는 길목을 장악하고 중계 무역을 독점하여 트로이 전쟁이 발발한 것과 유사하다. 트로이의 위치는 그 길목을 통제하기에 편리한 곳에 있어야 하는 것은 상식이다. 트로이가 경제력을 갖추었기에 그리스와 전쟁할 수 있었듯이, 위씨조선도 경제력을 갖추었기에 전한과 전쟁할 수 있었다.

[그림 47] 당시는 육상보다 해상으로 주로 무역이 이루어졌는데 트로이는 흑해에서 에게해로 나가는 관문에 위치하여 (동그라미 안) 그리스 반도로 갈 무역 이익을 독점하였다.

트로이 전쟁의 기록을 전쟁에서 패한 트로이는 남기지 못하고 승리한 그리스 측에서만 남겨 그리스인들의 눈으로 전쟁 상황을 판단하듯이, 위씨조선—전한의 전쟁 기록도 전쟁에서 패한 위씨조선 측은 남기지 못하고 승리한 전한 측에서만 남겨 전한 측 기록만으로 전쟁 상황을 이해해야

2) 명도전의 출토 지역은 비파형 동검의 출토 지역과 비슷하게 겹친다.

하는 어려움이 있다.

명도전의 분포 지역이 비파형 동검의 분포 지역과 겹친다는 것은 쉽게 알 수 있는 사실이지만, 사람들은 그저 '고조선 영역 속에 있는 비 고조선 문화의 예'로서 틀리기 쉽다 하여 시험문제에나 출제하곤 하였다.

2004년 3월 시행 서울시 교육행정직

[문제] 다음은 고조선 세력 범위를 나타낸 지도이다. 뒷받침하는 유물 또는 유적으로 거리가 먼 것은?

① 고인돌 ② 명도전 ③ 비파형 동검

④ 거친무늬 거울 ⑤ 미송리식 토기

(만주를 중심으로 한 비파형 동검과 지석표 등을 합한 분포 지도가 나옴)

[정답 및 해설]

정답 ②. 명도전은 전국 시대 중국 연나라의 화폐이므로 고조선의 세력 범위와는 관계가 없다.

'주로 고조선 영역 속에 나타나나 고조선문화가 아니다.' '주로 한국 영역 속에 나타나나 한국문화가 아니다.' '주로 일본 영역 속에 나타나나 일본문화가 아니다.' '주로 미국 영역 속에 나타나나 미국문화가 아니다.'... 그러면 어디에 나타나야 그 지역의 문화가 되는가?

돈을 찍어낸 틀이 나오면 그곳이 그 돈을 만든 곳이므로 돈의 주인인가? 원칙은 그렇지만 실제는 조금 다르다. 우리나라는 조폐 기술이 뛰어나 세계 여러 나라의 돈을 대신 만들어주고 있다. 미국이 찍어낸 달러가 가장 많이 쌓여있는 곳이 동아시아다. 돈이란 지갑에 들어 있는 사람을 주인으로 섬기는 법이다. 즉 돈을 만드는 사람보다 그 돈을 가지고 쓰는 사람이 그 돈의 주인이다. 돈 만드는 틀이 어디서 나왔느냐도 중요하나

누가 썼느냐가 돈의 주체를 결정하므로 더 중요하다. 명도전은 오로지 무게만으로 가치를 결정하는 화폐이므로 덩이쇠와 마찬가지로 누가 만들건 문제가 되지 않는 화폐다.[3)]

전국 7웅이라 하여 秦나라가 통일할 때까지 秦나라, 燕나라를 비롯한 일곱 나라가 있었다. 당시 연나라가 과연 중원문화권이었을까? 아니면 동북아문화권이었을까? 최초로 연경(북경)을 수도로 정하고 도읍한 전국시대의 연나라는 중원 국가가 아니었다. 중국[4)]이란 개념 자체가 漢나라 이후에 정립된 것이고, 강대국이었던 秦과 楚도 당시는 다 이민족의 야만국들이었다. 당시의 연나라는 인종적으로 보나 문화적으로 보나 오히려 고조선에 훨씬 가까운 동북아 국가였다.

어떤 나라가 돈을 주로 중원 국가가 아닌 고조선과 공유한다는 것은 그 나라가 고조선과 경제 공동체라는 뜻이다. 연나라 사람들이 주로 다니던 곳도 고조선 영역이고, 주로 만나던 사람들도 고조선 사람들이고, 주로 쓰던 말도 고조선 말이고, 주로 입던 옷도 고조선 옷이고, 등등... 이란 뜻이다. 燕나라에 대한 제대로 된 연구가 우리 손으로 이루어져야 한다.

2. 우리나라 국립동식물원의 유래

우리나라는 언제부터 국립동식물원을 가지고 있었을까? 이는 그 나라의 생물학이나 의학수준과 연결되는 문제이다. 사냥은 재배가 아니므로 제외하고, 농사와 양잠도 크게 보면 여기에 들어가지만 우리가 알고 싶은 것은 아니다.

---

3) 평량화폐라 부르는데 국가의 규제선을 벗어나 주조되고 유통되는 세계 화폐의 기능을 한다. 오늘날에도 금괴나 은괴 같은 귀금속은 누가 만들건 상관없이 유통되는 평량화폐다.

4) 中國이란 용어는 詩經에 처음 나오는데 '왕이 사는 곳'이란 의미로 쓰였다고 한다.

과천 서울대공원은 우리나라를 대표하는 동식물원인데 안타깝게도 그 연혁에 우리나라 동식물원의 역사에 대한 설명은 없다. 잘 모르는 사람이 보면 마치 우리나라는 최근에야 국립동식물원을 운영하는 나라인 줄로 오해하기 쉽다.

> "서울대공원은 우리나라가 자랑하는 지구촌 동물 가족들의 보금자리이다. 동물들은 자신들이 태어난 곳의 기후, 환경 조건에 따라 30여 개 구역으로 나뉘어 생활한다. 84년 개원 이후 지금까지 희귀 야생 동물을 비롯한 전 세계의 3백60여 종 3천2백여 마리의 동물을 사육하고 있다. ... 2000년 4월 국내 최초로 환경부의 야생 동물 서식지 외 보전 기관으로 지정되었으며 2000년 6월에는 국제종정보시스템 및 세계동물원기구에 가입하는 등 세계 10대 동물원으로서의 규모를 인정받고 있다."
>
> – 야후사전

기록에 전하는 우리나라 최초의 국립동식물원을 개설한 사람은 누구일까? 민가에서 운영하는 사립동식물원은 기록이 없어 모르지만 다행히 국립동식물원에 대해서는 삼국사기 백제본기가 기록하고 있다.

> 진사왕 7년(391); 봄 정월, 궁실을 중수하였으며, 못을 파고 산을 만들어 기이한 새를 기르며 색다른 화초를 가꾸었다.(重修宮室 穿池造山 以養奇禽異卉)

현재까지의 기록으로 보면 우리나라 국립동식물원의 시조는 1600여 년 전의 백제 진사왕의 정원인 셈이다.

3. 개로왕 국서의 臣

개로왕 18년(472); 遣使朝魏. 上表曰:
〈臣〉立國東極 豺狼隔路 雖世承靈化 莫由奉藩 瞻望雲闕 馳情罔極 凉風微應 伏惟皇帝陛下, ... 又云: 〈臣〉與高句麗, 源出扶餘{夫餘} 先世之時 篤崇舊款 其祖釗 輕廢鄰好, 親率士衆 凌踐臣境. 〈臣〉祖{須}

5세기 후반에 백제 개로왕이 북중국을 지배하던 북위에게 고구려를 함께 치자고 보낸 국서를 보면 스스로를 臣이라 부르고 있다. 왜 백제는 스스로를 臣이라 칭했을까?

"한 · 중 · 일의 역사를 말한다(문학사상사, 2000)"라는 책을 보면 그에 대한 설명이 있다. 이 책은 일본 태생 한국인 수학자 김용운과 중국계 일본인 역사학자 진순신 사이의 대담을 엮은 것인데, 128쪽에 다음과 같은 진순신의 이야기가 있다.

> "일본에서 가져간 국서가 중국 쪽에서 수리되게 하기 위해서는 臣이라고 써야 합니다."
>
> – 진순신

즉 중원왕조는 타국에서 국서를 가져오면 臣이라고 쓴 국서만 받는다는 것이다. 결국 臣이라는 용어는 실제로 臣이라기 보다는 책봉 체제와 마찬가지로 '외교관례용어'였다는 뜻이다.[5)]

---

5) 김상훈,『재미있는 영산강 유역 고대사』(호남 지역 씨그랜트 사업단, 2008).

4. [답변] 후기가야의 멸망 시점

질문 금관가야의 멸망 시기

삼국사기는 금관가야가 법흥왕 19년(532)에 삼국유사는 진흥왕 23년(562)에 망했다고 하고 있습니다. 같은 나라의 멸망 시점이 1~2년 차이가 나는 것이 아니고 무려 30년이나 차이가 나는데 어느 쪽이 옳습니까?

삼국사기는 가야가 법흥왕 19년(532)에 멸망하였다고 하고, 삼국유사는 진흥왕 23년(562)에 멸망하였다고 하므로 이는 다른 것이 아니냐 하는 질문입니다. 언뜻 보면 다른 것 같습니다. 그러나 여기도 잘 보면 같습니다. 삼국사기의 가야사를 다시 보겠습니다.

가. 전기가야 : 1~3세기

(1) 탈해 21년(77); 秋八月, 阿湌吉門與加耶兵 戰於黃山津口 獲一千餘級 以吉門爲波珍湌 賞功也

(2) 파사 15년(94); 春二月, 加耶賊圍馬頭城 遣阿湌吉元 將騎一千擊走之

(3) 파사 17년(96); 秋九月, 加耶人襲南鄙 遣加城主長世 拒之 爲賊所殺 王怒 率勇士五千 出戰敗之 虜獲甚多

(4) 파사 18년(97); 春正月, 擧兵 欲伐加耶 其國主遣使請罪 乃止

(5) 파사 23년(102); 秋八月, 音汁伐國與悉直谷國爭疆 詣王請決 王難之謂 金官國首露王 年老 多智識 召問之 首露立議 以所爭之地 屬音汁伐國 於是 王命六部 會饗首露王 五部皆以伊湌爲主 唯漢祇部 以位卑者主之 首露怒 命奴耽下里 殺漢祇部主保齊而歸 奴逃依音汁伐主陀鄒干家 王使人索其奴 陁鄒不送 王怒 以兵伐音汁伐國 其主與衆自降 悉直一押督二國王來降

(6) 파사 27년(106); 秋八月, 命馬頭城主 伐加耶

(7) 지마 4년(115); 春二月, 加耶寇南邊 秋七月 親征加耶 帥步騎度黃山河 加耶人伏兵林薄 以待之 王不覺直前 伏發圍數重 王揮軍奮擊 決圍而退

(8) 지마 5년(116); 秋八月, 遣將侵加耶 王帥精兵一萬 以繼之 加耶嬰城固守 會久雨 乃還

(9) 내해 6년(201); 春二月, 加耶國請和

(10) 내해 14년(209); 秋七月, 浦上八國 謀侵加羅(加羅 勿稽子傳皆作阿羅) 加羅王子來請救 王命太子于老 與伊伐飡利音 將六部兵 往救之 擊殺八國將軍 奪所虜六千人 還之

(11) 내해 17년(212); 春三月, 加耶送王子爲質 — **전기가야 마지막 기사**

나. 《기록의 공백기 270년》

다. 후기가야 : 5~6세기

(12) 소지 3년(481); 봄 3월, 고구려가 말갈과 함께 북변을 침범하므로 백제, 가야의 구원병과 함께 격퇴하였다. — **후기가야 첫 번째 기사**

(13) 소지 18년(496); 봄 2월, 가야국에서 꼬리가 다섯 자인 흰 꿩을 보냈다.

(14) 법흥 9년(522); 봄 3월, 가야국 왕이 청혼을 하므로 이찬 비조부의 누이를 보냈다.

(15) 법흥 11년(523); 가을 9월, 왕이 국경 남쪽을 순시하였으며 가야국 왕이 와서 회견하였다.

(16) 법흥 19년(532); **(달이 없음)** 금관국 왕 김구해가 왕비 및 세 아들인 **〈1자 奴宗〉**, **〈2자 武德〉**, **〈3자 武力〉**과 함께 국고의 보물을

가지고 항복해 오니, 왕은 예를 다하여 대접하고 상등의 지위를 제수하였으며, 그의 본국을 식읍으로 삼게 하였다. 아들 **무력**은 벼슬이 각간에 이르렀다.

(17) 진흥 12년(551); 봄 3월, 낭성에서 우륵을 만나 가야금을 연주하게 하였다. 이에 앞서 가야국 가실왕이 12현금을 만들어 우륵에게 명하여 곡조를 만들게 하였는데, 나라가 어지럽게 되자 악기를 가지고 신라로 들어왔다.

(18) 진흥 23년(562); 가을 9월, 가야가 배반하니 이사부로 하여 이를 토벌하게 하고 사다함이 보좌하게 하였다. 사다함이 기병 5천을 거느리고 먼저 달려가 전단문을 들어가서 흰 기를 세우니 온 성중이 두려워서 어쩔 줄을 몰랐다. 이사부가 군사를 인솔하여 닥치자 일시에 다 항복하였다. ... 사다함이 왕에게 공로로 받은 포로를 놓아주고 땅은 병사들에게 나누어주니 나라 사람들이 아름답게 여겼다.

삼국사기 신라본기에 가야 기록이 남은 큰 이유는 문무왕의 외가가 가야 출신이기 때문입니다. 즉 문무왕에서 시작하는 왕들의 정통성을 위하여 가야사를 기록하지 않으면 안 되었다고 생각합니다.

그러면 가야 18개 기록 중에서 어떤 기록이 가장 중요할까요? 당연히 김유신의 할아버지인 김무력이 신라사회에 들어오는 (16)번이 가장 중요합니다. 삼국사기는 가야 관련 기록을 달까지 꼼꼼히 기록하고 있습니다. 그런데 그 중에 가장 중요한 김유신의 할아버지인 김무력이 신라에 들어오는 (16)번만 사건의 달이 없습니다. 실수가 아닙니다. 달을 적을 수 없는 것입니다.

삼국사기를 처음 보는 사람은 법흥왕 19년에 가야가 항복했고 진흥왕

23년에는 그 항복한 가야가 부흥 운동을 일으켰다가 사다함에게 진압당한 것으로 착각하게 됩니다. 무슨 뜻인고 하니 법흥왕 19년에 가야가 멸망하였다고 적으니 사람들이 "어! 진흥왕 23년에 멸망한 것 아냐?"하고 묻는다는 것입니다. 이때 삼국사기는 "법흥왕 19년에 멸망했고 진흥왕 23년은 부흥 운동을 하다가 진압당한 것이오"라고 답변한다는 것이지요.

그런데 삼국사기 열전을 보면 가야 18개 기록 중에 마지막인 (18)번은 대가야 진압 기록으로 수로왕과 구해왕(구형왕)의 남가야와 아무 관련도 없는 기록이 엉뚱하게 들어간 것임을 알 수 있습니다. 또 가야의 왕위 계승권이 앞서는 장자인 奴宗을 노비 奴자를 써서 기록한 것도 고의성이 다분합니다. 이로부터 우리는 다음 두 가지 사실을 알 수 있습니다.

1. 법흥왕 19년에 신라에 들어온 김무력은 가야 구해왕의 왕자가 아니다.
2. 남가야의 멸망은 법흥왕 19년이 아니라 진흥왕 23년이 맞다.

이제 삼국유사 가락국기를 봅시다.

구형왕(仇衡王) : 김씨(金氏). 정광(正光) 2년에 즉위. 치세는 42년. 보정(保定) 2년 임오(壬午; 562) 9월에 신라 제24대 진흥왕(眞興王)이 군사를 일으켜 쳐들어오니 왕은 친히 군사를 지휘했다. 그러나 적병의 수는 많고 이쪽은 적어서 대전(對戰)할 수가 없었다. 이에 동기(同氣) 탈지이질금(脫知爾叱今)을 보내서 본국에 머물러 있게 하고, 왕자와 장손(長孫) 졸지공(卒支公) 등은 항복하여 신라에 들어갔다. 왕비는 분질수이질(分叱水爾叱)의 딸 계화(桂花)로, 세 아들을 낳으니, 첫째는 세종각간(**世宗**角干), 둘째는 무도각간(**茂刀**角干), 셋째는 무득각간(**茂得**角干)이다. 〈개황록(開皇錄)〉에 보면, "양(梁)나라 무제(武帝) 중대통(中大通) 4년 임자(壬子; 532)에 신라에 항복했다"고 했다.

가야 마지막 왕인 구형왕에게는 아들이 셋 있는데 〈1자: 世宗〉, 〈2자: 茂刀〉, 〈3자: 茂得〉으로 김유신의 할아버지인 무력은 없습니다. 왕위 계승권과 관련이 있는 왕자의 순위를 바꾸는 것은 생각할 수 없으며, 무력과 무득을 비교해야 하는데 발음이 전혀 다릅니다. 싸우다 중과부적으로 졌다는 가락국기 기록이 보물을 들고 와 무조건 항복하였다는 삼국사기 신라본기 기록보다 훨씬 사실적입니다.

일본서기를 보면 법흥왕 시절에 임나가야가 신라에게 무차별한 공격을 받고 있어서 많은 임나가야인들이 신라에 항복해갔음을 추정할 수 있습니다. 그러면 이 무렵에 신라에 들어온 김무력도 항복한 임나가야인으로 보는 것이 합당합니다. 그 아들인 김서현과 손자인 김유신 역시 마찬가지입니다. 결국 삼국사기와 가락국기의 후기가야 멸망 시점 기록은 같습니다. 두 사서는 동일한 사건을 각자의 목적에 맞게 기록하고 있을 뿐입니다.

[그림 48] 진경대사(855~923)탑비. 924년 건립,[6] 보물 363호.

5. 역사서에 대한 몇 가지 고찰

가. 사서의 왜곡 가능성이 높은 부분

(1) 고려사에서 가장 왜곡된 부분은 어디일까?

말할 필요도 없이 조선을 건국한 이성계의 출현 무렵부터다. 고려사는 조선 건국의 정당성을 홍보해야 할 의무를 지녔다고 보기 때문이다. 반면에 고려 초기사는 상당히 정확한 기술이라고 생각한다. 이해 관계를 가진 사람들과 그들의 직계 후손이 모두 사라진 마당에 왜곡할 필요가 없기 때문이다.

만일 고려왕실 자체의 기록인 고려왕조실록이 남아있다면 고려사 마지막 부분과 상당히 다른 이야기를 하고 있을 것이다. 그것은 고려왕실은 왕실의 존속을 홍보해야 할 책임이 있기 때문이다. 고려왕조실록에서는 특히 고려 마지막 인물들에 대한 평가를 우리가 아는 것과 전혀 다른 이야기를 하고 있을 것이다.

(2) 삼국사기에서 가장 왜곡된 부분은 어디일까?

나는 고려사와 같은 이유로 삼국사기 맨 뒷부분인 고려를 건국한 왕건의 출현 무렵부터라고 생각한다. 삼국사기 역시 고려 건국의 정당성을 내포해야 하기 때문이다. 만일 신라 자체의 기록이 남아 있다면 삼국사기 후반부와 상당히 다를 것이고, 특히 후삼국시대의 인물들에 대하여 삼국사기와 전혀 다른 평가를 하고 있을 것이다. 후삼국시대에 대한 신라왕실 자체의 기록을 우리가 볼 수 있다면 아마 충격일 것이다.

---

6) 대사의 이름은 심희이고 속성은 신김씨다. 그 선조는 임나왕족으로 초발 지역(임나가야 종발성: 광개토왕비문) 성골이었는데 매번 이웃나라와 전쟁에 시달리다 신라로 투항했으며 그 먼 선조에 홍무대왕(김유신)이 있다.

삼국사기에서 후삼국 부분은 김부식을 비롯한 고려 관리들의 저술이다. 하지만 그 이전 부분 특히 삼국이 존재하던 7세기 이전 부분은, 김부식이 중간에 고려 관리의 입장에서 평가를 추가하였지만, 기본적으로 삼국시대의 기록이다. 그리고 삼국사기에서 가장 정확한 부분이기도 한다. 삼국사기 초기 기록은 너무도 정확하여 읽다 보면 감격하는 경우가 한두 번이 아니었다.

나. 사서의 글자 탈락의 방향

삼국사기를 읽다보면 판본에 따라 글자가 다른 경우가 있다. 2개만 보자.

[예 1] 개루왕 〈三十八年〉, 春正月丙申晦, 日有食之. 冬十月, 新羅阿湌吉宣謀叛 事露來奔 羅王移書請之 不送. 羅王怒 出師來伐 諸城堅壁 自守不出 羅兵絶糧而歸.
38년; 봄 정월 그믐, 丙申일에 일식이 있었다. 겨울 10월, 신라의 아찬 길선이 반역을 도모하다가 발각되자 우리나라로 도망해왔다. 신라왕이 글을 보내 소환을 요청하였다. 그러나 그를 보내지 않았다. 신라왕이 노하여 군사를 출동시켜 공격해왔으나 모든 성이 굳게 방어하고 나아가 싸우지 않았다. 신라 군사들은 군량이 떨어져 돌아갔다.

일부 삼국사기 판본에 三十八年이 二十八年으로 된 것이 있다. 二十八年은 오류인데 9백 년이나 지나는 동안 여러 번 옮겨 적다가, 혹은 활자를 파다가 실수로 획을 하나 빠뜨려 三자가 二자로 변한 것이다.

[예 2] 성왕 三十二年, 秋七月, 王欲襲新羅 親帥 步騎 〈五十〉 夜至狗川, 新羅伏兵發與戰 爲亂兵所害薨. 諡曰〈聖〉.
"32년; 가을 7월, 왕이 신라를 습격하려고 친히 보병과 기병 〈5000〉명

> 을 거느리고 밤에 구천에 이르렀는데 신라의 복병이 일어나 함께 싸우다가 난병에게 해를 입고 돌아가셨다." —최호 역 『삼국사기』 홍신신서

원문은 '步騎 五十'이라고 하였지만 해석은 '보병과 기병 5천 명'이라고 하는 것을 볼 수 있다. 실제로 판본에 따라 五十과 五千의 두 가지로 나타나는데 어느 쪽이 옳을까?

신라를 공격하러 가는데 단 50명을 이끌고 갈 수 없다. 신라본기 역시 백제왕이 군사를 이끌고 관산성을 공격해 오는 것을 죽였다고 하고 있는데 50명으로 성을 공격할 수 없다. 거기에 단 50명을 두고는 '보기 오십'이라는 표현을 쓰지 않는다. 보병과 기병이라는 표현을 쓰려면 적어도 병력이 수천은 되어야 한다. 결국 十으로 적혀진 판본은 千자에서 위 삐침이 빠져 十이 된 것이다.

두 가지로부터 하나 알 수 있는 것은 사서가 수백 년이 지나는 동안에 이를 다시 옮겨 쓰는 과정에 실수가 발생할 때 글자의 획이 더해지는 경우보다 탈락하는 경우가 많다는 것이다. 사람은 본능적으로 일을 적게 하려는 경향이 있어서 고의로 왜곡하려고 하는 경우가 아니면 보통의 경우 획을 빠뜨리는 일이 많지 더하는 일은 잘 발생하지 않는다. 따라서 고의로 왜곡할 가능성이 있는 사서가 아니라면 읽다가 이상한 글자가 나오거든 혹시 삐침이나 획이 빠진 것이 아닌지 생각해보는 것도 하나의 방법일 것이다.

다. 사서의 정확성의 범위

질문

삼국사기 신라본기를 보면 내물이사금과 실성이사금은 味鄒王女라 하여 1세기 전의 인물인 미추이사금의 사위로 되어 있습니다. 하지만 이는 생물학

적으로 불가능한 일입니다. 그런데 어떻게 삼국사기가 정확하다고 말할 수 있습니까?

답변 객관적 사건과 주관적 사건

사서에 기록하는 사건에는 언제 전쟁이 발발하였다거나, 홍수가 났다거나, 성을 쌓았다거나, 큰 가뭄이 들었다거나 하는 수많은 백성들이 지켜보고 있는 사건들이 있습니다. 이런 사건들은 누가 자의적으로 왜곡할 수 없는 것으로서 객관적 사건이라고 합니다.

반면에 누가 누구의 아들이라거나 누가 누구의 딸이라거나 하는 것들은 수많은 백성들이 목격한 것이 아닙니다. 요즘 같은 유전자 검식 방법이 일반화되어있는 시대에도 가끔씩 핏줄이 틀리기도 합니다. 따라서 이런 사건들을 주관적 사건이라고 합니다.

역사서가 정확하다는 것은 객관적 사건 기록이 정확하다는 뜻이지 주관적 사건 기록까지 정확하다는 뜻은 아닙니다.

라. 즉위와 퇴위의 2가지 기록법

금년이 정해년인데[7] 정해년이라면 1995년에 부여에서 발굴된 창왕(위덕왕)명문 사리함이 생각난다. 부여 능산리 백제 사찰터 목탑지에서 20글자의 명문이 새겨진 화강석제 사리감(높이 74cm, 가로 · 세로 각각 50cm)과 소조불 · 금동 및 은제고리 · 유리구슬 · 금동방울 등 6백여 점의 유물이 출토되었다.

목탑터의 땅 밑 114cm 아래에 묻힌 초석 상단에서 발견된, 사리감의 양쪽 면에는 '百濟〈昌王〉十三季太歲在 〈丁亥〉妹○公主供養舍利'라는 각각 10자씩의 명문이 새겨져 있다. 내용은 '백제창왕 13년에 창왕의 누이

---

7) 2007년 1월 5일 작성되었다.

가 공양한 사리다'라는 뜻이다. 이 丁亥年은 지금부터 (60년×24=)1440년 전인 서기 (2007년−1440년=)567년이다.

이 사리함을 보면 6세기 중반에 백제는 567년을 창왕 13년이라고 세고 있는데 비하여 삼국사기는 567년을 창왕 14년이라고 하여 1년의 차이가 난다. 그 이유에 대하여 여러 가지 견해가 있을 수 있으나 나는 광개토왕비문과 삼국사기 고구려본기의 차이와 마찬가지로 월년제와 당년제의 차이가 아닐까 생각한다.

노무현 대통령은 2002년에 당선되었으나 노무현 1년이라면 2003년을 말한다. 대통령은 당선되는 순간 실질적으로 권력을 장악하지만, 형식적으로는 취임식을 가진 다음 해부터 1년으로 세는 것이다. 따라서 554년에 성왕이 죽고 왕자 여창이 왕이 되었으나 당시에는 다음 해인 555년을 창왕 1년으로 셈하였다는 뜻이다.

반면에 삼국사기 백제본기는 이 부분에 당년제를 적용하여 여창이 왕이 된 554년부터를 1년으로 기록한 것이다. 일본서기는 성왕이 비극적으로 죽은 후 창왕은 불교에 귀의하였으며, 3년상이 끝나는 557년부터 왕이 되었다고 하고 있다. 근본적인 차이가 있는 것이 아니고 표현 방식의 차이들일 뿐이다.

마. 사서를 남기는 이유

'주몽'이라는 드라마가 인기를 끌고 있는데[8] 삼국사기를 보면 대소는 죽어 마땅한 인물이다. 하지만 만일 대소왕에게 고구려에 대하여 어떤 나라이냐고 물었다면 무엇이라고 대답했을까? 아마 '우리 땅에서 죄짓고 도망친 무리들이 만든 나라로, 유구한 역사와 전통을 가진 우리에게는 비할 바가 못 되는 나라'라고 했을 것이다.

---

8) 2006년 11월 7일에 작성되었다.

우리는 고려의 무신정권 시기에 대하여 '무신들이 무력으로 정권을 잡고 왕을 마음대로 갈아치우고 정치를 제멋대로 하여 왕은 무신들의 눈치를 보고 자리를 보존하기에 급급한 시기였다'는 정도로 이해한다. 하지만 같은 무신이라도 조선을 건국한 이성계에 대해서는 다르게 알고 있다. 그는 고려 말의 국난을 극복하고 지식인들과 백성들의 지지를 받아 새 왕조를 연 영웅인 것이다.

이는 고려의 멸망과 조선의 개국을 정당화해야 했던 조선 초 지배층이 남긴 기록을 통하여 본 시각이지 당사자인 고려왕실의 시각은 아니다. 불행히도 고려왕조실록이 남아있지 않은데, 만일 남아있다면 우리가 아는 무신정권시기에 대하여 전혀 다른 해석을 하고 있을 가능성이 크다. 대부분의 무신들은 황제폐하의 명을 받들어 자신들의 업무를 충실하게 수행한 신하들로 그려졌을 것이다. 반면에 이성계에 대해서는 아마 '본래 출신이 천한 자로 황제의 은덕을 입어 출세하였으나 이를 잊고 백성들을 미혹하게 하더니 마침내 도적떼를 이끌고 황실을 무너뜨린 역적의 수괴'라고 했을 것이다. 결국 고려사란 고려인을 위한 사서가 아니고 이를 쓴 조선인을 위한 사서인 것이다.

나는 삼국사기가 삼국사기인 이유는 세 나라의 역사서이기 때문이라고 하였다. 하지만 다음과 같은 질문이 나올 수 있다. 그렇다면 백제와 고구려가 망하고 삼국시대가 종결되는 7세기 후반에 삼국사기도 끝나야 하는 것이 아니냐? 꼭 이후까지 더 쓰고 싶으면 제목을 달리하여 따로 사서를 편찬하여야 하는 것이 아니냐?

그런데 삼국사기는 삼국시대를 10세기 고려의 건국까지 연장하여 기록하고 있다. 연표를 보면 의자왕 다음에 그와 아무 관계도 없는 견훤왕을 연결시키고, 보장왕 다음에는 역시 그와 아무 관계도 없는 궁예왕을 연결시키고 있는데, 누가 보더라도 아주 부자연스럽다.

그 이유를 추정하면 다음과 같다. 고려를 건국한 태조 왕건은 이 땅의 백성들이 천 년의 세월을 기다려 맞으신 분이라는 뜻이다. 결국 삼국시대는 태조 왕건의 출현을 준비한 시대라는 뜻이다. 마치 성경에서 구약시대란 예수그리스도가 오시기를 기다려온 시대라고 하는 것이나 같다. 결국 삼국사기는 삼국인이 아니라 고려인을 위한 사서다. 사서가 과거를 위하여 쓰는 것이 아니고 현재와 미래를 위하여 쓴다는 것은 너무나도 당연한 이야기다.

일본서기 역시 유사하다. 백제와 고구려가 망하자 왜국은 국호를 만들고 사서를 쓰는데 이는 자기 정체성의 확립을 위한 절차다. 즉 그 이전에는 자신들이 누구냐는 혼란에 빠져있었다는 뜻이기도 하다. 따라서 이런 목적을 위하여 편찬된 일본서기는 7세기 이전의 왜국인을 위한 사서가 아니라 8세기 이후의 일본인을 위한 사서인 것이다.

6. 한국사의 요나라 계승

예전에 청나라의 역사를 이야기하면서, 만리장성 넘어가기 전까지는 한국사이고 만리장성 넘어서 내려간 후에는 중국사란 이야기를 한 적이 있다. 그러면 이전의 요나라는 어떨까? 잠시 중세 만주 지역의 쟁패자 계보를 살펴보면 〈발해 → 요 → 금 → 원〉 순이다.

요나라는 고려와 많은 전쟁을 하였다. 『네티즌 고대사』에서 그 전쟁을 통하여 많은 요나라 사람들이 포로라는 형식으로 고려에 들어왔으며, 개성 이남의 서울을 포함한 경기도가 요나라 포로들의 집단 정착지였다는 이야기를 하였다. 포로들은 예나 지금이나 주로 후방에 정착시킨다. 전방에 정착시키면 전쟁 시 불안 요소가 되기 때문이다. 한국전쟁 당시에도 남한의 포로수용소는 후방인 거제도에 있었다. 고구려 미천왕 3년(302)조를 보면 왕이 군사 3만을 거느리고 현도군을 친 후 8천여 명의 포로를 후방인 평양에 안치시킨 기록이 있다. 물론 이 평양은 대동강 유역의 평양이다. 삼국사기 고구려본기를 보면 이 지역은 3세기 중반 고구려－위 전쟁 이후 완전히 고구려 영토가 되었다. 고구려가 요동반도의 대방군을 공격하고 얻은 포로들도 황해도 북부의 대방국 고지로 이주시켰다.

북중국에서 금나라와 원나라 교체기에 금의 쇠약함을 틈타 그들의 지배하에 있던 거란족이 요나라의 부흥을 내걸고 국가를 건국하니 이것이 大遼收國(대요수국)이다.[9] 그러나 신흥 세력인 몽고와 전쟁하다 점차 밀리던 대요수국은 고려 고종 3년(1216년, 실권자는 최충헌)에 耶律留哥(야율유가, 요나라 왕족인 야율씨이다)의 몽고군에게 결정적인 타격을 받고 남으로 도피하던 중 압록강을 건너 고려로 밀려들어온다. 대요수국의 마지막을 이끌던 지휘관은 이전의 왕족인 야율씨가 아니라 乞奴,[10] 鴉(갈가마귀 아)兒, 통고여 등이고, 여기에 대요수국의 왕자이던 金山, 金始[11] 등이 동행한다. 이들은 군대라기보다는 서기 400년경(영락 9, 10년) 가야/신라 땅에 운집하였던 백제인(광개토왕비문의 왜)과 마찬가지로 피난민에 더 가까웠을 것이다.

고려사는 그해 8월 이들 대요수국군이 압록강을 건너 오늘날의 의주방면으로 퇴각하여 왔는데, 병력은 만여 명이었고, 그 외에 처자식을 비롯한 식솔들이 따르고 있었다고 전한다. 한마디로 이는 민족 이동으로서 가족과 가축 등 재산까지 고려하면 상당한 규모였을 것이다. 이들이 고려로 들어오니 자연히 먹고살기 위하여 민가를 마구 약탈하게 된다. 그리고 그들은 서해안을 따라 계속 남하한다.

---

9) 요나라 유민들이 이 전에도 서요(1132～1218)와 북요(1122～1123)를 세웠으나 곧 멸망했다.

10) 요나라인이 스스로 골라 쓴 한자가 아니라 훗날 고려에서 이들을 토벌하고 준 한자 이름이 아닌가 생각된다.

11) 대요수국은 왕통이 김씨로 바뀐 것은 아닌지. 아니면 이들은 금나라 출신이던가.

이 소식을 들은 고려조정은 상장군 노원순(중군병마사)을 중심으로, 백수정, 김온주, 오응부(우군병마사), 최종준, 김취려(대장군, 후군병마사), 최정화 등과 함께 13령의 군으로 토벌대를 편성하여 이들을 막게 하였다. 이들 거란 유민들은 황기를 꽂고 스스로 황제를 칭하며 양곡을 보내주면 고려를 침탈하지 않는다고까지 하였다. 이로부터 그들의 목표가 고려를 정복하는 것이 아니라 먹고 살 땅을 찾던 피난민들이었음을 알 수 있다. 노원순, 오응부, 김취려 등이 청천강변에 도달한 것은 이로부터 약 반 개월 뒤의 일인데 이 사이에 압록강변과 청천강 이북이 이들 거란 유민들에게 초토화되었다.

거란 유민들이 8월 중순에 압록강을 건너 들어왔는데 9월 하순이 되어서야 후군병마사 김취려 장군의 활약으로 이들 거란 유민들을 격파하였다. "적의 남은 무리들이 밤을 이용하여 昌州로 도망할 때 그들의 부녀와 어린 자식들을 길가에 버리니 그들의 울부짖는 소리가 ... –『고려사』" 한마디로 비참 그 자체였을 것이다.

거란 유민들은 묘향산으로 도망가 웅거하다 지휘관인 乞奴가 죽자 왕자인 金山이 남은 무리들을 지휘하였다. 이 과정에서 김취려의 장자가 전사하고 묘향산 보현사가 불탔다. 金山은 스스로 황제를 칭하고 연호를 天德이라 하였다. 하지만 나중에 이들 사이에 내분이 일어나 통고여가 金山을 죽이고 왕이 되었으며, 다시 통고여는 대요수국 왕족이던 喊舍에게 죽었다.

그런데 9월이 되자 거란의 후속군이 속속 압록강을 넘어 고려 땅으로 밀려들어오기 시작하였다. 압록강–청천강 사이를 대요수국이 거의 점령하였다는 소식을 듣고 몽고군에게 쫓기던 거란 유민들이 대거 남하한 것이다. 그야말로 국가가 이동하는 것이나 마찬가지였다. 군세를 보강한 거란군은 11월에는 서경 방면으로 진출하여 대동강을 건너 황해도 지역으로 들어왔다. 12월에는 黃州를 짓밟으니 수도 개경까지 이들 거란 유민들의 공격에 노출되었다.

최충헌의 고려 조정은 참의정사 정숙담을 중심으로 조충, 이영수 등과 함께 다시 5령의 토벌군을 추가로 편성하여 황해도 지역에 급파하게 되었다. 고려 입장에서는 이들은 국경을 넘어온 도적떼일 뿐이었다. 그러나 전세가 호전되지 않아 다음 해(고려 고종 4년) 정월에는 거란 유민들이 수도인 개경 부근까지 몰려 들어왔다.

거란 유민들이 원주, 제천 등 강원도와 충청도 지역까지 남하하여 전투가 계속되다가, 최원세, 김취려 등을 중심으로 전열을 재정비한 고려군에게 연속 패하자 이들의 잔병이 동쪽인 강릉 쪽으로 달아났다. 특히 제천에서는 고려군에게 참패하여 죽은 거란 유민들의 피가 내를 이루어 흘렀다고 한다. "적이 패하자 노약자와 병장기, 가축 등을 버리고 남하의 목적을 이루지 못한 채 동쪽으로 달아났다." —『고려사』 이들을 고려군이 계속 추적하자 남은 무리는 다시 북상하여 9월경에 여진 땅으로 도망하였다고 하는데, 여기서 말하는 여진 땅은 함경북도로 추정된다.

1216년에서 1217년에 걸친 대요수국 유민들의 고려 난입과 이들의 토벌은 고려 중북부를 전쟁의 참화 속에 몰아넣었다. 이 과정에서 수십만 명의 거란인들이 압록강을 건너 고려로 들어왔다가, 일부는 죽임을 당하고, 일부는 여진 땅으로 들어가 나중에 여진인이 되었지만, 그들의 대부분은 고려인들 속에 흩어져 들어가 생명을 부지하여 결국 고려인이 된 것으로 보인다. 이제 요나라의 마지막을 보면서 누가 그들을 거두었는가도 생각해보아야 할 것이다.

7. 드라마 세종대왕 속의 대마도 정벌

다큐멘터리와 다르게 드라마는 어디까지나 흥미를 전제로 작가가 창조한 허구의 세계이므로 나는 드라마에 대하여 무슨 말을 한 적이 없다.

그런데 우연히 어느 날 대왕세종을 보게 되었다. 대마도인들이 부산 지역의 상거래를 혼란시키자 세종대에 군권을 잡고 있던 태종이 군대를 보내 대마도를 정벌한다는 내용이다. 이는 우리 어린 학생들이 보는 교과서에도 태종이나 세종의 대외 업적으로 나온다.

대마도는 부산에서 보인다. 한국에서의 거리가 일본에서의 거리보다 훨씬 가깝다. 고대에 임나가야의 영역이었고, 한일 사이에 놓인 정거장 같은 곳이라서 한국에서 온 사람들과 일본에서 온 사람들이 함께 모여 살던 곳으로 문화의 중첩 지대였다. 임나가야 멸망 이후에도 한일 어느 쪽에도 속하지 않고 등거리 외교를 하던 정치적으로도 중립적인 곳이었다. 드라마를 보면 대마도인들이 모두 일본옷을 입고 일본말을 쓰는데 당시에 과연 그랬을까? 교역을 많이 하면 그 교역 대상의 말과 풍습을 닮아가는 것은 자명한 이치다.

대마도는 농사지을 땅이 없어서 교역을 하지 않으면 먹고 살 수 없는 척박한 곳이다. 따라서 대마도인들이 식량을 구해 일본열도의 절반 거리에 위치한 가까운 한반도로 오는 것은 당연한 일이었다. 그 교역이란 것이 한국인보다 그들에게는 훨씬 절박한 일이었다. 공정한 교역을 하면 물론 좋지만 공정한 교역으로 그들이 과연 먹고 살 수 있었는가를 생각하면 문제가 간단하지 않다. 그들이 일으킨 소란은 조선정부에서 보면 통치질서에 도전하는 행위지만 그들의 입장에서는 생존의 몸부림이다.

이 경우 조선정부가 취할 방도는 두 가지이다. 첫 번째 이들을 토벌하고 교역을 금지하여 그들의 교역 상대를 조선이 아닌 일본열도로 돌리는 것이다. 두 번째는 손해는 좀 보더라도 항구를 더 개방하고 교역을 도와주어 최소한도는 먹고 살 수 있도록 해주는 것이다. 소위 햇볕정책인데 이는 강자만이 시행할 수 있는 특권이다.

고려 말에 왜인들의 혼란을 목격했으며, 새로 세운 나라의 통치 질서에

도전하는 행위는 지위고하를 막론하고 엄단했던 태종을 비롯한 조선 지배층에게 두 번째를 선택하기란 아마 어려웠을 것이다. 결국 조선정부는 첫 번째를 선택했으며 대마도인들은 어쩔 수 없이 가까운 한반도 대신 두 배나 먼 일본별도를 교역 대상으로 선택하지 않을 수 없었을 것이다. 더욱이 당시의 일본정부는 조선만큼의 중앙집권화가 되어있지 않아서 대마도인들이 와서 행패를 부린다 해도 이를 제어할 능력이 없었다. 일본에서 교역을 하려면 일본말을 배우고 일본풍습을 알아야 한다.

오늘날 대마도는 행정구역상 일본이 되었다. 역사에 가정이란 무의미한 것이지만, 만일 조선 정부가 당시에 두 번째를 선택했다면 대마도는 혹시 조선 이후 경상도의 일부가 되지 않았을까 생각해본다.

편집 後記

광개토왕비를 처음 공부하는 사람은 논란이 되는 신묘년조를 일본서기는 어떻게 기록했는지를 보고 싶어서 신묘년에 해당하는 응신 2년조를 읽어보고는 크게 실망한다. 응신이 왕후 세우는 것 외에는 아무것도 없기 때문이다. 나 역시 그랬다.

그런데 4년 전 어느 날 그 응신 2년조를 다시 보니 응신이 주변의 여러 나라들을 신민으로 거느리고 한반도의 지배자가 되는 대 사건이 벌어지고 있었다. 왜 그 전에는 안 보였을까? 나는 아직도 바닷가에 서서 조개껍데기 하나를 들고 기뻐하는 어린 아이에 불과하다.

한국에서 일본서기에 대한 연구가 본격화된 것은 한글 번역판이 나오고부터이다. 그 이전에는 일부 전공하는 학자들에 의하여 연구가 이루어졌으나 이것은 본격적인 연구라고 보기 어렵다. 모든 학문이 다 마찬가지지만 일반인들이 자유롭게 연구하게 될 때 폭발적으로 발전하게 된다. 그래서 어느 학문 분야의 종사자든 경쟁적으로 자신들의 학문 분야를 일반인 속으로 가져가기 위하여 노력하는 것이다. 따라서 한일고대사 연구의 첫 번째 공은, 비록 번역에 많은 오류가 있다고 해도, 일본서기와 고사기 등을 한글로 번역하여 소개하신 분들에게 돌려야 한다. 번역의 오류는 점차 고치면 된다.

원형을 추정하기 어려운 토기 파편들이 고고학자들의 손을 거치며 마술처럼 되살아나는 것을 보면서 감탄을 금하지 못한다. 이 책에서 내가 이야기하는 사료들은 이미 익히 잘 아는 것들로서 새로운 것은 없다. 그렇지만 사람들은 내가 어떻게 읽는지를 보고 싶어서 내 사이트를 찾아오는 것이다. 별 상관이 없을 것 같이 무질서하게 흩어져 있는 사료들이 서로 다른 시간과 공간 속에서 어떻게 연결되는지를 보고 싶어 한다.

내 책을 읽은 사람들이 묻는 것 중에 하나가 '그 사실이 다 맞습니까?' 하는 것이다. 내가 타임머신을 타고 가서 과거를 보고 온 것이 아니다. 내가 하는 일은 맞느냐 틀리냐를 말하는 것이 아니고, 어떻게 보이는지를 독자들에게 보여주는 것이다. 따라서 맞는지 틀리는지의 판단은 독자 각자의 몫이다.

우리는 2천 년 전을 너무 쉽게 생각하는 경향이 있다. 삼국사기는 공부하면 할수록 새로운 것이 나온다. 당연한 말이지만 내 설명은 끝이 아니다. 이를 넘어서는 더 발전된 논리가 나와 내 설명을 망각의 골짜기로 집어 던질 때 나는 그 누구보다도 더 기뻐할 것이다.

한국사 연표

	신라	고구려	백제	남가야	왜
BC 57	赫居世1				
BC 56	赫居世2				
BC 55	赫居世3				
BC 54	赫居世4				
BC 53	赫居世5				
BC 52	赫居世6				
BC 51	赫居世7				
BC 50	赫居世8				
BC 49	赫居世9				
BC 48	赫居世10				
BC 47	赫居世11				
BC 46	赫居世12				
BC 45	赫居世13				
BC 44	赫居世14				
BC 43	赫居世15				
BC 42	赫居世16				
BC 41	赫居世17				
BC 40	赫居世18				
BC 39	赫居世19				
BC 38	赫居世20				
BC 37	赫居世21	東明1			
BC 36	赫居世22	東明2			
BC 35	赫居世23	東明3			
BC 34	赫居世24	東明4			
BC 33	赫居世25	東明5			
BC 32	赫居世26	東明6			
BC 31	赫居世27	東明7			

	신라	고구려	백제	남가야	왜
BC 30	赫居世28	東明8			
BC 29	赫居世29	東明9			
BC 28	赫居世30	東明10			
BC 27	赫居世31	東明11			
BC 26	赫居世32	東明12			
BC 25	赫居世33	東明13			
BC 24	赫居世34	東明14			
BC 23	赫居世35	東明15			
BC 22	赫居世36	東明16			
BC 21	赫居世37	東明17			
BC 20	赫居世38	東明18			
BC 19	赫居世39	瑠璃1			
BC 18	赫居世40	瑠璃2	溫祚1		
BC 17	赫居世41	瑠璃3	溫祚2		
BC 16	赫居世42	瑠璃4	溫祚3		
BC 15	赫居世43	瑠璃5	溫祚4		
BC 14	赫居世44	瑠璃6	溫祚5		
BC 13	赫居世45	瑠璃7	溫祚6		
BC 12	赫居世46	瑠璃8	溫祚7		
BC 11	赫居世47	瑠璃9	溫祚8		
BC 10	赫居世48	瑠璃10	溫祚9		
BC 9	赫居世49	瑠璃11	溫祚10		
BC 8	赫居世50	瑠璃12	溫祚11		
BC 7	赫居世51	瑠璃13	溫祚12		
BC 6	赫居世52	瑠璃14	溫祚13		
BC 5	赫居世53	瑠璃15	溫祚14		
BC 4	赫居世54	瑠璃16	溫祚15		
BC 3	赫居世55	瑠璃17	溫祚16		
BC 2	赫居世56	瑠璃18	溫祚17		
BC 1	赫居世57	瑠璃19	溫祚18		

	신라	고구려	백제	남가야	왜
1	赫居世58	瑠璃20	溫祚19		
2	赫居世59	瑠璃21	溫祚20		
3	赫居世60	瑠璃22	溫祚21		
4	南解1	瑠璃23	溫祚22		
5	南解2	瑠璃24	溫祚23		
6	南解3	瑠璃25	溫祚24		
7	南解4	瑠璃26	溫祚25		
8	南解5	瑠璃27	溫祚26		
9	南解6	瑠璃28	溫祚27		
10	南解7	瑠璃29	溫祚28		
11	南解8	瑠璃30	溫祚29		
12	南解9	瑠璃31	溫祚30		
13	南解10	瑠璃32	溫祚31		
14	南解11	瑠璃33	溫祚32		
15	南解12	瑠璃34	溫祚33		
16	南解13	瑠璃35	溫祚34		
17	南解14	瑠璃36	溫祚35		
18	南解15	大武神1	溫祚36		
19	南解16	大武神2	溫祚37		
20	南解17	大武神3	溫祚38		
21	南解18	大武神4	溫祚39		
22	南解19	大武神5	溫祚40		
23	南解20	大武神6	溫祚41		
24	儒理1	大武神7	溫祚42		
25	儒理2	大武神8	溫祚43		
26	儒理3	大武神9	溫祚44		
27	儒理4	大武神10	溫祚45		
28	儒理5	大武神11	多婁1		
29	儒理6	大武神12	多婁2		
30	儒理7	大武神13	多婁3		

	신라	고구려	백제	남가야	왜
31	儒理8	大武神14	多婁4		
32	儒理9	大武神15	多婁5		
33	儒理10	大武神16	多婁6		
34	儒理11	大武神17	多婁7		
35	儒理12	大武神18	多婁8		
36	儒理13	大武神19	多婁9		
37	儒理14	大武神20	多婁10		
38	儒理15	大武神21	多婁11		
38	儒理16	大武神22	多婁12		
40	儒理17	大武神23	多婁13		
41	儒理18	大武神24	多婁14		
42	儒理19	大武神25	多婁15	首露1	
43	儒理20	大武神26	多婁16	首露2	
44	儒理21	閔中1	多婁17	首露3	
45	儒理22	閔中2	多婁18	首露4	
46	儒理23	閔中3	多婁19	首露5	
47	儒理24	閔中4	多婁20	首露6	
48	儒理25	慕本1	多婁21	首露7	
49	儒理26	慕本2	多婁22	首露8	
50	儒理27	慕本3	多婁23	首露9	
51	儒理28	慕本4	多婁24	首露10	
52	儒理29	慕本5	多婁25	首露11	
53	儒理30	太祖1	多婁26	首露12	
54	儒理31	太祖2	多婁27	首露13	
55	儒理32	太祖3	多婁28	首露14	
56	儒理33	太祖4	多婁29	首露15	
57	脫解1	太祖5	多婁30	首露16	
58	脫解2	太祖6	多婁31	首露17	
59	脫解3	太祖7	多婁32	首露18	
60	脫解4	太祖8	多婁33	首露19	

	신라	고구려	백제	남가야	왜
61	脫解5	太祖9	多婁34	首露20	
62	脫解6	太祖10	多婁35	首露21	
63	脫解7	太祖11	多婁36	首露22	
64	脫解8	太祖12	多婁37	首露23	
65	脫解9	太祖13	多婁38	首露24	
66	脫解10	太祖14	多婁39	首露25	
67	脫解11	太祖15	多婁40	首露26	
68	脫解12	太祖16	多婁41	首露27	
69	脫解13	太祖17	多婁42	首露28	
70	脫解14	太祖18	多婁43	首露29	
71	脫解15	太祖19	多婁44	首露30	
72	脫解16	太祖20	多婁45	首露31	
73	脫解17	太祖21	多婁46	首露32	
74	脫解18	太祖22	多婁47	首露33	
75	脫解19	太祖23	多婁48	首露34	
76	脫解20	太祖24	多婁49	首露35	
77	脫解21	太祖25	己婁1	首露36	
78	脫解22	太祖26	己婁2	首露37	
79	脫解23	太祖27	己婁3	首露38	
80	婆娑1	太祖28	己婁4	首露39	
81	婆娑2	太祖29	己婁5	首露40	
82	婆娑3	太祖30	己婁6	首露41	
83	婆娑4	太祖31	己婁7	首露42	
84	婆娑5	太祖32	己婁8	首露43	
85	婆娑6	太祖33	己婁9	首露44	
86	婆娑7	太祖34	己婁10	首露45	
87	婆娑8	太祖35	己婁11	首露46	
88	婆娑9	太祖36	己婁12	首露47	
89	婆娑10	太祖37	己婁13	首露48	
90	婆娑11	太祖38	己婁14	首露49	

	신라	고구려	백제	남가야	왜
91	婆娑12	太祖39	己婁15	首露50	
92	婆娑13	太祖40	己婁16	首露51	
93	婆娑14	太祖41	己婁17	首露52	
94	婆娑15	太祖42	己婁18	首露53	
95	婆娑16	太祖43	己婁19	首露54	
96	婆娑17	太祖44	己婁20	首露55	
97	婆娑18	太祖45	己婁21	首露56	
98	婆娑19	太祖46	己婁22	首露57	
99	婆娑20	太祖47	己婁23	首露58	
100	婆娑21	太祖48	己婁24	首露59	崇神1
101	婆娑22	太祖49	己婁25	首露60	崇神3
102	婆娑23	太祖50	己婁26	首露61	崇神4
103	婆娑24	太祖51	己婁27	首露62	崇神5
104	婆娑25	太祖52	己婁28	首露63	崇神6
105	婆娑26	太祖53	己婁29	首露64	崇神7
106	婆娑27	太祖54	己婁30	居登1	崇神8
107	婆娑28	太祖55	己婁31	居登2	崇神9
108	婆娑29	太祖56	己婁32	居登3	崇神10
109	婆娑30	太祖57	己婁33	居登4	崇神11
110	婆娑31	太祖58	己婁34	居登5	崇神12
111	婆娑32	太祖59	己婁35	居登6	崇神17
112	祇摩1	太祖60	己婁36	居登7	崇神48
113	祇摩2	太祖61	己婁37	居登8	崇神60
114	祇摩3	太祖62	己婁38	居登9	崇神62
115	祇摩4	太祖63	己婁39	居登10	崇神65
116	祇摩5	太祖64	己婁40	居登11	崇神68
117	祇摩6	太祖65	己婁41	居登12	垂仁1
118	祇摩7	太祖66	己婁42	居登13	垂仁2
119	祇摩8	太祖67	己婁43	居登14	垂仁3
120	祇摩9	太祖68	己婁44	居登15	垂仁4

	신라	고구려	백제	남가야	왜
121	祇摩10	太祖69,遂成1	己婁45	居登16	垂仁5
122	祇摩11	太祖70,遂成2	己婁46	居登17	垂仁7
123	祇摩12	太祖71,遂成3	己婁47	居登18	垂仁15
124	祇摩13	太祖72,遂成4	己婁48	居登19	垂仁23
125	祇摩14	太祖73,遂成5	己婁49	居登20	垂仁25
126	祇摩15	太祖74,遂成6	己婁50	居登21	垂仁26
127	祇摩16	太祖75,遂成7	己婁51	居登22	垂仁27
128	祇摩17	太祖76,遂成8	蓋婁1	居登23	垂仁28
129	祇摩18	太祖77,遂成9	蓋婁2	居登24	垂仁30
130	祇摩19	太祖78,遂成10	蓋婁3	居登25	垂仁32
131	祇摩20	太祖79,遂成11	蓋婁4	居登26	垂仁34
132	祇摩21	太祖80,遂成12	蓋婁5	居登27	垂仁35
133	祇摩22	太祖81,遂成13	蓋婁6	居登28	垂仁37
134	逸聖1	太祖82,遂成14	蓋婁7	居登29	垂仁39
135	逸聖2	太祖83,遂成15	蓋婁8	居登30	垂仁87
136	逸聖3	太祖84,遂成16	蓋婁9	居登31	垂仁88
137	逸聖4	太祖85,遂成17	蓋婁10	居登32	垂仁90
138	逸聖5	太祖86,遂成18	蓋婁11	居登33	垂仁99
139	逸聖6	太祖87,遂成19	蓋婁12	居登34	景行1
140	逸聖7	太祖88,遂成20	蓋婁13	居登35	景行2
141	逸聖8	太祖89,遂成21	蓋婁14	居登36	景行3
142	逸聖9	太祖90,遂成22	蓋婁15	居登37	景行4
143	逸聖10	太祖91,遂成23	蓋婁16	居登38	景行12
144	逸聖11	太祖92,遂成24	蓋婁17	麻品1	景行13
145	逸聖12	太祖93,遂成25	蓋婁18	麻品2	景行17
146	逸聖13	次大1,遂成26	蓋婁19	麻品3	景行18
147	逸聖14	次大2,遂成27	蓋婁20	麻品4	景行19
148	逸聖15	次大3,遂成28	蓋婁21	麻品5	景行20
149	逸聖16	次大4,遂成29	蓋婁22	麻品6	景行25
150	逸聖17	次大5	蓋婁23	麻品7	景行27

	신라	고구려	백제	남가야	왜
151	逸聖18	次大6	蓋婁24	麻品8	景行28
152	逸聖19	次大7	蓋婁25	麻品9	景行40
153	逸聖20	次大8	蓋婁26	麻品10	景行43
154	阿達羅1	次大9	蓋婁27	麻品11	景行51
155	阿達羅2	次大10	蓋婁28	麻品12	景行52
156	阿達羅3	次大11	蓋婁29	麻品13	景行53
157	阿達羅4	次大12	蓋婁30	麻品14	景行54
158	阿達羅5	次大13	蓋婁31	麻品15	景行55
159	阿達羅6	次大14	蓋婁32	麻品16	景行56
160	阿達羅7	次大15	蓋婁33	麻品17	景行57
161	阿達羅8	次大16	蓋婁34	麻品18	景行58
162	阿達羅9	次大17	蓋婁35	麻品19	景行60
163	阿達羅10	次大18	蓋婁36	麻品20	成務1
164	阿達羅11	次大19	蓋婁37	麻品21	成務2
165	阿達羅12	新大1	蓋婁38	麻品22	成務3
166	阿達羅13	新大2	肖古1	麻品23	成務4
167	阿達羅14	新大3	肖古2	麻品24	成務5
168	阿達羅15	新大4	肖古3	麻品25	成務48
169	阿達羅16	新大5	肖古4	麻品26	成務60
170	阿達羅17	新大6	肖古5	麻品27	仲哀1
171	阿達羅18	新大7	肖古6	麻品28	仲哀2
172	阿達羅19	新大8	肖古7	麻品29	仲哀8
173	阿達羅20	新大9	肖古8	麻品30	仲哀9
174	阿達羅21	新大10	肖古9	麻品31	
175	阿達羅22	新大11	肖古10	居叱彌1	
176	阿達羅23	新大12	肖古11	居叱彌2	
177	阿達羅24	新大13	肖古12	居叱彌3	
178	阿達羅25	新大14	肖古13	居叱彌4	
179	阿達羅26	故國川1	肖古14	居叱彌5	神功1
180	阿達羅27	故國川2	肖古15	居叱彌6	神功2

	신라	고구려	백제	남가야	왜
181	阿達羅28	故國川3	肖古16	居叱彌7	神功3
182	阿達羅29	故國川4	肖古17	居叱彌8	神功4
183	阿達羅30	故國川5	肖古18	居叱彌9	神功5
184	伐休1	故國川6	肖古19	居叱彌10	神功6
185	伐休2	故國川7	肖古20	居叱彌11	神功7
186	伐休3	故國川8	肖古21	居叱彌12	神功8
187	伐休4	故國川9	肖古22	居叱彌13	神功9
188	伐休5	故國川10	肖古23	居叱彌14	神功10
189	伐休6	故國川11	肖古24	居叱彌15	神功11
190	伐休7	故國川12	肖古25	居叱彌16	神功12
191	伐休8	故國川13	肖古26	居叱彌17	神功13
192	伐休9	故國川14	肖古27	居叱彌18	神功14
193	伐休10	故國川15	肖古28	居叱彌19	神功15
194	伐休11	故國川16	肖古29	居叱彌20	神功16
195	伐休12	故國川17	肖古30	居叱彌21	神功17
196	奈解1	故國川18	肖古31	居叱彌22	神功18
197	奈解2	山上1	肖古32	居叱彌23	神功19
198	奈解3	山上2	肖古33	伊尸品1	神功20
199	奈解4	山上3	肖古34	伊尸品2	神功21
200	奈解5	山上4	肖古35	伊尸品3	神功22
201	奈解6	山上5	肖古36	伊尸品4	神功23
202	奈解7	山上6	肖古37	伊尸品5	神功24
203	奈解8	山上7	肖古38	伊尸品6	神功25
204	奈解9	山上8	肖古39	伊尸品7	神功26
205	奈解10	山上9	肖古40	伊尸品8	神功27
206	奈解11	山上10	肖古41	伊尸品9	神功28
207	奈解12	山上11	肖古42	伊尸品10	神功29
208	奈解13	山上12	肖古43	伊尸品11	神功30
209	奈解14	山上13	肖古44	伊尸品12	神功31
210	奈解15	山上14	肖古45	伊尸品13	神功32

	신라	고구려	백제	남가야	왜
211	奈解16	山上15	肖古46	伊尸品14	神功33
212	奈解17	山上16	肖古47	伊尸品15	神功34
213	奈解18	山上17	肖古48	伊尸品16	神功35
214	奈解19	山上18	仇首1	伊尸品17	神功36
215	奈解20	山上19	仇首2	伊尸品18	神功37
216	奈解21	山上20	仇首3	伊尸品19	神功38
217	奈解22	山上21	仇首4	伊尸品20	神功39
218	奈解23	山上22	仇首5	伊尸品21	神功40
219	奈解24	山上23	仇首6	伊尸品22	神功41
220	奈解25	山上24	仇首7	伊尸品23	神功42
221	奈解26	山上25	仇首8	伊尸品24	神功43
222	奈解27	山上26	仇首9	伊尸品25	神功44
223	奈解28	山上27	仇首10	伊尸品26	神功45
224	奈解29	山上28	仇首11	伊尸品27	神功46
225	奈解30	山上29	仇首12	伊尸品28	神功47
226	奈解31	山上30	仇首13	伊尸品29	神功48
227	奈解32	東川1	仇首14	伊尸品30	神功49
228	奈解33	東川2	仇首15		神功50
229	奈解34	東川3	仇首16		神功51
230	助賁1	東川4	仇首17		神功52
231	助賁2	東川5	仇首18		神功53
232	助賁3	東川6	仇首19		神功54
233	助賁4	東川7	仇首20		神功55
234	助賁5	東川8	古爾1		神功56
235	助賁6	東川9	古爾2		神功57
236	助賁7	東川10	古爾3		神功58
237	助賁8	東川11	古爾4		神功59
238	助賁9	東川12	古爾5		神功60
239	助賁10	東川13	古爾6		神功61
240	助賁11	東川14	古爾7		神功61

	신라	고구려	백제	남가야	왜
241	助賁12	東川15	古爾8		神功63
242	助賁13	東川16	古爾9		神功64
243	助賁14	東川17	古爾10		神功65
244	助賁15	東川18	古爾11		神功66
245	助賁16	東川19	古爾12		神功67
246	助賁17	東川20	古爾13		神功68
247	估解1	東川21	古爾14		神功69
248	估解2	中川1	古爾15		
249	估解3	中川2	古爾16		
250	估解4	中川3	古爾17		
251	估解5	中川4	古爾18		
252	估解6	中川5	古爾19		
253	估解7	中川6	古爾20		
254	估解8	中川7	古爾21		
255	估解9	中川8	古爾22		
256	估解10	中川9	古爾23		
257	估解11	中川10	古爾24		
258	估解12	中川11	古爾25		
259	估解13	中川12	古爾26		
260	估解14	中川13	古爾27		
261	估解15	中川14	古爾28		
262	味鄒1	中川15	古爾29		
263	味鄒2	中川16	古爾30		
264	味鄒3	中川17	古爾31		
265	味鄒4	中川18	古爾32		
266	味鄒5	中川19	古爾33		
267	味鄒6	中川20	古爾34		
268	味鄒7	中川21	古爾35		
269	味鄒8	中川22	古爾36		
270	味鄒9	西川1	古爾37		

	신라	고구려	백제	남가야	왜
271	味鄒10	西川2	古爾38		
272	味鄒11	西川3	古爾39		
273	味鄒12	西川4	古爾40		
274	味鄒13	西川5	古爾41		
275	味鄒14	西川6	古爾42		
276	味鄒15	西川7	古爾43		
277	味鄒16	西川8	古爾44		
278	味鄒17	西川9	古爾45		
279	味鄒18	西川10	古爾46		
280	味鄒19	西川11	古爾47		
281	味鄒20	西川12	古爾48		
282	味鄒21	西川13	古爾49		
283	味鄒22	西川14	古爾50		
284	儒禮1	西川15	古爾51		
285	儒禮2	西川16	古爾52		
286	儒禮3	西川17	責稽1		
287	儒禮4	西川18	責稽2		
288	儒禮5	西川19	責稽3		
289	儒禮6	西川20	責稽4		
290	儒禮7	西川21	責稽5		
291	儒禮8	西川22	責稽6		
292	儒禮9	烽上1	責稽7		
293	儒禮10	烽上2	責稽8		
294	儒禮11	烽上3	責稽9		
295	儒禮12	烽上4	責稽10		
296	儒禮13	烽上5	責稽11		
297	儒禮14	烽上6	責稽12		
298	基臨1	烽上7	汾西1		
299	基臨2	烽上8	汾西2		
300	基臨3	美川1	汾西3		

	신라	고구려	백제	남가야	왜
301	基臨4	美川2	汾西4		
302	基臨5	美川3	汾西5		
303	基臨6	美川4	汾西6		
304	基臨7	美川5	比流1		
305	基臨8	美川6	比流2		
306	基臨9	美川7	比流3		
307	基臨10	美川8	比流4		
308	基臨11	美川9	比流5		
309	基臨12	美川10	比流6		
310	訖解1	美川11	比流7		
311	訖解2	美川12	比流8		
312	訖解3	美川13	比流9		
313	訖解4	美川14	比流10		
314	訖解5	美川15	比流11		
315	訖解6	美川16	比流12		
316	訖解7	美川17	比流13		
317	訖解8	美川18	比流14		
318	訖解9	美川19	比流15		
319	訖解10	美川20	比流16		
320	訖解11	美川21	比流17		
321	訖解12	美川22	比流18		
322	訖解13	美川23	比流19		
323	訖解14	美川24	比流20		
324	訖解15	美川25	比流21		
325	訖解16	美川26	比流22		
326	訖解17	美川27	比流23		
327	訖解18	美川28	比流24		
328	訖解19	美川29	比流25		
329	訖解20	美川30	比流26		
330	訖解21	美川31	比流27		

	신라	고구려	백제	남가야	왜
331	訖解22	故國原1	比流28		
332	訖解23	故國原2	比流29		
333	訖解24	故國原3	比流30		
334	訖解25	故國原4	比流31		
334	訖解26	故國原5	比流32		
336	訖解27	故國原6	比流33		
337	訖解28,모용황1	故國原7	比流34		
338	訖解29,모용황2	故國原8	比流35		
339	訖解30,모용황3	故國原9	比流36		
340	訖解31,모용황4	故國原10	比流37		
341	訖解32,모용황5	故國原11	比流38		
342	訖解33,모용황6	故國原12	比流39		
343	訖解34,모용황7	故國原13	比流40		
344	訖解35,모용황8	故國原14	楔王1		
345	訖解36,모용황9	故國原15	楔王2		
346	訖解37,모용황10	故國原16	近肖古1		
347	訖解38,모용황11	故國原17	近肖古2		
348	訖解39,모용황12	故國原18	近肖古3		
349	訖解40,모용준1	故國原19	近肖古4		
350	訖解41,모용준2	故國原20	近肖古5		
351	訖解42,부건1	故國原21	近肖古6		
352	訖解43,부건2	故國原22	近肖古7		
353	訖解44,부건3	故國原23	近肖古8		
354	訖解45,부건4	故國原24	近肖古9		
355	訖解46,부생1	故國原25	近肖古10		
356	奈勿1,부생2	故國原26	近肖古11		
357	奈勿2,부견1	故國原27	近肖古12		
358	奈勿3,부견2	故國原28	近肖古13		
359	奈勿4,부견3	故國原29	近肖古14		
360	奈勿5,부견4	故國原30	近肖古15		

	신라	고구려	백제	남가야	왜
361	奈勿6,부견5	故國原31	近肖古16		
362	奈勿7,부견6	故國原32	近肖古17		
363	奈勿8,부견7	故國原33	近肖古18		
364	奈勿9,부견8	故國原34	近肖古19		
365	奈勿10,부견9	故國原35	近肖古20		
366	奈勿11,부견10	故國原36	近肖古21		
367	奈勿12,부견11	故國原37	近肖古22		
368	奈勿13,부견12	故國原38	近肖古23		
369	奈勿14,부견13	故國原39	近肖古24		
370	奈勿15,부견14	故國原40	近肖古25		
371	奈勿16,부견15	小獸林1	近肖古26		
372	奈勿17,부견16	小獸林2	近肖古27		
373	奈勿18,부견17	小獸林3	近肖古28		
374	奈勿19,부견18	小獸林4	近肖古29		
375	奈勿20,부견19	小獸林5	近仇首1		
376	奈勿21,부견20	小獸林6	近仇首2		
377	奈勿22,부견21	小獸林7	近仇首3		
378	奈勿23,부견22	小獸林8	近仇首4		
379	奈勿24,부견23	小獸林9	近仇首5		
380	奈勿25,부견24	小獸林10	近仇首6		
381	奈勿26,부견25	小獸林11	近仇首7		
382	奈勿27,부견26	小獸林12	近仇首8		
383	奈勿28,부견27	小獸林13	近仇首9		
384	奈勿29,부견28	故國壤1,모용수1	枕流1		
385	奈勿30,부비1	故國壤2,모용수2	辰斯1		
386	奈勿31,부등1	故國壤3,모용수3	辰斯2		
387	奈勿32,부등2	故國壤4,모용수4	辰斯3		
388	奈勿33,부등3	故國壤5,모용수5	辰斯4		
389	奈勿34,부등4	故國壤6,모용수6	辰斯5		
390	奈勿35,부등5	故國壤7,모용수7	辰斯6		應神1

	신라	고구려	백제	남가야	왜
391	奈勿36,부등6	故國壤8,모용수8	辰斯7		應神2
392	奈勿37,부등7	廣開土1,모용수9	阿華1		應神3
393	奈勿38,부등8	廣開土2,모용수10	阿華2		應神4
394	奈勿39,부숭1	廣開土3,모용수11	阿華3		應神5
395	奈勿40	廣開土4,모용수12	阿華4		應神6
396	奈勿41	廣開土5,모용보1	阿華5		應神7,神武
397	奈勿42	廣開土6,모용보2	阿華6		應神8,神武
398	奈勿43	廣開土7,모용성1	阿華7		應神9,11
399	奈勿44	廣開土8,모용성2	阿華8		應神13
400	奈勿45	廣開土9,모용성3	阿華9		應神14,15
401	奈勿46	廣開土10,모용희1	阿華10		應神16,19
402	實聖1	廣開土11,모용희2	阿華11		應神20
403	實聖2	廣開土12,모용희3	阿華12		應神22
404	實聖3	廣開土13,모용희4	阿華1		應神28
405	實聖4	廣開土14,모용희5	腆支1		應神32
406	實聖5	廣開土15,모용희6	腆支2		應神37
407	實聖6	廣開土16,모용운1	腆支3	坐知1	應神39
408	實聖7	廣開土17,모용운2	腆支4	坐知2	應神40,41
409	實聖8	廣開土18	腆支5	坐知3	仁德1,2
410	實聖9	廣開土19	腆支6	坐知4	仁德4,5,10
411	實聖10	廣開土20	腆支7	坐知5	仁德11
412	實聖11	廣開土21	腆支8	坐知6	仁德12
413	實聖12	長壽1	腆支9	坐知7	仁德13,14
414	實聖13	長壽2	腆支10	坐知8	仁德16
415	實聖14	長壽3	腆支11	坐知9	仁德17
416	實聖15	長壽4	腆支12	坐知10	仁德22,30
417	訥祗1	長壽5	腆支13	坐知11	仁德31,35,37
418	訥祗2	長壽6	腆支14	坐知12	仁德38
419	訥祗3	長壽7	腆支15	坐知13	仁德40
420	訥祗4	長壽8	久爾辛1	坐知14	仁德41

	신라	고구려	백제	남가야	왜
421	訥祗5	長壽9	久爾辛2	吹希1	仁德50
422	訥祗6	長壽10	久爾辛3	吹希2	仁德53
423	訥祗7	長壽11	久爾辛4	吹希3	仁德55
424	訥祗8	長壽12	久爾辛5	吹希4	仁德
425	訥祗9	長壽13	久爾辛6	吹希5	仁德58
426	訥祗10	長壽14	久爾辛7	吹希6	仁德60
427	訥祗11	長壽15	毗有1	吹希7	仁德62,65
428	訥祗12	長壽16	毗有2	吹希8	仁德67
429	訥祗13	長壽17	毗有3	吹希9	仁德87
430	訥祗14	長壽18	毗有4	吹希10	履中1
431	訥祗15	長壽19	毗有5	吹希11	履中2
432	訥祗16	長壽20	毗有6	吹希12	履中3
433	訥祗17	長壽21	毗有7	吹希13	履中4
434	訥祗18	長壽22	毗有8	吹希14	履中5
435	訥祗19	長壽23	毗有9	吹希15	履中6
436	訥祗20	長壽24	毗有10	吹希16	反正1
437	訥祗21	長壽25	毗有11	吹希17	反正2
438	訥祗22	長壽26	毗有12	吹希18	反正3
439	訥祗23	長壽27	毗有13	吹希19	反正4
440	訥祗24	長壽28	毗有14	吹希20	反正5
441	訥祗25	長壽29	毗有15	吹希21	反正6
442	訥祗26	長壽30	毗有16	吹希22	允恭1
443	訥祗27	長壽31	毗有17	吹希23	允恭2
444	訥祗28	長壽32	毗有18	吹希24	允恭3
445	訥祗29	長壽33	毗有19	吹希25	允恭4
446	訥祗30	長壽34	毗有20	吹希26	允恭5
447	訥祗31	長壽35	毗有21	吹希27	允恭7
448	訥祗32	長壽36	毗有22	吹希28	允恭8
449	訥祗33	長壽37	毗有23	吹希29	允恭9
450	訥祗34	長壽38	毗有24	吹希30	允恭10,11,14

	신라	고구려	백제	남가야	왜
451	訥祇35	長壽39	毗有25	銍知1	允恭23,24
452	訥祇36	長壽40	毗有26	銍知2	允恭42
453	訥祇37	長壽41	毗有27	銍知3	
454	訥祇38	長壽42	毗有28	銍知4	安康1
455	訥祇39	長壽43	蓋鹵1	銍知5	安康2
456	訥祇40	長壽44	蓋鹵2	銍知6	安康3
457	訥祇41	長壽45	蓋鹵3	銍知7	雄略1
458	慈悲1	長壽46	蓋鹵4	銍知8	雄略2
459	慈悲2	長壽47	蓋鹵5	銍知9	雄略3
460	慈悲3	長壽48	蓋鹵6	銍知10	雄略4
461	慈悲4	長壽49	蓋鹵7	銍知11	雄略5
462	慈悲5	長壽50	蓋鹵8	銍知12	雄略6
463	慈悲6	長壽51	蓋鹵9	銍知13	雄略7
464	慈悲7	長壽52	蓋鹵10	銍知14	雄略8
465	慈悲8	長壽53	蓋鹵11	銍知15	雄略9
466	慈悲9	長壽54	蓋鹵12	銍知16	雄略10
467	慈悲10	長壽55	蓋鹵13	銍知17	雄略11
468	慈悲11	長壽56	蓋鹵14	銍知18	雄略12
469	慈悲12	長壽57	蓋鹵15	銍知19	雄略13
470	慈悲13	長壽58	蓋鹵16	銍知20	雄略14
471	慈悲14	長壽59	蓋鹵17	銍知21	雄略15
472	慈悲15	長壽60	蓋鹵18	銍知22	雄略16
473	慈悲16	長壽61	蓋鹵19	銍知23	雄略17,18
474	慈悲17	長壽62	蓋鹵20	銍知24	雄略19
475	慈悲18	長壽63	文周1	銍知25	雄略20
476	慈悲19	長壽64	文周2	銍知26	雄略21
477	慈悲20	長壽65	三斤1	銍知27	雄略22
478	慈悲21	長壽66	三斤2	銍知28	
479	炤知1	長壽67	東城1	銍知29	雄略23
480	炤知2	長壽68	東城2	銍知30	淸寧1

참고문헌

강인구, 한반도의 전방후원분 논집 (동방미디어, 2001)

국사편찬위원회, 중국정사조선전 역주 1～5권 (국사편찬위원회, 1988)

국립나주문화재연구소, 영산강 유역 고대문화의 성립과 발전 (학연문화사, 2007)

권오영, 고대 동아시아 문명 교류사의 빛 무령왕릉 (돌베개, 2005)

김광수, 「고구려 고대집권국가의 성립에 대한 연구」, 연세대 박사논문 (1983)

김병모, 김수로왕의 혼인길 (푸른숲, 2001)

김부식 저, 고전연구실 역, 북역 삼국사기 上, 下 (신서원, 1995)

김부식 저, 사회과학원 역, 북역 삼국사기 I, II, 3판 (서신원, 1997)

김부식 저, 이강래 옮김, 삼국사기 I, II (한길사, 2009)

김상, 네티즌과 함께 읽어보는 한국고대사의 수수께끼 (주류성, 2001)

김상, 삼한사의 재조명 (북스힐, 2004)

김상훈, 재미있는 영산강 유역 고대사 (호남 지역 씨그랜트사업단, 2008)

김성호, 비류백제와 일본의 국가기원 (지문사, 1982)

김성호, 「임나・김해 가야사 연구」, 박영석교수 회갑기념, 한국사학논총 上 (탐구당, 1992)

김태식, 가야연맹사 (일조각, 1993)

김현구 외, 일본서기 한국관계기사 연구 (I), (II), (III) (일지사, 2002～2004)

노성환 역주, 일본 고사기 (예전, 1990)
고사기, 노성환 역주 (민속원, 2009).
박대재, 「삼국지 한전의 진왕에 대한 재인식」, 한국고대사연구 26 (2002)
매일신문사, 잃어버린 왕국 대가야 (창해, 2004)
목포대학교박물관, 전라남도 무안군, 무안군의 문화유적 총서 제2권 (삼화출판사, 1986)
목포대학교박물관, 전라남도 영암, 영암의 문화유적 총서 제3권 (삼화출판사, 1986)
목포대학교박물관, 전라남도 나주, 나주의 문화유적 총서 제14권 (삼화출판사, 1989)
목포대학교박물관, 전라남도 함평균, 함평의 문화유적 총서 제30권 (금성출판사, 1993)
루스 베네딕트 저, 박규태 역, 국화와 칼, (문예출판가, 2008)
미야자키 이치시다 저, 조병현 역, 중국사 (역민사, 1997)
민두기, 일본의 역사 (지식산업사, 1987)
박경희, 연표로 보는 일본사 (일빛, 1998)
박한제 외, 아틀라스 중국사 (사계절, 2007)
복기대, 요서 지역의 청동기시대 문화연구 (백산자료원, 2002)
부산대학교 한국민족문화연구소, 한국 고대사 속의 가야 (혜안, 2001)
사회과학원 역사연구소(북한), 조선통사 (오월, 1988)
서길수, 고구려 역사유적 답사 (사계절, 1998)
성삼제, 고조선, 사라진 역사 (동아일보사, 2005)
오순제, 한성백제사 (집문당, 1995)
오영찬, 낙랑군 연구 (사계절, 2006)
윤용구, 「삼국지 한전 대외관계기사에 대한 일검토」, 마한사 연구 (1998)

이강래, 삼국사기 전거론 (민족사, 1997)
이규식 편, 미륵사지 출토 금동향로 (국립문화재연구소, 2008)
이근명 편역, 중국역사 上, 下 (신서원, 1997)
이남석, 백제의 고분문화 (서경, 2002)
이동식, 길이 멀어 못 갈 곳 없네 (어진소리, 2004)
이선복, 고고학이야기 (가서원, 1996)
이준곤, 서남해 도서 지역 해양설화와 해양문화 (호남 지역 씨그랜트사업단, 2009)
이지린·강인숙, 고구려 역사 (평양 사회과학 출판사, 1976)
이형구 엮음, 단군과 고조선 (동양고고학연구소, 1999)
일연 저, 리상호 역, 삼국유사 (까치, 1999)
일연 저, 이민수 역, 삼국유사 (을유문화사, 1991)
임기환 외, 고구려 문명기행, (동북아역사재단, 2007)
임영진 외, 복암리 고분군 (전남대학교 박물관, 1999)
전용신 역, 일본서기 (일지사, 1989)
전호태, 고분벽화로 본 고구려이야기 (풀빛, 1999)
조승완, 잃어버린 나라 고조선, 왜곡된 역사 (어드북스, 2008)
천관우, 가야사 연구 (일조각, 1997)
최몽룡 편저, 백제를 다시 본다 (주류성, 1998)
최병현, 신라고분연구 (일지사, 1992)
최성락, 영산강 유역의 고대사회 (학연문화사, 1999)
최성락, 한국 원삼국문화의 연구 (학연문화사, 1993)
최성락, 전남의 고대문화 (학연문화사, 2003)
충남대학교, 백제사상의 전쟁, 백제연구총서 제7집 (서경문화사, 2000)

삼한사의 재조명 2

2011년 4월 15일 제1판 1쇄 인쇄
2011년 4월 20일 제1판 1쇄 발행

저 자 ● **김 상**

발행자 ● **조 승 식**

발행처 ● (주) 도서출판 **북스힐**
서울시 강북구 수유2동 258-20

등 록 ● 제 22-457 호

TEL (02) 994-0071(代)

FAX (02) 994-0073

E-MAIL bookswin@unitel.co.kr
www.bookshill.com

값 20,000원

ISBN 978-89-5526-768-6